# 趋势革命

## 重新定义未来四大商业机会

曾响铃　唐见　著

电子工业出版社
**Publishing House of Electronics Industry**
北京·BEIJING

# 内 容 简 介

移动互联网浪潮风起云涌，风口一个接着一个。本书共 10 章，首先介绍电商、金融、汽车、企业服务如何借助移动互联浪潮进行自我革新，其次介绍其他行业在移动大趋势下，是否还有崛起的商业机会，最后介绍当前最为热门的网红、超级 IP、分享经济、人工智能的现况及未来发展趋势。同时，本书不仅深入分析和探讨了各种社会热门问题，而且对发展趋势进行了预测，便于读者对未来趋势变革的把握。

本书实用性强，可用作普通读者了解移动互联网的工具书，也可用作互联网从业人士的工作参考书，还可用作企业高层管理者的实用手册。

**图书在版编目（CIP）数据**

趋势革命：重新定义未来四大商业机会 / 曾响铃，唐见著. —北京：电子工业出版社，2017.6
ISBN 978-7-121-31482-7

I. ①趋⋯　II. ①曾⋯　②唐⋯　III. ①商业经济－经济发展－研究　IV. ①F712.9

中国版本图书馆 CIP 数据核字（2017）第 096960 号

策划编辑：李树林
责任编辑：赵　娜
印　　刷：三河市双峰印刷装订有限公司
装　　订：三河市双峰印刷装订有限公司
出版发行：电子工业出版社
　　　　　北京市海淀区万寿路 173 信箱　　邮编：100036
开　　本：720×1000　1/16　印张：23　　字数：400 千字
版　　次：2017 年 6 月第 1 版
印　　次：2017 年 6 月第 1 次印刷
定　　价：59.00 元

凡所购买电子工业出版社图书有缺损问题，请向购买书店调换。若书店售缺，请与本社发行部联系，联系及邮购电话：(010)88254888，88258888。
质量投诉请发邮件至 zlts@phei.com.cn，盗版侵权举报请发邮件至 dbqq@phei.com.cn。
本书咨询联系方式：(010)88254463，lisl@phei.com.cn。

# 精彩推荐

乔布斯之所以伟大，是因为由 iPhone 催生的移动互联网改变了人们的生活方式。当人们在马桶上购物，在床上社交（手机），人人都是自媒体，这种新变化成为常态后，那商业也必将被重新定义。响铃从这种变化出发，探索未来商业的四大风向，对商场人士具有很强的参考价值，值得花时间来阅读《趋势革命》。

——蓝莓会创始人、中国新营销 100 人 陈特军

对品质生活的追求，是推动人类进步的本源力量，不忘初心，方得始终。愿《趋势革命》给浮躁又迷茫的智能家居行业，带来一丝清凉。

——中兴智能家居总经理 田波

没有人可以与趋势对着干，也没有人愿意与趋势对着干。然而对很多人来说，问题不在于不顺应趋势，而在于看不明白趋势对商业逻辑的影响，以及它会带来怎样的商业机会。《趋势革命》的价值就在这儿，为读者提供了一个对趋势深入浅出的解读。推荐给大家！

——品途商业评论创始人 刘宛岚

每一次商业的趋势都意味着一次变革，无论变或不变，用户都在随着商业的趋势而改变，你要做的就是拥抱变革。因为变化是生存的常态，不少企业在新的商业浪潮中被淘汰，缺乏的就是知道变化，看到变化，却从来没有改变过。

——第五届中国图书势力榜获奖者，超级畅销书作者 王易

如今市场变化日新月异，商业模式层出不穷，作为互联网从业者，我们不能仅局限于当下的市场环境，更重要的是把握未来行业的发展趋势。作者针对时下热门的商业模式，对电商、金融、汽车、人工智能等行业进行了细致的观察，基于对真实案例的分析与探究，以小见大，透视未来的商业机会与即将发生的行业变革，《趋势革命》值得每位产品和运营人一读。

——人人都是产品经理、起点学院创始人&CEO 曹成明

响铃是自 2012 年有自媒体以来崛起的自媒体新秀，《趋势革命》是他这几年的力作结晶，他涉猎的领域非常广泛，直播、网红、电商、金融、共享经济，甚至 VR、人工智能等，也是为数不多具有跨界能力的自媒体人。翻看这本书，就像回顾这几年新经济的简史。推荐大家阅读！

——WeMedia 联合创始人，社交电商传媒创始人 方雨

去中心化的传播生态经历了从微博到微信的巨大量变，我把这种量变比喻成从声速到光速的提升，渠道越来越不重要了，传播核心重新回到了内容本身，因为每个人都是媒体。我作为自媒体和公关从业者，对这个趋势的感触很特别，比如在几年前，首先我这两个身份就无法同时并存。读完响铃的《趋势革命》，更加印证了我的判断，也让我学到了很多新知识。

——自媒体万能的大叔，金立集团公关总监 霍世杰

跟上趋势，站在风口，你就有可能飞上天。网红与直播、超级 IP、VR、人工智能，以及当前最火的分享经济，这些到底是商业机会还是商业泡沫？作为自媒体时代的新锐领袖，响铃的《趋势革命》，通过真实案例及翔实的数据，深入浅出地做出了剖析，非常接地气，实属当前互联网+时代不可多得的好书。值得多看几遍！

——渠道帮创始人&CEO 郝政源

响铃对于未来趋势的判断有着自己独特的视角和见解，这本书能够帮助我们对影响未来经济革命的网红、超级 IP、分享经济、VR 人工智能等领域有不

一样的理解，同时也能帮助我们更好地把握未来商业新机会。

——海南三车网络科技有限公司董事长，天使投资人 刘旷

　　无论是互联网+，还是共享经济，都逐渐在引发国内各个领域的全面变革。在互联网转型时代，拥抱互联网的能力将成为一个企业的核心能力，从而为企业的研发、生产、营销模式带来新的变革。这本书则从电商、金融、汽车、VR、人工智能等多个领域深度阐述了，中国互联网对当代商业变革产生的深远影响，也让我们清晰地看到了新经济形式下，连接一切就是改变一切。互联网不仅重构了商业模式，也重新定义了未来的商业机会。《趋势革命》这本书，值得我们从中去思考未来商业的变革，探寻科技与商业的逻辑。

——砍柴网创始人 周兴斌

　　互联网已经变成了整个社会的崭新血脉，一切数据化，一切网络化，一切智能化，这意味着所有的商业都将被改变，这也必然带来巨大商机。拥抱互联网新商业模式，拥抱新趋势，才能掌控未来。《趋势革命》无疑向你揭示了新的商机，值得一读。

——知名评论人、《互联网黑洞》等书作者 磐石之心

　　客观来说，在云计算、大数据快速发展的背景下，各行业趋势愈来愈明朗，趋势而为不再是脑袋一热的冲动，而是科学论证的驱动。宏观来看，趋势是一种新鲜事物的诞生，也是一个行业被颠覆的开始。《趋势革命》以真实案例做基础，多维度分析论证，剖析商业本质，剧透未来商业机会，值得一看。

——央广经济之声评论员 杨世界

　　在中国"双创"浪潮下，各种创业风口和商业模式层出不穷，作者剖析网红、超级 IP、分享经济、VR 人工智能等产业，给我们揭开了互联网未来趋势的一角。

——资深互联网观察家、原速途研究院院长 丁道师

媒体人，特别是自媒体人，向来以分析宏观的全行业见长，响铃的《趋势革命》基本涉及了互联网任何一个行业，看似形散，实则是两位互联网人的综合细腻观察分析。阅读本书，可以让你站在全面而宏观的角度，再去了解每一个细分领域，相信一定会有"一览众山"的感觉，从而更深刻地理解未来趋势。

——一篇网络创始人 、媒媒哒联合发起人 赵宏民

新经济形态下，拥抱趋势或将成为通往成功的核心能力之一，响铃的新书《趋势革命》，堪称互联网新经济浪潮简史，既能从全局的角度了解行业，也能聚焦提升实际能力，推荐大家阅读。

——牛科技创始人 喻拓

不要试图从《趋势革命》里寻找商业的奥秘和成功的捷径，响铃的文字向来诚恳冷峻，既不推销"成功"，也不兜售"失败"，在波云诡谲的商界和难以捉摸的未来面前，响铃所能够给予读者的，是在独立思考中看清并把握商业趋势的能力，而这往往是迈向成功的第一步。

——科技新媒体最极客创办人 郝小亮

# 前　言

## ——传统被革命　趋势再定义

我们正处于一个大变革的时代。

全球政治、经济、文化正处于一个崭新的时期，以美国为首的"独霸"格局正朝向"一超多强"的格局进发，全球政治、经济、文化中心正处于"位移时代"，这是因为世界正处于一个大变革时代。在这样的大背景下，新的商业图景正在从幕后走向台前。

在新的秩序到来之前，有些新动向开始风起云涌。一些先知先觉者已经预见到这个趋势革命的美好未来。马云在气势恢宏的电商帝国里起身，正在走出城门，快马加鞭地向金融行业进发的同时提出了五新："新零售、新制造、新技术、新金融、新能源"；李彦宏不再沉寂于搜索引擎一家独大的梦幻中，而是另辟蹊径，大举进攻人工智能新领域；而中国首富王健林则干脆对外宣布：万达集团不是地产企业，万达商业也不再是地产企业了。

这说明一个问题：传统被革命，趋势被重新定义！

这本书就是依循这一问题，探讨趋势革命背景下，过去的一切都算是传统领域，而网红经济、超级 IP、分享经济、VR 人工智能……都在重新定义未来四大商业机会：新电商、新金融、新汽车、新企业。

在传统时代，无论是经济增长还是企业营收都主要依靠人口红利和低成本。然而新趋势是知识经济和智慧经济将取代人力成本成为新的驱动，靠的是大脑和思想力。

换句话说，只有那些靠大脑和思想前行的人，才能把控趋势革命方向，重新定义未来，才能获取其所带来的巨大成果。

这绝对不是耸人听闻！

诺基亚被苹果赶超，这是事实。即便没有做错过什么，但诺基亚还是输了。这是因为诺基亚未能把握和跟随智能手机的大趋势而一意孤行。而苹果则不同，重新定义智能手机，引领时代潮流，视用户为己出，如今一家独大！

在大变革时代，谁能预见趋势并接受它的革命，大胆定义未来，谁就有可能成为未来的主导者和胜利者。

那么，趋势革命背景下，这四大商业的机会在哪里？又该如何顺势而为？

2014 年 5 月，国家主席习近平在上海考察时指出："牢牢把握产业革命大趋势，科技革命必然引发产业革命。"

"牢牢把握产业革命大趋势"这是未来商业的最大机会，也是本书的主要观点。

我们以电商、互联网金融、汽车 O2O、企业移动化管理四大行业为重点，以相关行业案例入手进行分析和阐释，从而发现一个现象：趋势革命既是他们的痛，也是他们的新希望。他们害怕被趋势抛弃，又恐慌于在趋势中自我革命不彻底。

总之，趋势革命成为商业发展的新动力。谁都不能幸免！

事实上，这种新趋势正孕育着超级 IP（流量经济）、人工智能（科技动力）和共享经济等新领域中的变革，这是本书的主要内容。也许你能从本书中得到一些启迪，从而跟上趋势的步伐，定义自己的未来，获得尽可能大的成果。

这就是两位作者写这本书的初衷，也是作者送给读者的福利与愿望，如此而已。

当然这本书也献给我的家人，尤其我的太太和即将 2 岁的曾胡杨小朋友，趋势正在被娃娃们定义。

曾响铃

2017 年 3 月 1 日

# 目 录

# 第1章

# 电 商 革 命

## 1.1 "群魔乱舞"的"双11"和争夺第一你到底要糊弄谁

2016年的"双11"终于在各电商巨头、数百万个大中小卖家、数亿名网民的集体狂欢中谢幕。在这场网上购物节中，先是电商平台进行"海陆空"式的广告轰炸，接着是网民们把购物车装得满满的，把信用卡、支付宝上的余额备得足足的，把宽带、WiFi调得稳稳的，然后就是商家们的"不止5折""限时秒杀""下单立减100""全年最低""一降到底"……最后在以折扣为核心的促销中结束。在这个过程中，成就了无数个"英雄"，也给市场留下了满目疮痍的窘相。狂欢过后，我们有必要总结一番，唠叨几句。

### 细数千奇百怪的"第一"

无疑，这场全民参与的"双11"成了各大商家的"奥运会"，各自使出浑身解数抢夺各类奖杯，于是"冠军""第一""奇迹"纷纷出炉。这些信息的发布者发得不亦乐乎、收到红包的转发者也转得不亦乐乎，唯有看客们晕头转向，难辨真伪。"吐槽"之前，让我们先温习一下这些冠军们的丰功伟绩。

先看小米手机的官方数据：该手机销量获得天猫、京东、苏宁三平台"大满贯"，小米天猫旗舰店总支付金额超过12.95亿元，其中手机销售数量取得四连冠，销售金额位列安卓手机第一。此外，小米笔记本、小米平板、小米路由器等单品销量均取得天猫"双11"相关品类第一名。

华为荣耀也不示弱，说自己在手机品类榜单中占据第一。

乐视更是"战绩赫赫"：从乐视公布的"双11"超级电视全天战报来看，超级电视在天猫和京东两大平台一共夺得七项第一，这包括天猫全平台总销售额第一，电视行业乐视TV旗舰店单店销售额第一；京东全平台总销售额第一、总销售量第一；等等。

这还只是三家厂商的数据，如果其他品类、品牌也把它们的各种奖项一一罗列打印出来，恐怕整个北京城都装不下。好家伙，难道这真的是一场全民狂欢？抑或是操众者的集体闹剧？

# 这些第一，到底是些啥

或许对淘品牌来说，"双11"是个冲刺年销售额千载难逢的机会；或许对个别传统品牌来说，"双11"是个让其业绩更上一层楼的好时机。诚然，网购的低门槛在释放了我国数亿名网民的消费潜力的同时，也让商家降低了库存压力和中间交易成本，从而能慷慨地"让利"。但这些各自标榜的"第一"对大多数人来说究竟意味着什么？

### 是文字游戏吗

每个"双11"剁手族都或多或少亲历或听说被各类商家欺骗了，之前就有媒体直接指出"双11"热闹非凡的促销只是商家集体玩的文字游戏，并列举了以下罪状："双11"商品"狂欢价"比实体店还贵；多渠道定价专业"挖坑"；虚标原价后再打很大的折扣；商品以不到4折的价钱成交仍买贵了；网售佳能相机拼不过实体店；同样的"商品"在不同电商上价格有别；尾货商品连续3年参加"双11"还说是新品。

这次也不例外，"双11"刚结束，某些精明的厂商就被媒体和网友揭了"内幕"。

更让人哭笑不得的是，这无数个第一背后实则是无数的文学大师在和广大用户玩文字游戏。例如，2015 年，小米以超过 12 亿元的交易额拿下天猫"双11"厂商销售额第一，小米手机的销量也是第一。华为宣布获得天猫手机品类销售额第一，也是唯一交易额超过 10 亿元的手机品牌。好吧，销售额与销售量、单品与旗舰机型、天猫与全网、新品与最快破亿……这些都是借用定语偷换概念，利用断句混淆视听，贩卖文字，与消费者没有任何关系。这么光鲜亮丽的成绩单不过是厂商和平台的策划文案的集体作秀罢了。

### 是争吵炫富练口技吗

除了各类花里胡哨的作秀，这些冠军们的集体争吵也是让人"乱花渐欲迷人眼"。早在"双 11"开始前各大平台就开始轮番争吵，什么"平京战役"、京东实名举报阿里，等等。大伙儿都不嫌事多，阿里和京东还特别举办了晚会，这不是赤裸裸的炫富吗？就连明星们都跑来练口技，就说 2015 年阿里的"天猫'双 11'狂欢夜"晚会吧，真该直接叫"史上最长广告夜"，看看那些嘉宾，哪个没给自家产品打广告？赵薇一口一个"梦陇酒庄"，高晓松晒出"晓松奇谈"的扇子，马东开启花式口播广告的节奏推广"奇葩说"，大导演冯小刚也卖起了电影广告。"双 11"当天更是天猫 PK 京东等电商平台的集体秀，争分夺秒表演"绝技"，你几十秒破亿，我分分钟打破纪录，你追我赶，互不相让还继续"打情骂俏"。而那些看似带劲的"摇一摇 1 元购"和传说中的亿元红包，都是一边让你玩，一边哄你下单！

### 还是饮鸩止渴后的画饼充饥呢

这些千奇百怪的"第一"对千万中小卖家更是致命的伤害。很多商家盲目冲销量，对销售额预估不当，疯狂囤货。结果销量都是冠军们的，它们只剩下库存。尤其是那些把销售集中在"双 11"，前后只挂广告不做售卖或集中引流到天猫的卖家们更是陷入了沉寂式的死循环。这种人为创造的消费高峰对商家的仓储、物流、客服等的冲击也是不可承受的痛。短短几天的订单膨胀、积压，不但需要卖家去消化缓解，也强迫卖家们牺牲毛利去满足那些唯价格是从的消费者们。这种粗暴的低价倾销方式既娇惯了部分消费者不看品质只图便宜的陋习，也驱使各大产业只求规模不求利润的粗犷式生长，进而劣币驱除良币，破坏产业健康发展。

而对那些只为照顾部分因"双 11"的低价而来但重复购买率极低的买家并放弃优质的老顾客和增量市场的卖家来说，更是饮鸩止渴，也是画饼充饥。

这样千疮百孔的"双 11"即便能再创造 100 个奇迹，也终不过是几家欢乐几家愁。这种纯量的优势，没有在商业模式上有所突破的促销，只是在消耗现有的存量用户，加大企业间的内耗。

# 然而，所谓第一尽是忽悠

吐槽过后，我们冷静下来面对这些丰富多彩的"第一"、"冠军"和"奇迹"，其实对绝大多数人来说，这些都是忽悠人的名词，因为他们要的不是这些。

### 用户要真划算、好体验

其实，让用户真正狂欢的前提不是买便宜货，而是"占便宜"。用户真正要的"双 11"，不是低价，而是"真划算"和"好体验"，因为随着消费升级，越来越挑剔的中产阶级成为消费主力军，简单粗暴的价格战已满足不了他们基于社交的购物乐趣。而那些为了冲销量导致物流、客服跟不上的卖家反而伤害了顾客体验。一旦顾客冷静下来就会明白：疯狂打折的商品大多不是必需品。这种疯狂囤货，是自己对未来缺乏信心才放纵消费的表现。消费者不需要机不可失、时不再来的情绪化表达，而是需要高性价比后的好体验。当价格还是影响顾客购买决策的主要因素时，作为了解顾客的厂商，要么就该永远天天降价，要么就直接按成本定价。曾经有人说乐视只会吹牛，但当你真正花不到 2000元就能买到 43 吋全高清的超级电视时，你可能就会体会到按成本定价、硬件赔钱的方法就是最好的营销，这也就不难理解乐视超级电视夺得天猫电视品类销量、销售额双第一，天猫电视品类销售额最快破亿纪录，天猫乐视 TV 旗舰店创造单店电视销量销售额双第一等奇迹了。

### 卖家要真赚钱、赚久钱

其实，对所有从事商业活动的卖家来说，他们需要的不是一时半会儿的狂欢，而是真正能赚到钱，并且持久地赚钱。当"双 11"已经变成第一梯队卖家们的游戏时，其他卖家更应该认清形势，定位自己。

- 要学会借势，不要生拉硬拽。当流量支持成为一种奢侈，差异化借势也是一种策略。
- 要明白刷单真不是最好的广告，也许赢了数字，赢了公关，但没有赢得利润，也没有赢得口碑，更别说成长和独占鳌头了。要尊重销售，尊重"销售额=流量×转化率×平均客单价"的定律，其他都是空谈。
- 要懂得"双 11"也遵循帕累托效应，它是一场多数成全少数的游戏。要学会先蓄水再发电，从产品品质积累，从顾客口碑积累，只有这样才可能真赚钱，赚久钱。

## 行业要健康，生态要持久

其实，零售需要促销，更需要健康持久的商业模式和成长生态。那些只为消化库存欺小瞒新的卖家终会被踢出局，那些疯狂囤货最后资金链断裂的商家也会被库存压死，那些幻想高价格、高利润、高费用"三高模式"的企业一旦有搅局者进入，也会被自己的美梦封喉。战争的号角已经吹响，如要真想让自己留下来，就好好地为自己谋局，谋一个健康的生态之局、持久的产业之局。在手机行业，乐视、小米的生态之局布得较早，小米前几年尝尽了甜头，可惜后继无力，目前在走下坡路（核心手机产品增长乏力、高端产品线突破不了瓶颈）。而乐视从视频开始到目前的超级汽车构建的"平台+内容+终端+应用"的垂直整合的完整生态开始爆发出巨大的能量，无论低于物料清单（Biu of Material，BOM）成本的定价，还是硬件赔钱但生态盈利的商业模式都招招致命。从对外公布的数据看，乐视的总销售额远超小米的 12.95 亿元，它在证明生态经济全面战胜粉丝经济的同时，也说明了一些事实。

- 定位低端，主打粉丝、低收入人群，品牌自下而上的营销方法敌不过定位中高端，主打明星、精英人群，品牌自上而下的营销方法。
- 靠硬件微利，以量取胜，通过配件盈利的价格策略并非"包治百病"，依靠生态补贴硬件，低于量产时的成本定价的模式或许有出路。
- 依靠单独的智能硬件生态圈经济，广撒网、广积粮的商业模式终有"天花板"；依靠生态系统经济、靠后续服务力驱动的商业逻辑或许更加持久。

最后，希望下一个"双 11"不再只是走低价，而是通过差异化产品、快捷服务和大数据等来深挖消费价值，提升价值。如果把"双 11"看成对"中国制造"市场竞争力的集体检阅，那冠军们赢就应该赢在产品质量、品牌推广和服务体验上。人们不需要短暂、刺激的兴奋，而是需要持久的、透彻心扉的联欢。

# 1.2 懒人经济催生的社区电商难在哪儿

某社区电商平台在上海召开商家启动会，据说现场下单的商家达 95%，十分意外，这不禁让人想聊聊这个潜力巨大的社区电商市场。

这种模式区别于线上支付+到店消费的线上到线下（Online to Offline，O2O）模式，也不是线上支付+物流配送的商品电商模式，而是围绕社区流量做入口，针对社区居民刚需，做高频低值的商品交易。如果说淘宝类传统电商冲击的是线下百货店和连锁店，那社区电商冲击的就是线下大型超市和传统电商。但是，社区电商至今也没有出现"巨无霸"，这些便利店和夫妻店能否借助社区电商平台成为全副武装的蚂蚁雄兵？抑或永远只是散兵游勇？社区电商到底难在哪儿？又该如何调整姿势前行？

## 社区电商的驱动因素

根据银河证券的数据，2016 年中国社区 O2O 市场规模达到 3599 亿元。社区电商就是其中的社区零售便利 O2O 模式，这种基于移动互联网工具和基于位置的服务（Location Based Service，LBS）技术，将线下实体门店通过移动端与社区用户实现零距离购物、支付体验的消费形态也在瓜分这 3500 亿元的市场。其背后发展的逻辑除了移动互联网技术的发展，更多的是年轻人消费方式和消费需求的转变及零售行业的重构。

### 懒人经济催生的移动消费

在消费端，必须承认，我们正面临一个懒人的世界，生活圈里的便利店对懒人们来说是个遥远的存在，即便距离自己只有 800 米甚至 500 米，他们都能把"买几斤水果"这一行为拆分成下楼—走过去—进店—选商品—排队付账—离开—回家等多个步骤从而拒绝下楼。所幸他们擅长使用智能手机，也养成了随时随地下单的习惯，且具备更强的消费能力，愿意为服务付费。很明显，原来以店为中心、到店购买的经营模式已无法满足当下的消费需求，懒人们需要的是一种全新的即时性、碎片化、集成式的移动消费体验。

## 居高不下的店面成本驱使

在商户端，目前社区零售的电商渗透率不足1%，门店成本却高达20%～30%。在租金和人力成本不断上升的情况下，商品和服务向消费者流动成为大趋势。商户一方面需要虚拟货架来扩充库存，另一方面需要减少店面与人力成本，尤其在门店位置不那么重要的当下。社区电商模式能在线上为商家开设一个虚拟货架，形成对线下店面的补充甚至逐步取代，自然受商户欢迎。

## 原有便利体系的商品结构落后

包括所谓"现代渠道"大卖场在内的原有便利体系，都是传统品牌巨头在垄断广告宣传和货架，也就是消费者并没有真正实现自主筛选商品，而是在零售商和品牌商一起构建的相对封闭的固定空间里挑选商品。而且传统便利店只是响应顾客的即时需求，商品结构的调整相对滞后。但如今消费者的自主性越来越强，需求越来越个性化，如目前卖得火热的"网红商品"便是便利体系无法满足的，当品牌商无法继续完全掌控宣传入口和满足消费者需求，能提供丰富的单品数量的社区电商模式就凸显了自己的优势。

除了上述三个方面，社区电商既继承了原有便利体系零散网店的便利优势，又突破了传统电商只解决横向规模化问题，实现了纵向的社区化，既突破了区域限制从而可规模化，又扎根于区域，实现线上线下全方位互动。因此，在大家都认为社区化和规模化是互联网商务的两个发展方向时，社区电商作为极富创新的商业模式就逐步被公众认识，也使得行业巨头和创业者争先恐后地扎进去，很多社区电商平台获得了资本青睐。

例如，京东除了上线京东到家，也在2015年5月领投了天天果园，据说这次C轮融资达到7000万美元规模。同年12月，九阳股份宣布出资3000万美元增资本来控股。还有由阿里上市后第一批离职创业的高管王永森和邬强强等在2014年12月创立的闪电购，2015年10月闪电购获得由H Capital、顺为基金领投，经纬中国、阿里创始人吴泳铭的元璟资本跟投数千万美元B轮融资。还有宅家里、云厨电商、楼口、即买送、1号店的小区雷购等。

与此同时，也有很多平台的发展并不顺利，它们或关闭服务，或艰难转型，如曾获得 1 亿元天使投资一炮而红的叮咚小区，背靠拉卡拉社区电商身边小店、红极一时的社区 001、顺丰嘿客等。我们在唏嘘之时不禁要问，是什么造成了如此冰火两重天的不同结果？

# 四大命脉，"鱼"和"熊掌"该如何兼得

其实作为商对客（Business to Customer，B2C）电商模式的延展和升级，社区电商不仅需要平台在消费者和供应链两端都有极强的影响力和号召力，也需要平台在规模经济、增值服务等问题上有很好的取舍。简单地说，社区电商考验的就是平台的四种能力：社区规模与城市扩张的运营能力；供应链条的选择和协同能力；仓配系统及最后一公里配送的综合服务能力；可持续发展的盈利变现能力。这四项既关系到平台生死的命脉，又关系到"鱼"和"熊掌"的博弈和取舍。

## 社区规模与城市扩张

社区电商是典型的资本驱动型市场，面对的对手也是具有区位优势的连锁超市、便利店和没有地域限制的 B2C 电商，因此社区电商平台需要庞大的地面网点覆盖、众多的地推配送人员支撑和足够量级的线上流量入口。那么问题来了，具备盈利能力的规模优势的临界点在哪里？何时需要加速扩张？如何控制节奏？快速拓展阶段服务品质如何保证？如何带领和管控短期的员工大扩容？如何保持团队心态平衡？所握资本能否支撑？

目前，在已有的社区电商中，闪电购覆盖了北京、上海、广州、深圳、杭州、苏州等 20 多个城市，1 公里范围内实现 1 小时送达。京东到家则覆盖了北京、上海、广州、深圳、南京、天津、武汉、宁波、成都、西安、重庆等一二线城市，并实现 2 小时内送达。区享则只完成了南京、扬州的覆盖。

城市扩张和社区规模不只考验社区电商的资金实力，还考验创业者对社区电商模式的理解和运营策略。例如，区享采用的是极重自营的模式，因此使得资金压力大，扩张速度缓慢，而且人员流动成本极高。这就要求创业者在规模和核心优势的打造、扩张速度和顾客质量的取舍方面要有一个很好的权衡，稍有不慎，就可能错过发展良机。

### 供应链条的选择和协同

社区电商平台不论做垂直细分产品（如生鲜的售卖）还是单纯的流量分发，都处于产业链的下游——把商品供应商和服务供应商对接给社区的C端顾客，不能或难以保证供应端的品质，因此，社区电商平台需要往产业链上游延伸。

更关键的一个问题是，社区电商平台能否协同好供应链。社区电商平台不但需要提供各类系统工具来帮助供应端提升效率，从而增强对平台的依赖，还需要扩大自身实体门店数量，扩充销售渠道，形成较强的采购话语权，从而加强对供应端的品质把控。因此，社区电商平台能否掌控好供应链就是其成败的关键之一。具体来说，社区电商需要处理好两个关系。

第一，便利店的选择和合作方式。社区内主要分布有连锁直营店、加盟店和夫妻杂货店三类业态。闪电购选择和夫妻杂货店、加盟店合作；楼口则执行"微仓主"模式，通过招募个人店主和实体便利店加盟，从而回避了便利店业态的选择。需要提醒的是，这三种业态有明显的差别：直营店店长的决断权不大，且是"打工者"心态；夫妻店受制于人力，配送力量薄弱；加盟店老板既有通过"触网"来改善经营的意愿，人力也相对充足。只有选择合适的合作方才能真正解决货物仓储、末端配送等难题，因此要谨慎选择。

第二，选品重构商品架构及与线下店面的区隔。作为零售，选品的重要性不言而喻，而且怎样才既能吸引消费者从线下转移到线上下单，又能保证自己的毛利，这个问题很关键，但往往受制于供应链。就像虽然所有的小店都知道水果品类既有购买频次又有毛利，但水果对供应链要求极高，普通便利店不敢轻易尝试。

社区电商平台可以采用"生鲜原产地直采+品牌商"战略合作的形式在每个其所覆盖的城市建立中心仓，并搭建全程冷链，将水果经过筛选，制作成标准产品包装，配送到店，并在线上推广，从而实现比传统水果店更为高效的流转；或者销售"网红"商品等形成品类壁垒和竞争差异，而这些都是学问。像惠民网一样整合农产品原产地、品牌供应商、社区超市、终端顾客等多方资源，打造集产地直采、品牌直销、商超供货、线上商城、便民业务、数据挖掘于一体的全供应链社区电商平台更是一项"内外功"的修炼，难度不可说不大。

### 仓配体系及最后一公里配送的综合服务

社区电商主要以低单价、快消耗、低频次、及时性的商超、水果、外卖等为经营项目，因此考验社区电商的首先是终端配送能力，也就是"跑腿"能力，因为配送人员实际是在干短途物流的活。难点就在于这个配送体系和仓储体系怎么搭建？有人说解决社区配送问题的最好方式是众包与 Uber 结合的兼职模式；也有人说为保障最后一公里的综合服务体验，得自建物流；还有人说得是两者的结合，于是就出现了各类模式。其中各有利弊。

例如，自建物流的社区 001，服务稳定，但要承担高额的成本和一定的风险。利用社区便利店闲置资源来完成配送的爱鲜蜂，资产轻但较难保障服务质量，且同行复制的门槛极低。而京东到家是以"自营+众包物流"来解决末端配送，依靠京东庞大的线上流量和雄厚的资金实力，对接线下实体店。其实仓配体系最重要的因素是社区渠道的下沉和渗透，因为配送体验是社区电商模式的核心竞争力，问题的关键不在于模式的轻重，而是配送体验、体验、再体验。而且必须承认单纯的众包 Uber 形式行不通，仅自建仓储与物流的人力成本就可能拖死创业者。所以，闪电购经过多次探索之后，采取了"店主自送+第三方物流"的解决方案，以达到体验和成本的平衡。

### 可持续发展的盈利变现方式

最后讲讲盈利的问题，笔者始终认为不讲怎么赚钱的商业都是"耍流氓"。社区电商是一项高人力成本、高运维成本、高营销成本和低利润回报的生意。而且社区电商的盈利是建立在标准化快消品配送与大量低频消费的非标服务上的。因此，选品和盈利模式的构建决定了社区电商平台的盈利能力。

社区电商平台和大多数连锁体系一味追求品类最低价不一样，而且不同社区电商平台的营销模式又有差别。例如，京东到家主打具有高频购买需求的蔬菜水果，提供的是生鲜、超市产品、鲜花、外卖送餐等各类生活服务项目，而闪电购采取的是"动态选品，数据做主"的选品模式，以互联网品牌、网红零食、进口商品为主，涵盖了水果、零食、卤味、面包、乳品等符合社区休闲需求的特色商品。随着顾客数量的增加和顾客区域的差别，社区电商面对的是多元化、无序性且符合量子力学的不确定原理的顾客群体，因此，如何在主体业务符合二八原则、个体需求符合长尾理论的指导思想下赚到足够的钱是个难点。

除了交易利差，社区电商还能在哪里"榨出油水"呢？需要再次提醒的是，社区配送实际上是整个社区电商的核心，也是社区O2O的入口，一旦有了稳定可靠的社区配送能力，就可以延伸更多的扩展服务，如送水、干洗、送药等，甚至发展成为平台。在此基础上延展的盈利途径如展示广告收入、供销差价或销售分成、会员储值沉淀资金及B端商户金融服务、商户数据增值服务和系统增值服务等就变得清晰，而且极速配送服务就不再是成本单位而变成了盈利单位，但这一切的前提是有一个很好的配送体系。

综上所述，社区电商平台的四种能力是相辅相成、紧密衔接在一起的，它们既相互支撑又相互影响。这些能力的构建并非朝夕之功，这或许就解释了为什么这个行业还没有出现"巨无霸"。但无论如何，面对千亿级市场，无法满足年轻人新消费形式的商业形态会逐渐被淘汰，积极拥抱移动消费模式的新业态将成为主流。

# 1.3 向死而生的跨境电商还有几道救命符

经历了前几年的高歌猛进，天猫国际、蜜芽宝贝、豌豆公主、55 海淘等各类传统零售商、海内外电商巨头、供应链分销商纷纷完成入局，并加速"跑马圈地"。然而，进入 2016 年，政策波动频繁，中国进口跨境电商仿佛一夜间从狂喜的高台跌落到泥泞的洼地，以 4 月 8 日跨境电商税改新政正式实施为标志，跨境电商开始进入过山车式极速爬坡又猛然坠下的跌宕期。如今政策红利即将结束，残酷的竞争和不确定的外部环境接踵而至，跨境电商还能否重新"拨开云雾见天日"？

## 不同的模式，相似的境遇

在税制改革之前，跨境电商一直享受着政策红利。然而，如今没有了政策的庇护，跨境电商"船破又遇顶头风"，无论何种模式都面临着类似的情况。

### 综合平台型：百花争艳却难以独占鳌头

新政限制的第一对象便是进口 B2C 模式，天猫国际、京东、网易考拉等综合型平台自然是首当其冲。如今这种模式下看似高手林立、百花齐放，但每个平台都不轻松。

首先，这些综合性平台看似都在自有核心优势的基础上建立了独特模式，如洋码头做直发/直运平台，亚马逊海外购、1 号海购采用自营 B2C 模式，网易考拉采用自营直采模式，苏宁海外购采用"自营+招商+承包生产线+类保税店"模式，京东全球购采用海外直采模式。但它们都有自己的"软肋"。例如，亚马逊虽然有全球优质供应链、物流体系和丰富的库存，但跨境电商最终还是要比拼境内转化销售能力和对本土用户消费需求的把握，亚马逊在这方面还是个生手。

其次，第一阵营几大巨头各自遇到了"麻烦"，第二、三阵营的陪跑者更难言轻松。例如，天猫国际虽然开放平台入驻，但其中的国际品牌大多为 TP 代运营，价位高，天猫对品牌端的管控力也弱。尽管号称"已经成为最大的本土跨境电商平台"，但天猫国际并未公布过其营业额，那只能让大众理解为"实在拿不出手"。

再如京东和聚美优品，尽管它们能直接参与货源组织、物流仓储买卖流程，但目前仍受限于品类，且过度依赖爆品，同时还面临极大的资金压力。

尽管网易考拉的自营业务运营得顺风顺水，但供应链过重，反应慢，自营过于依赖现金，导致库存需求大，资金压力大，业务过于依赖国内保税仓储，一旦爆仓会导致所有业务停滞等，问题同样不可小觑。

蜜淘网还未等到这种模式发展成熟就成了"先烈"。回顾这个曾经的行业标杆，出身于天猫的谢文斌创办了蜜淘网后就开始做代购、导购平台，后又定位于"海外品牌限时特卖网站"，并曾在多个领域发起价格战，叫板天猫、京东等，最后却淹没在客户的恶评和极重的平台模式中。

总之，综合性平台只适合那些拥有强大资金和流量的"巨无霸"，但目前看这些"巨无霸"也很吃力，除了需要解决流量、资金、供应链等问题，还需要处理海淘业务和原有业务的冲突，一切任重而道远。

## 垂直电商：小而美的故事还要讲多久

垂直电商大概是跨境电商中最有故事也是最热闹的，从母婴、家具到奢侈品、女性用品，再到欧美、日韩等，每个细分市场都挤满了创业者。垂直电商在2015年之前备受资本关注。进入2016年，这个势头乍一看并没有减弱。例如，2016年2月宝贝格子融资5200万元；专注日淘、走B2B2C模式的豌豆公主在2016年2月获得银泰资本领投的1000万美元的A轮融资后，又在5月拿到1000万美元的A+轮融资，资方包括伊藤忠商社、真格基金、MTG股式会社及银泰资本；同年6月母婴电商贝贝网也获得1亿美元的D轮融资。但仔细算一算我们会发现，2016年的平均单笔融资在3330万美元上下，较2015年缩水了近57%。

祸不单行，税改新政对垂直电商平台的打击也是直接而影响深远的，尤其是化妆品、母婴保健品、轻奢品等品类，这对聚美、小红书、达令等来说可算是一个毁灭性冲击，而扎根母婴类的贝贝网等也因为提价12%而丧失了价格竞争力。反而剑走边锋的豌豆公主逃过一劫，翁永飙这位连续创业者（2000年与当时的3721、伊藤忠商社合资创立了日本的搜索公司——现JWord，后被日本雅虎和 GMO Inc 收购；又在 2005 年 3 月与金山集团合资成立了日本金山）把目光集中在日淘市场上，相继引入 LOFT、Akasugu 等日系品牌入驻，通过直接引入当地知名品牌和签约独家品牌代理的模式保证了货源的真实性，只是随着汇率的不断变化在价格方面难有优势。

当然，在母婴品类方面，贝贝、蜜芽等少数几家垂直电商的发展势头也较为强劲。贝贝除创立"圈儿模式"外也开设了海外购频道，开展跨境电商业务。此前贝贝对外公布完成了 1 亿美元的 D 轮融资及三个业务数字：2015 年交易总额破 40 亿元，月活用户超过 1000 万人，占母婴垂直电商行业 70%的市场份额。但是，如此漂亮的成绩却止不住外界对它的质疑。

总之，跨境电商的垂直模式一边在上演高潮迭出的各类故事，一边在质疑、谩骂、指责中挣扎前进。

### 移动电商：现实和理想总有些距离

移动电商以海蜜、优盒网、街蜜等为代表，更多地采取消费者对消费者（Customer to Customer，C2C），即海外买手制的方式，从品类来看以长尾非标品为主，从形式上看属于达人经济模式，每个买手都是关键意见领袖（Key Opinion Leader，KOL），有着自己的气质和偏好，他们通过自己的强时尚感、强影响力获得认同和分享，在建立个人信任机制后完成商品交易。对于行业，移动电商的贡献是：扩宽了供应链和选品的宽度，也重构了新的商业零售逻辑：从品牌商主导到消费者主导，从生产商单一化到多元化，商品核心竞争力从标品规模化到个性化，情感归属性。而且相对于传统 PC 端电商，这种消费模式更加注重消费场景化和强社交依附性。

然而，移动电商也不得不面临残酷的现实：它们仍然没有摆脱传统的靠广告和返利盈利的模式，服务体验的掌控度也差；个人代购如今还存在法律政策风险；税改新政的实施对其也是一个严重的打击；买手制平台的转化率也低，目前普遍只有 2%不到；而且流量和销售也是遵循"二八原则"，集中在那些优质的关键意见领袖手里，大多数人需要解决如何获得流量、提高转化积累成为意见领袖等问题。即便行业"老大哥"淘宝全球购（目前已和一淘合并）也需要解决商品真假辨认及获取消费者信任等问题。所以看起来很美好的移动电商，才刚刚开始起步。

# 社区电商：几家欢喜几家愁

和海外买手注重达人信息分享类似的还有社区电商模式，如小红书、辣妈帮等。它们通过内容分享/社区资讯引导消费，完成自然转化。它们的优势在于拥有天然海外品牌培育基地，用户黏性高，消费能力强，人群定位精准，平台也有品位，有文化。因为社交就是圈子，所以这种模式是建立在圈到某个特定团体用户的基础之上的。但社区电商天生具有"二律背反"效应，即用户活跃度高，电商就会弱化；电商属性强，活跃度就会下降。而且，这种模式的商品竞争壁垒较弱，一旦有平台内容做得更好，形式更加立体新颖，用户就可能"集体出逃"。

此外还有以 55 海淘、什么值得买等为代表的返利导购、代运营模式。它们希望通过信息导购产生交易行为，然而现实中过时的返利模式和可怜的转化率实在难以让人相信这是桩大生意。

更尴尬的是，绝大部分跨境电商平台营造的都是"海市蜃楼"，终有一天会灰飞烟灭，因为它们的盈利空间来源于产品在国内外进销的差价及海外品牌自身在中国销售渠道的缺失。这实际抢夺的是原本属于海外经销商和国内代理商的利润。一旦品牌商自建渠道，而平台又没建立新的核心能力，就只能沦为品牌商众多销售渠道之一，或者被品牌商抛弃。如今的市场更加扁平化、竞争更加激烈，跨境电商平台利用信息不对称等因素盈利只会是场昙花一现的"春梦"。

## 跨境电商无法回避的"痛"

尽管跨境电商已经遭遇了如上的困境，但在好运来临之前，还有一些无法回避的"痛"。

假货风险

中国电子商务研究中心发布的《2015 年度中国电子商务用户体验与投诉监测报告》显示，2015 年中国电子商务投诉与维权公共服务平台接到的全国网络消费用户涉及电商投诉的数量同比 2014 年增长 3.27%，其中跨境电商投诉以

7.53%位列投诉第三位。这些假货问题集中在品牌授权、进货渠道等方面，尤其是奶粉、纸尿裤、保健品等售假问题最为显著。

### 语言等地域障碍

这主要表现在产品上。例如，从日本直接跨境的商品的所有说明都是日语，有些中国消费者看不懂，万一发生了误用或误食的问题，责任由谁来承担？此外，很多消费者还反馈通过跨境电商平台购物的商品与海外同款商品存在诸多不同之处，如外形不一致、商品介绍文字缺少数字标示、生产公司不一致等，这些问题也让消费者的维权无可适从。

### 货源问题

据了解，大多数跨境电商平台都无法拿到其售卖的所有商品的品牌直接授权，甚至有些品牌相当排斥和平台直接产生联系。于是平台只能去当地的商场直接购买，但这不但增加了假货风险，也加重了供应链的不稳定。翁永飙也曾亲口承认："每个厂家生产的数量都有限，肯定会优先供应日本市场，再由渠道商分配到中国，这样的话，我们货源的稳定性会有很大的风险，尤其是越下游的供应商越拿不到。"

再加上海外货源供应链长，环节复杂，各地区文化和商业环境也有差异，以及关于商品商标在相关国家的适用性问题可能引发的法律风险等，都加剧了货源问题。

因此，境内电商模式走过的路，犯过的错，遇到的问题，跨境电商一个都没少。跨境电商由风头正劲变成了烫手山芋，大有全员唱衰、跌落神坛之势。

## 跨境电商如何绝地反击

如今，当政策红利逐渐消失，跨境电商优势丧失时，以下三招可能是跨境电商绝地反击的机会。

## 告别高成本，启用"直播+电商"模式

或许正如翁永飙所说，"跨境电商最核心的是信息跨境，因为你不认识这个产品，也不知道它究竟好在哪里"，如何打破信息不对等的障碍是每个平台的头号课题。而根据比达咨询的数据显示，2015 年大电商类的新顾客获取成本已经达到 400 元，给跨境电商带来了巨大的经营压力。因此，跨境电商平台要变被动为主动获取新顾客，不妨试水直播模式。

事实上，除了聚美，其他跨境电商已经开始尝试这种模式。例如，蘑菇街宣布将投入 3 亿元扶持旗下艺人；网易考拉海购将直播化运营奉为 2016 年三大战略之一；翁永飙除豌豆公主外，也在日本市场推出了前端类 Instagram 的"红人"电商 Wonderfull；菠萝蜜主打视频直播；亚马逊更是量身打造了《时尚密码现场》直播类节目……

这些模式可分为"网红"类（含明星）直播和互动类直播两种模式，但都是基于用户原创内容（如播客）或专业生产内容（如视频网络、微博），利用直播的方式打造丰富新颖的内容，为平台引流，提高打开率和购买量，这和美拍、花椒等纯直播平台不同，电商+直播就是为了商品售卖。

## 告别爆款标品模式，重视长尾效应

目前多数跨境电商平台依靠爆品、标品，通过"低价""爆款"等活动打开市场，尤其是母婴类电商平台，以致奶粉、纸尿裤等一度成为海外购物的代名词。然而时过境迁，爆品、标品将不再适用。

- 依靠爆品、标品获取的顾客毫无忠诚度，一旦价格战退却，顾客也将大批流失。对平台而言，既没有提升对品牌方供应链的把控力，也没有提升对终端消费者的持续服务能力。
- 境内电商的爆品战略并不适用于跨境电商，因为爆款 SKU 拉量、长尾 SKU 赚毛利的逻辑是建立在多数销售品牌已在消费者心目中有较好认知的基础之上的。如今多数海外品牌的消费者并无太多消费认知，一旦平台方过度使用价格体系，消费者就无法形成正确的价格认知和品牌认知，平台方就只能一直打价格战而培养不了其他商品的正常销售，最后走进"死胡同"。

- 销售热点正在转移。数据显示，和 2015 年母婴商品、保健品销售占比达 50%以上相比，2016 年轻奢品、服饰类占据了"黑色星期五"国内销售的主流地位，营养品和高客单商品将成为新趋势，而且做国外的三四线品牌会更有机会，因为品牌方会认可平台并给予更多支持。
- 消费者需求发生了变化，90 后（指 1990 年及之后出生的人）全面崛起，成为海外商品消费主体，他们追求价值敏感而非价格敏感，也更倾向于更能代表自己的消费主张的海外商品。

## 搞定品牌商大客户，得供应链者得天下

其实跨境产业上游最大的瓶颈还是供应链。例如，几款爆品的品牌商如花王等，国内无法与其直接签约供货，但即便平台用复合供应链来维持货源供应，仍会出现上游供应链不稳定、价格基本透明、无毛利等问题。因此，我们可以看到各大平台都在使出浑身解数。例如，洋码头从一开始就自建贝海国际，介入境外的干线运输环节和跨境的海运、航运环节以增强揽货能力，如今在海外已建成十大国际物流仓储中心；豌豆公主直接拉拢伊藤忠和 MTG 株式会社入股（前者以贸易起家，是日本五大商社之一，后者拥有 ReFa、Style 等美容健康类仪器品牌），还与 Hacci、花田牧场等美容领域和食品领域的高端品牌进行独家代理合作，此外还与品牌方建立"一手价格""批发价""中国独家销售"的合作关系，并采用集装箱统一发至中国；小红书、蜜芽、菠萝蜜、笨鸟海淘等都在积极布局国内保税仓和海外仓；天猫国际采取保税和集货两种模式来提升供应链的效力；等等。尽管方式不一，但胜败的标准还是顾客体验。

总之，进口跨境电商平台要想熬过这个"寒冷的冬天"，需要审时度势，在变化中寻找机会，加速建立自己的竞争壁垒，才可能安全过渡到春暖花开时。

# 1.4　社区共享经济的挑战

这样一个增量市场上并不是人人都能拿到一块香饽饽，太多企业吃到的都是苦头。社区共享经济仍面临着诸多必须面对的挑战，只有真正在关键环节做好了选择，才可能找到成功的出路。

那么，是破坏也是革新的社区共享经济，还有几道坎要过？

随着居民生活水平的提高，互联网惯用的免费牌和低价牌逐渐失灵，同时中产阶级成为消费主力军。

据国家统计局界定，我国城市中等收入群体的年家庭收入标准为 6 万～50 万元，并预测到 2020 年，城市中等收入家庭的收入将占全部家庭收入的 45%。再加上移动互联网的加速渗透，个人生活服务行业在供需两端变革的共振效应下表现出巨大的增长弹性，共享经济开始渗透到理发、宠物、养老、美甲、烹饪、洗衣、家政等更加细分的生活服务领域，于是各类以社区为中心的共享经济模式遍地开花。

例如，不久前 e 袋洗推出了母品牌"小 e 管家"，打造邻里互助共享服务综合平台，向中国社区家庭提供包括小 e 管洗、小 e 管饭、小 e 管遛（宠物）、小 e 管修、小 e 管玩、小 e 管送等日常生活服务。小 e 管家还联合正和岛投资、京东金融等成立了共享基金，第一期募集 1 亿元资金，专门投资可接入平台的社区共享经济项目。

其投资的具体项目有：好好学车（获得 800 万元的天使轮融资），宠物帮（完成了近千万元 Pre-A 轮融资），陪爸妈（获得千万元融资），主打月嫂、保姆和育儿嫂服务的无忧保姆（获得 2000 万元 A 轮融资），以及做上门产后恢复服务的奶牛妈妈（获得 400 万元天使轮融资）和一年获得上百万名用户、已完成四轮融资的回家吃饭等，它们都算发展得顺风顺水。

而另一边身边家政、微洗衣和邦家政 PH+ 等同样专注于社区市场的共享平台在 2014 年先后折戟沉沙，正可谓"一半海水、一半火焰"。如此状况的社区共享经济未来路在何方？

# 是破坏也是革新的社区共享经济

作为一种新型的经济模式,共享经济本身的核心是在供需不平衡的市场中,扩大原本不充足的供给并实现优化资源配置;或者通过扩大优质供给,刺激消费升级新需求。

于是我们看到在消费品市场中,共享经济表现为物品拥有权被使用权替代。例如,当前不一定需要买车,用滴滴打车就能实现轻松出行,这实质是将相对标准的供应物品(或者说库存)的使用权按需分割成不同时间段,从而分别共享给不同且有需求的用户。在社区服务中,共享经济表现出来的优势则是实现独特内容(或服务)共享、趋于零边际成本、满足长尾需求、增加人文关怀等。相对于原有社区服务业,它的革新意义更远不止这些。

### 社区共享经济在长尾需求中实现了目标人群差异化

关于用户,我们可以先看一下成熟地区的数据,据统计,截至 2014 年,美国、英国、加拿大三大共享经济国际分别已有 1.2 亿、3300 万和 1400 万人口参与共享经济。而在中国根据《中国互联网 20 年发展报告》的数据,到 2015年年末,互联网普及率已达到 50.4%,网民规模达到 6.9 亿人,固定宽带用户数超过 2.1 亿户,也就是这些人随时可能参与到社区共享经济中来,尤其当互联网、移动互联网无孔不入地深入社会的各个层面后,人们的生活节奏将越来越快。

从感情到日常生活,"快餐式"似乎已经代表了一切,人情味开始成了稀缺品,人们的时间开始变得越来越值钱,中产阶级更加愿意用钱换时间、换品质生活,于是洗衣、家政、美业、烹饪、养老等都可以通过在 e 袋洗、58 到家、吃吃饭、家政阿姨、河狸家等共享平台上下单来满足个人或家庭需求。这些需求极具个性化且分散,是典型的长尾分布,这让原有的那些只满足共性用户需求的平台既看不上也看不懂,反而成了中小创业者成长的机会。

这些长尾需求的背后是注重品质与人情味的优质消费群体,他们是消费升级的主要源泉。他们不只希望在质量和营养上得到保证,更希望建立一个更加私密温馨的家庭空间,或三五好友或社区邻里或家人老少,建立人与人之间新型的关系和情感,让生活更富有趣味和人情味。这部分人不太在意价格与实惠,而关心情感传递，注重生活品质，更加在意生活态度、价值观是否一致。他们需要的生活空间是一种价值空间，需要环境、语境乃至情景与之匹配，他们有钱、有品位，可以自由追求想要的生活。

### 属地化就业实现最佳人力资源配置

关于就业，我们同样先看一下美国的数据。从彭博（Boomberg）给出的数据看，截至 2015 年 6 月，18～34 岁的人是美国共享经济的主要参与者，接近70%。共享型经济促使劳动参与者的年龄组成偏向年轻化的同时，也扩大了劳动就业的年龄范围。

作为社区服务，人力一直是最大的成本之一，而社区共享经济模式下的新型平台则改变了这一状态，尤其在中国社区和家庭用户的需求和服务一直供给不足、质量也参差不齐的大背景下。

这一方面是因为受计划生育等政策影响，我国人口结构中 40 岁以上的人群已经超过 54%，能够提供生活服务的新生代劳动力存在严重缺口；另一方面是因为越来越多的年轻人属地化就业，异地就业的年轻人逐年减少，外地劳工稀缺成为所有服务型企业的共同挑战。另外，一二线城市由于专业化和工作强度提升，家庭用户对社区生活服务的数量和质量要求进一步提升，30%以上的服务存在供应缺口。

社区共享经济模式的平台则充分利用了当地的闲散人群，如专职太太（部分还有特别技能）、退休人员、爱跳广场舞的大妈大爷、独立手艺人等。他们时间充足，熟悉社区，有交际需求，也相对不太在乎个人收入。这种属地化就业模式不但改变了单纯依赖异地就业、招聘外地年轻人的模式，降低了人力成本，也通过灵活的薪酬降低了劳动失业率，实现了人力优化配置，而且有利于提高用户满意度。这恰好形成了社区服务的成功核心。

### 社区共享经济提升了人的价值和时间，实现了社区社交的本质

社区共享经济面对的是一群经过精选的、追求精致生活的、对一切保持敏感的社会精英群体，也是企业服务中的稀缺资源，是很多品类的主力和先锋人群，同时也是新产品/新服务的率先体验者。他们愿意尝鲜，追求潮流并引领潮

流，乐意接受新型的社区服务模式；他们追求审美，却不是大众层面追求的"颜值"，他们把大众眼里的"符号"看成"生活方式"和"配套"，如私厨；而且他们在社区生活中长期处于相对封闭的状态，亟待走出去加强邻里关系。想想我们有多少人多久都不知道邻居是谁，这与作为群居动物的人类的基本需求相悖。

社区共享经济则打破了社区邻居与邻居之间的社交隔膜，帮助邻居间在相对空闲的时间内实现连接，满足各自的社交欲望。最典型的是社区烹饪，e 家 e 味、回家吃饭、小 e 管饭等通过组织社区热爱生活的美食达人利用空闲时间和厨房资源分享美食手艺，向周边居民、白领等上班族提供私厨美食。

有数据显示，O2O 最大的问题是限制了人的价值和时间，未来服务供应来自邻里的将占据 80%，余下 20% 的服务由专业保姆等服务人员完成。一旦社区的社交能力被释放，邻里之间的情感交流与经济受益将被同步推动。国外类似私厨平台 Munchery 的兴起较为鲜活地表明了其商业价值。

总之，社区共享经济在充分满足个性化、多样化和自由化的社会需求后，在社区服务内又实现了更节约的时间、更优化的资源配置、更灵活的就业，这既是对原来行业的"打破"，也是对行业价值的提升。

## 社区共享经济的挑战

### 规模化与低频次的取舍

作为社区服务业态，一方面需要追求规模化覆盖，提高利润率，另一方面部分项目和细分市场本身不具备高频消费属性，如美发、保洁等，这从美发行业的融资情况就可看出，美发行业基本没有融资，侧面说明投资人对此市场并不看好。因为即便能做到上门美发，一年也不会有几次，如此低频且单笔消费不高的生意，实在难以支撑平台发展。还有部分项目缺乏消费场景，现有线下消费模式本已覆盖且极易替代，如社区购物、美甲、地板打蜡等，在与传统门店争抢客源的同时，还要想方设法提高用户的消费频次及单笔交易额，实在是难上加难。

另外，因为中国社区发展程度差异较大，单个社区用户规模大小不一且几乎各成独立市场，受限于地理位置，就可能出现单个社区市场出现或市场饱和或需求枯竭的情况，从而使得区域市场质量良莠不齐。而所有服务类的关键就在于流量，这对专注于细分领域的平台提出了更高的要求，需要在用户数量规模和变现能力上做好取舍。而大多数企业经常在大和好、长期和短期、多和优之间的选择上走错了道，在低频高价值和高频低价值上选错了路。殊不知，社区共享经济不是单点爆破，而需要线性积累。这和传统的要求海量、快速转化的商业模式逻辑相悖，社区共享经济更在意用户质量而非受众的数量，企业都需要适应从规模到质量的转变。

## 标准化与个性化的博弈

社区服务行业不像 Uber 和 Airbnb，这二者作为共享经济提供的服务——载人和住宿——都是标准化的，并且都是高频需求服务，所以易做到规模化。但社区服务行业大多是难以标准化的，如美容、餐饮多是众口难调，作为平台极可能面临"两头难伺候"的情况，出力不讨好。

其实社区共享经济最大的不确定性就是个性化，消费者的多样化和自由化使得其需求个性化，服务人员因为技能、经验、素养的不同，可能导致提供的服务不一样。

此外，由于只是社区市场，如果基数不大，就可能导致个别用户的个别需求得不到满足。例如，某天你着急买一个电锯，但在社区租赁类平台上显示附近区域可能没有，有的区域又太远，成本就高了；有些东西不需要的时候明明有，真正需要的时候又找不到。因此，作为一项商业活动，社区共享经济模式在标准化求规模的同时还要满足零散多样、非自动化、非规模化的个性化需求，从而让这一模式的风险大大增加。

## 服务体验要求与评价体系失效的尴尬

社区共享经济难以做到完全商业化还有一个原因是缺少有效的评价体系。这一方面是因为交易双方可能是邻居、熟人，生活圈基本相同，低头不见抬头见，因为面子问题难以客观地给出评价，如果顾客对服务不满意，可能就不作评价，如果过得去，就直接给予五星好评，从而导致这样的评价体系失去参考价值。另一方面是因为多数社区产品或服务本身无标准性，而且受到社区社交诚信基础等因素的影响。

如果没有有效的用户评价机制，一旦用户大量涌入，就可能导致服务水平和用户质量的下滑，从而影响用户体验，最后劣币驱除良币。因此，社区共享经济绝非只是简单的上门服务和信息移动化，而是品质和服务的完全升级，这就需要透明客观的评价体系做支撑。

总之，当更富裕、更精明、更个性、更趋于成熟的中产阶级成为主流，价格不再是购买决策的核心决定因素，人情味变得更加"值钱"。我们需要在这个个性张扬的时代、消费者碎片化的时代，用一种全新的方式邂逅消费者。虽然共享经济已快速渗透到交通出行、生活服务、消费品、空间、物流、娱乐、教育等各个领域，但是社区共享经济仍然需要且行且珍惜。

# 1.5 乐视 9·19 跃升第三大电商节后的思考

2015 年的乐视"9·19 乐迷节"让乐视赚得盆满钵满，接着又在香港召开了"超 3 再次颠覆"乐视超级电视发布会，连发 6 款电视新品，赚足了眼球。根据艾瑞 IUT 发布的数据报告显示，乐视商城在 2015 年 9 月 14—20 日的周覆盖人数达到 2069 万人，跻身 B2C 商城前三甲，紧随天猫、京东之后（见图 1），其中 9·19 乐迷节功不可没。如果按单日流量来算，乐视 9·19 恐怕是继天猫"双 11"、京东 6·18 之后的第三大电商购物节。如此神速又如此势不可当，到底是什么发酵形成了原子弹似的爆炸效应，释放出如此巨大的威力？这对行业又带来了哪些启发？

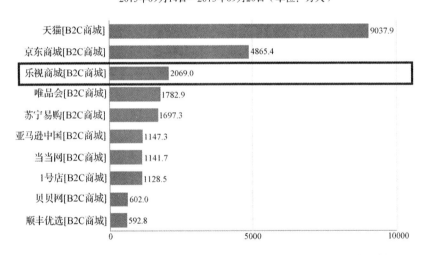

图 1　B2C 商城周覆盖人数排名

## 取消捆绑，裸机量产成本定价模式的思考

尽管大多数人不愿意承认，但作为发展中国家的中国，低价一直是最有力的竞争力，乐视 9·19 乐迷节之所以如此"凶猛"，其重要原因就是"直降 500"

的促销活动，甚至部分产品如乐视超级电视 X50Air 在直降 500 元的基础上，还享受最高千元的福利，另外还搭载会员套餐、配合七场秒杀专场等活动。降价促销释放了巨大的消费需求，也让乐视的这场仗赢得利索。

而乐视之后六款超级电视的发布更让同行大跌眼镜：通过生态补贴硬件，全部按照低于量产成本的模式定价。例如，超 3X50 定价 3499 元，超 3X43 定价 1899 元等，尤其是超 3X40 定价 1699 元，几乎比发布会上晒出的 BOM 成本低了 400 元。此外，乐视还宣布取消乐视超级电视捆绑会员收视费模式，用户可自主选择购买裸机或会员合约机，其中会员合约机每购买一年价值 490 元的乐视全屏影视会员服务，硬件价格直降 300 元，即"一年会员合约机硬件定价=裸机价–300 元"直到硬件 0 元。不管这个取消捆绑、采用裸机量产成本定价的模式是被动的顺势而为，还是主动采取的价格策略，笔者认为这都是在冲击行业的底线，也对乐视自身和同行产生了不可估量的影响。

首先，这种将全球首款生态电视采用裸机低于成本定价的方式建立在砍掉渠道成本、营销成本和不必要的品牌溢价，只通过线上销售的渠道策略上。这既和依赖线下渠道走量的传统电视品牌形成区隔，又建立了价格优势，帮助乐视快速提升自身销量，也对所有捆绑销售的互联网企业形成销售压力，PPTV、微鲸等势必被迫改变原有策略来弥补自身短板。

其次，乐视定价策略的改变建立在丰富的产品线基础之上。随着乐视在硬件等领域不断发力，超级手机、超级自行车、耳机、机顶盒、路由器等智能硬件、充电器等配件及娱乐周边已全面出击。如今，乐视商城已然成为以乐视生态为中心、全产品线的电子商务平台，从而有条件去独立创造一个通过部分产品降价为诱饵、售卖其他产品或服务为主要目的的电商促销节，一可消化库存；二可带动其他产品销售；三可让利消费者，获得口碑；四可抢占对手用户，提升平台增量用户规模，为后期营销蓄力。

最后，乐视取消捆绑的真正武器不是低价或降价，而是在低价之上再做内容，提升产品价值。不管乐视是否真的在硬件上赔本了，但砸钱做内容却是事实。2015 年 9 月 23 日，乐视宣布将 48 亿元的非定向增发中的 40 亿元用于视频内容库建设。尽管以当前乐视的内容收入还不能弥补硬件的亏损，但用低价圈用户、靠内容黏住用户确实最易打动用户。因为用户真正喜欢的不是便宜货，而是占便宜，如此低价还能获得如此多的东西，几乎没人能拒绝。乐视这种宁可赔钱也要圈用户的底价模式直戳消费者内心，并切中海信、创维等传统彩电商城的要害：它们即便能做到低价，也没有内容。

因此，乐视的低价不只是底价，还是直击用户痛点并且是对对手的致命一击。

## "现货+预售"的CP2C 3.0和销售的O2O 2.0引发的销售思考

随着乐视的经营渐入佳境，乐视商城还对其销售模式进行了调整，告别了过去备受诟病的"抢购+预约"销售方式，采取了"现货+预售"、先付先得的众筹营销（Customer Planning to Custom，CP2C）3.0模式，也就是现货开放购买，现货售罄后直接进入预售模式，并按照付款顺序发货，这意味着只要预约付款就能买到货，从而保证消费者都能买到产品。这种模式带来的最直接的影响就是改变了原来的"一机难求"的局面，解决了顾客排队问题，消除了"乐迷"遇到的诸多"不公平"情况，提升了顾客体验；同时完全释放了"乐迷"的消费潜能，让他们尽情地买，最大限度地提升了销售额，乐视甚至可根据预订情况安排生产节奏，实现真正的消费者到企业（Customer to Business，C2B）按需生产。

除此之外，乐视还试图摆脱线上线下互搏、自有渠道和第三方渠道互搏的局面，通过服务补贴合作伙伴的方式实现线上、线下、第三方同价，即所谓的销售的O2O 2.0模式。这无疑是销售体系的"地震"，之前苏宁也试图打破这层禁锢，但真正要实现线上、线下、第三方同价共存共赢，考验的不只是乐视生态系统横向和纵向的拓展能力，还有其对供应链的控制能力。笔者暂且不去预估其结果，只希望乐视能玩好这场左右手互搏的游戏，不管成败，它的经验或教训都值得行业参考学习。

## 生态反哺形成壁垒效应的思考

其实乐视9.19之所以来势汹汹，最大的动能应该是其坐拥4亿名用户、依赖乐视生态体系支持从而串联形成的入口效应。如今由"内容+平台+终端+应用"组成的乐视生态已不是一个新鲜概念，并开始爆发巨大的能量。它既实现了超级电视低于量产成本定价的销售模式，使得乐视超级电视的销量激增，市场份额越来越高，又让电视不只是一台电视，而是一套通过产业链垂直整合和跨产业价值链重构打造的开放闭环大屏互联网生态系统，通过以电视、手机等作为载体，实现与用户连接，再衍生新的服务需求。

此外，乐视生态还使得乐视商城转型成为全球生态型电商平台，这区别于平台电商和自营电商，让产品不再只具备单一功能，而呈多维多元化；也使得平台承载的不再是单纯地销售超级手机、超级电视、超级汽车等智能终端，而是推动乐视生态链中产品和服务等环节的打通，产生更多的连接价值和价值变现形式。

这种垂直型生态更像"八爪鱼"——通过在某一领域形成"垄断"和壁垒效应，再不断"正向叠加"释放生态的力量，最终颠覆一个行业。

总之，9·19 乐迷电商节成为中国第三大电商购物节只是一个信号，或许正如许长虹所说，乐视 9·19 这种模式可以复制到全世界。乐视在集聚了海量用户、实现多样化拼图业务矩阵扩展之后，开始逐渐掌握产业链话语权。这样的生态布局和营销模式是一种盘活并持续提升产品价值的"高阶模式"。当乐视生态开始呈现多维度、多层次盈利能力的时候，留给行业的恐怕不只是思考，更需要加快步子探索出自己的营销模式。

# 1.6　二手电商拯救"剁手党"还差哪味猛药

猎趣曾经在一场"网红"直播活动中一炮而红。映客、一直播两大直播平台上的多位人气"网红"纷纷通过创新定制剧的方式大搞"拯救剁手党",期间猎趣被大肆曝光,好一场秀!这不禁引起了笔者对猎趣及分享经济的兴趣。

分享经济的火热在 2015 年年底大爆发,除了二手车、二手房市场人满为患,各大电商巨头纷纷涌入闲置物品交易这个赛道。如今,闲鱼、猎趣、转转等组成第一阵营,在资本和市场的相互推动下滚滚向前,看起来发展得顺风顺水的闲置电商平台就真的"只欠东风"吗?

## 闲置交易市场依然火爆

中国二手电商并不是突然冒出来的,58 同城、赶集网、淘宝二手及后来的一些垂直二手网站,都曾在天猫、京东等平台的阴影下"苟活"。然而随着移动端应用的深入普及,这些被压制的平台终于找到了突破口,得到了在应用市场上大展拳脚的机会。根据国内应用商店(App Store)数据分析平台 ASO100 对 2016 年 4 月 iOS 平台的闲置买卖 App 的统计,脱胎于淘宝二手的闲鱼以大比分继续盘踞冠军宝座,猎趣、空空狐和转转分列第二至第四名,其他平台也在加速"攻城略地"。尽管"闲置经济"还是原来的经济,市场却已不再是原来的市场。

### 消费升级,共享经济的火热引发了闲置交易的"第二春"

"闲置经济"的火爆,更多的是市场需求的推动。

首先,互联网产业从 PC 端向移动端迅速迁移,传统的跳蚤市场早已淡出人们的视线,手机应用软件成为人们交换二手闲置信息的首选渠道。

其次,共享经济大行其道,拼车、顺风车等共享经济产品加大了人们对共享经济这种理念的认同。这也动摇了过去国人"爱面子"的消费心理,二手交易逐渐成为一种相对成熟理性的消费理念。

更重要的是，这是一个消费升级的全新时代。当下物质极其丰富，"买买买"的"剁手族"和"冲动消费"产生了大量闲置物品，以交易中占比例最高的二手手机为例，每隔 3～6 个月，智能机的功能配置就会"大换血"。据统计，国内每年淘汰旧手机约 3.7 亿部，二手市场就成为最好的流通渠道。

### 营销升级，闲鱼、转转、猎趣各家使出浑身解数

面对依旧火爆的市场，为了抢夺市场份额，各品牌纷纷各出奇招，以提高品牌曝光率和产品销量。

转转的营销手段可谓"老谋深算"：早在 2016 年年初就推出品牌 TVC，由 58 赶集集团首席执行官姚劲波代言，美国当地时间 2016 年 7 月 1 日，在《华尔街日报》上，转转的首席执行官黄炜喊话库克称，"印度帮不了忙，但转转可以"，希望二者能"为这一大事件共同携手"，借苹果、库克来为自己造势。而脱胎于淘宝二手的闲鱼也没闲着，其创始人谌伟业此前就提出"颠覆淘宝"的口号，如今闲鱼在集团内部地位提升，阿里巴巴宣布要为闲鱼投资。而在此前两年，阿里巴巴未曾给闲鱼在市场推广方面投过一分钱。闲鱼前不久又启动了"百城千集"行动，希望在交易密度最高的 100 座城市里举办 1000 场"闲鱼集市"。

而前文说到的猎趣另辟蹊径，利用当下最火热的直播"网红"形式做互动营销，借助互动性极强的"直播+网红"模式为自己"讲故事"。此举一是利用了"网红"的"头部资源"优势，创造电商环境下不曾有过的内容，从而吸引大众眼球并获取经济价值；二是"网红"直播能实时互动，更少粉饰，这种"短兵相接"式的真实效果更能表现出猎趣上闲置商品的"货真价实"，便于顾客获得更有趣味的交易体验。

## 蓝海已来，二手电商急需解决哪些问题

尽管"选手"换了样，但关于闲置电商的问题还是"老三样"。

### 品质问题

二手物品交易是典型的C2C交易，商品质量的界定存在困难，再加上平台

监管不严，信用体系匮乏，假货问题因此泛滥，其中电子产品、手机、球鞋、名牌包袋成为售假重灾区。

作为买家，很难分辨交易的另一端是个人卖家还是专门倒买倒卖的组织，双方信息不对称情况过于严重。

### 安全问题

安全问题又分两个方面。一是财产安全。以往很多支持二手交易的网站和论坛由于缺乏完善的支付系统，常有买家遇到收货与卖家描述不符，想沟通却发现卖家早已卷钱跑路的欺诈行为；也有卖家遇到货品发出却没有正常收到货款的情况。用户的钱财得不到保障，纠纷难以仲裁，是威胁二手经济健康发展的最大诟病。

二是人身安全。据资深闲鱼卖家介绍，一些标注美女写真图片的广告，实际背后有色情服务。

### 物流配送问题

且不说二手商品的卫生、安全性等能否得到保障，仅物流配送就让人头疼。由于商品的特殊性，且交易双方多是零散的个人，因此存在信任问题。而因物流过程中造成的损伤也成为交易纠纷的定时炸弹。

所以，方兴未艾的二手交易市场，仍然有诸多事待解。

## 二手电商应对急需解决的问题的方式

最后让我们看看针对上述问题，闲鱼、转转和猪趣这三家二手电商是如何应对的，以及对行业有哪些启发。

### 闲鱼：以社区带电商，未来成疑

首先，闲鱼将其后台与淘宝订单管理页面直接打通，省去了摆拍、美图的麻烦。

其次，闲鱼建立了以"鱼塘"为基本单位的交易流通制度，"鱼塘"的成立有两种方式：一种是以校园、小区等地理位置为基础；另一种则是以兴趣为基础，将用户串联起来，用社区带动二手闲置电商。

再次，闲鱼通过阿里大数据，引入芝麻信用、淘宝用户等级及新浪微博等社交媒体信息，形成用户信用评判体系，再加上"阿里神盾局"及安全团队的介入，从而降低了平台被不法分子利用的概率。

最后，闲鱼还建立了客服介入机制，但每天海量的交易信息让数据监控部门无从下手，令新型售假者得以浑水摸鱼。

从整体看，闲鱼还是在借用阿里系原有资源为自己扫清道路，但淘宝二手已是前车之鉴，新浪科技就曾报道：很多比如"出售葫芦娃的爷爷""自家养殖恐龙崽"等虚构物品也出现了成交量，这也能做成二手？而且以社区带动二手闲置交易，看起来顺畅，实则别扭，因为社交多在熟人或至少认识的人之间完成，是高频、长时间的行为，而二手买卖多在陌生人之间完成，且是低频、临时性的行为。谁能想象两人正弹着吉他，其中一个人突然说："我把闲置的自行车卖给你吧？"

### 转转：以社交推动二手交易，成败都在社交

转转依托微信账号登录及支付功能，在完成商品发布后，也可利用引导功能让用户把链接分享到微信朋友圈、QQ 空间或微博，这本是转转利用熟人社交来做交易。阿里巴巴旗下的信用评级芝麻信用也已与转转打通，用以识别用户的信用情况。此外，转转还采用用户身份认证、名企认证、名校认证等保证交易者是真实的个人，这更加强调了其自身作为二手交易市场的交易性。

相对于闲鱼的社区化，转转更多的是把过去的二手交易的弱关系升级为强关系。这就如谌伟业所说的："你不会把自己的一件旧衣服卖给朋友，但你会把它卖给陌生人。答案就在这儿。"即便有 58 赶集的海量流量支持，但转转要让二手买卖在亲戚朋友圈频繁发生，至少目前的时机和条件都不成熟。 除非哪天亲戚朋友真能做到"亲兄弟明算账"，面子、感情都不要，这买卖才能持续。

猎趣：体验有余，细节待市场检验

针对品质问题，猎趣作为推出免费验机服务的平台，开通了"平台免费验机"和"官方回收二手手机"窗口，并提供 30 天延保维修服务。在安全方面，猎趣启用实名认证并增加身份证号录入、匹配通讯录好友等功能；还提供微博、微信等第三方登录和支付宝、微信支付功能，将大数据和关系链引入平台以规避部分虚假盗骗的问题。

在物流方面，猎趣独有"一键叫快递"功能。另外"附近"和"同城"功能可实现，轻松交易大型物件。但异地交易的事仍然有待考量。

同时，猎趣还增加了一些小功能，如"砍价"功能可帮助顾客实现折上折；"人为屏蔽"功能可快速屏蔽骗子或骚扰。

除此之外，笔者还发现，猎趣开始涉及新品领域。

总之，在看似风景无限的共享经济大时代，尽管闲鱼、转转、猎趣略占优势，但等待它们的，仍是一场持久战，人们需要一个更循环、更环保的社会，创业者们正在路上。

# 1.7    母婴电商领域不可逆转的大变化

贝贝网创始人兼首席执行官张良伦在 2015 中国母婴行业峰会上分享了"创变者无疆"主题演讲——创造变化的人是没有边界的。这个"变"恰好诠释了母婴电商行业的发展轨迹。从互联网发迹到逐渐移动互联网化，母婴电商行业发展经历了几轮更替，而随着 2016 年二胎政策的正式执行，母婴电商又进入新的增长风口，如今母婴电商、母婴社群林立，再加上母婴品牌商及做内容商的从业者纷纷入局，行业看似一片欢腾。就在这样一个大热的环境里，中国母婴电商具体发展得如何？2016 年又呈现了哪些趋势？

## 母婴电商：红海之中又现生机

随着 80 后和 90 后进入婚育期，带来了第四次婴儿潮，再加上二胎政策全面放开，母婴行业迎来了前所未有的增长。根据艾瑞发布的《2015 年中国线上母婴市场发展白皮书》（以下简称《白皮书》），随着母婴网购渗透率的持续增长，2015 年中国母婴用品线上市场规模已达 3606 亿元。

如此热闹的市场其实也是暗流涌动，经历了多番厮杀。从 2000 年乐友上线 B2C 网购平台开启电商之路，到如今 BAT 大佬高调进入，母婴电商已从起步期经历了 2000—2009 年的快速发展期和 2010—2015 年的黄金爆发期。尤其是 2015 年是母婴电商"疯狂而血腥"的一年。先是 2015 年年初，母婴电商概念火爆，融资过后，各家疯狂烧钱，价格战愈演愈烈。接着进入资本暖冬期，模式不够清晰的企业稍显"疲态"，逐步被淘汰出局，如唯一优品等。到了 2015 年年末，投资方等都意识到母婴电商会重演团购、O2O 的洗牌浪潮，只有少量的母婴电商平台可能胜出，于是各家母婴电商逐渐回归理性，不再妄想用百米冲刺的速度去跑一场马拉松。

所幸，受益于消费升级和中产阶级崛起的人口红利，人们开始逐渐追求有品质的生活，从而引发新一轮母婴海外购热潮，以及以母婴品牌商、母婴社区、孕婴工具类平台、支付物流支持、早教中心、健康医疗等要素构成的母婴线上平台产业链初步形成等，母婴电商在竞争惨烈的红海中又找到一线生机，只是如今母婴电商之间的竞争是钱、人和时间的综合较量。

# 线上电商三大模式的现状

目前母婴行业的线上平台大致可以分为电商类、工具类、服务类、智能硬件类等。其中电商平台又可分为综合电商母婴频道（如京东宝宝、唯品会、我是妈咪等），母婴垂直电商平台（如贝贝网、麦乐购等），母婴垂直社区工具中的导购或电商板块（如辣妈帮的辣妈商城等）以及品牌商和线下零售商的自建电商等。我们重点讲述前三类，以探其行业发展状况。

### 综合电商平台：三分天下，难分胜负

综合电商平台是国内电商的主要力量，如天猫、京东、红孩子、唯品会、聚美优品等，它们依靠在用户端巨大的流量优势和品类协同性及在供应商端的规模采购能力涉足母婴市场，通常采用自营、平台入驻、C2C等形式。据《白皮书》显示，在形式上B2C占主导，京东、天猫、苏宁易购三分天下。例如，2015年1—10月的奶粉线上交易，京东、天猫和苏宁易购交易规模位居前三，分别为40.3%、27.7%和10.9%。同时，2015年1—10月纸尿裤线上交易量以京东、天猫两家为主，占比分别为41.1%、35.2%。

从数据上看京东局部取胜，但借力阿里流量和生态系统的天猫母婴势头也盛，它大量接入品牌商和大型超市，利用菜鸟和支付宝提供物流和支付保障，通过整体数据分析产品品类，容易实现交易闭环。因此，在母婴类目，京东和天猫的竞争在短时间内难分胜负。

### 母婴垂直电商：百家争鸣，各有绝活

母婴垂直电商的表现也十分抢眼，它们围绕妈妈群、妈妈圈为核心的人群并已形成各类模式，如依靠综合电商平台倒流的红孩子、亲亲宝贝，提供多模式、多场景、多品类运营的贝贝，专注于进口母婴的蜜芽，可谓百花齐放，百家争鸣，其中贝贝、蜜芽发展势头较为强劲。

根据《互联网周刊》的"2015中国电子商务排行榜"，贝贝位居母婴电商首位。而在艾瑞的《白皮书》中，贝贝也被称为"一个专业的母婴电商App，自2014年4月上线，发展速度快，目前用户数已超3000万人"。贝贝创立了圈儿

模式，利用社会化营销，结合 3000 多万位妈妈的社交诉求，结成了母婴"朋友圈"。另外，贝贝开设了海外购频道，开展跨境电商业务，匹配用户对海外商品的需求。用张良伦的话说，贝贝在 2015 年经历了四大变化：从流量专家回归到母婴专家，从非标品到标品，从平台到供应链，从国内电商到跨境电商。而贝贝 2016 年的目标更大：超越京东、天猫，成为母婴类目销售额最高的电商平台并实现盈利。

### 母婴社区电商板块：曲线救国也有声量

除此之外，社区类、工具类移动应用产品通过发展电商导流、闪购、商城等相关电商业务，也成为母婴电商市场上不可忽视的力量。它们主要采用独立品牌形式运作，如美囤妈妈、辣妈商城、妈妈购等。它们以停留时间长、黏性高、高频、刚需的社区为入口，为电商引流。如今宝宝树、妈妈网、育儿网、辣妈帮、柚柚育儿等各有拥趸，开拓出一条社区向电商平移的"曲线救国"之路。

2015 年 7 月，宝宝树宣布获得聚美 2.5 亿美元投资，从此这个母婴垂直社区正式加入电商行列。宝宝树目前最大的难点在于如何将社区的用户转化为电商平台的用户，因为社区电商天生具有"二律背反"效应，即用户活跃度高，电商就会弱化；电商属性强点，活跃度就会下降。加上产品监管难等问题，宝宝树是否会重蹈朋友圈微商的覆辙还不好说。

而另一家采用 C2B2C 众荐模式做跨境母婴社区化电商的辣妈商场表现平平，这与其社交基因可能不无关系。社区用户的原始需求在于分享与互动，而电商成功需要流量与转化，社区虽能为电商引流，但辣妈帮上的千万妈妈能否被转化还不好说。

如此看来，2016 年的母婴电商未成定数，电商巨头继续一边消耗平台优势一边与对手做殊死格斗；垂直电商、社区电商或现"马太效应"，拥有独特优势的领先者可能继续领先并与对手拉开差距。以看好中国质造、内贸跨境"两条腿"走路的贝贝网不到两年的发展轨迹为例，再统观整个母婴行业巨大的增量空间，我们可以判断，这个市场早晚会诞生百亿级规模的平台。

## 母婴电商的大趋势

在行业重新排位列队之时，还有些必然的大趋势，它们或许暗示了母婴行业的未来走向。

### 综合电商短期难以撼动，垂直专家模式或有前景

从易观等各类数据中可以看到，从 2013 年到 2015 年，母婴电商 B2C 规模接近 1000 亿元，且以综合电商平台为主，天猫和京东位居前两位，苏宁易购、当当、1号店等紧随其后，综合电商在母婴电商的市场地位短期内不会有太大变动。但母婴垂直电商目前呈快速增长趋势，正在蚕食综合电商的市场份额。这一方面是因为母婴用户更加注重口碑和信任，消费者相对于纯粹产品，更加关注母婴资讯服务，而"社区+电商"的融合，有利于提升用户的参与感，也可以请其他用户提供购买建议；另一方面移动端逐步成为母婴电商的主要流量来源，拥有母婴知识资讯、交流互动的母婴垂直客户端或社区 App 更易集聚具有母婴产品需求的用户实现电商转化。因此，未来母婴电商不仅要得懂电商，更加需要懂母婴懂用户，这恰好构成了新的垂直专家模式。

### 标品是把"双刃剑"，供应链或成制胜关键

根据艾瑞 iBaby 母婴垂直人群的订单监测结果可以发现，童装、玩具、宝宝个护等非标品消费弹性高，受大型促销带动显著；而奶粉、纸尿裤等标准品对促销的依赖相对较小。有意思的是，虽然如贝贝网创始人兼 CEO 张良伦所说，"奶粉和纸尿裤是母婴垂直电商最不愿意销售的两个品类，因为它们不赚钱甚至是卖多少亏多少"，但它们却成了各电商平台的"标配"和"利器"，为什么？原因很简单，奶粉、纸尿裤是刚需，大家都希望通过烧钱借用奶粉、纸尿裤来凝聚客户，积累人气。殊不知，这种靠标准化商品获取的用户毫无忠诚度，一旦价格战退却，用户也将大批流失。更关键的是，流量的变现能力才是决定母婴电商能走多远的决定性因素。而贝贝网从利润更高的非标品入手，构建竞争的"护城河"，相较而言明显更胜一筹。

另外，我们知道产品、价格、服务、供应链能力构成了电商的竞争力，母婴电商更是如此，因为这个行业的安全问题日益严重，标准品品牌垄断，非标品又鱼龙混杂。因此，在国内母婴供应环境下，如何抢占稀缺强势品牌供应资源，拿到持续良好稳定的货源，通过去中间化、降低采购价格并获得品牌授权背书将成为母婴电商平台制胜的关键。

### 品类多样化，跨境电商成标配

随着新一轮的消费升级，中国妈妈们不再只是需要纸尿裤等标准化商品，而开始追求非标准化商品，如泛母婴的童装、童鞋、玩具等，甚至一些泛妈妈人群的品类，如美妆、食品、居家等，这就要求母婴电商逐步实现品类多元化。

母婴电商在发展过程中，也出现了一些问题。例如，产品安全无保障，奶粉经常出现安全问题，导致用户渐渐失去了对国产母婴产品的信任度；各渠道价格混乱，用户老担心被骗等。再加上快速崛起的中产阶级消费人群对价格不再敏感，更加关心品质和安全，对国外母婴产品更有信赖感，于是母婴跨境电商迎来了新转机，如今贝贝海外购、蜜芽等大行其道，天猫国际、京东海外购、网易考拉、洋码头等也把母婴作为重点推介品类。品类较为单一的母婴跨境已经不能满足中国妈妈们的所有需求，未来母婴跨境电商将成为标配。

最后需要提醒的是，在快节奏的当下，年轻父母的时间越来越碎片化，购物场景越来越碎片化，这就要求母婴电商无论哪种形式都需回归到消费者价值和品牌商价值上来，因为只有真正帮助消费者挑选出品质好、体验好的商品，真正让品牌商把商品卖出去赚到钱的平台，才可能实现商业的可持续经营。在2016 年的母婴电商平台中，也只有那些构建了自己的"护城河"、有"造血"能力并最快做到"盈亏平衡"的平台才能够走得更远。

# 1.8　半成品生鲜行业之殇该如何破局

近年来，随着消费者对生鲜食品的品质、安全性、新鲜度等越来越关注，半成品生鲜 O2O 作为生鲜电商的升级版开始引起人们的注意，中小型创业者们更是跃跃欲试，一大批如青年菜君、蔬客配达、最鲜到、新味、绵绵生活等半成品生鲜 O2O 平台如雨后春笋般涌现。

但随着电商巨头的进入和风险投资（Venture Capital，VC）的追捧，该行业似乎提前进入了竞争白热化的阶段并遇到一些瓶颈，创业者们是该激流勇进还是急流勇退？这场生死之仗又该如何打？

## 人头攒动却不温不火的半成品生鲜 O2O 市场

生鲜电商无疑是个巨大的市场，据易观智库统计，2013 年生鲜食品网购交易额达到 57 亿元，同比增速达到 40.7%，2010 年至 2013 年复合平均增长率达到 138.5%。从淘宝指数看，生鲜搜索和成交额同比增长均超过 100%。预计未来 5 年生鲜电商行业增速超过 100%，市场规模大约为 1000 亿元，占生鲜总销售比例的 15%。其中的半成品生鲜 O2O 市场也是趋势发展，哪怕只占其中的 10%，也有数百亿元的市场容量。

其实国外早有扎根于此行业的平台，如美国的 Blue Apron 通过按周订购的模式，每周为用户递送做三顿饭所需的食材和配料，并附上菜谱，目前其月营业收入已达 20 亿美元，这意味着每月配送 300 万份，估值已达 5 亿美元。还有澳洲的 HelloFresh、英国的 Gousto、德国的 KommtEssen 等。

国内也早有创业者进入，并出现了一批表现强劲的创业公司。例如，2016 年年初上线做西餐食谱的新味，配送采用自提式的青年菜君，从准成品家常菜切入针对上海地区配送的最鲜到，以及已获 7000 万美元 C 轮融资的爱鲜蜂等。但更多创业者成了"先烈"。数据显示，目前全国 3000 家生鲜电商几乎无一家盈利，中国零售业生鲜研究中心李长明甚至表示，"99%的生鲜电商都在亏损"，半成品生鲜 O2O 也难逃厄运。

例如，瞄准深圳白领人群，在微信上售卖半成品生鲜的小农女不到半年关张；曾经被誉为生鲜界"黑马"的水果营行，一年内连开 300 多家实体店，最后一夜之间全部关门；拿到 200 万元天使轮投资的社区生鲜电商优菜网沦落到 150 万元寻求出售；等等。各出"悲剧"都历历在目。热闹非凡的半成品生鲜电商背后却有如此尴尬的一面，不禁让人唏嘘。

## 起底行业之殇

行业内外人士纷纷揣测是什么原因造成了如此"火爆"却又"青黄不接"的半成品生鲜 O2O 市场。在弄清楚这个问题之前，我们不妨先梳理一下是什么原因让扎根于此行业的创业者们"集体阵亡"。

### 市场之殇：捉摸不定的用户群体

半成品生鲜 O2O 本身锁定的目标人群大多是都市白领阶层，他们关注健康、经济和卫生，不想在下班后随便点份外卖或吃份快餐来解决吃饭问题，但由于工作忙，他们没有足够多的时间与精力来采购、搭配食材，甚至不懂烹饪。于是，通过网上购买半成品食材，花少量的时间吃上自己做的主餐成为了首选。

从这一点来看，这个市场似乎很大，很容易获得成功，但创业者们忽略了以下几点。

- 这群用户相对分散。一是居住地址的分散，每个小区可能就那么几个有此需求的用户；二是到达时间的分散，人们的下班时间并不固定，从下午 5 点到 10 点，时间跨度大，服务成本高。即便能通过在半路"拦截"，也很少有人愿意放下正在把玩的手机，在下班途中提着一袋菜挤地铁。
- 他们的购买频次不太高，通常他们临时的聚餐和饭局较多，消费行为不稳定。
- 他们的客单价也不高，因为他们购买的本来就是家常小菜，但物流配送的成本不低。例如，小农女团队当时的客单价为 30 元，配送成本却要 10 元左右。
- 他们关心质量，担心安全，忧虑配送，既"懒惰"又"挑剔"，尤其对配送的时间要求高，他们不太可能花费半小时等送菜，也不愿意花太长时间去自提。再加上行业本身目标人群并没有想象中的大，前期还需要培养用户习惯，一旦定位出现问题，就会面临生存危机。

## 物流之殇：高成本的配送

行内人都清楚，国内第一批生鲜电商几乎都败在供应链、物流上。进城难、用地难、通行难、车辆停靠难等成为与"最后一公里"之间迈不过的坎儿。而半成品生鲜成败的关键也在于物流配送。目前行业内主流的做法有以下三种。

- 一对一做宅配。例如，最鲜到通过"众包物流+众包仓储"的无缝衔接，实现了同城半成品生鲜配送的平均时效达到 30 分钟以内。
- 开设实体店或与实体店合作做集中配送。这种做法前期固定成本高，团队管理成本高，而且人效低，限制了城市生意的扩张。
- 在地铁口或社区便利店设自提点，如青年菜君。但据腾讯调研数据显示，71.2%的用户更希望能够享受配送到家的服务。

另外，半成品生鲜的运输仓储成本也高。据统计，冷藏商品的干线运输与仓储成本是常温商品的 4～5 倍，一旦控制不了物流成本问题，就可能像优菜网、谊万家等先行者们一样"耗死在路上"。

## 盈利之殇：捉襟见肘的收入状况

这主要表现在三个方面。

首先，产品售价低且相对透明，利润空间小。例如，绵绵生活菜谱上的香脆玉米烙标价 5 元，即便将这 5 元全当成利润，也只有这么多，而且玉米等食材都很常见，价格透明，如果差价太大，消费者就无法接受。

其次，损耗率高。半成品生鲜由于季节、温度的不同，水洗后更难存储，容易发生变黄、出水、发干、发黑等情况。而且配送过程中因挤压、碰撞，蔬果容易发生挤烂、变形等情况。有数据表明，一般生鲜产品在运输途中造成的损耗率可以达到 10%～30%，而普通商品的损耗率不到 1%。如果配送时间不精确，还很可能造成部分食品不新鲜甚至无法食用。

最后，难以标准化。这一是因为生鲜类食品很难像商超内的标准品那样可以固定克重，顾客只能接受量多，不能接受量少。二是因为网上看到的商品图片颜色鲜艳、大小一致，顾客拿到的却可能颜色不鲜亮，大小也参差不齐，这样的反差极易引起供需矛盾，影响后期销售。

除此之外，还有快速扩张、资金链断裂等原因，导致创业者们对半成品生鲜 O2O 既爱又恨。

## 半成品生鲜 O2O 该如何破局

面对如此现状，半成品生鲜 O2O 又该如何破局呢？我们不妨从以下几个角度出发。

### 众包配送，搭建社区共享新模式

物流优化是最关键的。例如，虽然青年菜君采用用户自提的方式实现了"曲线救国"，但相对电商的配送，这还是有点不太让人满意。洋葱达人生鲜切采用限时宅配（每天仅限于下午 4~6 点配送）的方式，但仍面临高额成本的局面。

对此，众包物流或是一个新的思路，这是共享经济的产物，只利用"社会闲置运力"来实现半成品生鲜配送的模式，如今最鲜到、爱鲜蜂、社区 001 及京东快点等都采用此种模式。

### 扩展销售，创造多样盈利路径

关于这一点，可以做的事情很多，举例如下。

- 打破时间限制。可参照国外推行按周、按月订购的预订模式。让消费者选择预定一周的蔬菜和肉类，然后由社区店按时、定量送至家中，免去了消费者每天每顿饭都要下单的麻烦，也保证了客单量。
- 扩展产品品类。先做好主打菜系，如主打中餐的青年菜君、做西餐的新味、从家常菜入手的最鲜到、从养生汤品切入的绵绵生活等。然后上下延伸，如最鲜到商城增加了加热即食、水果、饮品、零嘴卤味等。这一方面可以使消费场景一致，因为吃完饭后吃点水果很自然，用户还可一站式购物；另一方面也提高了平均客单价，尤其是进口水果、海鲜水产等，利润率高，且购买需求大。像 Blue Apron 除了售卖食材，还销售厨具等产品，国内电商也可参考。国内绿色洗涤、二手房、家政服务等社区服务的延展也有市场，值得一试。

- 优化服务流程。根据标准化食谱提供服务。例如，新味、最鲜到为顾客提供做饭所需的所有食材，做好切配、清洗等前期服务，并配以相应调料后按量包装送货上门。当然，更科学、美味的食谱和提供高品质的新鲜食材是其前提。

- 从个人延伸到企业。例如，此前小农女做的"Farmlink（链农）+ 线下生鲜店"模式，既为周边社区顾客提供自提生鲜，也为中小型餐馆进行配送。专做半成品生鲜的企业不妨也考虑一下中小型餐馆，它们的需求也不容忽视。

## 集中资源强化供应链

供应链考验的不只是资源投入能力，还有整合协调能力，半成品生鲜O2O可重点关注以下两点。

- 集中采购，扩大利润空间。建设生鲜加工配送中心，基地采购、订单农业和产地收购等都可呈现批量优势，降低边际成本。中小企业与其做分散的门店小作坊式加工经营，不如转为原材料集中采购和工业化加工生产，批量集采在提高半成品生鲜质量的同时，还可提升利润率。

- 优化流通链条，保证"快"且"准确"。半成品生鲜统一采购后最好能继续统一运输、统一储存、统一加工、统一配送，并尽可能减少和缩短流通链条，降低损耗。而且因为半成品生鲜商品保质期很短，客户对其色泽等要求很高，所以在物流过程中需要快速流转，做到"快"且"准确"。

总之，半成品生鲜电商上游关联基地，中间控制物流，末端围绕用户群，在降低损耗、提高配送体验的同时还要控制物流成本、提升收益，参与其中的企业需要不断强化自身优势才可能突出重围。而新一轮竞争也将主要围绕目标受众展开，如何更贴近目标顾客，如何形成独有的研发—加工—销售联合体，如何培养忠实顾客，将成为成败的关键。

# 1.9　实体店的春天即将到来，你准备好了吗

"三十年河东，三十年河西。"用这可话来形容中国的"浪潮经济"是再贴切不过的，特别是互联网经济。

当中国电商大鳄马云创办阿里巴巴时，没有人能够预测到其今天的成就，实体店被电商超越甚至几乎被摧毁。然而，电子商务将实体经济吞噬以后才发现，靠信息技术驱动的新商业很快就触到了天花板，原来如果没有坚实的实业做支撑，电子商务也只不过是"空中楼阁"，实体经济才是推动整体经济发展的原动力。

作为中国电子商务的集大成者，一直鼓吹互联网+和大数据的马云终于从睡梦中醒来。2016 年 10 月 13 日，阿里巴巴云栖大会在杭州召开，马云在现场进行了未来商业反思。他认为，打败传统企业的不是电子商务，而是传统思维。马云认为，纯电商时代很快会结束，未来的十年、二十年，没有电子商务这一说，"只有线上、线下和物流结合，才能诞生真正的新零售"。

随着大电商时代的到来，垂直电商将整个电商市场这块大蛋糕瓜分完毕，互联网"赚快钱"的独特方式不再有"风口"。电商在互联网领域的争夺已经趋于白热化，如何为电子商务红海市场供血成为下一次浪潮经济的增长点。因此，电商转实体，打造线上与线下"双线合璧"的全渠道商业模式是必然趋势。

最先意识到这一点的是京东，它先后在全国布局仓储点和自提点，这是电商转实体的雏形。2014 年 11 月 20 日，京东集团全国首家大家电"京东帮服务店"在河北省赵县正式开业，率先提出京东大家电的"最后一公里"服务。目前，京东帮服务店开店超过 1300 家，但其主要是承担物流配送、安装、售后等服务功能。

2016 年 3 月 1 日，京东家电事业部举办"沸腾中国"战略发布会，发布了包括营销战略、服务战略、渠道战略、供应商战略及"只做第一"的全新五大战略。其中，2016 年设立的基于村镇市场的京东家电专卖店计划最受业内关注。京东家电专卖店是直接开展营销平台，目的是彻底扭转农村家电市场价格虚高、货源不畅等难题。

2014 年年底，淘宝在广州开设了首家淘宝体验厅，淘宝会员可以在这里休息，用餐，体验淘宝商品，免费使用 WiFi。2016 年 10 月，苏宁和阿里拟出资 10 亿元成立猫宁电商，将创新 O2O 运营模式，强化对中小型零售商、消费者的服务品质提升。阿里巴巴全线渠道下沉，要让淘宝在中国的农村大地遍地开花。

不仅这两家电商巨头染指实体店，小米、当当、银泰西选、YOHO 等垂直电商均在线下开设实体体验店，其中当当还曾高调宣布未来要开 1000 家书店，足见电商实体化战争早已打响。

事实上，纯电商已是过去时，实体店的春天即将到来。你，准备好了吗？

# 为何电商纷纷转战实体店

当电子商务大行其道，实体店几乎被摧毁。但由于缺乏线下产品体验环节，商业活动由"立体竞争"变成了"平面竞争"，电商反而失去了互联网科技带来的优势，失去了销售与购买本身的价值与意义。

而实体店的天然优势是让消费者近距离接触并直接体验产品，满足消费者的购物欲望，第一时间满足消费者的购物需求，从而使消费者在心理上得到满足。这一点电子商务是无法做到的，因此电商转实体成为必然。除了实体店的天然优势外，还有如下几个原因促使电商转战实体店。

## 电商用户增长瓶颈

中国互联网络信息中心发布的第 38 次《中国互联网络发展状况统计报告》显示，截至 2016 年 6 月，我国网络购物用户规模达到 4.48 亿人，只占中国总人口的 1/3。

电商经过十余年的快速发展与扩张，市场已趋于成熟。但相对于中国的总人口，网络购物用户人数远低于实际，60%的潜在购物用户依然在线下。但网络购物用户的增长已然遇到瓶颈，无法再推动电子商务这艘大船继续快速航行。

得用户者得天下。随着电子商务争夺用户竞争的白热化，再加上垂直电商对用户的深度维护与运营，传统的电商平台粗犷的用户关系管理不再奏效，用户的野蛮生长期已过，无法再推动电商经济大幅增长。

## 商品良莠不齐，合格率堪忧

据 2016 年 10 月国家工商总局公对淘宝、天猫、易迅和京东商城等网上购物平台商品抽检的结果显示，有效送检样品为 497 批次，检出的 172 批次质量不合格商品中，内在质量不合格的约占 93%，仅标志和说明不合格的约占 7%，总体不合格商品检出率为 34.6%。

《中国青年报》的一份与网购商品有关的社会调查显示，在 2001 位受访者中，有 36.5% 对网购商品品质的期望值要低于实体店商品。换句话说，电商平台不能从根本上保障商品的质量，使得消费者的信赖心理被掏空，必然导致电商平台销量下滑，这对小商家的伤害尤其大。

在中国，由于信用制度的缺失，人与人之间诚信建设的错位，再加上线上商品同质化越来越严重，导致中国电商从成立的第一天起就有着先天性的不足与隐痛。

## 电商物流无法真正解决"最后一公里"的问题

中国地域辽阔，地大物博。电子商务在一二线市场已经饱和，而三四线城市和农村市场潜力巨大，还处于蓝海市场。因此，未来如何深入三四线城市和农村市场，将决定电子商务的生死。

这就是京东和天猫拼命打入三四线城市和农村市场的原因。其中京东家电专卖店计划和农村淘宝（淘宝村）就是实例。电商转实体，可以实现对三四线城市和农村市场的深入，实现"买卖平衡"，增强电子商务市场的活力。

从地理因素来看，中国地理分布呈现"三级阶梯"状，沿海城市人口集中，交通便利，信息发达，现代物流可以实现及时送达。而三四线城市和农村市场主要处于中国广袤的山区，具有狭长纵深的特点。那里山高人稀，交通不便，运输成本较高，人力资源不足，这是中国现代物流的一道"天然屏障"，不管是从空间还是时间上，电商物流都很难破解农村最后一公里的难题。

## 低价原罪导致假货泛滥

2014 年 4 月，美国跟踪假冒商品公司 NetNames 估算称淘宝商品中仍有

20%～80%为假货。这一数据让人触目惊心。而典型案例有江苏"8·29"制售假冒国际知名品牌化妆品案，犯罪嫌疑人在淘宝网上开设专卖化妆品网店，香奈儿口红售价仅为19元一支，而正品市场售价为310元，网店售价不足正品价格的十分之一。

在低价的驱使下，不法之徒利用信息不对称和电商平台的管理漏洞，采用假冒伪劣商品冒充正品，以劣币驱赶良币的不法之途，以"超低价"兜售假冒伪劣商品，使得很多消费者纷纷上当。

这种行为导致电商失去了用户的信赖，也使市场失去了公平竞争的秩序。靠低价原罪崛起的电商，一旦被顾客发现，就如打开了潘多拉魔盒，使电子商务无所不能的形象破灭。

### 互联网烧钱模式导致成本节节攀升

当电子商务野蛮生长期过后，电商的营销成本反而不断增长，使得小卖家的成本越来越高，在用户量无法快速增长的情况下，卖家的成本节节攀升，甚至可能远高于实体店面成本。

电商成本主要有四个方面：平台固定成本、运营成本、货品成本和人员成本。有行业专家分析，一家经营得较好的 C 店，年总销售额为 25.55 万元，而其年总成本为 33.88 万元。这其中主要是运营成本、货品成本和人员成本水涨船高，导致出现亏损状态。

如果越来越多的卖家不仅不赚钱，还处于亏损状态，那么很多卖家无疑将抛弃平台。事实上，电商平台上 20% 的卖家占据 80% 的流量，80% 的中小卖家只拥有 20% 的流量。换句话说，80% 的小卖家在烧钱做推广，但不一定能够让消费者真正买单。

### 线下体验回归消费者心理需求

以亚马逊为例，亚马逊旗下拥有 Kindle、Fire TV、Echo、Fire Tablet 等硬件商品。硬件商品更加注重顾客的体验，因此相对于互联网渠道，消费者希望有更多的试用与体验过程，这种亲身体验感是电子商务无法满足的。

亚马逊通过 Amazon Books 渠道进行硬件商品的销售，并使顾客能在门店内得到经过培训的亚马逊专业人员的答疑解惑。这不仅实现了顾客对商品的真切体验，还满足了顾客对线下服务进行体验，使得顾客体验变得有人情味，甚至有故事性和仪式感，从而使顾客心理得到尊重和满足。

淘宝体验厅无疑是在步 Amazon Books 渠道后尘，如前所述，淘宝会员可以在这里休息，用餐，体验淘宝产品，免费使用 WiFi。这样做的目的是通过线下实体店来满足消费者的心理需求。

# 电商与实体相结合的三种模式

综上所述，线上与线下结合才是未来商业的出路，线上渠道化与线下实体化的双重之路刻不容缓。传统的纯电商和传统实体转型电商都必须走"线上+线下"的全渠道之路。总结起来，电商与实体的结合有如下三种模式。

### 电商线下渠道化

这是指传统纯电商要渠道下沉，在抓住线上顾客的同时，还得开辟线下渠道，拓展更多的线下顾客，注重顾客的现场体验感与购物愉悦感。

### 实体店面电商化

实体店具有得天独厚的条件，占据了线下渠道优势，但也应该转变思维，开拓线上渠道，与全面开花的电商公平竞争，不能输在起跑线上，否则将被新一轮的"去电商化"踢出局。

### 垂直电商连锁化

纯电商平台所走的是平台与渠道之路，而垂直领域的电商走的是专业化之路。例如，小米手机起家于互联网手机，如今却在布局"小米之家"，走的就是垂直电商连锁化之路，不仅深耕线上用户，还深入"米粉"一线，进行互动营销，其效果不言而喻。

因此，垂直电商连锁化是未来电商的必经之路。

# 电商转实体背景下应该关注的五个新方向

近二十年来，中国经济在经历了房地产商业和互联网商业两大浪潮的冲刷之后，国家总体经济增长势头逐渐放缓，正在回归正常、健康的经济秩序。特别是在"互联网+"虚晃一枪之后，经济增长点出现了一些新变化。

电子商务是中国"浪潮经济"的一个风口，随着科学技术与信息技术的发展，以电子商务为主的新经济出现了一些新业态和新方向，特别是电子商务对实体店的反哺，以及传统实业与电子商务的不断融合，将给未来新的商业模式和商业形态带来一些新的特点。

## 新技术：人工智能将大行其道

在房地产这一波浪潮中，人力技术成为经济增长点的中坚，为中国 20 世纪 90 年代末期的经济增长贡献了力量。而 2000 年以后，房地产商业浪潮渐息，推动经济增长点式微。而补位上来的是互联网经济，以信息技术为主，驱动经济增长，发展到今天，互联网经济几乎将传统实体经济挤垮。

事实上，互联网只是一种工具，互联网思维只是一种创新，而电子商务只是一种渠道。互联网经济离不开实体经济的底层支持，甚至可以说实体经济是互联网经济的原动力。不过在信息技术的推动下，未来的经济发展靠的是新技术的推动。

例如，以前的互联网技术在移动互联时代都将发生改变，原来以 PC 为主的芯片将变成以移动为主的芯片，原来的机械制造变为人工智能制造，人工智能逻辑将决定社会逻辑的走向，智能机器人将取代人工，从而以新的技术推动经济增长。

## 新制造：大数据决定小制造

过去制造业追求规模化效应，在管理上讲究规模化、标准化和程序化，这使得过去的制造业以产品为中心，往往忽视了消费者真正的需求。而未来的制造讲究的是智慧化、个性化、定制化，注重以顾客为中心，制造顾客贴心、个性化的产品，以满足顾客需求。

未来的技术革命是人工智能革命，未来智能机器将决定新的制造是基于大数据化运算的制造，原来的 B2C 制造模式将彻底走向 C2B 模式，即定制化的改造，按需定制。换句话说，未来大数据决定小制造。

### 新资源：无边界融合经济的新驱动

在房地产浪潮经济中，石油、煤炭、钢铁等资源占据主导地位；在互联网经济浪潮中，信息技术和资金流占主导地位。但未来的经济发展是基于人工智能、大数据和融合科学技术等新的能源推动，这些新能源将在各行各业起主导作用，甚至没有边界。

### 新零售：全渠道销售降低商业风险

"未来没有电子商务"这一说法确切来讲并不准确，而是线上、线下和物流将实现无缝对接，产生一种新的"类电子商务"的新零售：整合渠道和资源，实行全渠道销售，消灭库存和资源浪费，让库存管理得更好，让企业的库存降到最低，实现利润最大化。这使传统零售行业与互联网电商又能处于同一条起跑线上。把握未来的新技术、新制造，利用新金融、新资源，走"产销合一"的战略，降低成本，开辟新渠道，将有助于未来企业的健康发展。

### 新金融：基于信用与公平的金融体系

金融是经济发展的命脉。在过去 200 多年间，金融被控制在国家和大企业等 20% 的权利主体手中。但随着经济社会的发展和金融体制与机制的变革，金融公平逐渐公开，新金融形态逐渐明晰，80% 的中小型企业、个性化企业也能共享金融实惠。

新金融注重的是制度的公平与信用。以前的中小型企业、创新创业者的设计思考由于制度原因很多都没办法完成，新金融希望解决的事情就是让制度更加透明和公平。真正的互联网金融的诞生，将能创造真正基于信用的金融体系，产生一种真正的普惠金融。

因此，在新金融体系下，改变思维，以积极的姿态迎接新的金融秩序，对新兴经济体至关重要，特别是传统实体的复苏，更需要新金融的支持。

# 转型全渠道要注意的几个关键点

不管电商实体化还是实体电商化，都无一例外要开拓渠道，挖掘潜在顾客，转型全渠道运营，最终目的是追逐利润的最大化。但要实现利润的最大化，不仅必须在全渠道运营上下苦功夫，还从以下几个关键点入手。

### 产品人格化设计是基础

随着大众消费观的不断更新，消费群体不断分层，用户对产品的要求越来越个性化和自我化，因此产品应该根据用户需求进行设计、生产与销售。特别是要尊重和满足用户的个性化、差异化的需求，以用户为中心，制造用户贴心、个性化的产品，让用户感受到使用产品的满足感。

### 顾客的极致体验是保障

顾客是企业的衣食父母，用户体验与口碑才是企业成功的法宝。线下实体店的同质化营销与同质化竞争，已经无法满足顾客需求。在电商与实体互相融合的时代，实体店与电商的营销方式各具特点，但万变不离其宗。特别在价格越来越透明的今天，只有让顾客感受到贴心的服务、极致的体验才能使产品溢价有空间。

在这方面，苹果手机的体验店是打造贴心的服务、极致的体验场景销售的先驱。后来者小米之家走的也是这条路，让先体验再购买，用极致的体验留住顾客，为顾客创造独特的差异化感觉。

实体店可以为顾客创造独特的购买体验，从服务体验和产品体验上实现差异化竞争，这将是未来竞争的角逐点。

线下实体店的服务创新要求想顾客之所想，将服务向销售的前后端延伸，不仅要提供超前的产品，还要提供优质的售后服务，赢得顾客的芳心，才有可能立于不败之地。

### 新技术跟进是驱动力

未来社会不再是劳动密集型驱动的社会，也不是蒸汽机和石油时代的原动力社会，而是需要靠人工智能、信息技术推动的新时代。不管电商实体化还是实体电商化都是在新技术变革的大背景下向前发展的。

在未来商业中，人工智能特别是机器人将逐渐取代人类劳动。例如，新制造将使用智能机器人，物流运输将采用无人机，店面管理与线上管理将采用大数据处理。

转型全渠道本身就是一项复杂烦琐的大工程，更加注重线上与线下的协同，光靠人工逻辑可能无法应付，还需要运用人工智能逻辑进行管理。因此，跟进新技术是未来商业发展的驱动力，否则将被时代抛弃。

不管你承不承认，纯电商时代已是过去时，实体店的春天即将到来。你，准备好了吗？

# 第 2 章

# 金 融 革 命

## 2.1　网贷进入下半场　谁能打好风控这张牌

作为当前互联网金融市场最重要的分支之一，网络借贷已进入"短、平、快、准"的移动互联网时代，不论传统银行、消费金融公司还是 BAT 巨头、P2P等互联网金融平台，都在觊觎这块大蛋糕。在经历了数年的快速成长后，网络信贷开始两极分化，并逐渐形成"几超多强"的局面。那么，在网贷整体进入下半场的时候，谁才是决定生死的力量？谁又能打好风控这张牌？

### 野蛮生长过后，移动互联网贷款面临大考

我们知道，互联网金融其实经历了两个阶段的发展，先是单纯互联网渠道与金融机构产品的对接，然后是互联网公司开始搭建独立的数据和风控系统，结合线上独特的信用审核体系来进行全新的线上生态金融服务，并将互联网贷款、理财、支付等各个层面囊括进去。其中的互联网借贷在经历了数年的野蛮生长后，也开始进入行业沉淀期，各平台面临生死大考。

一方面，行业整体进入增速放缓、风险增加的瓶颈期。尽管根据有关部门预测，2014—2019 年中国消费信贷规模将维持 19.5%的复合增长率，但小贷公司日益艰难却成了不争的事实。2016 年 4 月 25 日中国人民银行发布的《2016年一季度小额贷款公司统计数据报告》显示，截至 2016 年 3 月末，全国共有小额贷款公司 8867 家，贷款余额 9380 亿元，一季度人民币贷款减少 23 亿元。以广东省为例，小额贷款公司有 434 家，而我国小额信贷联盟理事长杜晓山此前

曾在公开场合表示，目前广东省正常经营的小额贷款公司不到 100 家，其中有增量业务的小额贷款公司只有 50～60 家，个别小额贷款公司的不良贷款甚至超过 50%，全国其他地方也是如此。另外，也有数据显示，小额贷款公司业务规模近年来已从高峰时增长 98% 降至不足 10%。

另一方面，传统小额贷款市场的锐减并没有让所有依托互联网技术发展的互联网贷款平台都"坐享其成"，互联网贷款平台也开始出现两极分化、几超多强的局面。典型的是个人对个人（Person to Person，P2P）网贷在经历了前期的跑马圈地、烧钱营销之后，模式逐渐分化，一大批平台被迫转型或退出，而那些专注 P2P 网贷的规范平台也将迎来好时光，陆金所、人人贷、宜人贷等已组成第一阵容。而 P2P 模式之外的信贷平台，目前已集结了以微众银行微粒贷、蚂蚁借呗、京东金条等为首的巨头，尽管行业内出现了飞贷、招行闪电贷等竞争者，但行业窗口期已过，后来者进入机会不大。

## 当前互联网信贷平台三大巨头的比较

互联网信贷瞄准的大多是中小微型企业和个人，一是因为这些企业体量大，中国有 5000 万家以上的小微企业，占企业总数的 99%，个人体量更大；二是因为这些主体最需要信贷服务同时也最难获得信贷服务，传统金融寡头既看不到也看不上。于是互联网巨头相继进入这个万亿级市场，纷纷发力网络信贷领域，笔者这里从渠道、数据和技术上尝试分析一下微粒贷、蚂蚁借呗和京东金条的优势。

首先，在渠道上，蚂蚁借呗和京东金条类似，都是基于电商场景。只是蚂蚁借呗背靠的是阿里巴巴整个生态系统，而京东金条倚仗的是京东电商平台。和传统银行不一样的是，蚂蚁借呗和京东金条的金融帝国是以支付为入口，借由消费者各类购物消费等支付场景来实现现金流转，最后过渡到借贷业务上。这个场景也较为顺畅，但要求不断开发新的场景来扩大借贷业务。而背靠另一互联网巨头腾讯的微粒贷一方面也依靠移动支付场景，借助微信支付和手机 QQ 支付；但另一方面，与蚂蚁借呗和京东金条不一样的是，微粒贷背后的支撑力量还有腾讯系两大国民社交平台——微信和手机 QQ。如今支付宝、微信支付已成为移动用户首选的第三方支付工具，而且微信支付借助社交红包大有赶超支付宝之势。它们所构建的线上线下场景虽是其他互联网金融公司所不具备的，但其强劲的引擎在于消费服务场景，转接到消费信贷容易实现，至于能否顺利转接到企业借贷上，还有待考量。

其次，在数据上，微粒贷采用的是用户邀请制，在符合当期授信条件的用户中随机筛选出白名单用户并邀请使用产品。据悉微粒贷的白名单规模目前超3000万人，并在逐步开放中。而白名单的建立依靠的是中央银行的个人征信数据和互联网大数据。这些数据既包括公安数据、学历数据、人民银行征信数据等第三方客观数据，也包括交易数据和兴趣爱好、人口学特征等网络行为数据。这是微粒贷征信系统的基础。如今微粒贷用户只需要一键点击"借钱"，系统就会在几秒钟之内判断个人信用情况，并给出一定的借贷额度。

再看蚂蚁借呗和京东金条，它们主要依托的则是电商数据和支付数据。根据阿里巴巴2015年第四季度的财务报告，2015年阿里的商品交易总额达到2.95万亿元，占据90%左右的网络零售市场。庞大的用户消费数据成为蚂蚁金服借以开展金融服务的基础。京东金条依托的是"白条"的大数据模型和信用评估体系，面对的是有现金需求的"白条"用户。关于数据优劣，我们稍后细说。

最后，在技术上，三大平台也是使出浑身解数。阿里依托阿里云服务，将其作为蚂蚁金服的底层基础，并实现金融应用系统的构建，蚂蚁金服系的借贷自然会受蚂蚁金融云和阿里云的影响。腾讯则以"连接一切"为目标，一直试图打造开放平台，发挥"连接器"作用，故微粒贷是在多类渠道、流量入口、平台模式下的产物，连接器背后的技术支持也不可忽视。京东自然不甘示弱，凭借其浸淫多年的电商经验和技术积累，意欲分一杯羹。

这三大平台在渠道、数据、技术上各有优势，但本质上它们最终较量的还是风控能力，因为借贷仍是金融行为，金融的关键在于其风控系统尤其是信用风险模型的精准度，其中渠道影响用户质量和获客成本，数据来源影响征信和风控体系的准确度，技术则决定了风控模型的科学性。

## 决胜之战，到底谁能打好风控这张牌

既然征信和风控体系是决定互联网信贷平台能走多远的核心因素，那到底谁在风控上会略胜一筹？我们不妨做个对比。

首先，我们要确认借贷领域的风险，主要为两类。

- 欺诈风险，这是主观预谋的，属于犯罪行为，这种风险的防范要靠事前模式识别和事后的信息共享及执法。
- 信用风险，这受人的行为模式左右，模式的改变需要有主观的认识和有意识的纠正。

然后，我们从用户感知比较深的借贷额度、效率、感知体验等维度做比较。

在借贷额度上，蚂蚁借呗的额度是 1000 元～50 万元；微粒贷则为 500 元～30 万元，且单笔最高可借 4 万元；京东金条最高可借款 20 万元。

在时间效率上，微粒贷和蚂蚁借呗均规定：所申请款项 3 分钟内到账。其中微粒贷授信审批时间仅需 2.4 秒，第二次借款资金到账时间则只有 60 秒。而京东金融旗下金条则为 30 分钟内到账。在实际体验上，三者放款时间差不多。

在体验上，三者差别较大，各有优劣势。

最后，让我们看一下决定风控的两个核心要素：信用体系，这主要看数据来源及构成；综合评级体系，即风控模型及其体系。

我们先看京东金条。京东金条依托的是京东金融现有的大数据模型和信用评估体系，这是基于大数据、厚数据、动数据的风险管理体系，采用的是差异化的授信和利率定价方式，也就是信用良好的优质京东白条用户更有机会开通京东金条。目前京东金条已经与上海银行联合授信，共同为用户提供现金消费信贷服务，只是在合作中用户运营和风险把控方面仍由京东金融主导。

而蚂蚁借呗则是借助芝麻信用，构成芝麻分的五个维度是：信用历史、行为偏好、履约能力、身份特质和人脉关系。而且芝麻信用分在 600 分以上、个人信用好的用户，更容易获得开通蚂蚁借呗的资格。

作为微众银行旗下的贷款产品，微粒贷用户是通过"白名单"筛选出来的。其中白名单筛选机制是传统评级方法和最新机器学习技术相结合的产物，也就是基于大数据进行分析、筛选，再通过信用评级方法完成白名单筛选。微粒贷的整个风控理念是在传统数据+互联网数据基础上建立的传统金融风控体系+互联网风控体系，最终实现了纯线上即时放款，随借随还。根据微粒贷官方公布的数据，截至 2016 年 5 月 15 日，累计发放贷款超 400 亿元，总授信客户超过 3000 万人，贷款笔数 500 多万笔，不良率仅为千分之几。

总之，未来互联网金融的增长驱动力将从单纯的理财端转向信贷端，而在信贷端，市场竞争的核心将从外部走向内部，包括用户体验、风控流程、技术安全保障等。只有那些注重内部修身（建立数据和风控模型）、打造核心内部驱动的平台才可能笑到最后。如果一定要对这三个平台的竞争结果做一个预测，虽然互联网大数据风控时间短，还需要验证，但在 BAT 巨头中，笔者认为腾讯携支付数据和社交数据于一身，似乎更有潜力。

## 2.2  收益率的调整催生了理财新常态

号称"史上最严"的银行理财新规将使银行理财产品投资范围缩窄，获取高收益项目的空间也更小。而另一端，2015 年 7 月 18 日《关于促进互联网金融健康发展的指导意见》出台后，P2P 网贷行业成为理财的话题王，陆金所、人人贷等第一梯队平台备受关注。

但与资金滚滚涌入形成鲜明对比的是，2016 年上半年网贷行业综合收益率持续下降。根据网贷之家公布的数据，2016 年前 6 个月，网贷行业的综合收益率分别为 12.18%、11.86%、11.63%、11.24%、10.96% 和 10.38%。其中多数平台都降息一至两次，降息幅度为 1%～2%，降息成为 P2P 平台的主旋律。

面对新规即将出台，降息成为"新常态"的"非常时期"，理财平台和普通老百姓又该何去何从？

### 降息背后隐藏的原因

回答这个问题之前，我们需要先搞清楚为何会降息，以及降息和新政对公众理财和 P2P 等理财产品有何影响。

根据《P2P 网贷行业 2016 年 6 月月报》数据显示，如今低息平台占比持续上升。综合收益率介于 8%～12% 的平台占比为 41.15%，占比环比上升了 2.06%；综合收益率在 8% 以下的平台占比为 8.64%，占比环比上升了 1.15%。

如果仔细分析我们就会发现，收益率下调实际上是收益合理化的表现，这既是理财市场的大趋势，也是多重因素共同作用的结果。

#### 宏观经济处于 L 形左侧，探底仍在进行

当下中国的经济走势呈 L 形且正处在 L 形的左侧，这已成为行业人士的共识。

甚至还有一些脑洞大开的人演绎出 L 形走势的四种写法："逐级下台阶"

式、"躺着的 L"式、"断崖下跌"式和"深不见底"式。

但不管是哪种 L 形，中国的经济运行都不会是 U 形，更不是 V 形，这就意味着中国经济既不会大起大落，也不会断崖式下跌，更不会深不见底，而是柔和地完成经济下行，并在底部波浪式夯实基础，最终步入新的发展状态。

在这样的经济形势下，企业扩大再生产意愿会有所降低，融资需求也会减少。再加上全球相继掀起降息浪潮，中国央行多次降准降息，以增加市场流动性，于是整个理财市场收益下行成为"新常态"。以余额宝为例，七天年化收益从刚推出时的 7%左右已经下调至如今的 2.36%左右，P2P 业务自然也不会例外。

### 货币宽松政策下市场利率下降，社会融资成本已经走入下降通道

从 2014 年 11 月至今，央行共降息 6 次、降准 6 次，市场利率降至历史低位。而且分析师指出，2015 年第四季经季调的环比经济增速会降至 6.3%，央行可能在第四季降息 0.25%，下半年还会降准两次。

好消息是，央行降息降准后，受益的不仅仅是股市，P2P 理财平台也将获得利好，因为如宝宝类理财产品收益的不断下调必定会导致资金外流，从而刺激消费或带动其他理财产品的销售。

而 P2P 理财项目期限相对固定，且收益不像货币基金那样受市场和政策影响随时产生波动，因此，双降政策对 P2P 理财的收益不会有太大影响。只是货币政策宽松导致利率下降，借贷成本也随之降低。对 P2P 平台来说，资产端的借贷成本下降，资金端的收益率自然也会小幅下调。

### 顺应监管潮流，收益趋于理性化

一方面，银行理财新规预示着包括 P2P 在内的理财将面临更为严格的监管；另一方面，全国范围内的互联网金融领域专项整治活动正式拉开序幕，"合规调整，稳健发展"成为行业主旋律，所有理财产品都在自查自检，积极建设合规体系。

尤其是 P2P 行业，在之前爆发了几起较大的恶性负面事件后，P2P 问题平台数量居高不下，监管层整治势在必行，而整体收益率下降成为顺应行业监管潮流的必然举措。

从当下看，多重监管和降息潮虽对部分平台造成了一定的冲击，但这是良币驱除劣币的必经阶段，P2P 将继续两极分化。

事实上，"中国网贷评价体系"课题组最新发布的 2016 年第一季度的网贷平台综合实力评价排名与评级报告已经证明，除少部分平台大幅增长外，多数平台的成交量和借贷余额增长情况低迷，甚至出现大幅下滑。其中 30 家平台中有 17 家成交量下滑，最高降幅超过 47%。此外，一季度有 14 家借款人数下降，12 家投资人数下降。而且陆金所、人人贷、翼龙贷以高分位列前三，并与后面的平台差距拉大（见表 1）。

表 1　2016 年第一季度 P2P 平台综合排名公示（2016.06.03 发布）

| 平台名称 | 综合得分 | 综合排名 | 平台名称 | 综合得分 | 综合排名 |
|---|---|---|---|---|---|
| 陆金所 | 86.77 | 1 | 投哪网 | 67.63 | 9 |
| 人人贷 | 84.80 | 2 | 拍拍贷 | 64.33 | 10 |
| 翼龙贷 | 82.35 | 3 | 积木盒子 | 62.77 | 11 |
| 微贷网 | 76.71 | 4 | 信而富 | 62.15 | 12 |
| 宜直贷 | 75.04 | 5 | 开鑫贷 | 62.12 | 13 |
| 玖富 | 71.83 | 6 | 人人聚财 | 58.99 | 14 |
| 有利网 | 70.00 | 7 | 爱投资 | 58.80 | 15 |
| 小牛在线 | 67.73 | 8 | | | |

以人人贷为例，截至 2016 年 8 月，人人贷 WE 理财累计交易额已经超过 190 亿元。2016 年上半年，人人贷借款成交金额同比增长 44%，这和人人贷 WE 理财大数据完善的风控体系和小额分散的风控机制不无关系。

这又一次证明，在风控方面具备完整的事前、事中、事后控制体系，能根据大数定律逐步将客户风险进行分散，最终保持总体风险可控并符合监管、顺应潮流的大平台，才是 P2P 行业发展的主流。

### 民间资金涌入，但优质资产依然稀缺

如今老百姓的投资理财意识逐渐加强，理财不再只盯着银行。随着降息和新政的出台，原有的银行理财、货币基金等稳健类的理财产品收益率都跌破新低，股市和债券市场双双式微，于是部分避险和闲置资金就会流向 P2P 等投资渠道。

尽管 P2P 平台的收益率在下降，但相比其他理财产品，其平均收益率仍然

比较高。而且一旦大量资金涌入 P2P 行业，再加上当下优质资产依然稀缺，原本利用高收益吸引投资者的手法就会被平台方逐步抛弃，降息自然成为必然。

### 缓解成本压力和实现可持续经营的驱使

看似风生水起的理财行业，实际上真正盈利的平台很少，有分析人士估计不到 10%，大多数平台还在"活下去"和"抢座位"中挣扎。当初的烧钱模式已不再适应资本寒冬，而扩充规模、打造品牌又会增加运营成本，在这关键时期，通过降低收益率来缓解成本压力是很多平台必然的选择。

此外，通过降息，平台可加速获取借款人和借款用户，在降低了个人和中小微型企业融资成本的同时，也能帮助企业自身转变策略，摆脱恶性循环，探索健康可持续的发展模式。最直接的表现就是降息可为平台带来更多的资金，由此加强风控水平，从而保障投资者的利益，减少投资者的风险，这对 P2P 平台及其投资者来说，都是利好。

因此，降息和新政对 P2P 等理财平台及其用户而言，短期内可能使收益下降，但从长远来看，各类理财平台势必从泡沫化向规范化过渡，从高息揽客、快速做大的互联网思维，向全面把控风险、回归合理收益水平的金融思维转变，这既是迎合监管所需，也是整个金融行业的大势走向，是发展普惠金融的关键一步，P2P 作为其中的一分子必然参与其中。

## 如何在降息趋势下趋利避害

既然我们清楚了降息新政的原因和利弊，那接下来就让我们看看如何才能趋利避害、保本增收，尤其是在各类宝宝产品、P2P 平台、BAT 及传统金融巨头争先抢夺用户的当下。

### 重新调整预期，力求收益合理化

最高人民法院已经划定了民间借贷的利率红线，那些打着高息的幌子非法集资的平台也被陆续披露。当降息成为理所应当，作为普通投资者首先要做的是识别各类理财产品，尤其是鱼龙混杂的 P2P 产品。

尽管我们知道那些不合规的平台将渐渐退场，但我们仍然需要分辨，陆金所倚仗平安的强大背书和多年的金融行业沉淀一骑绝尘，人人贷 WE 理财携手中国民生银行正式上线资金存管业务，翼龙贷、微粒贷、红利创投各有优势……

但是，这些看似风光的平台，背后却潜伏着巨大的隐患，如 2015 年 12 月底成功登陆纽交所的某贷款平台，尽管它是中国首家在海外上市的 P2P 平台，但其多重业务难分身，目标用户分散且需求差异性大，这些都将增加其业务风险。

因此，我们要合理调整自己的收益预期，尽量使收益合理化、现实化。在高收益和高风险之间选择那些用户体验好、品牌实力强、风控体系完善的第一梯队平台。BAT 的余额宝、蚂蚁金服系等，尽管利息不高，但稳妥方便，也可考虑。

总体来说，因为收益合理化是对用户根本利益的保障，理财投资本质上仍是金融行为，安全性仍是投资者在理财投资时需要考虑的首要要素。

### 摒弃侥幸心理，警惕高收益平台

现今"收益畸高"几乎已成问题平台的代名词，收益越高，越存在不可忽视的隐患。投资者不应只凭收益高低选择平台，不要有侥幸心理。"中国网贷评价体系"课题组提出目前 P2P 平台信息披露存在的主要问题有以下几个。

- 平台股东或实际控制人信息不详。
- 项目借款信息不全或不予成交前披露。
- 运营数据残缺，运营报告形同虚设。这主要表现在：喜欢炫耀成交资金量，不提借贷余额；只提注册人数，不提实际投资人数；只介绍投资人情况，不提借款人情况；拒绝披露不良贷款的数据。

因此，投资者在做 P2P 理财投资时，既要准确评估自身的风险承受力，尽量选择口碑好、运营规范的平台，又要对行业监管动向保持密切关注，提前规避潜在风险。

### 分拆鸡蛋和篮子，巧妙完成跨平台、多周期的投资组合

央行降息，是为降低社会融资成本，传导到投资理财市场，除了整体利好

楼市外，对银行理财、股市、债券、基金、"宝宝"、P2P、黄金商品等也都产生了或多或少的影响。

但这不是让投资者停止投资，而是要避免盲目投资，在确保投资平台相对安全的基础上，投资者可以适当建立跨平台、多周期的投资组合，在获得高收益的同时，分散投资风险。

- 了解投资规律，用好长短周期式的组合。例如，长周期的产品通常要比短周期的产品收益率高，因此在做资金流动性安排时，可适当选择一些中长周期的标的产品投资。
- 选择跨平台组合理财，充分利用各个平台不定期推出的理财活动，提升自身投资组合的总体收益率。
- 巧妙搭配平台的新旧理财产品和利用平台营销增加收益。例如，为吸引宝贵的新鲜血液，几乎所有的 P2P 平台都有针对新用户的新手标，这类新手标的收益率一般会比普通的高出 1%～3%。因此，适当选择一些没有投资过，但资质不错、口碑较好的平台进行"打新"，将有利于提升收益。也可参加平台的节日、纪念日运营活动等，利用这些例行福利也可以增加自身收益。

最后，仍需要强调的是，投资风险不可能完全避免，投资者需要在风险和收益之间找到平衡，只有那些建立了正确的投资理念，掌握了完善投资技巧并善于利用第三方平台提供的资源和信息的投资者，才可能在投资收益率普遍下滑的市场环境中坐享安全与收益。而各类平台与投资者更是"同生共死"，需慎行。

# 2.3　互联网保险独立代理人于保险业是助推还是拆台

如今的互联网保险无疑是互联网金融领域最亮丽的风景之一，据《2016 年互联网保险行业研究报告》显示，2015 年，互联网保险整体保费规模达到 2234亿元，同比增长 160.1%，2016 年中国互联网保险市场增长率有望达到 50%。如此巨大的增量市场，也引来越来越多的互联网公司加入其中，截至 2015 年，经营互联网保险业务的企业已超过 100 家。但行业也开始出现鱼龙混杂、良莠不齐的情况，多家机构"无证驾驶"多年，游走在监管边缘。就在互联网保险即将结束野蛮生长的时候，互联网保险也呈现 2B、2C、互助保险三种模式三分天下的格局。那三类模式如今发展得如何？新进入者还有无机会分一杯羹？

## 2B 模式：演好中介这场戏

2015 年 7 月，中国保险监督管理委员会（以下简称保监会）印发了《互联网保险业务监管暂行办法》（以下简称《办法》），《办法》非常明确地将互联网保险中介纳入保险机构的范畴。而互联网保险中介通过新的服务方式改变了过去传统保险设立门槛低、良莠不齐的市场形象，赢得了更多新生代消费者的青睐。或许正如腾保保险首席执行官李政君所说，"介于目前国内用户还未形成主动买保险的习惯，所以还不能去中介化，未来几年通过中介销售保险还是有很大市场的"，因此越来越多的互联网保险公司逐渐集结成 2B 大军，它们扮演着保险经纪人的角色，或做工具，或做平台，并出现了一批如慧择网、开心保、腾保保险等平台。

以腾保保险为例。作为 2014 年保监会清理整顿保险中介市场后全国第四家获得经营保险代理业务牌照的互联网保险平台，腾保保险成立于 2015 年 10 月，2016 年 4 月获得全国保险代理牌照，并于 5 月完成由盛山资产领投，治平资本、All in 资本跟投的数千万元 Pre-A 轮融资（半年内完成两轮融资，第一轮获得了PreAngel 数百万元的融资），其创始人和核心管理团队来自阿里巴巴、恒生电子、中国平安等，创始人李政君曾就职于阿里巴巴，是草根投资的联合创始人兼首席执行官。他们定位于做类中介，模式上以保险 SaaS 平台为切入点，整合传统的保险中介代理机构，通过大力发展线下机构，为全国所有的线下保险代理机构提供互联网服务，做展业工具、客户管理、延伸服务的保险公司的代理人及线下传统机构的管理员、业务员等，其核心产品"奥福保险"为保险机构、个人保险代理师、保险客户提供基于 SaaS 平台和对商户开放的保险服务，以实现互联网保险"最后一公里"的布局。其中 SaaS 平台主要针对代理人机构，是对传统保险代理机构业务管理系统和行销系统的整合，并提供移动管理和营销支持。这样做在提高机构管理人员的效率和展业效果的同时，也有利于吸引更多的机构代理人入驻平台，通过生态群为代理人提供增值服务。

这是在国内保监会等相关部门整理保险代理业务牌照的背景下用互联网思维做保险的产物，也是当前主动买保险的用户不多，保险依旧是一个卖方市场的产物。但 2B 模式让区域性的小保险公司不再需要设置大量分支机构就能走出去的同时，也把负担转移到了自己身上，需要搭建线下线上销售和运营网络，从而加大了自己的资源投入。再加上主要服务于中小型保险机构，虽然业务量大，但通常都是低客单价、高标准化的碎片化产品，盈利空间受限，若要快速成长，必须开发新的保险产品或盈利业务。

# 2C 模式：需在火箭式增长和盈利中找到平衡点

2C 模式实际包括直接面向用户的销售保险和互助保险。以众安保险为例。众安保险的纯 C 端保险因有互联网技术的介入，可收集海量客户信息，通过运用大数据分析等技术，对客户的差异化特性、风险取向等进行研究，从而推出更具个性化、更契合客户需求的新型保险产品。2015 年 6 月，这家成立仅 17 个月的保险平台获得了 57.75 亿元的 A 轮融资，估值达到 500 亿元，短短两年多，众安保险已经由 2015 年同期的阿里电商一条业务线，拓展至现在的 9 条业务线。截至 2015 年 12 月 31 日，众安保险累计服务客户数量超过 3.69 亿人，保单数量超过 36.31 亿份。如今众安保险的业务经营范围包括：与互联网交易直接相关的企业/家庭财产保险、货运保险、责任保险、信用保证保险，短期健康/意外伤害保险，机动车保险（包括机动车交通事故责任强制保险和机动车商业保险等）。

然而，看似运营得顺风顺水的众安保险难逃"赔钱赚吆喝"的行业命运。根据众安保险 2016 年第一季度的财务报告，公司首季亏损近 4 亿元。其中保险业务收入由 2015 年第四季度的 8.789 亿元下跌至 6.044 亿元；净利润由 1.138 亿元下跌至-3.817 亿元；净资产由 2015 年第四季度的 69.383 亿元下跌至 65.546 亿元。尽管内部把亏损原因归结于投资、技术创新投入及在人员配置上投入的大量财力，但业内人士更愿意把众安保险的亏损原因归结于其盈利模式不清晰。这是 2C 模式的通病，尤其在车险领域。车险的微利经营局面既是政策主导，也是市场竞争所致。众安保险与中国平安推出的保骉车险虽已入局，但因众安保险作为互联网保险公司难以进行线下布局，互联网业务本身体量轻，但车险需要就地服务，从而使得效果大打折扣；而且众包保险业务增长过度依赖退货运费险，其他保险业务目前又未成规模，所以盈利难测。众安保险现状如此，更不用说其他 2C 平台了。此外，2C 模式仍然面临着风控体系建设不足、客户成熟度低、产品生命周期短、相关政策法规待完善等问题，其未来的发展还有待验证。

## 互助保险模式：趋势明显但在法律监管下前景扑朔迷离

互助保险是指投保人在平等自愿的基础上，以互相帮助、分摊风险为目的，为自己办理保险的活动。简单来说就是均摊式的互助。例如，平台内有 1 万名会员，若有 1 人患重大疾病，则每名会员均摊 30 元，即可凑齐 30 万元互助金用以帮助该患者。6 月 22 日，保监会批准信美人寿相互保险社、众惠财产相互保险社和汇友建工财产相互保险社（以下分别简称信美相互、众惠财产、汇友建工）筹建。其中信美相互初始运营资金最大（10 亿元），而且是唯一一家寿险相互保险组织，由蚂蚁金服集团、天弘基金、国金鼎兴等 9 家公司发起设立，主要针对发起会员等特定群体的保障需求，发展长期养老保险和健康保险业务。

在互助保险领域，近几年国家政策已经出现利好倾向，并因互助保险可快速汇聚海量会员，大幅度降低成本，满足多元化的保险需求，从而表现出独特的发展活力和竞争优势。可以预见，未来随着相互保险组织的增多，相互保险将提供更加专业化、差异化、特色化、多元化的保险产品和服务。但是，互助保险仍存在诸多不确定性因素。

● 相关法律尚待完善。虽说保险监管部门对相互保险和互联网保险都持看好和支持态度，也出台了一系列相关的文件，但具体涉及相互保险的相关法律还远远不够，相互保险的发展还需要保险法、税法、公平交易法及财务制度等法律和法规的规范。

● 会员存在一定风险。国外相互保险的会员多基于"熟人社会"，如相近的职业或共同的居住区域，这可降低相互保险经营的监督成本，从而提高相互保险组织经营上的效率。而国内通过互联网聚集的会员来自五湖四海，会员力量分散，潜在风险不易被相互保险组织知晓，从而不利于相互保险组织的管理和会员的筛选。

● 仍有欺诈风险、非法集资隐患。相比传统的保险营销，互联网的相互保险营销监管更加困难，保监会发布的风险提示"近期发现有关人员编造虚假相互保险公司筹建项目，试图通过承诺高额回报方式吸引社会公众出资加盟，涉嫌严重误导社会公众，扰乱正常金融秩序，可能给相关投资者造成经济损失"，就是例证。

以上三点，再加上信息安全风险等问题，互助保险还有很长一段路要走。

# 后来者的机会

正如上文所述，三种模式都将一边解决当前问题一边快速前行，后来者只有遵守行业游戏规则，顺势而为，才可能获得差异化发展。那么，它们的机会到底在哪里呢？

### 碎片化的场景创新

保险业是一个典型的跨界行业。这就意味着后来者要想做保险业的增量市场，就应该充分利用场景创新寻找空白市场。这是因为不同场景下的保险产品实质是保险生活化，场景化已经从渠道变革延伸到产品变革，未来场景嵌入将成为新的竞争门槛，越来越多的保险产品将为场景定制。

众安保险一直从产品角度突破外延线从而创造了淘宝退货运费险这种嵌入淘宝电商平台场景的碎片化产品。众安保险开放平台 2014 年仅有 3 个场景，到了 2015 年有 12 个场景，而后将继续拓展并涵盖 O2O、旅游、物流、视频、食品餐饮、移动医疗等各个领域，中小型创业者也可尝试从某个细分市场切入。

### 与传统保险的角色分配

中小互联网保险平台和后来者的创新应该建立在与现有保险机构合作的基础上，在不忽视保险机构重要性的同时加强与保险机构的合作，与传统保险机构分配好角色，确定好定位。这一是因为即便互联网保险在总保险销售额中的比例在高速增长，其绝对值仍然较低；二是因为传统保险机构仍有优势，如受制于用户习惯和需求，高客单价格的人寿险产品仍在线下，线上的保险渗透率仍需加速提升。

腾保保险以保险 SaaS 平台为切入点，整合传统的保险中介代理机构和场景App，以旗下的奥福保险为依托，搭建了一个庞大的线下+线上的销售网络，并借助线下分支机构为全国所有的保险机构提供 2B 服务。截至目前，腾保保险已覆盖 9 个省级分支机构，50 个地级市分支机构，并与人民保险、中国平安、中韩人寿、中华联合财产、信泰人寿、阳光人寿等多家保险企业达成合作。这种通过重点打造互联网保险设计、保险销售、保险服务等互联网功能，用全新的保险模式服务于保险代理师、保险机构、保险客户的模式正好扮演了传统保险机构的左膀右臂的角色，两者互不排斥，较少冲突，互利共生。后来者要想站稳脚跟，应学会先服务好传统保险机构是关键一步。

### 服务中的各种细节

随着消费升级，人们购买保险产品的主动性增强，因此，丰富保险客户购买渠道，提升互联网保险各项感知服务，建立快速的理赔和售后服务响应机制等都将变得越来越重要，这也是行业新人和中小型机构的机会所在。比如慧择保险网就是一家普通消费者可直接在线投保货物运输保险、意外保险、旅游保险、家庭财产保险等险种的平台。

总之，互联网保险发展势不可当，三大模式也会继续发展，中小型创业者更需摆好位置，方有机会在这块大蛋糕中分得一杯羹。

# 2.4 大考在即，互联网保险该如何突围

从 2011 年的 32 亿元到 2015 年的 2234 亿元，互联网保险保费规模只用了 4 年时间就实现了 69 倍的增长，这种井喷式的爆发，让众人咋舌之余也吸引了越来越多的人挤进互联网保险这个圈子。仅 2015 年一年，就有超过 30 家上市公司宣布发起或成立互联网保险企业。到了 2016 年，互联网巨头也依托自身的优势纷纷加入。混战在即，谁能扶摇直上？谁会抱憾出局？面对巨头们的联合绞杀，中小型创业者该如何突出重围？

## 突飞猛进后，互联网保险进入临界点

2016 年 6 月 6 日，蚂蚁金服保险和第一财经商业数据中心联合发布了首份互联网保民报告。报告显示，截至 2015 年年末，互联网保险的保费规模达 2234 亿元。截至 2016 年 3 月，互联网保险服务的用户已经超过 3.3 亿人，同比增长 42.5%，互联网保民人数已经是股民人数的 3 倍，是基民的 1.5 倍。这一方面是因为理财型保险产品在第三方电商平台等网络渠道开始爆发；另一方面则是因为保险公司越来越重视互联网渠道，尤其是中小型保险公司开始转战互联网，以寻求新的市场空间。

与此同时，资本也开始盯上这块香饽饽，数据显示，截至 2015 年，互联网保险公司共发生 23 起融资事件，融资总金额超过 70 亿元。其中，融资金额达到百万级规模的有 10 起，达到千万级规模的有 8 起，达到亿级及以上规模的有 5 起，共有 8 家互联网保险公司获得第二轮及以上的投资。这些公司集中在上海和北京，北京有 8 家，上海 11 家，深圳 3 家，其他地方 3 家。

关注互联网保险这个"风口"的不只是风投领域。百度、阿里、腾讯、京东、携程、去哪儿等互联网公司，三泰控股、腾邦国际、京天利、焦点科技、高鸿股份、银之杰等保险外的上市公司，以及保险公司和保险中介公司也都纷纷染指互联网保险，一时间行业一片欢腾。

但从数据中可以看出，即便互联网保险在总保险销售额中的比例以每年

160%的速度增长，其绝对值仍然较低，且行业进入爆发式增长的临界点，并开始出现各类模式发展不均的情况。

首先，已经开业的互联网保险公司业绩已出现明显分化。财产保险公司原保险保费收入方面，截至 2016 年 2 月底，众安保险为 39211.58 万元，泰康在线为 171.88 万元，安心财险仅为 0.47 万元。而截至 2015 年年底，众安保险、泰康在线的原保险保费收入分别为 228304.23 万元和 43.57 万元。

其次，主流的互联网保险业务模式有传统保险公司官网，如平安保险官网；险企第三方平台运作的淘宝旗舰店；第三方综合电商，如网易理财、京东金融；网络兼业代理，如携程、去哪儿；垂直保险电商，如开心保、慧择；新兴的互联网保险公司，如众安保险 6 种模式。以众安保险为代表的互联网新生保险公司，因其产品适合碎片化和长尾保险产品，并有互联网场景支撑，发展迅猛；开心保等垂直保险电商作为保险公司和保民的纽带，一边为终端客户提供丰富的产品，一边提升保全、理赔等服务，优化产品组合，衍生个性定制产品，从而越来越受欢迎。

## 传统的模式和优势面临考验

就在大家对蓬勃发展的互联网保险的未来翘首以盼时，整个保险环境和生产法则正在变化，原来保险产品的关系和逻辑、原来的模式甚至优势都发生了剧变。

### 用户的获取、销售的渗透：方向决定模式

在用户获取和销售模式方面，原来保险公司主要依靠电话销售，主动找保险公司或代理人购买保险的人并不多。现在传统保险公司动辄数万人的销售团队越来越吃力，成本逐年上升。如果按照用户行为，可将用户分为主动购买和被动购买两类，针对被动购买型用户，主要使用 B2B 模式，依赖强有力的运维服务，借助代理人和强大的机构分销平台扩大业务。但互联网保险模式更多的是针对主动购买型用户，使用的是 B2C 模式，搜索引擎、天猫和京东的店外店及品牌口碑传播，都会影响用户购买保险。因此，原来以被动购买为主或只是把互联网简单地作为一个销售渠道的模式的处境越来越艰难；反之，那些针对主动购买型用户的 2C 类互联网保险项目开始蓬勃发展。

### 场景、客户流量都不是"免死金牌"

场景、用户积累、巨大的流量一度被认为是互联网企业进入这个行业的优势，但结果证明，只有这些并不管用，原因如下。

- 传统保险公司主动变革的意愿低，目前能提供全国性保险产品的保险公司只有几十家，车险市场更是被三大保险公司瓜分了9成以上，这些公司目前每年都能实现100%以上的业绩增长，他们躺着也在赚钱，就不会愿意把渠道主动交给互联网企业。
- 互联网线上客户倾向于购买低客单价、高标准化的碎片化产品，如短期理财险、车险、意外险等。开心保的境外旅游险、众安保险的退运费险等颇受欢迎，但高客单价的人寿险产品线上的销售渗透率很低。
- 一些互联网保险产品打着"创新"的名号，开发了一些类似"太阳险""鞭炮险""失恋险"等奇葩险种，这更多地被看作营销噱头而非创新可持续销售的险种。
- 当互联网趋势不可逆转，保险服务和产品设计、精算才是保险的本质，那么依赖流量的电商网站思维模式很容易陷入单纯引流的尴尬境地，逐渐失去话语权，而风控体系、产品创新体系甚至产品线的延伸等仍是重要支撑。

### 政策红线、盈利陷阱，不得不提防

也有人希望开发一个类似折扣保险或特卖保险的产品，完成"漂亮逆袭"，殊不知，保险业如今仍是一个严格监管的行业，保险是不能有折扣或保费返佣的。例如，市场化改革前的车险在保险条款、费率、渠道价格等方面都有严格规定。监管层一直在关注互联网保险中不规范的现象。2016年4月1日，保监会有关部门下发了《建议关注互联网公司涉嫌非法经营保险业务存在的风险》，称微信公众号"保保集微服务"发布的"夸克驾车风险互助计划"，涉嫌非法经营保险业务，可能侵害消费者利益，扰乱车险市场经营秩序。这就要求互联网保险从业者厘清"法"与"非法"的界限。

此外，保险公司还面临盈利模式单一的问题，原来的盈利主要来源于保费扣除赔付率的利润，以及运用保费投资，靠资产运作产生的利润。美国最大的保险公司伯克希尔利用保险业务所产生的大量浮盈资金，并购投资诸如美国运通、可口可乐、吉列富国银行等众多大型公司实现净利润复合率 19.7%，净利197 亿美元。平安集团也是依靠保险再延伸至信托、银行、证券、资产管理等金融业务。但互联网保险企业作为保险业的"新人"，对这一系列运作都较为陌生，要尽快上手恐怕也不容易。

总之，现实和理想总是有距离，一帆风顺的互联网保险业，也不是所有参与者都能乘风破浪，获得成功。

## 乐观而谨慎地对待机会，惊喜随处都在

当前，螺旋式增长已是互联网保险的常态，而场景创新、产品创新、后期服务既是考验从业者和从业企业的难题，也是促进其发展的机会。

### 创新场景仍然可以发现空白市场

保险业的特殊之处就是它的非独立性。例如，健康险与医疗行业紧密相连，车险和汽车后市场相连，理财类寿实质也是以保险为基础的理财财富管理。保险业是一个典型的跨界行业。这就意味着互联网保险要做保险业的增量市场，就应该充分利用场景创新找空白市场。这首先是因为消费市场需求的多样性能萌生新的保险需求，其次是如今国民保险消费意愿由隐性变为显性，消费主动性、频次和金额都在提升，而不同场景下的保险产品实质是保险生活化，场景化已经从渠道变革延伸到产品变革，越来越多的保险产品将为场景定制。

因此，在场景创新中，互联网保险企业可以往以下方面延伸。

- 开发互联网生态保险，如阿里的退运险就诞生在它的电商帝国中。
- 场景保险直达用户。例如，开心保为穷游、蚂蜂窝、惠租车、十六番等5000 多家合作方定制专属保险，因为这些平台构建的场景让保险和用户直接接触，可实现去中介化。
- 关注小额、高频、碎片的保险。如众安保险与小米公司合作的手机碎屏险、网购的退运费险等。

### 回归服务，让用户不再是一个保单号码

随着消费升级和用户主动购买保险产品，拓展互联网保险线下终端服务，丰富保险客户购买渠道，建立快速的理赔和售后服务响应机制将变得越来越重要，这也是行业新人和中小型机构的机会所在。如果说开心保规划在 2016 年开设 20 家城市分公司是在扩展线下渠道，那么在众安保险的微信公众账号中，只需 25 元就可以买一份航空延误险，如飞机延误 2 小时以上，航空延误的赔付会自动打入微信红包中，这种理赔自动化则是在缩短服务流程。开心保也构建了类似的"微信自助理赔"，而在它的"快捷服务"体系中还有"保险快选""7×24 小时保险咨询""2 小时保单极速变更""快速保全"等内容，这些服务的目的都是完善服务和建立客户信任。

### 借助大数据、人工智能等，塑造独特竞争优势

传统保险销售缺乏大数据分析支持和互联网保险运营理赔服务能力，而互联网保险可以在大数据、人工智能技术上发力，塑造出独特的竞争优势，依托大数据的精准性、动态性及在此基础上构建的风控体系，结合传统保险企业的精算资源优势来提供更贴近消费者需求的保险服务。前面说到的开心保和众安保险的"微信自助理赔"就是利用大数据和人工智能直接提供服务，使用户更易感知。

未来大数据、人工智能的作用主要是预测风险，包括预测相关性的结构化数据和预测未来的非结构化数据。人的思想就是非结构数据，当收集了一个人的相关数据时，就可以预测他的行为。例如，客户喜欢开快车，雨天保险公司就会提醒他规避风险从而减少赔付。这是在利用数据进行风险测算。

总之，互联网保险正处于发展和巨变中，目前还未呈现一家独大的局面，相信更多的互联网保险以各种方式"飞入寻常百姓家"后，人们的生活还会有更多变化。

# 2.5 渠道、数据、区块链技术：谁是网络信贷市场的制胜因素

2016 年 5 月，"让未来发生——第一财经技术与创新大会"在上海召开，其中"金融科技与区块链"圆桌会议作为重头戏之一，陆金所、蚂蚁金服、飞贷金融科技、万向控股等企业领导参与了讨论。过程中，蚂蚁金服副总裁、首席科学家漆远指出，渠道、技术、数据是被业界广泛认可的互联网金融"三板斧"，也是相比传统金融更有优势的地方。但是，在互联网金融的细分市场——网络信贷，这三个因素是否还是优势？谁又能起决定性作用？如今网络信贷已衍生出很多产品，除P2P外，还有蚂蚁金服的花呗、飞贷、微粒贷等，甚至百度钱包也开放了贷款业务。在众多网络信贷平台中，谁又能占据优势？

## 渠道之争：场景重要还是定位重要

众所周知，互联网信用贷款瞄准的多是中小微型企业和个人，中国有 5000 万家以上的小微型企业，占比 99%，个人更不必说。这些主体是最需要信贷服务，同时也最难获得信贷服务的，因为传统金融寡头既看不到也看不上它们。传统金融机构之所以对它们"不感冒"，其中最大的原因就是渠道效率的问题。作为金融产品，借贷需要通过渠道得以开展。传统金融机构的渠道效率较低，这就决定了其客户吞吐量有限，因此它们只有提高单位客户价值方可获利。

而网贷平台恰恰具备渠道优势，因为渠道就是互联网金融平台所构建的各类场景，互联网虚拟的各类网络是极好的渠道。在这里，我们暂且不论 P2P 业务，而将网贷平台设定为 P2P 以外的业务模式。下文以蚂蚁金服、微粒贷、百度钱包及飞贷为例，前三家依附 BAT；后一家快速成长，从 2016 年 4 月的全球移动互联网大会到 2016 年在贵阳举办的国际大数据产业博览会，再到 2016 年的第一财经技术与创新大会，该网贷平台表现积极，时常被媒体定义为手机App 贷款的"黑马"。

先说蚂蚁金服系，蚂蚁小贷是蚂蚁金服为小微型企业和网商个人创业者提

供的小额贷款产品（还被称为小微贷、借呗、蚂蚁微贷、阿里小贷等），蚂蚁花呗是蚂蚁金服推出的消费信贷产品，也就是前者面向企业，后者面向个人。蚂蚁金服系背靠阿里巴巴的整个生态系统，由软件直接进行放贷，能够应对海量的客户吞吐量，而且这种操作方式的效率远远高于传统金融机构依靠人工进行征信、放贷的方式。和传统银行把支付作为最基本的盈利点不同，阿里的金融帝国是以支付为入口，借由消费者的各类购物消费支付场景来实现现金流转，最后过渡到借贷业务上。

因此，蚂蚁金服的借贷业务依附阿里的电商场景，在交易中完成闭环。而且在这个过程中，一笔交易可能产生多重效应。例如，每笔使用支付宝的交易，将为阿里电商和支付各贡献一笔交易，还可能成为借贷业务的一笔交易，从估值角度看，一笔交易就可以赚三份估值。这个场景也较为顺畅，但要求不断开发新的场景来扩大借贷业务，这就解释了蚂蚁金服为什么要让已经下线好几年的口碑网再次"复活"，作为"衣、食、住、行"中频次最高的"食"，口碑网的复活就是为了丰富"食"的支付场景。

腾讯的微粒贷、百度的百度钱包与蚂蚁金服系类似，也是依靠移动支付场景转移至借贷业务，只是微粒贷依靠的是财付通及其微信支付，这二者背后是以微信和 QQ 为首的社交帝国，如今微信支付大有赶超支付宝之势；百度钱包则依仗 O2O，百度糯米、百度外卖等成为其主要支付场景。如今支付宝、微信支付和百度钱包已成为用户覆盖率最高的第三方支付工具，并在移动支付领域呈现出三足鼎立之势。只是 BAT 所构建的线上线下场景虽是其他互联网金融公司所不具备的，但其强劲的引擎在于消费服务场景，转接到消费信贷较为直接，至于能否顺利转接到企业借贷上，一切还有待考证。

与 BAT 场景模式不同的是，飞贷一开始就定位为"手机 App 贷款"，作为唯一入选美国沃顿商学院的中国金融案例，其最大的特点是只需用手机下载一个 App，5 分钟在线完成注册审批流程，瞬间就可以显示用户可以贷款的额度，最高 30 万元，而且随借随还，不收取任何违约金。用飞贷内部人员的话说，飞贷只是一个连接者，一端连接的是银行，一端连接的是用户。飞贷用自己的内控体系，帮助银行对贷款者进行审核，如果审核通过，则由银行向贷款者发放贷款。也就是说，飞贷只是一个通道，一个连接者，并没有触碰资金。这就意味着飞贷是现有金融体系供求双方的连接者，是银行等传统金融机构的用户获取渠道，飞贷平台上每笔贷款的资金来源全部是以银行为主的金融机构，这让原本只服务于大中型企业的传统金融机构间接服务于个人。目前，飞贷已与四大国有银行中的两家银行展开了合作，正在洽谈的还有若干家大银行。

蚂蚁金服、微粒贷和百度钱包这三者与飞贷使用的是两种完全不同的渠道逻辑，前三者是 BAT 依靠移动支付的工具属性，在圈住用户后，利用拥有的海量流量不断拓展金融场景，最后过渡到借贷上；后一种是将自己定位为贷款用户与银行等信贷机构的连接器，成为信贷机构原有渠道的补充，从而承接借贷业务。目前这两种渠道在短时间内难分优劣，但可以确认的是，信贷必须保证充足的资金源，目前传统金融机构仍是资金的集散地，BAT 即便有流量，有用户需求，若没有持续的资金支持，就会沦为传统信贷机构的渠道。

## 数据较量：电商数据、社交数据和金融数据谁更有力量

网络信贷本质仍是金融行为，金融的关键在于其风控系统，尤其是信用风险模型的精准度，而数据来源则直接影响了征信和风控体系的准确度。

首先看一下微粒贷。它采用的是用户邀请制，在符合当期授信条件的用户中随机筛选出白名单用户并邀请其使用产品，首批用户主要以微众和腾讯内部人员为主。白名单的建立依靠的是腾讯多年来积累的社交数据及中央银行的个人征信数据。腾讯掌握着中国最完善的账号体系，坐拥数亿名用户的登录频次、在线时长、社交行为、购物偏好、交易方式、虚拟财产、账户流水等数据，这是微粒贷征信系统的基础，而且在不同的渠道上，贷款额度的评判标准会有所侧重。例如，QQ 上的微粒贷会更多地参考用户手机 QQ 的活跃程度；微信上的微粒贷则会更多地参考其微信的活跃程度。如今，微粒贷用户只需要一键点击"借钱"，系统会在几秒钟之内判断个人信用情况，并给出一定的贷款额度。

再看一下蚂蚁金服。它主要依托的是阿里的电商交易数据，根据阿里 2015 财年第四季度的财务报告，2015 年阿里商品交易额达到 2.95 万亿元，占据 90% 左右的网络零售市场。2015 年"双 11"，阿里系电商交易额超过 912 亿元。庞大的用户消费数据成为蚂蚁金服借以开展金融服务的基础。

接下来看一下百度钱包。作为最大的中文搜索入口，百度不只是信息入口，用户的每次搜索行为都是一次用户行为数据的积累。此外，移动端的百度搜索、

百度云、百度地图、百度糯米及 14 款用户过亿名的百度系 App 甚至百度钱包自身等都在进行数据积累。百度可以借此庞大的互联网数据基础，反映用户人群画像、行为偏好，预测未来征信状况，最终扩大授信范围。但目前来看，百度钱包的借贷业务仍然采用较为传统的审核机制，且条件苛刻，不仅需要身份证、个人征信报告，还需要最近 6 个月工资卡流水，贷款金额也仅为月工资的 10～20 倍。

最后说说飞贷。它采用的是互联网化的大数据，它研究比对了众多数据源，包括中央银行的征信数据等，根据可用性、风险性及毫秒级的计算需要，搭建了由外部机构与自身征信数据库集合而成的风控系统。在此基础上，飞贷还搭建了"天网"风控系统，涵盖了决策引擎系统、智能反欺诈系统等核心风控模块。相比其他网络信贷企业，飞贷敢于真正普遍高额度，最高 30 万元额度放款，平均额度也在 6 万元左右，比一般的网络信贷公司的平均授信额度高出 10 倍。

飞贷的风控系统到底如何，笔者不得而知，但从飞贷目前合作的建设银行、中国银行来看，相信它们的专业度已给飞贷的数据结构和风控体系做了一个公平客观的判断。

BAT 积累的电商数据、社交数据在金融风控中是否有效目前来看还有待验证。从国际征信业务的发展来看，个人以往借贷留下的信用数据才是最有效的评价信用风险的数据。例如，美国的三大征信机构收集统计最多的也是借贷征信数据，甚至没有个人消费数据、通信数据、社交数据。王征宇博士曾举例说，Lending Club 曾试图将 Facebook 作为数据来源和放贷依据，即社交数据的信用化。但这种方式最终宣告失败，最后只好学 Capital One 到美国征信局收集数据。因此，即便电商数据和社交数据有效，也只是补充信息，而非支撑信息。况且任何一个信用模型的有效性都需要至少一个借贷周期来验证，所以我们就能理解为什么微粒贷在给出额度之前还要去调取中央银行的征信数据了。

# 技术较量：人工智能和区块链

互联网金融在国外被称为 Fintech，中文称之为金融科技。线上获客、大数据风控、理财自动化等各方面都和技术革新息息相关。有人举例，依托数据和技术，支付宝可以将一笔支付交易的成本降至两分钱，而传统银行一般是两三角钱。这正是技术的力量。

目前来看人工智能和区块链是最具想象空间的两类技术。关于人工智能，我们将在第 8 章详细叙述，这里先讲区块链。区块链技术常被描述为"颠覆性"的技术，更有行业人士断言："区块链在五年内或将改变互联网金融。"但目前区块链最广为人知的成熟应用还是在金融领域，即作为区块链 1.0 应用的比特币。其次在供应链管理、文化娱乐、智能制造、社会公益、教育就业等多个场景中也被利用。2016 年 10 月 18 日，"中国区块链技术和产业发展论坛成立大会暨首届开发者大会"召开，并发布了《中国区块链技术和应用发展白皮书》，进一步详细阐述了区块链的相关技术和应用。据相关研究机构统计，全球对区块链的创业资本投入已经超过了 14 亿美元，已有 800 多家从事区块链技术发展的企业，应用解决方案涵盖了跨境支付、云存储、数据身份管理和医疗数据等领域。

关于区块链未来的发展走向，区块链科学研究所创始人梅兰妮·斯万认为，区块链将给社会带来三个层次的变革：1.0 是货币；2.0 是整个金融领域的应用；3.0 是超越货币市场之外的其他应用。目前，互联网金融仍是区块链发挥作用的重要领域。

在技术较量上，百度在人工智能技术上早有布局，并正积极尝试将人工智能和互联网金融结合，自然可惠及借贷业务。阿里依托阿里云服务，将其作为蚂蚁金服的底层基础，并实现金融应用系统的构建，蚂蚁金服系的借贷自然会受蚂蚁金融云和阿里云的影响。腾讯则以"连接一切"为目标，一直致力于打造开放平台，发挥"连接器"作用，故微粒贷是在多类渠道、流量入口、平台模式下的产物，其背后的技术支持也不可忽视。至于风控技术，据飞贷透露，飞贷的风控方法论是部署规则，对规则生成的客户数据进行分析和验证，再根据数据来修正规则参数，以此来提高风控结果。而前文说的涵盖了决策引擎系统、智能反欺诈系统等核心风控模块的"天网"风控系统，也是全球各地的顶尖公司、商学院教授考察甚至竞争对手花大价钱学习吸纳的对象。

总之，无论初涉借贷市场作为行业新秀的百度钱包，还是蓄谋已久的蚂蚁金服"军团"、动作不断背后有快速发展的微信支付撑腰的微粒贷，抑或是定位手机 App 贷款的"黑马"飞贷，它们在渠道、数据、技术上各有优势。例如，腾讯用户基数最大，可为微粒贷提供源源不断的流量；阿里电商积累的大量消费数据让蚂蚁金服倍有底气；百度在人工智能上的布局让百度钱包有恃无恐；飞贷作为连接器在移动 App 贷款上也有生存空间。

与此同时，它们也面临着不同的"烦恼"。例如，在阿里的金融帝国中，支付宝是绝对的核心，蚂蚁微贷和花呗充其量是蚂蚁金服十大业务板块的配角，地位尴尬；飞贷与金融机构合作，本身不向 C 端用户募集资金，这就需要它能与足够多、足够有实力的金融机构合作；微粒贷虽是微众消费金融的主打产品，但面临着欺贷风险及社交数据和分析模型有效性的问题；百度钱包正如其广告语"做一个能返现金的钱包"一样，把重心放在"返现金"，也就是消费上，其借贷业务何去何从充满了不确定性。一句话，只有充分利用各自的优势和专长为用户创造价值，才可能成为"常胜将军"，因为用户口碑才是决定企业生死的变量。

## 2.6 互联网金融理财端寡头时代来临，到底谁会留下来

2015 年 11 月，百度与中信银行合作成立了直销银行——百信银行，这意味着 BAT 三大巨头均以不同形式拿到银行牌照。至此，互联网金融经历"井喷式"发展后，进入了新的排位赛，行业加速优胜劣汰，向寡头时代迈进。正如行业人士评价，"互联网金融指导意见出台后，互联网金融将加速洗牌，预计 2016 年年底整个互联网金融理财端格局就会比较清晰，将出现少数寡头，有可能是两家超大型寡头"。

于是，行业内外开始纷纷猜测：在互联网金融理财端寡头时代来临之际，谁会留下来？

以下三类平台成为大众眼中未来巨头的希望：一是拥有深厚背景的"富二代"，如有腾讯微信支付支撑的微众银行和阿里支付宝背后的招财宝；二是自身专业背景过硬，将风控做到极致的"练家子"，如平安系的陆金所等；三是不局限于 P2P 模式的综合理财平台，用 P2B 和个人对政府（Person to Government，P2G）等模式实现差异化的"草根派"，如铜板街、挖财等。下面简单介绍几款"明星"产品。

### "富二代"招财宝"拼爹"能否成功

2016 年 8 月 25 日，小微金融对外正式发布一款互联网金融产品"招财宝"（此前还有余额宝），有资料显示，招财宝自上线以来交易金额已经超过 100 亿元。需要注意的是作为理财产品代销平台，招财宝与发行理财产品金融机构的关系只是渠道商与供货商的关系，对接的是理财产品的供销。而且招财宝是用"团购"的方式汇聚了资金相对较少的"散客"并让其享受大额购买才能享受到的年化收益。这种模式刚好借助余额宝海量用户做后盾，并通过统领电商的"富一代"阿里不断输血从而表现出巨大的想象空间。阿里之所以力推招财宝一是希望延续余额宝的辉煌，二是为了转化电商集聚的海量用户的存量理财资金，再造阿里金融帝国。但这一步棋是否真能"称心如意"，"富二代"招财宝靠"拼爹"是否能成常胜将军，还有待验证。

首先，从招财宝变现的核心功能来说，它只是将理财产品的收益权更变，而没有增加新的价值。它的变现功能实际上是把 A 用户手里的理财产品到期收益作为抵押，使得提供个人贷款项目的 B 用户享受到期收益。一个没有创造价值的产品终究做不成生态。

其次，招财宝要想"独霸一方"，仍受制于两点：一是行业市场规模，也就是代销的理财产品规模到底有多大；二是核心功能是否为强兵刃，也就是变现功能是否真正能突破风险、固化收益，同时不影响招财宝理财产品规模。

最后，招财宝目前仍然面临着诸多不确定性。一是交易规模提高，资金交易增加后，交易风险如何规避；二是如何应对因国家基准利率发生较大幅度变化而产生的利息差和供需不平衡；三是在 5%～7% 相对较低的收益率之间，招财宝如何保障自身成长的速度和规模；四是招财宝如何做到在不抢余额宝生意的同时让自己发展壮大。

总之，阿里在让余额宝与招财宝左右互搏之时，总会有损伤，招财宝在短时间内拔得头筹的可能性不大。

# "草根派"铜板街能否迈向康庄大道

再说说铜板街这类探索行业差异化发展路径的综合理财交易平台。据官方数据显示，截至 2015 年 11 月 10 日，铜板街的累计交易额已经超过 500 亿元，注册用户超过 680 万元。这个成立了 3 年的"草根"平台，前期通过与找钢网、优信拍等企业合作，实现产业链深度融合，创造了诸多个性化理财产品；后又融入供应链金融、汽车金融、消费金融、经营贷款等多类理财产品，一直在垂直细分市场走"农村包围城市"的战略，并上线了 5.0 版本，开始了新的探索。然而，这个发展方向能否让铜板街走向康庄大道还未可知。

首先，可以看到，铜板街 5.0 新版本对理财产品进行了分类，划分了新手专享、定期理财、银行票据等类别，也优化了列表样式，其目的是希望让理财一目了然。这确实让分类更加明晰，界面更加直观。而新版本上线特设的"转让专区"和开售倒计时等功能，在满足用户随时随地变现的同时，让铜板街作为理财平台充分表现出灵活性和高效性，也增强了自身的电商平台元素：开放交易、自由转换，透明操作。但必须指出的是，铜板街通过客户端为客户提供便捷服务（成本可能较高），最大化实现包揽客户金融需求进行交叉销售，这是商超模式，也是地产模式。

其次，铜板街的产品和 BAT 平台不同，BAT 平台均为股票、基金、保险产品等标准化产品，但铜板街多是非标准化债权产品，这类非标产品虽然安全性好，但收益率相对较低（不过仍然高于银行理财产品且稳定），同时考验着团队的精耕细作能力。

因此，铜板街能否熬到最后，一方面取决于互联网金融大市场的成熟度，另一方面也受团队的运营能力影响。

## 网络银行"新贵"微众银行短时间内难掌舵

"无网点、无柜台、无财产担保"的互联网银行被看作互联网金融未来的顶梁柱，阿里系的网商银行、腾讯系的微众银行也成为掌上明珠。而微众银行推出的微粒贷试图通过纯线上业务模式去"火烧"传统银行的后院。不可否认，这种去掉烦琐流程的网络模式充分发挥了互联网模式的快捷性，但随之而来的风险也在蔓延滋生。况且微众银行要处理的"麻烦"还远不止这些。

首先，尽管微众银行严格把自己定位为互联网银行，App 界面也极其简单，只有"首页""理财""转账"三项，但这个简单到成为"支付宝钱包第二"的 App 为用户提供的也是资产增值服务，其模式不过是"第二个余额宝"，但余额宝都已辉煌不再，微众银行能否获得成功更未可知。

其次，先不说微众银行的微粒贷仍然游走在法律边缘，仅单纯的网上模式就有束缚，即使可以不面签，开户总需要用户当场"验明正身"。此外，他行还款、银行贷款资金不足等问题的解决方案也还在摸索阶段。即便未来能做到远程开户，客户的真实性（含真实身份和真实意愿等）又该如何保证？

最后，微众银行虽然采用了开放的互联网用户体系，顺势"借来"了微信手机 QQ 用户，但能否留住他们还是个未知数，腾讯的电商悲剧就是个例证。况且微众银行并未在应用场景上有所创新，目前仍然停留在产品包装和价格吸引的层面，并未发挥出腾讯系在征信、社交媒体、移动支付、大数据等领域的优势。

或许，我们真的高估了腾讯在互联网金融领域的能力，微众银行这类轻资产、平台化、交易型的互联网民营银行还需经历时间考验。

## 决定成败的关键因素

同样，即便陆金所这样的"练家子"也不敢拍着胸脯说自己能笑到最后。在行业加速洗牌之时，想成为寡头的选手们还需继续苦练修行。但在发挥主观努力的同时，也要重视互联网金融的客观本质，即互联网金融本质是信息中介与资金中介的融合。因为金融是解决资金和时空的分配问题，互联网是解决信息不对称问题，所以互联网金融是将金融信息利用互联网方式解决信息不对称的问题。只有符合这一逻辑的金融产品或平台才有可能存活下来。尤其在当前，货币基金规模受宏观利率和流动性等影响，多数互联网金融业态都从早期的高速渗透进入平稳发展阶段。在笔者看来，要想成为行业寡头，以下因素是关键。

- 在寡头时代，强者更要有自知之明，管好自己。要认清互联网金融边界，区分互联网金融中介业务和互联网金融业务，因为互联网金融中介只做信息平台和通道，而互联网金融业务仍然是金融行为，金融经营风险的本质没有变。既想做中介又想做金融的企业注定竹篮子打水——一场空。
- 能否成为寡头取决于自身产品设计逻辑、盈利模式和应用场景。产品设计上，从 B2C 向 C2B 转变，增强个性化，重点开拓碎片化、场景化的小额高频消费金融市场。在盈利模式上，靠手续费赚钱的传统金融方式将寸步难行，盈利方式需重点考虑支付入口化，同时需善用互联网特质，实现盈利方式转移。例如，利用互联网的零边际成本，服务于长尾用户，重点满足小微投/融资需求；或者扩展交易场景，实现金融服务价格转移，本身业务可能不赚钱，但可以依靠关联交易赚钱。
- 只有精通互联网和金融，才可能"长袖善舞"。这就要求一要懂得互联网流量和入口的重要性，既要抓优质流量获得优质用户，又要开放用户触点增强用户黏度；二要"保护"和经营好金融风险，那些投机取巧者永远只能是反面教材！
- 中小型创业者不妨关注行业新的机会。如对不良资产的处理和第一产业的互联网金融等市场空间大、需求已经打开且呈趋势性增长，同时巨头短期内还不会进入的细分市场或许留有空间。

最后，互联网金融改变不了金融的本质或风险，而是以更加高效和透明的手段去做金融。传统金融文明是以金融机构为核心，而新金融文明则以理财和借款用户为中心。寡头时代的互联网金融理财端更应为用户提供高效、平等、透明的服务。

# 2.7　四股力量助推，互联网保险的未来将走向哪里

2015 年，互联网+概念继续流行，互联网支付、互联网货币基金、互联网信贷、互联网保险、互联网投资理财和互联网征信六大互联网金融业务也顺势发展，其中互联网保险在这股热潮中格外引人注目。从政府发布政策规范，到BAT 巨头纷纷布局，再到中小创业者想方设法涌入，互联网保险表现出前所未有的生机和活力。那目前互联网保险发展得具体怎么样？进入 2016 年，又呈现了怎样的态势？

## 互联网保险：进化中的顺势而为

按照属性划分，互联网保险虽不是互联网金融业务中起步最早的，却在最近几年表现出势不可当的发展姿态，从大环境到行业再到消费者都发生了巨大的变化。

### 大环境：GDP 增长，中国居民资产配置重心逐渐向金融资产转移

据国家统计局数据显示，2014 年国内生产总值（Gross Domestic Product，GDP）达到 63.6 万亿元，比 2013 年增长了 7.4%，而 2015 年前三季度国内生产总值 487774 亿元，31 个省份前三季度地区生产总值总和为 507256.2 亿元，超出全国 GDP 多达 19482.2 亿元。这就意味着居民用于消费、投资的资金更加充裕。

实物资产多为基础资产，投资属性低，变现能力较慢。金融资产则属于保值层、增值层，变现速度快，于是随着 GDP 的增长，中国居民资产配置重心逐渐向金融资产转移，数据显示，2004—2014 年，中国居民实物资产占比由 66.1%降至 59.3%，金融资产占比由 33.9%提升至 40.7%，尤其是养老及健康问题带动了金融保险业的发展。

### 行业政策加速保险互联网化

2015 年 9 月 17 日，保监会发布了《关于深化保险中介市场改革的意见》（以

下简称《意见》），成为保险业市场化的重要信号。《意见》提出要形成一个自主创业、自我负责，体现大众创业、万众创新精神的独立个人代理人群体，从此保险独立个人代理人正式进入大众视野。

接着，2015 年 10 月《互联网保险业务监督暂行办法》正式实施，进一步鼓励互联网保险发展，适度放开人身保险及个人财产保险产品区域限制，加快保险资源的流动与共享。这一系列政策的颁布无疑加速了保险互联网化。

### 消费者对保险产品的需求不断提升

如今中国的网民已超 7 亿人，成为 80 后和 90 后主力消费人群，他们的互联网消费习惯早已形成，再加上保险产品在互联网消费环境中承担交易保障角色，促使他们主动购买保险意识增强。

据中国保险行业协会 2015 年 12 月 8 日发布的中国保险发展指数显示，2011—2014 年，互联网保险市场经营主体由 28 家增至 85 家，保费收入从 32 亿元猛增至 859 亿元，同比增长了 195%，增幅超过 26 倍，互联网渠道业务占总保费收入的比例达到 4.2%，而且增长速度还在加快，成为拉动保费增长的重要因素之一。

由此可见，互联网保险迎来空前的发展机遇。

# 四股力量，各显"神通"

就在互联网保险场景化、高频化、碎片化趋势越来越明显之时，行业也发展出四股差异明显的力量，并各自发挥不同的价值。

第一股：保险企业直销官网，在曲折中前行

这是由传统保险企业转移而来的，它们通过设立保险电商平台、移动 App 等，将车险、疾病健康险、旅行意外险、教育养老险等传统保险产品转移到线上，如平安集团已集合了平安网上商城、平安保险 App、平安人寿 App、平安一账 App、平安好车主 App 等线上渠道矩阵；同时还开发了个性化的保险产品。如平安针对养宠物的人群提供的宠物保，太平洋针对商务人士提供的万里无忧，还有康泰的非常保、乐业保，平安联合众安保险推出的保骉车险，太平洋联合张江高科设立的科创 E 保，等等。

这种方式的实质是将线下销售模式复制到线上，虽说用户有了更强的自主选择性，可在线完成浏览产品信息、对比产品细节、缴费等，但由于保险产品的专业性与特殊性，部分保险服务难以实现线上服务。如财险、寿险等传统产品承保、核保等环节仍需线下辅助支撑，从而使得线上线下接触点增多，时常出现"左右手互搏"等情况，因为线上发展势必侵蚀线下资源，触及线下渠道利益，引起资源分配冲突。

再者，对传统保险企业来说，布局互联网平台的成本较大，使用范围和用户基数较小，且都是对原有用户的转移，增量市场有限，从而导致入不敷出。

此外，多数传统保险企业只是把线上作为销售渠道，即便部分企业如平安、泰康等推出针对特定领域的产品，但总体来说创新不足，这也在一定程度上限制了自身的发展。

## 第二股：互联网企业电商网站，场景中找位置

这主要表现为两种发展模式。第一种是互联网企业、电商网站以引流形式进入保险行业。如网易保险、新浪微财富等作为网上引流渠道，提供产品展示平台但不参与保险产品销售。第二种是京东、携程、淘宝、去哪儿等通过场景带入，与电商购物、理财票务等各类网络消费场景相结合，借用互联网交易场景直接参与保险产品销售。

如今电商购物送险已成为电商标配。例如，淘宝的退运险，与淘宝牢牢捆绑，2015 年"双 11"当天淘宝及天猫平台上共计 3.08 亿个包裹购买了退运险，较 2014 年同期增长 70%。此外，淘宝还针对特定人群、特定场景开发了不同的个性化保险产品，如春运回家保障险等。

但是，由于通过场景关联销售，服务需转至保险公司，环节衔接问题多发，成为互联网保险风险和消费者投诉的重灾区；再加上产品过于依赖场景碎片化发展，使得周期性变化大，而且互联网企业大多缺乏专业保险经验，而传统保险产品难以植入，使得这股力量还有诸多变数。

### 第三股：专业第三方互联网保险机构，"合众连横"

第三股力量则是第三方互联网保险机构，它们大致经历了三个阶段，由引流代销的信息平台到比较代销评价咨询的渠道式平台再到如今提供产品服务综合方案的服务平台，为用户提供包括垂直交易、风险评估、理财协助等一站式保险综合服务。

第三方互联网保险机构已逐渐成为保险公司和保民的纽带，一方面为用户提供丰富的产品，并衍生产品优化组合，甚至提供个性定制、协助理赔等深度服务，另一方面也扩宽了保险公司的产品销售渠道，监督理赔服务，促进行业良性竞争，成为构建互联网保险生态环境中的重要力量。

同时，第三方互联网保险机构基本以产品运营和服务为内核去撬动市场。例如，慧择组建了各类产品线（如理财投资、汽车出行等传统保险产品，慧择少儿、成年、家庭综合保障方案的特定用户群专属产品），还开发了个性化产品，如慧泽台湾旅行保险等，通过慧择网等多条垂直渠道为用户提供闭环式产品与服务，实现产品、渠道、用户全融合；聚米则是采用类 Uber 模式，将代理人聚合，推行独立个人代理人制度。

第三方互联网保险机构一方面连接消费者，另一方面连接保险公司和代理人，打通产业链，推动着行业发展。

### 第四股：互联网保险公司，巨头与新秀的狂欢

随着电商、社交、理财、游戏娱乐等交易迅猛发展，支付物流引起的产品安全、消费者权益保障需求增加，互联网保险需求快速增长，互联网保险公司如雨后春笋般涌现，甚至一部分已经脱颖而出。

例如，2015 年 7 月，成立不到两年的众安保险完成首轮融资 57.6 亿元，阿里、腾讯、平安等均有持股，估值高达 500 亿元。截至 2015 年 10 月 31 日，众安保险累计服务客户超过 3.39 亿人，累计服务保单超过 29.36 亿份。此外，2015 年 11 月还成立了泰康在线、百安保险，而安心、易安等也正在筹建中。

此外，百度合资组建了互联网保险公司百安保险，2015 年京东也宣布设立互联网理财保险公司。这些企业都是从互联网场景切入，对接社交、理财、购

物、美容、餐饮、娱乐等各领域并联动互联网电商、金融、社交公司及消费者实现从购买到理赔全环节线上完成，成为互联网保险行业中不可忽视的力量。

综上，这四股力量旗鼓相当，恰好构成了互联网保险的新趋势。

# "万变不离其宗"的大趋势

最后，我们讲讲互联网保险的发展趋势。

### 第三方互联网保险机构继续壮大

当互联网趋势不可逆转，互联网企业电商网站作为传统保险的销售渠道，可能将逐渐失去话语权，因为传统保险公司完全有可能绕开电商网站，自己组建线上销售渠道。电商网站应避免陷入单纯引流平台的尴尬境地。

第三方互联网保险机构或将迎来前所未有的发展机会。首先，第三方互联网保险机构既可以通过自身平台结合场景充当销售渠道，也可以避免互联网保险的过度碎片化。其次，第三方互联网保险机构有可能在保险企业和用户之间充当协调者，改变传统保险以销售为导向的现状，驱使行业关注产品服务。

### 场景嵌入成为新的竞争门槛

随着保险互联网化，会出现越来越多类似运费险的需求，这包括新的产品和新的用户群，而且这些需求分散在互联网上的各种使用场景中。这种"嵌入场景"的商业逻辑将促使互联网保险公司在整个应用环境中找到新的场景，将保险嵌入进去。这是互联网保险公司的优势之一，能帮助互联网保险公司在竞争中获取用户，战胜对手，但不是决定性因素。另外，需要明确的是，场景也有负面影响。如如何破除因场景而引起的产品碎片化就是个大考验。从业者不可过度依赖场景，而应把关注点放在传统保险产品与互联网的融合上。

### 从信任到消费，消费者要的只是一点点

最后，从消费者角度看，目前社会上仍然存在"理赔难"等现象，大众对

商业保险大多抱有不信任、不理解、不愿买的态度，如何让更多消费者从信任转化为购买，是绝大多数从业者面临的问题。互联网保险如果只是通过线上销售保险产品，那只是解决了保险业务其中的一个环节，后续的核保、承保、理赔、投资等还有更多难题。

而且从理论上讲，只有标准化的产品才适合互联网销售，但保险是非标准化的，尤其是寿险产品，这种非标准化决定了在销售情境中人的作用至关重要。

再加上互联网的去中介化，这让从业公司不只需要专注做好产品、做好品牌，更需要关注用户，在售前、售中、售后都提供让消费者意想不到的人性化服务，要知道很可能一个小小的细节，就能促使消费者成为你的保民，而多数消费者要的也就是那一点点。

总之，随着互联网保险监管和创业者们的入局，互联网和保险业将继续融合，互联网保险也将更趋理性，"平台建设+渠道拓展+客户资源+大数据/精准营销"将成为互联网保险创新的主要着力点。互联网保险业将进一步提供更加个性化、人性化的保险服务体验，为用户创造价值。

## 2.8 平安、宜信、飞贷，谁将称霸移动互联网贷款市场

如果把 2015 年看作我国个人征信市场化的元年,那在这个千亿级别的征信市场上,借贷成为首当其冲的战场,无论是传统金融巨头平安,还是互联网巨头阿里、腾讯,抑或是创业新秀宜信、飞贷,都使出浑身解数,准备打一场持久战。但现实情况是,虽然国家进一步放宽了借贷市场,借贷市场依然吃紧,再加上整个行业的残酷厮杀,无担保、无抵押,依靠信用贷款的借贷模式到底能不能迎来爆发?又将面临什么样的问题?

### 夹缝中求生存,痛点里找机会

从目前看,我国的借贷市场仍不成熟,尤其是中小型企业的借贷困难重重。尽管现有借贷渠道如银行等对中小型企业的融资服务积极性有所提升,但实际融资缺口依然巨大,而且银行等坐拥海量资金入口,占尽渠道、品牌优势,借贷领域的企业面对层层障碍该如何成功突围?

#### 借贷市场难言的痛

- 申请难。银行流水、征信、企业经营情况等一大堆纸质材料需要准备,有时资料不符合要求,还得来回替换补充。而且材料往往不是一两次就能递交成功的,需要来回跑。
- 获批难。贷款审批周期长,短则几天,长则半个月,期间甚至需要花钱疏通关系。
- 用款难。除了放款时间长,有时候还有一些用款的附加条件。如预存一部分资金或事后留存一部分资金。并且是审批多少借多少,少借一点都不行,缺乏灵活性。
- 还款难。多数情况下不能提前还款,不能调整还款期限,固定期限的贷款产品让人左右为难。
- 再借难。即便按时结清了贷款,下次再借贷时,流程仍然要从头再来,又得更新提供一大堆纸质证明材料。

痛点中隐藏的机会

对比大中型和中小型企业的借款需求，我们会发现两者具有极大的差异。大中型企业的借贷是标准化的，期限基本固定，利率固定化，有抵押担保，所以标准化的借贷产品能够满足它们的需求。但是中小企业既无财务报表也没有评级，而且中小企业贷款需求往往是突发的，期限也不确定，而且由于市场不景气，中小型企业无力或不愿承担过高的融资成本，于是中小型企业的贷款需求就被现有借贷渠道抛弃了，而这恰恰是无抵押、无担保，只用信用贷款的在线借贷平台的机会所在。

# 不同借贷平台的策略及优劣势

既然目标市场找到了，接下来再看看产品。目前几乎所有的贷款平台都围绕着借款人最关注的三个指标——额度、速度和利率——提供信贷服务，但这并不意味着借贷变得简单，反而加剧了行业竞争。面对这让人"又爱又恨"的市场，谁才能胜出呢？我们不妨从手机 App 贷款、传统贷款、P2P 贷款中各举一例进行对比分析，看看行业发展如何。

## 手机 App 贷款——飞贷

作为唯一入选美国沃顿商学院的中国金融案例，并获得 2015 年最具创新互联网金融产品奖的飞贷金融针对现有贷款的层层审核、周期长、流程烦琐等问题，在步骤和时间上进行简化，为用户提供"随时随地"手机 App 贷款。全部的贷款申请和审批只需五分钟、四个步骤就可以完成，而且操作全部在手机上进行。针对现有金融信贷的借款和还款的严格限定问题。如借款开始后即开始计息，提前偿还需要支付高额违约金等，飞贷则采取"随借随还"的方式。例如，某客户的信贷额度是 30 万元，那么该 30 万元不使用则不计息，可按需使用；在还款时也可根据个人经济情况来自助调整还款周期。再如，现有信贷方式中每次贷款都需要对客户进行重复审核；而飞贷的借款额度则是终身使用，并可动态调整，即"一次授信，终身使用"。相比平安和宜信，飞贷可谓从根本上解决了现有借贷方式的通病，直击用户痛点。目前飞贷已经开通包括深圳在内的 50 个城市用户,这些城市用户只需符合征信数据就可获得最高 30 万元的贷款,贷款不仅可以支撑大多数个人消费者购房、购车、日常消费,也可满足中小企业主的资金周转。但飞贷也有自己的"烦恼",因为飞贷本身不向 C 端用户募集资金,而是采用与金融机构合作的形式来获取资金,对飞贷来说,需要有足够多、足够有实力的金融机构合作,才能顺利用产品连接资金和需求两端;此外,金融机构的网点、客户资源等对飞贷的影响也较大,这些都考验着飞贷团队如何抉择和布局。

## 传统金融巨头——平安易贷

平安易贷是中国平安集团推出的一款免抵押贷款产品,是针对普通居民开展无抵押贷款业务的信用保证保险产品。只要投保成功,投保人即可申请由合作银行发放的小额贷款(1 万~15 万元),不需要抵押,不需要担保,手续简单,期限灵活、审批快捷,综合利率超高。平安易贷险之前将深圳作为试点,又称信安易贷。需要指出的是平安易贷的还款方式是每月等额本息偿还,实际占用的资金只占放款的一半,这类模式是平安集团做信用担保,合作银行按照合同规定日期放款到申请人账户。后又衍生出陆金所 P2P 平台,提供网贷业务,陆金所发生坏账事件后,又更名为平安普惠。总体上被动调整多于主动变革,也说明平安的网贷产品仍存有较大的不确定性。例如,一位洛阳市用户用平安易贷贷款 6 万元后才被告知不能提前还款,仅一个半月的时间,需支付利息和违约金共计 4713 元,其中违约金 1756 元。诸如此类的事件举不胜举,尽管平安积极拥抱互联网,但平安网贷仍然没有解决现有金融的还款难、不灵活等问题,未来只有加速适应网络贷款的特点,平安才可能将自身的金融优势发挥出来,否则只会是竹篮子打水——一场空。

## P2P 巨头——宜信

作为中国最大的 P2P 借贷平台,宜信一直备受关注,2015 年 11 月,宜信公司旗下在线 P2P 平台宜人贷向美国证券交易委员会提交首次公开募股申请,拟融资最高 1 亿美元。而它的核心业务板块宜信普惠主要提供小微借款,对象是中小型企业主、工薪阶层、大学生和农户等。例如,宜信精英贷就是纯信用无抵押贷款的模式,主要针对国有企业员工、公务员、律师、教师等;宜信助业贷则是为教师、企业法人、个体工商户等提供短期周转贷款、个体户经营贷款。目前宜信普惠的服务已经覆盖 232 个城市和 96 个农村地区，看起来发展得顺风顺水。但宜信普惠也面临诸多问题。首先，宜信业务越来越杂，既给城市工薪阶层、中小企业主、学生等提供信用借款，又发力惠农业务，为农户和农企提供包括信用借款咨询、农业保险、农村理财、农机购买、助农扶贫等服务，还有新薪贷、宜学贷、宜农贷、宜车贷、宜房贷等，以及财富管理和互联网金融服务，各个业务目标用户都较为分散且需求差异性大，势必影响宜信的精力。其次，宜信普惠的发展模式容易导致坏账。2014 年 4 月 8 日，香港万得通讯社报道宜信被曝出现 8 亿元贷款坏账，贷款主体已经遭到多起诉讼，宜信即使申请资产保全，也很难追回全部欠款。最后，宜信"具有中国特色"的线下信用审核和"债权转让"的模式使得宜信被许多 P2P 同行视为"伪 P2P"，媒体和舆论也都在质疑其存在"资金池""不透明"等问题。

# 如何规避借贷风险

正如唐侠所言，借款仍是金融，金融的关键在于其风控系统，尤其是信用风险模型的精准度。也就是说，征信和风控体系是决定借贷企业能走多远的核心因素。

借贷领域的风险主要有以下两类。

- 欺诈风险，这是主观预谋的，是犯罪行为，这种风险的防范要靠事前模式识别和事后的信息共享及执法。
- 信用风险，这是由人的行为模式所左右的，模式的改变需要有主观的认识和有意识的纠正。目前我国个人征信刚起步，个人信贷不够普遍，信用风险极大。

那么，怎么才能规避这些风险，减少坏账呢？

首先，建立完善科学的征信信息系统和评分制度，尤其是在用户多样化、场景碎片化的当下，征信体系数据资源需要更加丰富，征信数据来源需要更加广泛，除了基础的个人基本信息、贷款信息、信用卡信息、借贷领域以外的信用信息等金融数据外，还需要来自生活、电商等其他渠道的数据，甚至淘宝差评记录、滴滴打车爽约、骗取保费时伪造个人信息等也可以作为参考数据。例如，芝麻信用就是从信用历史、行为偏好、履约能力、身份特质、人脉关系五个维度来综合考量个人信用的。飞贷搭建了被称为"天网"的风控系统和智能反欺诈系统，天网用于防范潜在不良客户，甄别信誉良好的客户，从而实现快速搭配不同的贷款额度和费率；智能反欺诈系统则通过人脸识别、设备指纹、行为特征分析等来防止欺诈行为。

其次，需要不断验证、纠正评分制度和征信风控体系。尽管丰富多样的社交数据或电商数据等场景数据可以融合金融数据，但这样的模型和评分体系是否有效还需不断调整验证。从国际征信业务的发展看，个人以往借贷留下的信用数据才是最有效的评价信用风险的数据。美国的三大征信机构收集统计最多的也是借贷征信数据，甚至没有个人消费数据、通信数据、社交数据。征信风控体系要不断打磨验证，不断完善。

最后，要学会专注，不能"身兼数职"。信用信息和信用评估一直为金融机构提供客户筛选和产品定价的决策支持；同时也在创造诚信生态，提高行业失信成本，让失信人在金融生态链中被约束甚至被删选出局，从而降低行业信用风险。但个别从事借贷业务的平台既做金融交易又出个人评级报告，既做裁判又做选手。真正好的借款产品应该扮演好"警卫兵""推手"的角色，平台只提供借贷双方的连接服务，而不参与具体借贷，真正专注的借款平台才值得长久地信赖。

总之，移动互联网正在改变借贷行业，但所有创业者都应该清楚：互联网金融只有扎进细分市场，在差异化应用与扩展中与现有金融展开错位竞争，才有更大的生存机会。也不可有"一招鲜、吃遍天"的妄想，移动互联网贷款行业的健康发展不是一家独大，也不是标准化、模板化的生搬硬套或"一刀切"。移动互联网贷款正在等待更加个性化、针对性的征信体系和行之有效的风控体系。只有那些真正抓住核心需求，具有核心优势，找准点、踩准节奏的产品才可能拥抱未来。

# 2.9　聚焦 B20，看 2016 年互联网行业大势

二十国集团工商峰会（Business 20，B20）作为向二十国集团（Group 20，G20）峰会输送政策建议的国际性活动，直接影响着大多数国家的经济和行业的发展，G20 国家的 GDP 约占全世界 GDP 的 85%，人口则将近占世界总人口的 2/3。

2016 年 B20 峰会首次在中国举办，共设有金融促增长、贸易投资、基础设施、中小企业发展、就业、反腐败 5 个议题工作组，每个工作组成员除了来自传统行业的代表，也有阿里巴巴、百度这样的互联网巨头，以及敦煌网、铜板街这类优秀的互联网创业精英。 从这些参会的互联网企业代表所属的行业中，我们或许能看到互联网行业发展一些新状态。

## 互联网+将更持续、更深入地改造传统行业

从 2015 年乌镇第二届世界互联网大会到 2016 年 B20 峰会由互联网企业担任小组主席，互联网在全球经济活动中扮演着举足轻重的角色，频频上演"重头戏"，甚至互联网+已上升至国家改革的战略层面。

透过 B20 我们可以看到，互联网+进一步消弭了国家和地区之间的隔阂和阻碍，促成政治体和经济体抱团协作，共同商建适宜的政治、经济、科技、文化交流和发展基础，以期通过互联网金融来促进实体经济的新一轮增长，借助跨境贸易和资本投资推动工商业及服务领域的价值增长和创新，同时为中小企业创造条件，对接互联网平台、技术、渠道及模式，以加速中小企业的发展，进而带动就业。

B20 还将促使互联网快速渗透各个行业，对商业模式、渠道及供应链等进行重塑或优化改造。

行业不断集中，日益寡头化，但会正向促进市场的有序、规范增大

市场竞争最低级方式的是价格战，稍高一级的方式是产品或服务的竞争，

而终极手段则是"不战而屈人之兵",也就是制定或影响政府（组织）设立更为利己的行业标准和商业机制，以提高进入门槛，筑厚竞争壁垒。

G20 的智库专家，中国人民大学重阳金融研究院执行院长王文认为，"B20峰会是一个制定商业政策或商业规则的峰会"，B20 因此成为各家企业争相进入的战略高地。但是，参加 B20 峰会并不是一个简单的"主场优势"或"竞价排名"，必须首先经过国家的重重选拔，再由峰会组委会依据峰会主题、企业的成长性及行业属性等进行严格审核，最终决定参会名单。而最终入围的企业无一不是各行业的翘楚，如阿里巴巴、百度、铜板街等。

依托 B20 产生的"规则制定、品牌背书及国际化形象的塑造"等积极作用，入选企业有望形成对业内其他品牌从资本、资源、品牌到区域市场等全方位的压制，使得行业更加集中，"寡头"频现。

但这种"寡头"，并不像传统制造业形成的寡头那样成为社会化、市场化公平竞争的阻碍，因为在信息透明、数据共享的互联网时代，传统制造业寡头赖以生存的"信息的不透明、最早或较早进入行业的先发优势及借助地理优势或区域政策"的基础将不复存在。

互联网行业形成的寡头经历了公平的市场竞争和用户长期使用习惯的沉淀，它们的形成往往是因为持续地比竞争对手更有效率地满足了市场的需求，而寡头自身携带的规范组织、企业标准、领先技术、"用户至上"和"生态、可持续"的经营理念，往往会正向促进行业规范、有序、良性及可持续的发展，循序渐进地深挖用户潜在的及边界需求，使得市场日益变大。例如，阿里巴巴的淘宝和支付宝，培养了用户的网上购物和线上支付习惯，进而为电商和移动支付的蓬勃发展奠基；铜板街通过多层级的风险管控，为用户提供稳健的、多元化的理财产品，短短几年，注册用户超 850 万人，交易额突破 900 亿元，成为国内领先的互联网金融服务提供商。

## 跨界合作、共享经济发展更加迅猛

B20 持续在全球倡导多元、可持续、平衡、多赢的经济氛围，开放合作、优势互补、跨界共赢成为共识，这也从区域政策、商业规则、行业标准和理念上为跨界合作提供了丰沃的土壤。

随着移动端、物联网、大数据和云计算等技术的不断发展，互联网"开放、跨界、合作"的精神传至各个角落，跨界合作，打造生态圈经济成为当前互联网舞台的主角，如乐视、TCL 的跨界合作、苹果跨界无人驾驶汽车等。跨界合作不再是一种口号，而是实际可行的企业发展利器，且日益壮大。

共享经济发展至今，凝聚闲散资源，聚沙成塔，高效配置资源，促成资源与需求的无缝对接，已在互联网行业刮起一阵旋风。尤其随着 Uber、Airbnb 的成功，将引导更多初创企业以共享经济模式切入市场（共享经济不携带全新产品或服务进入市场，与市场迅速融合）。在 2016 年，有望看到更多的共享经济项目上台，不单纯是车、房的共享，更是渗透到衣、食、住、行等各个领域的共享。

**互联网金融迎来新阶段，对各行业的促进作用将更加明显和重要**

诚如普华永道在华盛顿会议政策建议中所述，"在风险防范的理念之下，充分利用金融创新是实现金融包容性、扶贫、更公平的财富分配、经济增长和社会和谐的关键"。互联网金融历经野蛮生长，终于在 2016 年迎来更加规范、风险管控更加到位、发展更加健康的新阶段。互联网金融也将与各行业产生更深层次的合作，促进作用日益明显。

而互联网金融企业该如何抓住机遇，扮演好新形势赋予的"促进经济增长、塑造平衡发展、创建和谐社会"的新角色成为新命题，纵观当前市场，或许铜板街的平台化模式能为行业的发展提供新的方向。

"真正的互联网金融平台，不应只有交易功能，还要有完善的基础设施作为支撑，提供各种综合化服务。"在铜板街看来，平台化能够将资产、资金、支付、征信、风控、法律等环节串联起来，以自身为中心形成完整闭环，进一步保障平台运营的高效和安全。

## 全球性产业布局和业务拓展现象更为明显

B20 峰会不仅是讨论交流的平台，同时也是当下互联网企业借机全球演出的机会（中国互联网企业逐渐摆脱模仿和追随者角色，成为价值、品牌、模式和产品/服务的输出者）。互联网企业走出国门，迈向全球进行产业布局和业务拓展不仅是中国互联网发展的逻辑使然及企业本身发展的需要，更是推动我国新一轮高水平对外开放、增强国际竞争优势的重要举措，于是我们看到了国家主席带领工商界代表访问他国，实行"外交经济"，如习近平携马云访美、李彦宏随主席与巴西总统启动百度葡语版搜索引擎。

未来，我们将看到更多像阿里巴巴、百度一样的互联网企业及像马云、李彦宏一样的企业家活跃在全球各个角落。

总之，政策是经济之眼，也是旗帜，我们更需要审时度势，集聚能量，在下一个风口起风前做好准备。

# 第 3 章

# 汽 车 革 命

## 3.1 "上门+到店"能救活汽车后市场吗

过去两年备受关注的汽车后市场就像坐了趟过山车，先是资本涌入，巨头布局，创业者想方设法挤进去，都想分一杯羹；而后却是一连串"噩耗"，一大批专注于汽车后服务的明星企业如博湃养车、久车久网、人人爱车网、2 号车库、e 洗车、车 8 洗车、智富惠、云洗车、嘀嗒洗车、工夫洗车等或倒闭或面临收购调解。汽车后市场 O2O 企业在面临行业洗牌的同时也在积极谋求救生之道，谁才能救活汽车后市场呢?

### 志忑前行的汽车后市场 O2O 企业

无疑，汽车后市场是块大蛋糕，据中国连锁经营协会统计数据，2016 年中国汽车后市场规模已达 6000 亿元，同比 2015 年增长 30%，并预计 2018 年规模将突破万亿元。目前我国汽车后市场已分为五大行业：汽车清洗、美容、改装行业，汽车保险行业，汽车维修及配件行业，汽车用品行业，二手车及汽车租赁行业。其中单上门保养就有车女婿、e 保养、卡拉丁、摩卡爱车等上百家企业。它们的成长在一定程度上突破了传统线下门店的痛点，如汽车配件维修价格不透明、服务价格高、产品得不到保障、时间长、体验差等，于是在资本的助推下疯狂生长。

但行业似乎提前进入了寒冬，2016 年上半年汽车后市场还处于烧钱阶段，下半年就开始纷纷转型和整合，很多企业还没尝到甜头，就吃到了苦头。当初高调进入的创业企业失意关门的比比皆是，更多的企业开始选择主动破局。例如，e 保养目前已在北京开设 2 家直营店，诸葛修车网也采用了"线上交易、线下服务"的服务模式，海德在线的开呗养车也为车主提供上门和到店两种养车服务……于是"上门+到店"成为行业的救命稻草，或许正如某位创业者所说，上门保养可以解决大约 80% 的业务，20% 的业务仍需到店解决，未来汽车后市场的趋势或许就是"上门+到店"的场景。那么问题来了，"上门+到店"真的能救汽车后市场吗？

# 汽车后市场 O2O 企业的问题

回答这个问题等同于回答两个问题：汽车后市场 O2O 企业的问题出在哪里？"上门+到店"模式能处理好这些问题吗？我们先回答第一个问题：遭受行业之困的企业问题都出在哪里？

### 拖：用高频带低频链条太长，画饼充饥

汽车后市场维修保养服务本是个相对低频、高客单价的行业，而大多数行业创业者和投资人都以为从高频服务切入，通过补贴高频低价的洗车服务来获取用户，最后引流到低频高价的养护类服务是行业盈利的最佳路径。于是，一夜之间"1 元洗车""1 分洗车"等服务纷纷出现，结果这种烧钱式的补贴并未带来用户。一是因为尽管洗车需求确实高频，但用户的黏性很低，没有忠诚度，转化率更低；二是因为汽车养护需求与日常消费品相差甚大，洗车类 O2O 企业通过高频服务带量的做法在洗养车领域根本行不通。用户对上门洗车和养护所需的专业技能、服务水平甚至服务场景都有更高的期望，两者之间不是简单的线性转换。因此，多数情况下，依靠疯狂补贴以低价获客却没有形成差异化服务亮点的企业只能是画饼充饥，成为第一批被淘汰出局的企业。

### 快：高速扩张，打肿脸充胖子

在资本的"拥戴"下，很多汽车后市场 O2O 服务企业耐不住性子，管不住钱包，开始疯狂地跑马圈地，恨不得一天拿下一个城市，10 天搞定百万用户，一年盈利，两年上市，结果"成也资本，败也资本"，一旦钱花光了，就出局了。

这一点笔者之前探讨过，跑马圈地式的规模化并未解决行业痛点，况且快速扩张并不等于服务能力提升，尤其在服务质量早已比圈地更重要百倍的当下，服务缺乏特色，不关注用户体验的企业依靠资本高速扩张，打肿脸充胖子，结果步伐太快，容易跌倒。

### 贪：避"轻"就"重"，最后高不成低不就

有些企业已经拥有一部分用户，但并不满足于低频次、低客单价的"轻服务"模式，而一直试图找到高频次、高客单价的"重服务"（往往需要投入的资源也多）从而"发横财"。博湃养车就是想将业务重心从客单价500元左右、毛利只有30%左右的中低端车保养服务转移到毛利至少在60%左右，甚至高达100%~200%的钣喷业务上，从而获得更高的现金流和更强悍的自我造血能力，结果"死"在路上。尽管汽车后市场50%~60%的市场业务是保养，平均3~6个月一次，还有20%左右是补漆、空调维修等专项维修，但还是不满足。殊不知，盈利能力与低频高频并无太多直接关联，而和自身的运营模式、成本产出等更加相关，二手车交易、房屋买卖、婚庆等低频行业也发展得很好。另外，能否盈利的三个决定性因素实际是产品（或服务）的不可替代性、交易的复杂性和利润率。换句话说，也就是自己的产品（或服务）是否是专业且不可替代的，交易是否经过多重环节，能否去掉并降低用户参与成本和运营成本及是否高毛利。

某些汽车后市场企业一味避"轻"就"重"，反而提高了处理流程的复杂程度，增加了运营成本和固定开支，最终"压"死了自己。

### 累：把上门+补贴作为突破口，出力不讨好

上门本意是希望节约用户时间，通过便捷服务提高效率，提升客户满意度。但实际上，一次上门服务需要一辆施工车和几名技师，一次还只服务一个车主，再加上来回路途中的时间成本，效率反而下降了，"羊毛出在羊身上"，增加的这部分成本最后都转嫁到用户那里。而且需要大量补贴来弥补服务者的效率损失，最后做一单，赔一单，用户基数越大，亏得越多，一旦资金链断裂，就只有关张。只有真正解决了用户问题并使双方都能提升效率的服务才可能实现多赢。

除上述问题外，还有其他问题，如规模太小被成本或巨头压垮、服务太差被客户抛弃等。究其根本原因，都是未能在市场中找准自己的位置，形成核心竞争力。那"上门+到店"会成为竞争力吗？能否解决以上问题呢？

# 救命稻草"上门+到店"能否解决问题

其实认真考究，我们会发现汽车 O2O 服务的竞争关键为"集客引流+服务落地"。随着汽车后服务竞争分化，线上线下的融合是必然趋势，而"上门+到店"正好与这一趋势契合。

### 兼顾高低和轻重，实现双管齐下

作为服务业，汽车后服务既要关注用户体验和成本投入，也要重视营收模式和服务质量，"上门+到店"模式就可以兼顾两者。

第一，汽车后服务业本身服务项目居多，企业可顺势提供多项服务。例如，e 保养是做上门保养服务起家的，目前已开拓保养类、检测类和养护类三大类服务项目，用户、场景一致，用户接受度高。

第二，服务企业可实现服务项目高频和低频、高客单价和低客单价、轻模式和重模式相互搭配。例如，可以把更换和修补轮胎、洗车等高频、低单价服务与改装、车险等低频、高价值服务搭配。很多车主都遇到过洗车店在其洗车的时候推销补胎、打蜡、镀膜、座套、玻璃水等服务和商品，而单纯的上门服务就没办法做到这一点。如果能实现"上门+到店"一体化，就完全可能实现服务—交易闭环体系，从基础服务引导到增值服务，从"上门"做一部分服务过渡到"到店"完成另一部分服务，尤其在用户获取成本高昂的当下，最尴尬的莫过于好不容易获得了一名用户，结果却无法满足他的需要。因此，"上门+到店"不但能充分利用用户资源，通过"上门"集客，为"到店"导流，减少客户流失，还能盘活服务项目，实现去中介化，提高交易效率和用户服务体验。

### 摆脱单纯依靠"上门+补贴"，线上线下再融合

上门服务本是懒人经济催生的一个新生事物，但即便是最热门的上门保养，

目前也只占整个保养市场不到 5%的份额，汽车后市场更多的服务仍然是到店完成。"上门+到店"的融合既可以摆脱那些因促销而来却毫无忠诚度和消费意愿，还要让渡技师时间价值和门店价值的低价值用户群体，把注意力集中在高客单价的优质客户身上；又能发挥线上平台调度优势，加强与线下门店供应链的整合，打通专家、技师、门店、供应链等全服务产业链，实现汽车后市场线上生态和线下生态的连接及后汽车市场资源的深度融合和嫁接。况且"上门+到店"模式相比单纯的上门模式有明显优势。例如，可精准掌握服务过程，提升服务质量；可在第一时间获得用户反馈改进自己；可全程监管所需服务配件；可实现更好的人力配置，帮助维修技术人员相互学习，使其技术、能力得到考核和提升；等等。更为重要的是在这个"体验为王"的时代，用户的需求是个性化的，有些车主希望到店，有些则需要上门，还有些要享受尊贵服务感……"上门+到店"能满足这种多样化的需求，并根据场景的不同调整业务模式和服务组合，而未来汽车后市场 O2O 企业一定不是线上或线下的单维竞争，而是由"场景+服务+商业模式"构成的完整商业生态闭环的竞争。

由此说来，"上门+到店"可能是大势所趋，但它也并非万能，到店模式引起的成本增加、发展速度受限等问题也需重视，而且汽车服务标准化、体系化、流程化一直是行业发展面临的大问题。"上门+到店"更加需要深耕细作，不能盲目扩张，只有真正打造线上线下统一的服务标准和诚信体系，为车主提供优质的标准化车后服务，并实现降低成本、提高效率、精细化运营的服务公司才能在接下来的发展中受益。

## 3.2 规模取胜与精细运营：汽车后市场 O2O 企业的救命稻草

自从 O2O 热潮涌来之后，汽车后市场 O2O 也开始备受关注并成为新的风口，从二手车交易、上门洗车、汽车保养到汽车金融等，无数的创业者与投资者争相奔向这个万亿级市场。经过几年的野蛮生长后，多数浮躁者开始面临被淘汰出局，同时汽车超人、养爱车、e 洗车、和易家、博湃养车、e 保养、车问网、麦轮胎、人人车、牛车网等数十家创业公司也在各自的细分市场中站稳脚跟并开始崭露头角。回过头来看，相同的市场，不同的命运，淘汰还是留存，取决于它们采取的运营策略。而随着竞争加剧，淘汰赛还将继续，是采用跑马圈地式的规模策略还是稳扎稳打精细化运营策略，谁会成为汽车后市场 O2O 企业的决胜力量？

## 规模取胜或许不再适应

伴随着互联网概念的引入，众多创业者和资本家开始对汽车后市场虎视眈眈，于是"跑马圈地"成为行业热词，烧钱圈用户这种简单粗暴的商业模式被广泛应用，的确也有部分互联网公司从中受益，但更多的是饮鸩止渴，事实足以证明，一味地追求规模和圈地效应并不是最好的选择。

### 跑步圈地式的规模化并未解决行业痛点

汽车后市场更多的是服务业态，目前亟待解决的行业痛点有三个。

- 价格不透明。开车去维修店或 4S 店一不清楚要花多少钱，二不知道具体费用明细，价格高且不透明。
- 品质无保证。目前行业乱象丛生，或轮胎大量翻新，或随意更改日期，或水货繁多，甚至机油多是假货，而且普通消费者无法分辨。
- 服务无标准。目前整个行业服务品质参差不齐，工作人员素质相差甚远，且无行业标准规划，用户需求难以及时得到满足。

粗犷式的规模化虽然在短期内可快速积累用户，提高市场份额，但如果不能让目前的行业问题得到改善或解决，那就只是纯粹的跑马圈地，最终对行业、对消费者的意义不大，同时可能给自己种下祸根。

### 重资本的汽车后市场O2O行业仍有诸多不确定性

汽车无疑是重资金投入的行业，汽车后市场也一样，一个轮胎价值少则上千元，多则几十万元，专业的技师人才和专业的机修工具也需要巨大的投入，这对团队和资金都提出了不低的要求。如果一味追求片区覆盖度，初期庞大的团队建设和固定成本投入将可能压垮初创公司。而且汽车后市场O2O尚处于发展初期，消费者对服务模式的信任度、忠诚度及消费习惯仍需培养，而让用户形成对平台的依赖更需要时间。另外，汽车后市场的服务模式、盈利模式等都在探索中，仍存在诸多不确定因素，庞大的团队建设和区域覆盖的快速扩展不但不能帮助企业快速发展，反而会增加企业的不确定性，导致风险增加。

### 快速扩张并不等于服务能力提升

多数汽车后市场行业公司通过接入互联网为自己增加了更多获客渠道，但对快速拓展业务所积累的大量订单的消化又成了新的难题。就如当年的团购，没业务时几乎撑不下去，团购带来了大量业务时又几乎消化不了。以博湃养车、e保养、卡拉丁等同细分市场企业为例，它们各自的团队规模、服务模式及城市覆盖率均有不同，但决定销售额和盈利能力的却不只是规模，更多的是服务质量。从这个层面上讲，快速扩张更可能引起企业为消化大量订单而扩充团队或降低服务品质，从而影响企业的长远发展。

因此，在这个重体验的汽车后市场O2O行业，传统互联网企业惯用的跑马圈地式的规模扩张不一定屡试不爽，反而可能给企业带来不可预期的风险。

## 精细运营，慢工出细活

既然盲目式的扩张是个定时炸弹，那精细化运营能否开辟一条新路呢？仍以e保养、卡拉丁、博湃养车为例。据艾瑞数据显示，e保养500多辆服务车覆盖6个城市；卡拉丁500多辆服务车覆盖15个城市；博湃养车800多辆服务车覆盖 22 个城市，三大品牌平均保养车辆时长为 1～1.5 小时。相比之下，e保养城市覆盖率远低于其他两大品牌，但单一城市服务车辆密度远高于其他两大品牌。e 保养是城市深耕精细化运营的代表，其运营模式可给企业带来如下优势。

首先，可集中资本投入，有利于站稳脚跟。原来受地域性的影响，大规模及多元化发展受到限制。但正因为地域的集中，使企业集中优势资源进行地域性投入。尤其在创业初期预算和资源有限的情况下，集中资源深耕单个城市或区域，是站稳脚跟的必然选择。

其次，可优化服务半径，提升服务质量。由于部分汽车后市场项目进入门槛相对较低，如保养项目，很多中小型初创公司刚进入这一行业就通过上门保养来培养用户习惯，增加用户黏性，积累用户资源，锻造专业能力，试图通过这些来实现对行业的掌控能力，但后来才发现越是门槛低，同质化竞争就越严重。

企业一旦没有明显的服务特色和核心能力，用户黏性就很难提升。精细化运营从客观上让企业创造差异化服务，缩小服务范围，控制单位时间内服务的用户，从而提升服务质量，达成在单一城市内形成高密度的服务网络。因为精耕细作的本地化运营可极大地提高服务品质，改善商客关系。而单个门店的服务半径也在不断摸索中得以优化。这带来的好处就是降低服务调度时间，提高服务效率。例如，在用户需要对车辆进行上门服务时，企业仅需调度用户附近的服务车即可为用户提供最短时间内上门服务，企业成本较低，客户满意度却很高。

再次，有助于建立品牌。高密度服务网络的快速响应和优质服务在给用户提供良好的用户体验的同时，也为企业树立了良好的品牌形象，形成口碑势能。而单个区域集中上百辆服务车也直接变成了覆盖全区域的流动的线下广告，有助于提高用户记忆度，进而促进品牌建立。

最后，区域深耕也有利于创新营销商业模式的探索。大规模的服务团队只要用心，针对不同地域用户的服务需求和用户心理，就可能创造出因地制宜的营销方式和盈利模式，同时也可降低试错成本。正所谓"船小好调头"，深耕之下的区域市场成功的可能性更大。

# 精细化运营的考验

精细化运营可使企业提升核心竞争力，树立竞争壁垒，探索商业模式。那具体来说，对汽车后市场O2O行业精细化运营的考验又有哪些呢？"人、机、料、法、环"是全面质量管理中的五个要素，放在这里同样适用，而其中前两样更是决定性因素。

"人"即人员，包括两个层面：人员的服务技能和需要协调分工的具体人数。例如，大多数汽车保养及简单维护需要两名及以上的技师协同完成，但部分品牌的服务技师仅配备一名，在服务过程中还需车主或第三方人员协助，显然在专业性上有所缺失。而在技师资质方面，大部分品牌配备的技师多为经过专业培训或具有实践经验的技师，如e保养、博湃养车等每车配备一名高级技师和一名初级技师。汽车维护作为专业性较强的上门服务行业，每车配备一名高级技师是十分必要的。

"机"即设备，这是一个企业的门面，决定了企业能否统一制式、统一配备等。目前汽车后市场O2O行业中除e保养等少数品牌全部配备金杯车辆和基本工具、复杂工具外，大部分品牌配备的服务车并不统一，车上配备的工具质量也参差不齐。

另外，"料、法、环"决定了在这个相对垂直的汽车后市场服务领域，企业能否顺利整合线上、线下、供应链，实现差异化、区域化、综合性的服务。因为一个成功的企业不但需要建立垂直专业项目的服务能力，同时要搭建横向区域性综合平台，在平衡上下游供应链利益的前提下实现双赢、多赢。需要注意的是，精细化运营并不是排斥、拒绝跨区域发展，而是在一定时期内，集中所有资源占领区域市场，通过专业化的服务能力和可持续的商业模式去获得最终的胜利。汽车后市场O2O行业的竞争是一场拉锯战，只有真正精耕细作，以用户为本，放弃传统的跑马圈地、拉规模赚快钱的模式，才可能笑到最后。

## 3.3  汽车后市场 O2O 企业进入洗牌期，谁会被剩下来

作为洗车 O2O 行业的先驱者，许多企业并没能走到最后，诸如提供上门洗车服务的车 8 洗车、做"1 元洗车"的智富惠，以及云洗车、嘀嗒洗车等都先后关张。当倒闭之潮如洪水般袭来，究竟谁能在这次浪潮中屹立不倒？

## 汽车后市场 O2O 企业倒闭的原因

首先，不可否认，汽车后市场是个逐年上升的增量市场，就拿已知的数据来说，2014 年，中国人消费了 2300 多万辆车，我国汽车保有量达 1.5447 亿辆。光大证券在 2014 年年底的研究报告中预计 2015 年中国过保汽车数量约 6700 万辆，占汽车保有量的比重为 54%。近两年后市场产值 6000 亿～8000 亿元规模，预计随着平均车龄逐渐延长、汽车保有量稳步增长，后市场将突破万亿元产值。而之前公布的《2015 年 Q1 季度汽车后服务 O2O 行业报告》也显示汽车后服务 O2O 行业发展迅猛，一年时间份额从不到 1% 上升为 14%，并持续高速增长，传统汽车后服务行业正遭受 O2O 模式的冲击。

既然处于增量的万亿级市场上，又为什么会有这么多品牌折戟沉沙？仔细分析，失败的原因有以下几个。

### 洗牌是行业生命周期的自然过渡

自从有了汽车，汽车后市场就应运而生，而汽车后市场 O2O 经历了几年的快速成长，已细分出多个垂直市场，如洗车、保养、维修、配件等，一个行业、一个产品和人一样，都有其生老病死，从孕育到出生、成长、发展、成熟、衰退，到最后消匿于舞台，这是一个完整自然的过程。就如当年网络视频、团购、手游等其他行业，经历一段野蛮生长后，开始进入淘汰期，因此 e 洗车等濒临倒闭只是汽车后市场 O2O 行业的正常洗礼，说明汽车后市场 O2O 行业进入了新的发展轨道。

疯狂烧钱、盲目扩张是被洗牌的直接原因

汽车后市场和许多其他 O2O 行业一样，创业者或经营者多把低价烧钱抢占用户然后上市圈钱或创造盈利模式作为其成功模式。于是在资本助推下，部分企业疯狂补贴，加速扩张。结果证明，目前人们从线上到线下保养汽车的消费习惯还远未养成，而那些用补贴抢占的用户也不是真正的用户，这些补贴之下创造的伪需求和伪用户更没有忠诚度。一旦停止补贴和砸钱，企业就会陷入被洗牌的境地。

无明确的市场定位，缺乏核心优势，导致被动淘汰

大多数企业倒闭的另一个原因就是疯狂扩张同时囊括不同业务，导致方向不明，定位不清。倒如，e 洗车的汽车保养业务研发了两个多月，但只运营了一个月就停了。再就是无核心技术优势，甚至只是在传统的洗车服务上加了个互联网的外壳就包装成 O2O 模式，而上门服务和到店服务两者场景的差异性极大，对技术和人力的要求差别也极大，但大多数汽车后服务企业都是同质化、低端化的服务设备和技术，无法保证良好的服务体验，甚至出现诸多不必要的问题。

除此之外，还可能因为管理混乱、融资失败导致资金链断裂等问题使企业面临倒闭。尽管有各种问题，但这并不意味着汽车后市场 O2O 行业就不再有想象空间。

# 如何在汽车后市场 O2O 行业寻找出路

既然行业已进入洗牌期，那又该如何保持战斗力，坚持到最后，在万亿级别的汽车后市场上分一杯羹？

创新运营模式，坚持高客单价×高频次的产品运营思路，做增值服务为盈利蓄力

产业的竞争往往是生产力和生产方式的竞争，而行业内企业的竞争则是运

营方式和商业模式的竞争，要想在竞争中胜出，就得创新运营模式，避开同质化竞争。汽车后市场 O2O 未来竞争的一方面是融资能力，另一方面是线上线下运营精细化能力，在长时间的拉锯战中，那些有足够资金储备或稳定资金链的，以及团队高管拥有互联网背景及汽车从业背景的公司更可能胜出；如果能将洗车、保养、维修三项业务串联起来形成自己的生态链，也将获得更多的主动权。与此同时要兼顾好频次和单价的问题。按照目前汽车后服务需求如保险（一年一次）、查办违章（一年 1～10 次）、洗车（一年 10～40 次）、停车（每年数十次甚至上百次）、维修保养装饰（一年 2～4 次）、二手车（6 年一次）等的频率来算，洗车、停车、保养可能是重点的入口。企业一需要高利润空间的服务项目，二需要高频次能黏住用户的产品，实现高客单价×高频次的健康产品线，同时可尝试打造个性化的增值服务。例如，目前 e 保养增加了清洗内饰、清洗发动机舱、更换空调滤芯等上门轻服务，这可通过增加单个用户的增量服务来增加销售额，并降低运营人力成本，老客户的复购率也可能随之提升。

### 勿贪大求全，坚持精耕细作，专注口碑和体验，做好打持久战的准备

无数事实证明，资本泡沫催生的快速扩张只会是饮鸩止渴，坚持精细化运营才可能迎来转机。正如前文提到的，e 保养的单一城市服务车辆密度较高，这一可控制市场扩张的节奏，充分利用有限的资金；二有利于控制团队素质和专业技能，尤其是汽车保养对服务人员的综合素质和专业技能水平要求更高，与其服务多人导致品质下降不如专注于服务一个使其满意，保证服务体验的同时做好口碑；三可降低试错风险，即便项目失败，也可快速调整。而且如此稳健的发展模式，也有利于积聚区域内的品牌效应，提升知名度，最终形成从个别区域到全国乃至全球的扩张。

### 保持对传统模式的关注并形成差异化

在这个重体验的汽车后市场，洗车、保养、维修是不同的切入点，传统模式有其固有的用户群体，短时间内完全改变用户习惯不太现实。因此，如何与这些传统模式避开正面竞争或形成差异就是 O2O 企业需要做的。例如，按照国家统计局的数据，2014 年中国汽车保有量达到 1.4 亿元，按照每辆车每年保养

费用 800 元计算，汽车保养市场规模超过 1100 亿元，行业空间巨大。但传统 4S 店的保养服务价格昂贵，而且有以次充好等现象，导致普通车主对传统 4S 店有苦难言。O2O 企业如果在上门保养上既能保证汽车保养的服务品质，又能提供与 4S 店差距较大的价格，就一定有自己的生存空间。

总之，在行业正常的洗牌期，只有那些不骄不躁、掌握核心优势、持续为客户创造价值的企业才可能成为最终的赢家。

# 3.4　刚需之下，代泊能否冷启动汽车后市场

随着互联网+逐渐向传统行业纵深改造，包括洗车、保养、维修、加油、车险、停车等在内的汽车后市场也在加速互联网化。而在经济发展和城市汽车保有量持续上升的大背景下，停车位成为车主们新的"挑战"，停车变成汽车后市场最大的需求并延伸出一个极其垂直的细分市场：停车代泊。一大批专注于此的创业企业如 e 代泊、美泊、悠泊、飞泊通等争相涌现出来。

在这资本的寒冬里，代泊能否真正给投资者和创业者带来曙光？这到底是创业者们的"黄粱一梦"，还是顺势而为的行业颠覆？未来发展又将面临哪些问题？

## 大市场+强痛点，让代泊"有机可乘"

就在线上线下融合趋势越发明显的当下，App 市场中停车相关软件已有数十家，它们或专注资讯服务，或提供人工代泊，而它们的产生也是建立在大市场+强痛点之上的。

### 停车市场的规模足够大

先说大市场，据最新数据统计，目前国内汽车保有量已达到 1.54 亿辆，其中约 1 亿辆为乘用车，停车是汽车所有者的刚需，也是发生频次最高的，远远高于洗车、加油、查违章、维修和保险等。在北京、上海、广州、深圳等一线城市，车主每年停车费用约为 5000 元；在省会城市及一些经济发达的二线城市，车主每年的停车费约为 3000 元。因此，整个乘用车停车市场的规模接近 5000 亿元。

此外，现有停车资源远远满足不了停车需求。例如，截至 2015 年 10 月底，北京市共有机动车 561.3 万辆，停车位总数仅有 282.3 万个，停车位缺口达到 50%，尤其在医院、学校、中央商务区、写字楼、机场等地方，停车难问题日益严重，如此之大的市场空间给了创业者机会。

### 停车问题足够痛

再说说行业痛点，停车是汽车应用场景中除了交通拥堵之外的第二大痛点。目前停车存在明显的三大问题。

- 找车位难。很多城市配套停车位太少，尤其在机场，大量过夜车辆挤占了为数不多的停车位，导致接送客人的短时停车一位难求。此外，有些车主不熟悉场地，而且有些停车场为了赚钱，将停车位弄得很狭小，让车主们苦不堪言。
- 停车费用高。继续以机场为例，尽管各大机场纷纷调高机场停车价格，欲以市场杠杆调节有限的停车位资源，但是收效甚微；其他地方又经常出现停车价格不统一、坐地起价等现象，车主们备受困扰。
- 费时费力。仍以机场为例，停车场距机场大厅较远，停车之后还可能要花半小时走回机场大厅。再加上部分停车场无营运资质，不安全，无保障，车主在停车过程中时间和区域信息不对称等问题。多数车主最难过的不是没有车，而是没地方停车。

# 代客泊车：简单却有效的解决之道

为了解决停车问题，创业者纷纷使出绝招，创建了各种解决方法，但都遇到了难题。

例如，从停车场的系统介入获取数据，搭建一个停车场信息平台，为车主提供各种不同类型的资讯信息，这需要与停车场打通，但国内停车场质量参差不齐，信息提供极不全面；或者直接切入停车支付环节，提供支付解决方案，如 ETCP 智慧停车改造道闸，无停车支付，但国内停车场设备良莠不齐，使得全面覆盖基本不可能；或者像 e 代泊之前尝试的错时停车，但由于可以调配的资源不够，最终的市场规模量做不大。

还有像丁丁停车等在停车场内做智能车位锁等都未达到理想中的无忧停车。

此外，以上这些方式都需要与停车场深入对接和合作，但国内停车场数量太多，停车的物业权属关系复杂，而创业者可以调动的资源是经营性停车场，经营性停车场往往是产权方和管理方分离的，创业者们面对这些盘根错节的权益链基本束手无策，要找到一揽子解决方案更是不可能的。

有意思的是，人工代泊的方式就绕开了这些问题，正如美泊首席执行官诸磊所说，"与其为车主提供各种不同类型的资讯信息，或者帮助车主建立一个全新的对停车服务质量的辨别思路，都不如直接给车主提供一个最好的停车解决方案"，代客泊车通过人力代跑腿这种最简单、最直接的方式直接面对车主，解决了核心地段没有停车位、停车位难找及长时间停车、停车费贵等多个问题。

似乎资本也看好这一模式，采用代泊模式切入这一市场的诸多创业公司都获得了融资。例如，专注机场代泊停车的飞泊通获得了上千万元的天使轮融资；同样关注机场代泊采用"一对一代泊＋自营停车场"的美泊 2015 年获得了 1100 万元的 Pre-A 融资；2015 年 3 月，e 代泊完成 A 轮 1600 万元融资，同年 9 月又获得由赛马资本和国泰君安旗下国信君安创投联合投资的数千万元 A+轮融资；还有优泊、停车宝、停车通等平台均获得了融资。行业似乎看到了新的方向。

## 代泊占领市场的五大关键点

就在代泊业务逐步被创业者和投资者重视的时候，同样扎根于停车业务的诸多先行者如慧泊车、萝卜停车已关闭服务，折戟沉沙。代泊能否避免悲剧重演并启动汽车后市场至少取决于以下五大关键点。

### 代泊师：平台与用户的衔接器

人工代泊说到底还是一项服务，代泊师是帮助车主和团队解决停车问题的核心环节，因此如何筛选代泊师并保证代泊师提供的服务能让客户满意甚至超越预期成为平台制胜的关键，因为代泊师不只是负责安全取送车的司机，更是个人对个人服务的项目经理，是平台与用户的衔接器，承担着代泊前后的各类工作，如车辆 GPS 定位、车辆清洗（美泊提供免费清洗服务）及交付车辆前的一些基本车况的视频记录等细节服务。

e 代泊、美泊等平台对代泊师都有严格的选拔和培训流程。例如，美泊除了要求代泊师驾龄不低于三年外，还对代泊师在上岗前进行如对个人信誉、服务意识、服务技能等多项系统的上岗考核，上岗后每月还会进行综合考评打分，如果客户投诉较多，代泊师也会被解雇。e 代泊则直接找具备多年从业经验的全职代泊师（也有兼职）等，但鉴于代泊师的工薪收入、稳定性和教育背景等情况，能否把代泊师打造自己的"铁骑"，成为流动的品牌旗帜将是考验平台核心能力的最直接体现。

## 场地：既是基石又是门槛

既然是代泊，那停车场地就成为直接面对的问题，场地既是代泊服务平台的基础，也是增值服务输出和盈利可行性尝试的入口，甚至是同行竞争的门槛，未来极有可能竞争的就是谁有更多停靠环境好、基础设施全和安全性更好的大型停车场。

行业内多数平台采取与停车场签约的方式。例如，e 代泊长期承包机场周边停车场的车位；也有像美泊建自营停车场的，但这样就让代泊模式变得很重，而且城市中停车位紧张的地段数不胜数，如何取舍和权衡成为第二大难点。

首先，如果是自营停车场，前期需要大量资金和人力投入，先不讨论如何实现收支平衡，单从市场布局看，重模式就会放慢城市扩张的速度，影响市场占有率。

其次，在医院、学校、商业中心、写字楼、机场等地域的选择上也极为麻烦，稍有不慎就可能满盘皆输，尤其是那些刚拿到融资、头脑容易"发热"的创业者容易大肆扩张，攻城略地。保持关注更有助于成功。

就拿机场来说，据相关数据显示，2014 年全国机场总客流达 7.4 亿人次，2015 年达 8.1 亿人次，其中前 40 名的机场占了 85%以上的客流量。在客户高度集中的情况下如何将有限的资源投入到无限的场地选择上将考验创业者的运营能力。

## 市场培育：更多的是信任

在停车难的情况下，代泊车是强需，但要说服车主将自己的车钥匙交给一个陌生人并不是件容易的事，况且汽车是一个私人空间，车的安全和个人信息安全都成为平台开发新客户需要面对的问题。尤其是初创企业，没有信任背书，没有品牌，平台需要做的第一件事就是获取用户，获得信任，教育市场，再培养用户习惯。

目前美泊为每位用户购买最高 200 万元的车辆保险，采用专业的记录仪、网络红外摄像、数字识别门禁等科技设备和 GPS 定位等对代泊车辆进行全方位监控。e 代泊联合平安保险推出"代泊险"，从接车时刻起到还车时结束，期间发生的所有意外损失均由代泊险承担，也让车主在线监控。但目前来看，市场培育仍然需要经历和滴滴快的一样的路，而且更加需要用户信任。

## 用户筛选与补贴：长期与短期的取舍

说到用户信任，就不得不面对另一个问题：用户筛选。并不是每个去机场的乘客都是代泊平台的用户。例如，老板们都有专车来回接送，偶尔出差，离机场又近，或者根本没车可停的乘客也不是其目标客户，只有那些嫌来回打车费用贵或上下飞机时间不固定（如凌晨 5 点）不得不开车的旅客才是代泊平台的优质客户。但如何筛选呢？筛选之后如何接触用户呢？是采用滴滴快的疯狂补贴的方式还是其他方式？

根据业内人士透露，一辆车需要付出近 110 元的成本（其中代泊员成本 50～60 元，停车成本 35 元，平台佣金 20 元）。美泊首席执行官诸磊也算过一笔账，一辆车在机场平均停 3.8 天，成本构成是场地费用 23%，人工 26%，洗车等 4%，税务渠道销售等 20%，如果按 29 元一天算，一辆车可能收取的费用是 110 元，这比来回打车的费用确实便宜不少，而且平台也有 20 多元的毛利润。但如果加上补贴烧钱，能否仍然保证赚钱及未来怎么赚钱是创业者需要考虑的。况且免费补贴培育市场的方式并不一定奏效，代客泊车的目标用户相比打车白领而言，对价格并不那么敏感。

## 盈利猜想：不会赚钱的模式都是纸上谈兵

人工代泊使用场景相对有限，能赚到的钱也少，因此如何留住用户和提升用户使用频次就决定了这个市场能做多大。

从未来看，代泊只是导流入口，是洗车、养车等市场的上游，也是找车位、导航等市场的下游，其所处的位置颇为微妙，发展方向直接影响行业格局。而且代泊是一门场景生意，只有在特定场景中持续为车主提供更有效、更便捷、更好体验的汽车相关服务，盈利的可能性才可能更大。

如果创业者说未来只做代泊，那就注定无法发展壮大，而追求持续发展的企业势必会往洗车保养、加油代驾、维修美容、汽车保险、二手车、金融，甚至提供紧急帮助、产品营销等服务等方向发展。从用户层来看，除了个人的2C散单服务，针对企业的2B服务也可能成为方向之一。

另外，场景的延伸也可能带来其他增值服务，成为新的"变现通道"。例如，在医院场景下，接入挂号系统实现预约停车；在商圈场景中，通过解决车主停车困难问题为商铺引流等。但这都要求是代泊企业以低成本、强痛点的突破来实现与优质用户的接触，将"停车后时间"重新利用，从而进行服务延伸，最终形成独有的"停车后市场"。

从这个层面看，代泊只是"停车场生态"的第一道门，希望都在未来。但在困难重重的创业之路上，又有多少人能掌握窍门并坚持到最后呢？

# 3.5  "互联网+学车"离真正的智慧驾校还有多远

汽车时代，私家车走进千家万户，驾校也"乘风而上"。据不完全统计，我国驾校已超 1500 家，相关从业人员也超过 20 万个。随着互联网+之风四处席卷，58 学车、驾考一点通、优车车等一大批互联网+学车平台相继诞生并受到各界人士及资本的关注。

2015 年年底，公安部、交通运输部联合发布了《关于机动车驾驶证自学直考试点的公告》，自 2016 年 4 月 1 日起实施自学直考（仅限指定试点城市），那驾考未来如何？传统驾校又将如何面对这一变化？互联网+学车能否借此迎来新的爆发点？

## 四痛一政，互联网+学车箭在弦上

根据公安部交通管理局的统计数据，2015 年全国驾驶人数量突破 3 亿人。学员人数从 2008 年的 1678 万人增长至 2014 年的 3000 万人，这也形成了一个 1000 亿元规模的市场。尤其在广大的农村市场、年轻人市场和女性市场，学车市场潜力巨大。而且互联网+学车恰巧处在"四痛一政"的节点上，即四个行业痛点和一项政策推动着互联网+学车向前迈进。

- 一痛：信息不对称。学车价格、服务没有统一标准，学员准备报考驾校时也不知道哪个驾校好，甚至不知道去哪里报名学车，驾校、学员、教练之间存在极大的不对称性。
- 二痛：驾校课程安排不合理。传统驾校由于教学用车和教练有限，学员常常约不到车，而学员又因为工作、生活等原因，经常耽误学车时间，而且约车需要反复沟通确认，十分耗时费力。
- 三痛：行业未标准化，定价混乱。目前学车市场千人千价。除了考试费用、车油耗损费、教练工资和公司运营费外，还可能产生地区差异费、补考费用、空调费等各类费用。
- 四痛：传统驾校体系管理混乱，效率低下。传统驾校对教练的监管不力，吃、拿、卡、要早已司空见惯。根据《南方周末》的报道，从 2008 年至 2012 年,某车管所的 39 名驾校考官收受红包合计 2100 多万元,而这些红包多是通过驾校教练送上去的。目前教学效率低下、考试通过率低等问题也很普遍。

● 一政:政策给互联网+学车带来了转机。2015 年 11 月,国务院网站发布了《关于推进机动车驾驶人培训考试制度改革的意见》,其中的驾驶证可以自学直考的规定直接冲击了传统驾校。例如,自深圳实施自考驾照至今,已经有 7 家驾校倒闭,国营驾校也未能幸免,深圳的传统驾校招生人数狂跌 50%。这也恰好给了互联网+学车平台成长的机会,一大批平台获得了融资。如 2015 年 8 月优车车获得上千万元的天使轮投资;2016 年 1 月 20 日四个轮子也宣布完成 450 万元的天使融资,此前还有名噪一时的 58 学车和 91 恋车,都宣称完成了上千万元的融资等,行业开始呈现一片生机。

# 五类模式开始打破传统学车规矩

如今整个行业已经形成了五种不同的模式。

## 导流模式

驾考一点通、车轮驾考等采用的是导流模式,只做网络招生,输送生源给驾校,从中赚取介绍费用。此类模式较轻,实质是媒体,做流量入口和宣传,依靠招生赚差价。但该模式也存在一些问题,如后期服务体验完全无法控制,如果大型平台参与竞争,在流量上就会失去优势。而且主要盈利来源于招生差价,后期盈利空间有限。

## 互联网驾校模式

简单地说,该模式就是挂靠,租用驾校车辆,自己聘用教练员,自主招生和培训考试,希望通过自营模式控制学车体验,解决行业痛点,本质上还是驾校。58 学车、1217 驾驶学院等采用的就是这种模式。该模式在现实中面临以下几个问题。

- 涉及较多的租赁内容，包括车辆和场地，一旦发生教学事故，由于责任主体不明确，容易导致法律纠纷。
- 资产模式重。租赁场地、购置（或租用）车辆、招聘教练员，对资金要求高，稍不留神便可能造成资金流断裂。
- 行业经验缺失。这些互联网驾校大多由一群高端 IT 人士创立，对驾校的管理大多无实操经验，而且要忙于应付各类关系，教学质量难以保证。

## 教练员+Uber 抢单模式

91 恋车等采用的是这种模式，把教练员置于整个平台之下，自己作为招生平台，学员发布学车需求，由距离最近的教练抢单，实现需求配对，将传统的卖方市场转化为买方市场，运用的是 Uber 共享经济的思维。这类模式理论上很美好，既不用租车，也不用租场地，只需要做好平台即可。但这类模式法律主体混乱，法律风险常在，而且需要和驾校处理好关系，否则容易遭到驾校抵制，也很可能被互联网巨头模仿。

## SaaS 软件模式

这类模式通过销售或免费提供软件给传统驾校使用。例如，哈哈约车从2014 年至今，销售了 400 套约车软件；优车车则在 91 恋车模式的基础上为驾校免费提供 SaaS 软件，并支持驾校定制系统，如预约学车、学生在家预约练车时间、计时学车、驾校派车接送等。优车车等是希望通过整合互联网平台资源和驾校管理服务资源，为学员提供 Uber 一键抢单等功能的同时，也为驾校提供开放管理平台，从而整合更多有升级转型意愿的智慧驾校加入。这类模式的实质是软件公司模式，免费赠送方式可带来用户，加强和驾校的关系，但购买或使用的驾校比较分散，无法发挥互联网边际成本降低的效应，学员感知也不深厚，而且关键还在于软件好不好用。

## SaaS+介入模式

这类模式是在提供管理系统软件的基础上介入驾校的服务，希望实现学车标准化。找教练目前采用此类模式，但几乎所有的互联网公司都能做到，关键是找到优秀的驾校合作。这种线上线下联合 O2O 的模式也面临盈利模式不清晰、线下服务品质难以控制及对地面资源过度依赖、普通的创业者无法复制等问题。

总结而言，这五种模式各有优劣，未来的路还很长。

# 互联网＋学车要实现真正的革新还需解决的问题

驾校培训是个较为传统的行业，互联网＋学车尽管有较大的革新，但要真正打破行业规矩，还有几个问题要解决。

### 教练员的筛选和评价体系

首先，教练是驾校服务质量和用户体验反馈的核心环节，因此在学车培训中如何筛选教练、判断教练的水平就变得十分关键。很多驾校在筛选教练时以开车时长、教龄、用户评价等作为考量因素。但互联网＋学车平台要想打破原来的行业痛点，杜绝之前的吃、卡、要、拿等恶习，这些指标显然不够。如何建立一套标准模式让教练员实现优胜劣汰，就是所有互联网＋学车平台要解决的第一个问题。

91 恋车、优车车目前采用抢单的模式来实现教练员"竞岗"。例如，让学员利用手机一键呼叫发出需求，驾校教练进行抢单，最后产生三位候选教练。这种共享经济式的做法确实有助于提高市场上教练的供给量，保障用户在学车上的体验，提高学车效率，但如何谈妥驾校和让更多优秀的教练入驻平台成为新的考验。

而对教练的评价，目前主要有以结果为导向、以学员体验为导向、以满座率为导向三种方式。但教学车不是一项简单的服务，学车要的是结果，是让学员通过考试，取得驾驶证，并在学车过程中有好的体验，因此这是个过程和结果都要兼顾的服务项目，也考验着平台的管理能力。目前优车车等引入淘宝考评机制，学员可在 App 社区、微信等渠道反馈点评；还有驾校采用了星级评定，星级的高低直接影响教练收入。这些方法是否长久奏效，也有待时间验证。

### 低频需求与用户的获取

学车是典型的低频消费，那如何以低成本获取更多的新用户或增加老用户的消费频次成为学车平台面临的第二个问题。目前常规的获客方式都是口碑介绍或给介绍人推荐返现，但互联网+平台显然不能走这些老路，那它们具体应该怎么做呢？又难在哪里呢？

- 如何找到精准的学员。据不完全统计，每年学车的人数在 3000 万人左右，其中大学生只有 1000 万人，剩下的 2000 万人都在社区，但学车平台又缺乏社区资源，如何才能占领社区是学车平台面临的问题。
- 如何建立自己的品牌，获得信任。因为学车是一笔金额不小的消费，对传统驾校来说，门店、办公室、训练场甚至教练车等都能为驾校做信用背书，但互联网+学车平台呢？它们如果没有这些，就会导致模式过轻，平台的信用背书很难建立；如果有，模式又太重，对资金造成压力。91学车目前采取分批支付报名费；优车车联合平安保险，推出"不过包赔"产品，以及 0 元试学、分期学车等活动；好好学车则找来 e 袋洗入股并借助大妈进入社区等。这些方法都不错，但都容易被复制，互联网+学车平台需要建立自己的核心竞争力。

### 场地、教练车等问题

学车依然是需要线下落地的 O2O 服务，那互联网+学车平台自然绕不开场地、教练车等问题。

首先，场地难处理。即便是 58 学车，其 11 处学车场地中有 10 处是驾驶员培训中心或培训学校，因为是租用的，时间上就没法控制。目前学车平台大多采用时间优先或教练优先的方法"见缝插针"，最大化地利用场地和教练，但这也解决不了根本问题。

其次，教练车难以解决。无论培训还是考试都需要教练车，国家规定不允许私家车改装，学员又不可能为了学车而买一辆教练车。

因此，即便学员学车需求旺盛，互联网+学车平台也能顺利招生，但如果这两个问题得不到解决，互联网+学车平台和驾校也无法消化这么多需求。

### 营收途径窄

更关键的是，面对低频次的学车市场，互联网+学车平台不得不面临盈利点较少的问题。此前完成千万级融资的 58 汽车陪练，在高调进军 8 个城市后不得不舍弃天津、成都、重庆市场，这也在提醒所有互联网+学车的创业者：在资本寒冬，如何构建自己的盈利模式，形成坚固不催的"护城河"，是致胜的核心。

当然，多数平台不会将学车作为它们的终极目的，它们的目标是一切与车相关的领域，如买车抽佣、维修保养、保险、金融，甚至汽车相关衍生品等。例如，91 恋车希望未来能抽取 5%～10%的买车用户，将其转化成购车订单，甚至提供借贷，向汽车金融延伸；优车车也在规划各类盈利产品，除了给驾校输送学员，甚至还可能成立汽车维修部门，把学车作为汽车后市场的入口，做开放型的平台，打造智慧驾校，建立自己的驾培生态圈。

但实现这些目标的前提条件是：学员的基数足够大；企业能发展到那天。目前，学车的高客单价、高毛利及足够大的市场规模也许能养活公司，但互联网+学车一定是场持久战，考验的是企业的耐力和内功。

总之，学车市场必将继续深度互联网化，学车行业必将打破现有的利益关系，重新洗牌。但是，目前互联网+学车平台仍有诸多问题待解决，所有的平台都需要有创造稳定现金流的能力，建立足够的壁垒，为最后的胜利做好充分的准备。

# 3.6   揭底打车软件的跨界"真相"

情人节一直是商家们营销的好日子，面对"谈感情不怕伤钱"的年轻人，品牌传播早已不限于玫瑰花和巧克力。2016 年显得有些意外，除了年轻人，老年人也成为商家的目标。很多人的朋友圈都流传着滴滴快车联合 Darry Ring 推出的给一帮老年人过情人节的视频，话题也延伸到"其实最恩爱的情侣不是别人，而是你的父母"上。熟悉的节日里，一款打车软件和一个钻戒品牌以此种方式合作，让人眼前一亮。

## 偏爱跨界，打车软件一方唱罢一方登场

跨界营销对打车软件来说早已屡见不鲜，2016 年 2 月，滴滴快车和 Darry Ring 联手推出了一个情人节活动，先是为多名老人夫妻补一个求婚仪式，并将求婚过程记录下来，并制作成"从婚纱到白首"的爱情故事，再利用社交网络形成病毒视频。接着在情人节当天推出情人节红包。"爱她，就带上 Darry Ring 坐着滴滴去告诉她"，把人物（老人）、故事（情人节的爱）、传播渠道（社交网络）和两个品牌串联起来，完成传播。

其实，此前滴滴快车和其他品牌商已经开展了很多不同的跨界活动。

例如，2014 年"双 11"期间，滴滴快车联合国美、微信，在全国开展了主题为"颠覆日"的 11·11 大型营销活动，用户只需扫描相应的二维码，即可领取微信卡包国美专属 100 元优惠券及最高 8 元的滴滴打车红包。

2014 年 12 月，滴滴打车与蒙牛联合开展春节整合行动，蒙牛以"牛运红包"冠名滴滴红包，并推出"牛运红包幸福年"关怀活动，滴滴专车用户上车之后有机会收到来自蒙牛的牛奶惊喜。

此外，滴滴打车还与良品铺子在成都开展了 200 店庆跨界营销，与城市便捷酒店推出了"卧行专号"活动，与铜板街举办过"一寸光阴一寸金"活动，与阿里健康推出了"滴滴叫医生"，与京东联手举办过"父亲节送爱回家"等，诸如此类的跨界活动数不胜数。

另一个打车软件 Uber 在跨界营销上也从没停下来过。

例如，2015 年 10 月，Uber 与麦当劳合作，麦当劳的新品热烤墨鱼面包推出 Uber 特别版，同时推出 Uber 汉堡小熊"U 堡宝"；2015 年 5 月，Uber 联合曜能量借电影《复仇者联盟》上映推出了"一键呼叫英雄专车"活动；2015 年 8 月与淘宝合作推出"一键呼叫移动试衣间"；2015 年 12 月与在行联合推出"一键呼叫额滴神"等。此外还有戛纳"一键呼叫飞机""上海呼叫直升机""一键呼叫佟大为"、日本"一键呼叫无人机送口罩"、北京"一键呼叫 CEO""一键呼叫 Kittens"等。

在这些活动中，与滴滴快车和 Uber 携手的品牌有传统企业，也有互联网新锐，有金融保险类，也有生活服务类，有汽车相关类，也有和汽车无关的。正是这些跨界合作，让打车软件从全民出行工具变成了全民营销工具。

# 跨界营销真正的意图

在产品即渠道、产品即营销的当下，滴滴快车等打车软件不再满足于在朋友圈和微信群里用微信红包的方式刷屏，而其他品牌商也不再把打车软件看作单纯的打车软件，其背后隐藏了更多的商业意图。

### 流量分发

当一个产品拥有了海量用户之后，产品本身就成了一个极具号召力的企业自媒体和与用户连接的渠道，而品牌跨界的背后实质是用户群的流动。

这一方面是因为打车平台在经过野蛮生长汇聚了海量用户后，成长为强大的自媒体和流量分发平台，并具备了超强的媒体属性。另一方面是因为在互联网热潮之下，烧钱式的推广让用户获取成本一升再升，职业化的传播者一直在挖掘免费、廉价的流量入口，而打车平台则提供了这种可能：可以将产品和媒体融合，用更多创造性的传播方式，塑造新的流量入口。

再加上打车平台的崛起制造了出行的场景化，使得"滴滴+××"的跨界模式有了传播价值。

于是，和打车平台跨界合作的作用更多的是固化用户消费和支付习惯，增强用户黏性，并成为合作伙伴的品牌露出端口、销售渠道和新的流量入口，而手握流量及司机和租赁公司资源的打车平台自然充当了流量分发者的角色。

## 场景过度，用户嫁接

除了流量，这些跨界企业还有另一个共同的述求：场景。

滴滴等打车软件作为一个生活服务的移动互联网入口，也形成了出行用车这一高频、高黏性的移动场景，这对蒙牛、Darry Ring 等合作品牌来说具有巨大的依附价值。首先，这可以帮助品牌商为消费者提供从单纯的线上或线下体验实现线上到线下的 O2O 全场景体，建立新的联系。其次，在合作过程中，合作方可共享各方累积的客户等数据资源，实现深度协同营销和产业链互补。例如，小米与滴滴出行的合作可弥补小米因产业链不完善而丢失的来自社区的潜在购机客户，也成为"移动电商+物流配送"的尝试。Darry Ring 与滴滴快车的合作可借用滴滴快车服务的"快"来突出 Darry Ring 拉近恋人之间心的距离，向受众诠释了"一生唯一真爱"的品牌态度。最后，由于合作品牌和打车平台的目标客户有一定的契合度，合作品牌可以借打车平台的渠道进行社会化推广或渠道销售，把打车平台的用户直接转化为自己的客户。

从打车平台的角度看，在移动流量场景化的背景下，场景成了虚实交互融合的核心，打车平台尽管手握大量用户和资本，但它们仍然需要连接更多汽车服务和生活服务相关的使用场景来夯实自身的品牌地位。例如，此前滴滴代驾邀请有过酒驾历史的高晓松为其代言，而后直接与苏荷酒吧、百威英博合作，都是在主攻酒后代驾的使用场景。

更关键的是，这些行为背后的逻辑是移动场景用户过渡越来越难，需要依靠更多的分享来强化连接。如今每个产品或品牌就像定位清晰的黑洞，各自吸附着数量庞大的族群，并屏蔽其他难以洞穿的人群，场景就成为不同品牌之间用户的连接器。例如，在打车场景中，用户既是滴滴或 Uber 的用户，也可能是电影、游戏的用户，也可能钻戒的购买者、旅馆的租赁者，就在这样一个出行打车场景中，用户成为中心，品牌围着用户转。

但场景本身又是最强势、最多变、最失控的连接。品牌商和滴滴等打车软件跨界，就是希望借由这类高黏性与高频次的应用，找到与用户连接交互的"密钥"，锁定包括出行、商务、旅行每个节点之点对点的无缝连接，构成稳固的场景，并依靠微信红包、打车优惠券等非常具象的"分享"方式通过社交关系链获得品牌曝光、价值增值。哪怕这种分享实质是索取，消耗实则在于积累，但这种分享恰恰成为场景红利的神经中枢。

### 借社会化媒体重塑用户关系

正如传播学大师马歇尔·麦克卢汉所说，媒体其实是一种信息。当互联网成为信息能源，一切社交应用都融合成了媒体，形成了产品化的社会化媒体，并进行场景化革命。微信、微博便是这种典型的介体化媒体，打车平台的跨界营销更是依赖微信、微博等社会化媒体。例如，蒙牛和滴滴的合作就是在微博微信上抢"牛运红包"，通过口碑分享，革新人际传播；滴滴与 Darry Ring 也推出了情人节红包在微博、微信上发酵，引发大众转发，从而传递各自的品牌声誉。

这些企业的跨界不仅是利用社会化媒体消除信息不对称、破除时间限制来扩大传播量，也是在利用社会化媒体去中心化的、个性化的、失控的信息传播特性，形成一系列以主要用户的"次"中心，来提高"注意力经济"的转换价值。这种传播聚合的效应目的只有一个：重构消费者关系，以平等的去中心化传播方式拉近用户关系，获取用户信任。

### 完成信息过滤，践行消费者参与的蜂鸣营销

最后，各品牌借助社会化媒体进行跨界营销还有一个目的就是把信息过滤的"权力"让渡给社交关系，也就是让每个人推荐自己喜欢的活动给身边的朋友，大家一边参与一边消费朋友推荐的内容，这区别于以往品牌商在线上或线下"隔空喊话"、自娱自乐的活动形式，把消费者纳入其中。

这就好像在导演一场戏，有主题，有故事，故事的主角是观众，观众不再只是看客，还参与了故事的演进。因此，跨界营销就是让营销信息在用户参与下自由流动，并形成一个"营销事件发起—主要用户自发传播—影响小圈子—口碑传播—再扩散"的循环链，其本质是消费者参与的内容营销。

这也恰好形成了让用户参与信息收集、活动体验并承担相应风险的"蜂鸣式营销"，不仅节省了营销费用，有利于获得更高的投资回报率和传播到达率，

更重要的是更易获得信任，让口头传播成了营销活动的触发器，这区别于企业营销常规的奖品互赠的"超市模式"（商超里常见的吸引顾客方式：买 A 赠 B），更可能产生 1+1>2 的化学反应。

正如福柯所说："权力只有将自己主要的部分伪装起来，才能够让人容忍它。"跨界营销也是，表面上看只是一次企业营销行为，而更多的是隐藏在背后的"故事"。

# 如何做好跨界营销

那对品牌商家来说，又如何捆绑打车软件，做一场让人"过目不忘"的跨界营销，唱一台众人鼓掌的好戏呢？

### 角色翻转，做好变革者

滴滴、Uber 等打车平台之所以大行其道，是因为它们的模式颠覆了传统出租车行业，改变了人们的出行方式。在拯救了苦于"打车难"的广大人民群众的同时也释放了大量私家车的赋闲时间，有利于社会闲置资源的利用。同时它们作为共享经济的始祖级别产品，也是行业的变革者，用户的"救世主"，而且在既得利益者的攻击下，更易在社会化媒体上获得用户支持。因此，绑定打车软件做跨界营销时不妨先摆正立场，树立好形象，不一定要做"救世主"，即便只是行业"变革者"的角色，也能让人印象深刻。

### 讲情怀，造"温度"

好的跨界营销不止是简单的创意或娱乐营销，选择和当下时点相符的场景做营销，也许能在短时间内获得关注，但真正有价值的营销应该是有故事、有情感共鸣的。毕竟跨界营销分享最大的主体不是品牌商，不是公关中介，而是目标受众。只有受众被感动，才可能释放信任和人格背书，成为传播者、分发者甚至营销者，营销活动才可能在真实分享下获得信任溢价。

如果你的好友告诉你Darry Ring与滴滴合作的情人节视频感人并推荐给你，

你或许会点击观看，而你能否继续被感动并再次转发仍然取决于你是否感受到这条视频的"温度"，所以有情怀、有温度的内容总不会缺少观众。

### 贴标签，引爆流行

如今流量时代已成过去式，消费者与相关的场景需求成为新的入口，也成为新的渠道，但如果大众对企业的品牌及其与滴滴打车跨界的营销活动都较为陌生，那就需要找到有共同特质的参照物进行嫁接式的贴标签，这样就可以借力参照物的影响而增加大众对企业的好感。

例如，对曜能量熟悉的人不多，但对《复仇者联盟》熟悉的人就很多，曜能量联合 Uber 推出"一键呼叫英雄专车"活动就是给自己贴上"英雄"的标签，并把《复仇者联盟》的流行转化为自己的流量。

此外，跨界营销中还需要更多细分的标签，因为在越来越微观化的媒体传播中，个体的泛社群化、亚文化特征更是驱动营销活动扩散的动力。因此，"花粉""玉米""变革者""破坏分子"等标签都可能被社交关系强制重组找到接触传播点，继续产生化学反应。

总之，在连接才是互联网本质的场景时代，打车平台的跨界营销就是把人和一切供给及需求通过出行场景建立连接，让引爆品牌变成一场场景争夺、社交分享和信任溢价的流量转化，而这恰好是以人为中心的全新连接，是社会化营销的不可逆。如今人们并不排斥有"预谋"的营销，反而期待体验一些别开生面又充满温度的跨界营销新手段。

# 第 4 章

# 企 业 革 命

## 4.1　企业 SaaS 上演"三国杀"，获胜的关键是什么

如果我们把 2015 年 O2O 从火热到遇冷再到此起彼伏的兼收并购看作 2C 市场日益饱和、逐步冷静的信号，那 2015 年阿里钉钉、和创、金蝶友商网、大象盯盯、高速波等专注于 2B 市场的各类产品争先恐后出现在媒体公众和投融圈的视野里则可视为国内企业级软件即服务（Software as a Service，SaaS）市场爆发的信号。

但是，随着更多新进入者的闯入和企业微信的高调推出，谁会成为最终的赢家？决定企业生死的变量又是什么？

### 风中的风口，企业 SaaS 正上演"三国杀"

如今的企业级 SaaS 市场可谓热闹非凡，且不说美国企业级 SaaS 服务公司 Salesforce 现已估值 474 亿美元，单看易观智库的最新报告，2016 年年初我国企业级 SaaS 市场规模就达到 199.3 亿元，增长为 69.7%，2016 年全年市场规模超过 300 亿元，如此海量的市场自然吸引了无数创业者前来"捞金"。目前市场上盘踞着三股势力，正争相"抢食"。

第一股势力：BAT 巨头

BAT 在各个领域可谓无孔不入，企业级 SaaS 市场自然也不会错过，它们

或依靠庞大的基础架构支撑，或借助各自的海量用户，鼓吹生态体系转嫁流量入口，或者直接采取投资并购的方式进入这一市场。

阿里巴巴 2015 年在企业级市场完成了 4 项投资和 3 项收购，包括投给阿里云 60 亿、参与数梦工厂 A 轮投资、收购南京翰海源等，而钉钉更是成为阿里争霸企业级 SaaS 市场的"终极武器"。如今钉钉已从最初的企业内部即时通信软件变身为 SaaS 协同办公软件。

阿里云也与用友合作，发布了多款新产品和基于云的行业解决方案。阿里巴巴试图围绕企业级市场基础建设、技术、性能、安全、数据和垂直行业解决方案等各类需求，实现行业全覆盖，野心颇大。

对觊觎企业级 SaaS 市场已久的腾讯而言，腾讯云服务、企业邮箱、腾讯企点只能算"小动作"，其于 2016 年 4 月 18 日发布的企业微信才具有真正的杀伤力，或将对企业级 SaaS 市场产生地震效应，使得多数从业者为之恐慌。这一方面是因为微信具有极强的用户关系链；另一方面是因为企业微信可能整合企业号、订阅号、服务号等腾讯资源，形成难以匹敌的生态体系。

相对而言，百度则低调一些，2015 年只投资了客如云和收购了安全宝。而且投资客如云显然是为了响应百度的 O2O 战略，安全宝也是为了充实百度云的安全体系。但面对企业微信和钉钉进入市场，无论百度如何应对，一场激烈的竞争在所难免。

## 第二股势力：传统办公软件巨头

传统办公软件主要有用友、金蝶、通达等大型传统企业应用软件开发商，它们先后发布了畅捷通、友商网、云之家等 SaaS 服务产品。其中金蝶 2005 年就已进入 SaaS 领域，2007 年联手 IBM 发布友商网，是国内第一家推出在线会计与进销存软件服务的企业。数据显示，截至 2015 年年底，友商网注册企业数已超 100 万家，用户总量破 400 万人。另外，从 2015 年金蝶的半年财报中可以看到，2015 年上半年，友商网线上 SaaS 服务收入同比增长 70% 以上，注册用户同比增长超过 40%，付费客户的续费率保持在 75% 以上。

此外，2015 年金蝶还参与了逸创云客服 1000 万元的 A 轮融资。对这些传统大型企业来说，一是有过去在 PC 办公时代的积累，它们有机会将自己的 PC

老客户转化成为移动客户；二是它们积累的经验和口碑能转化为品牌背书和信任度，有利于获取新客户。而且它们具有一定的实力基础，不惧与 BAT 等较量。只是移动互联网不同于 PC 互联网，它们需要不断适应和摸索，并打破过去的体制与利益分配等束缚。

### 第三股势力：创业平台

还有一些毫无背景或积累不多的中小型创业平台，如销售易、今目标、大象盯盯、高速波、容联七陌等。它们不同于 BAT 巨头和传统大型企业从其擅长的角度切入，采取平台型生态体系，而是先从一个细分市场切入。例如，纷享销客以移动销售管理为核心，12 个月内就完成 1.6 亿美元的 B、C、D 三轮融资。

2015 年 4 月成立的高速波，由原通达信科首席执行官高波创办，目前已推出 2 款 SaaS 产品，一款是全能型的"高速波云办公"，另一款是移动 CRM 产品易圈客，以"通用型移动 CRM 完全免费"为宣传口号。诸如此类的公司不断涌现，都在探索各自所长，希望在竞争激烈的市场中站稳脚跟，同时它们把目标客户锁定在占 99%市场规模的中小企业上，由于基数大，有足够的市场空间，因此这些企业在各巨头的夹击中获得成长机会。但是，它们在知名度、资金等积累上的不足要求它们必须加速快跑，才可能追赶或超越对手。

## 决定企业生死的变量

如今三股势力在企业级 SaaS 市场上竞争激烈，最终谁会跻身国内 SaaS 服务市场的第一梯队？谁又会被淘汰出局？其实，决定因素除了品牌、资源、团队等确定性因素外，更多的是定位、定价、推广策略等细小的变量。

### 定位：激励重要还是监管重要

企业市场用户角色大致分为两类：基层员工和管理者。而企业管理的终极话题是：以监管为重还是以激励为重？是该"从上而下决策"，还是该"自下而上引导"？这些问题同样出现在 SaaS 服务产品上。目前行业内出现了两种不同的做法。一种如钉钉，以老板为导向。以其 Ding 功能为例，这是一种信息必达自上而下强压式的沟通方式，老板可以随时跟踪员工有没有看到"钉"的状态，显示未读数和未读的人。这种方式强调的是管理属性，自上而下地解决老板监管问题，出发点是让老板高兴。与此相反的另一种做法是自下而上解决一线执行员工的实际问题，强调工具属性，出发点是让用户更好地工作。友商网一直致力于为小微企业提供在线进销存及财务记账服务，作为企业财税、社保、融资、报销、营销、O2O 收银等财务专业的工具。国外也有专做客服的 Zendesk、Freshdesk。

出发点不一样，结果就会不一样，笔者不能断定企业管理一定是监管重要或激励重要，但可以肯定的是，只有在上端有客户价值，老板才会买单；在下端有用户价值，一线员工才有干劲，SaaS 产品才能实现使用价值和商业价值的转换。当占有绝大多数用户比例的中下层员工用户对一款产品都心生抵触的时候，那么它只能走向衰亡。

### 定价：一切免费还是合理收费

钉钉推出之后便打出"一切免费"的旗号，很多企业开始使用钉钉也是因为其免费的审批和移动电话。还有一些平台则采取按需购买的模式，如 Live800 的"数据分析"，网易七鱼云客服的"智能机器人回复"、"工单系统"功能等。

友商网也是基础功能免费，增值服务收费，采用按年付费、一天一元、随需购买的模式。相较而言，高速波的易圈客所推行的免费更彻底一些，不仅包括 OA 类的基础功能，也把所有通用型的客户关系管理（Customer Delationship Management，CRM）功能如客户管理、销售线索、报表分析等免费开放，并且不限空间、时间和人数。

于是，收费成免费又成为 SaaS 产品面临的另一个问题。或许正如高速波创始人兼首席执行官高波所说："中国 SaaS 行业真正能够发展起来，需要打破中小企业的入门门槛。"零成本的标准化通用型入门级移动应用平台有利于吸引中小用户尝试 SaaS 产品。但对于 SaaS 市场，笔者认为，免费只是一个过渡，单纯的免费策略不可行，原因有以下两个。

- 免费对应的是"粉丝思维",粉丝的思维逻辑是要不要钱,而企业的思维逻辑是能否满足需求,能否帮助其赚钱。因此,SaaS 服务的核心问题是产品是否能满足企业具体业务的需求,不是是否免费。
- 企业用户的获取和沉淀,也不能依靠免费来完成,因为企业对产品安全性、稳定性要求更高,简单免费的策略并不能实现有效用户的获取,甚至会因为免费导致企业客户对产品价值产生质疑。而且到目前为止也没有免费的 SaaS 模式获得了成功。当年阿里软件的免费政策施行 2 个月后黯然离场,如今 SaaS 市场免费仍然会是非理性的"自杀",收费才是对客户的承诺和保证。

# 推广策略:竞争导向还是用户导向

最后说说产品的出发点,如果把钉钉的出现归结于对微信的"侧位还击"(至少是原因之一),企业微信的推出则背负了抗击钉钉的任务,互联网因竞争而生的产品比比皆是,如百度的有啊、百度 Hi,腾讯的拍拍、搜搜等,但它们最终都折戟沉沙,这似乎再一次提醒着我们:如此嘈杂繁荣的企业 SaaS 市场,我们的产品到底为谁而生?

周鸿祎 2009 年在金蝶友商网交流时谈到他对 SaaS 的理解:"关键是抓住企业客户的真实需求,SaaS 只是一种软件交付模式。"因此,友商网多年来只做一件事,就是专注于财务服务,做中国最大的小微企业财务云服务平台。

而大象盯盯一直为提升工作效率努力,在提供工作提醒、审批、汇报、签到等多项服务之外,还在个人事务中添加类似于记事本的功能,就是希望能以个人事务为主同时兼顾团队管理。

因此,BAT 巨头也好,传统行业老大也罢,社交也好,工作协同也罢,所有围绕中小企业的 SaaS 企业服务产品必须清楚,所谓的平台生态建设及所谓的积累和沉淀都可能成为自己进入新市场的桎梏,因为 SaaS 服务绝不仅仅是从 C 端到 B 端服务对象、购买决策者和使用者的变化,而是产品定义从竞争导向到用户导向的变化,只有真正把握用户需求,而不是为了占位、争夺市场的产品,才会获得最终的胜利。

最后需要提醒的是，相较于 2C 领域一家独大，马太效应在企业级 SaaS 领域并不明显，行业领先者对企业用户覆盖率普遍不高，市场仍存在巨大的可拓展空间，将来的 SaaS 巨头，既可能出自现有软件公司创业团队，也可能出自 BAT 等互联网公司，还可能出自新的初创企业。无论何种类型的企业，皆必须以用户为核心，只有不断聚焦产品改进，摆好姿态，踩好点，才可能取得最终的胜利。

# 4.2　SCRM 与移动 CRM 的对比

2016 中国企业服务峰会上，与会嘉宾一致认为，企业级 SaaS 服务拥有巨大的想象空间，这将为新一代的"BAT"诞生创造无限可能。而在 SaaS 市场，基于传统 CRM 基础建立的移动 CRM 逐步发力，红圈营销、销售易、纷享逍客等产品纷纷使出浑身解数，展现出意欲争锋的野心。与此同时，随着移动设备的普及而形成的巨大的社交红利，使得融入社交化和移动化的社会化客户关系管理（Social Customer Relationship Management，SCRM）正表现出更强大的生命力和适应力，成为企业级 SaaS 服务发展的新风口。目前的 SCRM 市场也开始发力，系出"名门"的腾讯企点，其官网也于近日上线，吹响了正式进军 SCRM 的号角。

一边是 SCRM 的迅猛发展，产品及市场规则正在完善与沉淀；另一边是移动 CRM 仍在积极出击，正面迎接 SCRM 的挑战。两者相遇，孰优孰劣？未来谁能成为霸主？行业又将如何发展？

以下选取移动 CRM 阵营中已完成 E 轮融资的纷享逍客、挂牌新三板的红圈营销及 SCRM 阵营中背靠巨头的腾讯企点，分析移动 CRM 与 SCRM 产品的特性，进而探究行业发展大趋势。

## 纷享逍客：多次战略调整，逐步强化营销

作为团队级产品，纷享逍客显然更侧重于团队合作。其核心功能包括销售行为管理、销售过程管理、动态 CRM 客户资源管理和销售协同管理等。此前，其主推 CRM，以"月销售指标""客户跟进"等为重点功能，主攻销售领域，并将顶层关键绩效指标（Key Performance Indicator，KPI）考核放到最大，强调顶层意志传达与下层执行。而在 D 轮发布会上，纷享逍客推出了产品新功能"微营销"，表明了其将更注重提供市场分析、营销服务和平台建设。按照官方数据，纷享逍客目前的企业注册用户有 30 多万名，企业续费率超过 70%。

到目前，纷享逍客已经三度转型，两次调整产品思路：从成立之初的企业内部交流平台"纷享"，到定位为 CRM 的"纷享销客"，再到目前的移动办公

平台"纷享逍客"。可以肯定的是，几次战略调整的确强化了 CRM 这一纷享逍客力求"称王"的功能，然而此举减少了人性化，就如 DCM 集团投资董事合伙人林欣禾所说："最初投纷享逍客的原因是认可它的模式，没有想到五个月以后它改变了产品思路，间接验证了我认可的是错误的。"这种反复的调整且不说会有多少客户买单，仅调整后与钉钉的直面竞争就让纷享逍客的未来增加了一些不确定性。

# 红圈营销：以中小企业为切入点，管理成本较大

红圈营销是和创科技旗下一款基于 SaaS 模式提供的移动销售管理平台，主推客户管理、拜访计划制定、数据报表等功能。其拥有的细分模块应用能够解决企业在销售过程中遇到的一系列现实问题，如客户拜访、数据决策等。从连接客户到经营过程再到行为管理，红圈营销旨在为企业提供最有效的营销整体解决方案。目前有乐吧薯片、小绵羊家纺等企业使用该平台。

红圈营销现有的客户中，有九成为中小企业和创业团队。以中小企业为切入点，成为红圈营销扩大疆土的最重要战略，根据官方数据，至 2015 年，和创科技营业收入近 2 亿元，看起来发展得顺风顺水。但红圈营销也有明显的软肋，如国内企业普遍对销售管理应用需求不够旺盛，红圈营销需要在强化自身产品的同时不断教育、培养、开发新客户。就拿它的定位"监控考勤管理"来说，这明显表达的是企业管理者的控制欲及对员工的不信任，让绝大多数使用者，也就是一线员工感觉到无时无刻不被监视。百度上早有关于"红圈营销的定位监控违法吗""红圈营销怎么伪装定位"等问题，可见这样的功能有悖人性，在无形中也加大了管理成本。

通过产品分析不难看出，纷享逍客和红圈营销均打出了"营销"这张牌，然而完备的售后服务流程才是保证用户高续约率及高忠诚度的关键。如何保障客服、完善售后可以说是纷享逍客、红圈营销及所有移动 CRM 企业亟待解决的问题。

# 腾讯企点：主打多渠道管理及场景化，需寻找新客户群体

作为企业 QQ 和营销 QQ 的整合升级版，腾讯企点可谓 SCRM 领域的先行

者。在功能上，它侧重于帮助企业实现对目标用户的深入洞察。企点服务与企点营销两大模块的设置，表明了企点希望打造多渠道管理来提升企业的在线接待及销售转化能力，从而建立自己的差异化优势，成为行业内的领军企业。此外，腾讯企点与滴滴出行合作强化出行场景，与物流公司合作建立物流场景，也和 EC 等同行一样都在竭力满足房地产、快消品、金融、投资等各个细分行业的不同服务场景，表明其在场景化方面也在不断发力。

目前企点服务账号已开启预售。依借腾讯庞大的用户基础和强大的品牌号召力，企点或多或少会对同行构成威胁，但这并不代表企点可以高枕无忧。腾讯早在 2004 年就推出了腾讯 TM，然后推出了企业 QQ、企业微信，如今腾讯企点背负着腾讯与 QQ 的双重意志，既要在腾讯的内部竞争中获得更多的资源支持，又要面对外部强敌快速建立自己的核心优势，还要在企业 QQ 和营销 QQ 的原有客户之外寻找自己新的用户群体，压力不可谓不大。

对 SCRM 企业而言，该如何发挥其社交基因的优势，进而优化核心竞争力，无疑应纳入接下来的发展战略。

## SaaS 领域机遇无限，两大阵营的较量还将持续

毋庸置疑的是，连接和数据是 SCRM 的核心，也是企业转型升级的有力武器，以下三点决定了 SCRM 产品的成败：是否能创造与品牌业务相关联的、场景化的服务体验；是否能强化消费者与品牌的情感连接，实现真正的自动个性化互动；是否能帮助企业实现消费者精准抵达，并实现企业决策社会化。这三点简单来说就是场景、用户、客户的争夺。

在 SCRM 是大势所趋的当下，移动 CRM 企业只有依托固有的行业经验，并通过专注于差异化服务来弥补固有模式的缺陷，才有可能维持自己的市场地位。据移动信息化研究中心《2015 年中国移动 CRM 市场及企业用户研究报告》显示，2015 年移动 CRM 市场规模达到 7.82 亿元。面对 SCRM 成为大势所趋，趋于饱和的移动 CRM 领域已迎来洗牌时代。无论如何，作为下一片蓝海的企业级 SaaS 领域机遇无限，SCRM 与移动 CRM 两大阵营的较量注定还将持续。

# 4.3 SaaS 客服的机会点及难点

在移动浪潮铺天盖地席卷了 C 端市场后，企业级软件市场也从传统 PC 时代装机卖软件模式过渡到 SaaS 模式，最近几年，中国 SaaS 市场以 30% 的年复合增长率保持着高速增长，企业级 SaaS 服务的风口正在积聚力量，快速渗透企业办公服务所涉及的市场、销售、客服、沟通、财务、采购、人力资源等各个层面，作为其中垂直细分市场，SaaS 客服也已全面打开。当巨头涌入行业、竞争加剧时期，决胜力量又是什么？

我国 SaaS 智能客服市场的发展原因除了人力成本的上升、移动互联网技术的普及、移动社交场景的涌现及自然语言处理与机器学习技术的进步外，更多的是由特殊的时期和国内环境共同影响带来的机会。

## 风向正好，SaaS 客服迎来崭露头角的机会

首先，企业客服市场潜力被释放。客服一直是企业工作中不可或缺的组成部分。据易观预测，到 2017 年，中国 SaaS 客服市场交易规模将增长至 680 亿元。这一方面是因为企业基数大，根据工商总局统计的数据显示，截至 2015 年年底，国内已注册大型企业 25 万家、中型企业 350 万家、小型企业 150 万家及微型企业 1500 万家，它们对客服的需求旺盛而迫切。另一方面是因为客服工作变得越来越重要。一份来自 Zendesk 的统计报告显示，78% 的受访者将客户服务列为影响供应商信誉的第一要素；62% 的 B2B 用户和 42% 的 B2C 用户在享受到好的客户体验后会购买更多的产品；66% 的 B2B 用户和 52% 的 B2C 用户在遭遇糟糕的客户服务互动后会停止购买产品；88% 的人在购买决策时受到网络评论的影响……在市场竞争白热化的态势下，企业销售的不再只是产品，用户更加在意与产品配套的客户服务。很难想象如果没有云软集团为招商银行信号卡中心定制开发的微信公众账号，其 2000 万名用户的客服工作量要如何处理。

其次，国外巨头无法介入。一是因为国家有明确的政策监管，SaaS 业务需要互联网数据中心托管服务，也就是国外企业要想在中国境内从事类电信服务，

必须在国内有商业存在，且占股不得超过 51%。因此，微软、SAP、IBM 才会分别找了世纪互联、中国电信、首都在线合作。二是由于企业客户对用户访问和使用速度要求极高，这就要求服务器能在本地部署，但 Zendesk 等创业型企业并无财力支撑服务器在中国落地，从而给国内企业留足了时间和空间。

最后，企业级市场需要更好的客服系统。当前客服行业一部分是传统电话客服软件，此类模式容易引起客服人员听说疲劳，工作强度大，流失率高，工作效率低，客户体验差，客服投诉率高，也增加了企业人工成本；另一部分是网页在线客服，虽然客服成本明显降低，但基于网页的在线客服无法记录访客信息，无法找回客户，无法将服务流程中的发货、物流信息及时传递给客户，而且语音方式无法支持复杂业务，不利于做统计分析、数据挖掘。同时随着社交媒体的快速发展，客户服务渠道呈现多样性碎片化，这就要求企业客服能支持如电话、网页，微信、QQ、App 等多种渠道的接入，再加上智能手机的普及和用户习惯的养成，员工人手一部智能手机，让手机替代 PC 实现企业管理和信息化成为可能。再加上传统企业无法享用传统昂贵的软件解决方案，于是就出现了一批如 Udesk、环信 、云软、智齿等专业的 SaaS 客服公司。

如今企业 SaaS 客服市场中的各类平台可分为三种类型。

第一种是智能机器人客服，如 2014 年京东推出的 JIMI、2015 年阿里巴巴推出的"小蜜"、网易系的七鱼云客服和云问等。它们依托最新的深度学习技术，采用智能语义分析技术打造，拥有更好的语义理解能力，可以处理更口语化的问题，并且具有自主学习能力。云问目前已成为海尔商城、360、酷派商城、巨人游戏、猪八戒网等科技公司的智能客服合作商。

第二种是 IM 转移到 App 客服，如环信、容联、极光 IM 等。它们主要区别于电话的同步沟通模式，因为客服人员在接打电话时很难再完成其他任务。而 App 客服模式则是异步沟通模式，客服人员可以在与用户沟通时同步完成其他任务，有利于在移动互联网环境下提高工作效率，而且符合消费者的碎片化操作习惯。

第三种是全渠道整合客服系统，如云软 IMCC、Udesk、逸创云客服等。它们将微信、微博、邮件、电话、移动 App、Web、即时通讯等多渠道优化整合，客服人员只需在一个平台上就能处理所有渠道的问题。2015 年 5 月，逸创云客服获得由唯猎资本领投的 1500 万元和金蝶战略投资的 1000 万元的 A 轮融资。云软则首创以即时通讯消息为主要入口的 SaaS 客服平台，目前客户包括电信、联通、招商银行、民生银行、上海银行、华泰证券、国海证券、华泰保险、太平洋保险等。其为招商银行信用卡中心定制开发的微信公众账号，截至 2015 年 12 月，微信好友量超过 2230 万人，绑定用户超过 1630 万名，已经成为微信第三方平台的典型营销案例。2015 年云软获得深圳前海鹏德移动互联网创业投资基金 2 千万元的 A 轮融资。这类产品的数据统计系统还可以将客户需求、客服绩效直观地呈现在企业管理者面前，有利于帮助企业建立更加有效的客户关系，创建优质的管理制度。

# 未来可期，但难点重重

随着更多新晋品牌的闯入和巨头的参与，SaaS 客服市场势必在经历一段激烈的竞争后进入寡头时代。那么，在洗牌之前，整个行业的难点在哪儿？

## 人与企业的连接能力，也是社交力的比拼

未来社交将连接一切——人与人，人与企业，而且移动客服是即时通讯的衍生品，也是销售渠道的一个节点，每个节点都会聚集一些用户，使其产生兴趣，扎堆聊天，在交互连接中实现价值。因此，SaaS 客服不再仅仅是冰冷机械的代码及程序，而是考验着人与企业的沟通能力、企业贴合用户需求的能力。我们评判 SaaS 客服价值的标准就是看其连接的能力——如何将千千万万个个体与企业统一且有逻辑地连接在一个平台上，并有序地交流互动。因此，当 IMCC 凝聚了滴滴出行、Supercell（号称"全球最赚钱的手游公司"）、DQ 冰雪皇后、天音通信及优衣库、韦博国际英语、大众汽车等知名企业共计 2 亿名用户时，一个新的商业帝国成立了，因为连接价值瞬间被放大，其背后的社交力在未来无法估量。至少这种社交力能让使用 SaaS 的人和外部的人、机器、设备产生连接，在创造新的价值的同时也产生了新的壁垒。

## 个性化的定制能力，也是技术沉淀的较量

如今企业客户对特定领域相关应用的需要日益增多，因为就像"世上没有两片完全相同的叶子"一样，任何一个行业、领域的企业，其情况和需求都不一样，通用的应用软件只能解决大部分问题，但那些细小的差异性需求能否得

到满足往往决定了企业的成败。这就要求 SaaS 客服应用能适应千变万化的行业化定制需求，能为企业提供开放的接口和个性化定制，企业用户可根据自己的特点和需求进行自定义设置系统模块。SaaS 客服领域的较量也极大地取决于 SaaS 客户平台个性化的定制能力，也就是平台的技术积累能否满足挑剔又各有差异的企业客户的需求。

### 数据准确性与客服风控能力，也是对用户需求的理解能力

目前出于数据安全性、业务连续性两方面的考虑，部分大型企业不愿意使用 SaaS 服务。企业客户和个人客户最大的差别之一是前者对安全的要求更高，这不仅涉及客户信息有无泄漏，也直接影响客户对企业的信任及企业自身的财务、信息安全。SaaS 客服平台要时刻提防不安全协议、基于网页的应用缺陷及易损或不安全的证书等威胁的发生。安全性与客服风控能力一旦发生问题，就会给企业带来致命的威胁。

另外，目前客服中心逐渐由企业成本中心向盈利中心转变，承担起更多的营销、销售职责。这就要求 SaaS 客服平台对大数据处理技术及对用户真实需求的理解能力上升到一定层次，能实现对客户信息数据和交易数据的分析和统计，预测并完成客户关系维护和二次销售，这无疑又加大了对数据准确性与客服风控能力的考验。

### 移动化与智能化水平的考验

如今客服场景越来越多样化，这也使得企业客服面临三大挑战：复杂多变的网络通信稳定性、海量高并发的长连接即时消息及平衡云端服务合理投入与高品质性能的投入产出比。SaaS 客服平台要想在竞争中胜出，就必须能颠覆传统客服的服务模式，实现真正的移动化，在保证复杂网络的稳定性及海量高并发的长连接的同时还能节省使用者的建设和维护成本。

此外，好的客服往往让人感觉很专业，这就要求 SaaS 客服平台能提供强大的系统支持，如知识库、帮助中心或自助服务中心和数据统计分析功能等，利用关键搜索、人工智能等功能实现精准理解用户问题并匹配最佳答案，并做到快速自动回复。也就是把客户结构化和非结构化的数据进行大数据分析，反向为用户服务，同时还能把重复或干扰的问题挡在客服前面，提升客服效率。这

看起来是极端的企业客户需求，却是对 SaaS 客服平台的基本考验。

　　未来 SaaS 客服平台还可能对客服管理实现数据化，完全不止于客服，而是朝着更强的综合特征发展，最终实现以客户为中心的应用一体化。

　　总之，目前 SaaS 客服市场是一个巨大的增量市场，用户的客服需求开始由目的型客服需求逐渐向场景型客服需求发展，未来将大有可为，但市场份额逐渐会向领先的企业集中，客服企业逐渐呈现出平台化趋势，行业洗牌在即，大批以销售安装型软件为主的传统中小型软件企业将逐步被迫退出市场，具有先发优势并能攻克以上难题的平台将获得更多发展机会。

# 4.4 协同沟通工具的创业前景

近年来，我国互联网行业呈现裂变式增长，无论工作、学习还是生活，互联网都呈现出前所未有的渗透力。当 C 端消费级业务如社交、通信、电商、游戏等行业格局基本已定，B 端企业级服务就开始成为新一轮竞争的阵地。

如今资本进入，巨头布局，中小创业者也盯着这块效率至上的企业市场，但谁才能撬动这个万亿级市场，成为行业巨头？创业者又该如何切入？它们将面临什么问题？

## 潜力无限的企业级市场，沟通协同仍有诸多问题

2014 年 5 月，百度的首席执行官李彦宏一番"未来中国互联网的一个大蛋糕在企业级软件市场"的言论惊醒了无数人，人们开始逐步把目光从消费级 2C 服务转向企业级 2B 服务。

据 IT 桔子的数据显示，2014 年国内企业级服务投资有 230 起，相比 2013 年的 67 起，增幅达到 243%，并在逐年增长。从中美的对比数据中也可以看出 2B 领域的巨大机会。例如，中美风险投资在 2B 和 2C 两个领域的投资比例，中国是 95%（2C）∶5%（2B），而美国是 40%（2B）∶60%（2C），如今美国的企业数量在 2700 万家左右，仅三家企业服务公司 Oracle、SAP、Salesforce 的市值之和就在 3500 亿美元左右。而中国目前有 2200 万家左右的企业，创业团队超过 4300 万个，却没有一个百亿美元市值的企业服务公司。

其实从信息服务到交易服务、从娱乐化到实用化的互联网渗透中，2B 市场确实有待挖掘，尤其是人们在通信、协作、营销、管理等多样化的企业应用场景中越来越关注沟通成本的降低和决策效率的提升。而现实中企业市场的沟通协同仍有诸多问题，集中表现为以下几个方面。

- 因组织层级多，分公司、子公司地域分布广泛，信息化水平参差不齐，各类异构系统分立管理等使得信息传递层次多，或者因个别人为维护人情过滤部分信息或对信息进行修改，造成信息失真，从而形成了沟通障碍。

- 企业等级观念较重，管理者家长制无处不在，上级居高临下，下级对上级多顺从迎合，有话不敢说，有事不敢问，造成沟通单向性。据中国企业家调查系统显示，企业职业活动中最关心"上级主管部门的评价"的员工占总人数的 67.3%，而这种家长制、等级制沟通模式降低了沟通质量。

- 日常沟通过程中，因使用各类即时通信工具如 QQ、微信、百度 HI、飞信等，再加上各类邮件工具，导致沟通工具凌乱，信息呈碎片化，协同难度大。

- 最常用的邮件即时通信工具因其产品功能问题易造成信息割裂，办事效率低。例如，传统的即时通信工具只能将消息投递到一个客户端，如果在手机上收到了消息，电脑就可能收不到；再如，消息不能检索或只能检索本地数据，在历史留存上看不到相关群组之前的沟通信息，不利于新人融入团队。同时，还容易导致信息丢失，如果不及时或来不及看消息，就会丢失大量重要的过往信息。另外，传统的即时通信工具在回复消息和话题讨论上也有缺陷。例如，不能针对某一话题反复深入探讨而不必担心被其他消息湮没，不能定时处理和回复消息等。

这些行业痛点恰好成为创业者们的切入点，于是一大批为解决企业内部跨部门、跨职能沟通问题的沟通协同工具，如钉钉、叮当旺业通、益信、Grouk、Callin、华夏易联 e-Link、UcStar、RTX 等如雨后春笋般涌现出来。

## 微信、钉钉、班聊、Grouk 分别从四个角度切入，各有优劣

如果从时间维度划分，大多数人所处的场景主要分为生活和工作两个场景，其中生活场景衍生的是个人消费，在该领域阿里巴巴和腾讯已成为巨头。而在工作场景中，尽管不同企业在规模、行业、流程上有所不同，它们却都有一个共同点，即需要大量的内部沟通协同。尤其是沟通协同工具还可能成为企业场景下 O2O 线下服务的入口，让人浮想联翩。这里选择其中四种工具加以评述，以探索其发展方向。

### 微信及其企业号：成也个人，败也个人

背靠微信的庞大用户群，微信企业号曾被寄予厚望。2015 年 12 月，微信

官方首次披露，微信企业号用户数达到 1000 多万人，接入企业数超过 60 万个。遗憾的是看似"全能"的微信及其企业号，却一直没有引起市场的较大关注，究其原因，除了在微信内部和腾讯公司没有受到足够的重视外，还受自身定位和用户习惯的影响。

首先，其定位不是工作的微信，难以承担提高工作效率的重任。微信强调的是沟通流程，对沟通之外的事情并不擅长，即便微信企业号拥有各类接口，能实现多项功能，但少有人使用。有数据显示，超过 70%的员工对微信工作群开启了消息免打扰。因此，即便你热情满满地在微信里安排工作，对方很可能根本不关注。而你通过微信请假、报销看起来方便，行政、人事却不一定认可。而且微信里还有亲朋好友的对话、公众号的文章、朋友圈的动态等各种非工作类信息，必然占用员工时间，影响工作效率。

其次，用户的使用习惯和心智模式也决定了微信成不了企业级市场的巨头。多数人把微信看作私人生活的通信工具，而不是工作道具。即便你在群里可以@某位同事向其分派工作，他们看到后却不一定执行，而且通过微信也无法跟进他人的工作状态。这无关责任心和工作激情，仅仅是人在不同的场景下，需要不同的沟通工具，因此微信天生不是为工作和企业场景而生的，它在 C 端越强大，离 B 端就越远。

### 钉钉：产品功能"用力过猛"

与把"一个生活方式"作为口号的微信相对应的是把"一个工作方式"作为口号的钉钉。2015 年下半年，阿里巴巴旗下软件钉钉独立成钉钉事业部，并宣称投入 5 亿元作为品牌宣传费，如此大手笔的投入，可见马云希望从连接消费端和商家端的维度打造另一个微信。

如今钉钉已陆续推出 C-OA（钉应用）、C-Space（钉云盘）、 C-Mail（钉邮箱）等功能，未来钉钉还可能提供包括但不限于 CRM、企业资源计划、办公自动化、人力资源管理、财务管理、差旅管理、协同办公、云存储、会员管理、客服管理、进销存管理等多个领域的服务，这种"巨无霸"的发展方式早已突破了即时通信的界限，依靠阿里巴巴的资源和资金跑马圈地。截至 2016 年 3 月 31 日，钉钉平台接入的企业已超过 150 万家，但这一成绩并不意味着钉钉已经成功，未来之路仍然充满了不确定性，原因如下。

一是钉钉"用力过猛"的产品功能并未"讨好"所有用户。以它的 Ding 功能为例，这个功能自上而下的强压式的沟通方式严重打击了员工的使用热情。再如，通过 Ding 消息发出的任务，缺乏有效的管理和后续跟踪，也无法提高工作效率。

二是钉钉的 PC 版本和移动端并未完全融合，直接影响了用户体验。目前，大多数人还是在电脑上完成办公，钉钉移动端难以实现办公功能，而 PC 端又太过简陋，再加上一些功能性漏洞，要让用户打高分的可能性不大。

三是钉钉的定位逐渐模糊。尤其在钉钉推出了红包功能后，看似解决了中小企业主表扬员工发奖励时的麻烦，实则只是画蛇添足。如今微信红包用户的习惯已经养成，钉钉并未构建出新的使用场景，其用户习惯难以培养。

### 班聊：想做的事情太多，前景也不明朗

班聊仅仅成立四年、试运营不到 4 个月就拿到了金沙江创投、UMC Capital、富厚资本等国内知名风投企业 1.4 亿元的融资。目前班聊 imo 注册用户数达 438 万人，其中付费用户 30 万人，日活跃率 70%，这个数据算不上优秀，但在"高手林立"的即时通信市场上实属不易。这和 imo 在企业级市场沟通协同的沉淀不无关系。

不可否认，班聊 imo 抓住了 PC 端企业工作场景，知道企业场景下，90% 以上的上班族还需通过电脑进行日常办公。它在企业工作场景中也牢牢抓住了高频服务内容，为自己的生存争取了空间。

但班聊目前最大的问题就是"想做的事情太多"，不够专注。或许正如其产品核心理念描述的"掌控"，自己的产品能包揽企业办公场景中的所有工作内容都用他们家一个工具完成，于是"任务""日程""审批""公告""对话""轻审批"等各类功能层出不穷，目的是实现所谓的沟通协同一体化、轻办公自动化、任务协同、掌控等功能设计和构想。只是这样的体量和竞争格局，纯属"眉毛胡子一把抓"，难以完全消化。

### Grouk：未来之路漫漫

相对于班聊 imo，Grouk 则表现得相对专注。它从团队内部沟通效率低、

沟通工具太多，尤其是创业团队在面临多重交叉任务时经常面临沟通混乱和效率低下的行业痛点出发，实现企业团队的沟通、合作、决策流程的优化。

针对企业协同沟通问题和现有协同沟通工具功能上存在的不足，Grouk 做了特定的优化：首先做到了所有信息可以永久保存、即时检索；其次开发了话题功能，可以让大家在即时通信中讨论话题，就像在邮件里讨论一样方便，兼顾了效率和功能；再次实现了强大的互动集成功能，可以在群里集成公司里几乎所有的工作工具。Grouk 的理念是集成其他应用的消息流，而不是自己去实现，这是一个更可行的方法，比班聊和钉钉的依靠自己去实现更适合企业的需要。Grouk 还集成了如微信、微博这类客户沟通工具，实现了信息互通（可接受微博、微信的信息，也可直接回复），这是钉钉等这类主要以通信为主的工具所不具备的。

但 Grouk 同时也面临一些问题。例如，体量小，面对行业巨头，如何招架应对是对其团队最大的考验；再如，成立时间短，从用户获知到用户信任再到用户沉淀还需要一个过程。总之，未来留给 Grouk 的也有诸多可能。在大鱼吃小鱼、快鱼吃慢鱼的 2B 领域，大家都需要快跑。

## 躲不过的未来大趋势

首先，企业级市场服务的创新极可能产生于中小企业服务中，它们并非拥有强大的技术，却从细小的应用/服务场景中找到自己的位置，专注某一特定市场。

其次，随着应用场景的多样化、沟通协同工具通用产品免费及行业深度服务付费，未来决胜的关键不再只是单纯的产品销售，而是产品体验和服务的强化。

再次，产品应用及功能趋向集成，人们不再需要多个 App，更加希望一个应用就能解决工作场景中的所有问题，因此是否能将团队日常所需的各种第三方工具集成到协同工具中也将直接影响用户体验。同时，双向集成将成为标配，也就是要从简单的通知中心升级成通知加处理中心，用户在查阅相关通知的同时，还可以进行相应的处理。

最后，基于 SaaS 的协同融合并向移动化深入是必然方向。巨头通过快速收购来完成布局，中小创业者可借助开放平台获得发展。随着企业自身移动信息化的发展，协同沟通工具的移动化变得必不可少。

而沟通协同工作平台打造工作统一入口，实现企业内部与外部、企业与企业之间连接的使命是否完成的标志则是是否建立了企业社交生态链。

除了光明的前景，协同沟通工具当前还面临一些挑战。

- 大蛋糕下的充分竞争带来的市场压力，尤其对初创公司来说，一方面需要处理因快速发展由几个人扩张到上百人的团队带来的管理问题和用户激增的运营问题，另一方面要面对行业的各类竞争状况。
- 企业市场表面上很平静，实则暗流涌动。这考验着创业团队的全网整合能力，包括技术上移动即时通信的开发能力、企业市场的理解能力和资源的协调能力等。
- 协同沟通工具从某种意义上说仍是一类社交产品，而社交产品都有自己的生命周期，如何筛选用户、让用户永不厌倦、保持好的平台黏性也是协同沟通工具需要考虑的。虽说企业市场用户相对稳定，但企业内部的人员流动引起的平台问题却是不可忽视的。

总之，在这个万亿级企业市场中，沟通协同满足了入口级产品的五个条件：刚需、痛点、高频（天天使用）、强场景（延伸性强）、连接（企业内部、企业和企业之间）。这对行业巨头和创业公司而言，都是机会，扎根于此的从业者只有把握用户痛点、优化体验，才可能赢到最后。

# 第 5 章

# 最后的机会吗

## 5.1 腹背受敌的李嘉诚，也该重新审视现有打法了

2016 年前全球华人首富李嘉诚可谓祸不单行，"李嘉诚抛空中国"论刚把这位曾经的华人首富推向风口浪尖，举世瞩目的英国脱欧事件又殃及了李嘉诚；这位 88 岁的老者，创业 60 多年来，虽历经多次经济危机，但没有一年亏损，然而，现在这位商业超人开始表现出"老骥伏枥"的惆怅。李嘉诚及其一手创建的 800 亿美元商业帝国到底怎么啦？

### 布局欧洲，误判中国经济了吗

2014 年，美籍华裔律师章家敦曾在福布斯网发文称，李嘉诚抛售其在中国内地的物业是看衰中国内地的经济，这一观点之后被李嘉诚否认，他公开表态一直看好中国内地经济。事实上，从 2013 年起，李嘉诚就开始大举抛售内地地产，曾引发"逃离大陆"的恐慌现象。紧接着"2015 胡润全球华人富豪榜"显示，李嘉诚全球华人首富宝座让位于王健林。

李嘉诚一边从中国内地撤退，一边将他麾下长和实业的业务重心转向欧洲，其中英国正是其重点市场。从 2010 年至 2014 年，李嘉诚已将过半数资产转移至欧洲，尤其在英国，在连番收购之下，目前李嘉诚已经掌握了英国 30% 的电力供应、7% 人口的供水、25% 的天然气。

但向欧洲大跃进后，结果却有点意外。据彭博统计的全球富豪榜显示，受

2016 年 6 月 24 日英国公投退欧结果影响，李嘉诚资产缩水 11 亿美元(约 73 亿人民币)。

《投资界》称，"英国退欧，李嘉诚失算，本质是对中国经济的误判！他之所以这么急往英国跑，根源还在于以为中国经济不行了，何曾想，中国经济风雨之后彩虹将来，而美好的英国却沉疴难愈！"同时据世界经济评论报道，英国脱欧，全球政经格局大裂变，中美双核时代加速来临。欧盟在争夺世界核心地位上已经出局了，未来的世界将以美国和中国为双核心。

# 或许李嘉诚猜对了开头，却没猜到结尾

李嘉诚错了，商业全部变了

李嘉诚的失算引发了一种思考，或者说代表了一个时代的结束，这不只是他和他的家族的危机，而是在大竞争时代，原来的经营思维开始出现裂痕，新的经营模式正在萌生，那变化的到底是什么？

笔者在参加了一场北京大学联合中央电视台举办的北大定位董事长论坛后，从那里得到了一些答案。

1. 品牌要素取代常规要素，土地、劳动力、资本等常规资源让位于心智资源

可以看到，李嘉诚如今的商业帝国几乎无所不包，但明显"偏科"，尤其在欧洲等地的投资布局上，过度依赖土地、劳动力、资本等常规资源。然而，时代模式已变，在这个供应拥堵的时代，用户的大脑存不下那么多供应者，而心智资源恰恰是比土地、劳动力、资本更为关键的生产要素，如果不能在顾客心智中取得一个位置，企业就难言成功，投再多钱也于事无补。

按照北京大学汇丰商学院特约高级讲师、有"中国定位实战第一人"之称的谢伟山的说法，李嘉诚的商业帝国建立在资源堆砌之上，是英国经验论哲学家洛克的经验论哲学方式，他们假设人们的大脑像一张白板，企业想怎么弄就怎么弄，依靠资本做广告，依靠资源抢位置，还想让用户买单。

然而用户的头脑并不是白板，只有顺应认知才可能赢得用户，唯有树立品

牌才能实现基业长青。因为人们的心智、头脑不是一块被动的镜子，不是主体反映客体，而是主体构造客体，正如霍金所说："宇宙是因为我的模型而存在，也就是整个宇宙都是我们主体构造的。"

这就意味着消费者头脑里已有的观念决定企业家能够制造什么，只有顺应顾客认知的信息，顾客才可能看得见，否则视而不见。而品牌则是指向灯，品牌不仅有基础联想价值，还有衍生价值。所以商战不是产品之战，而是认知之战，品牌之战。

谢伟山在北大战略定位课程里还特意举例 iPhone 和特斯拉的马斯克，苹果的专利并不多于其他厂家，但 iPhone 的单品销量却让同行望尘莫及，这正是苹果品牌的号召力；而马斯克很早就宣布将开放特斯拉所有专利，因为他知道如今品牌是比专利更为重要的稀有资源。

因此，李嘉诚这样押注土地、资本等要素的商业模式注定要被"拍在沙滩上"。

2. 窗口期已变，在心智窗口期抢占进入的行业才会获得变量市场和增量市场

经济学规律告诉我们，每个行业的发展一开始的时候都存在窗口期，在这一时期进入的企业成功做大的几率较大。其实经济学家只是看到了一个现象，谢伟山说，从定位理论来看，"窗口期并不是时空层面的，而是存在于消费者大脑中"。找到并开启属于企业的窗口期，这就是商业的奥秘所在。

举个例子，在马云"来往"一出来时谢伟山就预测其必败，原因在于已经过了移动即时通信工具的窗口期，微信早已扎根用户内心，心智的窗口是关闭的。他还举例香飘飘奶茶的重新定位——缓解轻度疲劳和饥饿的饮料，这就开创了非常多的场景，通过"小饿小困，喝香飘飘"，来创建新的特性，开创新的场景。

让我们看看李嘉诚的商业布局，即便李嘉诚已先后以个人及基金会名义投资了多家科技公司、设计技术、网站和手机应用，但其主要投资仍然集中在电力、房产、电信等基础设施行业。一方面，这些行业已是存量市场，存量的基础盘一旦动摇，商业模式就需要重建。另一方面，可以从这两年的福布斯富豪排行榜中看出端倪，华人前十大首富中，原来经营房地产等传统行业的富豪一统天下的局面已被打破，以马云、马化腾、李彦宏、李河君为代表的聚焦互联网、新能源等行业的大佬开始上演资本火箭式上升的故事，迅速撬动中国富豪榜格局。

而这中间的关键，不是是否能跟上未来科技、移动互联、物联网等新兴行业的热点，而是如何在热点中脱颖而出，这就要看企业能否在用户心智窗口期攻下市场，从而使市场成为其变量和增量市场。

3. 经营思路已变，外部思维冲击传统思维

谢伟山在他的"打破常规思维"理论中说道，要有内部思维和外部视角。内部思维要延伸，不能局限；外部视角要从顾客的角度出发，抓住人们的心理。这是中国企业家最难的地方。这意味着要走出惯有的企业内部视角，敢于打破长期习惯的行业范式，从而走一条与众不同的运营路线。李嘉诚花费如此重金把身家压在欧洲上，却仍然采用上一代企业家的经营思路和战略思维：依靠外部环境（如政府扶植等）来获得市场空间。

就英国脱欧事件来说，英国脱欧的本质是中美两个核心已经形成，中美二强相争，其他体系将不会成为中心，而非移民问题、就业问题导致的，这种结果导致外部环境的不确定性将继续增加，未来要获得成功，必须先从内部调整并适应。

此外，李嘉诚这种资源性多元化也会让自己腹背受敌，而唯有单点突破才能避免多线受敌。

总之，李嘉诚一手创立的商业帝国如要摆脱坍塌性效应，是时候重新审视现有的思路了。

## 5.2　金蝶友商网变身"精斗云"，释放的到底是什么信号

互联网行业数年一次洗牌，几个月一个热点，绝大部分企业和创业者都被"后浪推前浪"，能留下来的都是深谙行业之道、具备核心竞争力的超级巨头，如社交帝国的腾讯、电商帝国的阿里。金蝶则在企业级市场沉淀了二十多年，称得上"最懂企业"的代表。2016 年 8 月 8 日金蝶举办 23 周年庆典，并正式发布针对小微企业的"精斗云"平台（精斗云是友商网的改版，网址 www.fightingcloud.com），此举意在整合内外部资源，为企业用户提供移动办公、在线记账、代理记账和数据金融的一站式云服务。

根据 IDC 最新公布的研究报告《IDC 中国半年度企业应用软件市场跟踪报告（2015 年下半年）》，金蝶 2015 年在中国中小企业应用软件市场占有率稳居第一，这是自 2004 年以来，金蝶连续 12 年蝉联榜首。那为什么在这个时间点将友商网改名精斗云？这给市场传送的又是什么信号？

### 金蝶的真正意图

很显然，友商网变身精斗云，肩负着金蝶的诸多"野心"。

### 发布精斗云是"表"，造企业级市场入口是"里"

友商网是金蝶旗下企业云计算公司，目前是中国最大的在线会计应用平台。但很明显，金蝶并不满足于此，而是要打造更完整的企业管理服务。作为友商网的升级版，精斗云直面小微客户在经营管理上最关心的问题：如何省事、省钱、省心？

- 省事，以云计算突破管理瓶颈。基于移动办公平台云之家，升级金蝶友商网服务，以 SaaS 服务形式，为小微企业提供进销存、会计、财贸等领域的专业管理工具，减轻经营压力。
- 省钱，以共享模式突破资源瓶颈。基于金蝶旗下的账无忧平台，整合超过 2000 家合作伙伴的资源，帮助小微企业按需获取各类企业代办服务（工商注册、代理记账、商标注册等），降低运营成本。

● 省心，以大数据突破融资瓶颈。向成长阶段的小微企业提供审批快、额度高、利率低的贷款服务，让企业更专注于产品和业务的发展。

由此可以看到，金蝶并不只是把目光盯在大型企业市场上，而是在加快中小微企业市场上的延伸和扩展（事实上，金蝶在中小市场上的份额已是第一），这里市场容量更大，也是企业级服务增长的重要风口，更为金蝶实现全面占据企业级市场、打造企业级市场入口"添砖加瓦"，其中精斗云将发挥"鲶鱼效应"，盘活整个企业服务市场。

### 转型是"虚"，完成跨越不连续性是"实"

知名学者李善友教授在他的"跨越不连续性"课程中提到"技术发展的不连续性不可避免，遭遇不连续性是企业衰败第一因"。诺基亚、英特尔、雅虎等昔日行业巨头的坍塌就是遭遇了不连续性，但如果跨越了不连续性，也就往基业长青迈进了一步。腾讯是社交帝国中的常青树，从 PC 时代的 QQ 到移动时代的微信，刚好完成了不连续性的跨越，才使得腾讯的霸主地位不可撼动。而金蝶力推精斗云，正是试图完成从传播企业资源计划时代到云企业资源计划时代不连续性的跨越。

众所周知，传统企业的 IT 需求主要来自大企业和制造业。如今企业都在向"互联网+"转型，这就要求企业资源计划企业能实现线上线下打通，更好地适应未来的发展。

尽管自 2004 年以来，金蝶就一直保持在中国中小企业应用软件市场（包括企业资源管理、客户关系管理、供应链管理软件）上的领先地位。但这种地位在移动互联网时代开始受到冲击，更多的互联网公司进入市场，争夺这个万亿级的企业服务市场。

好在金蝶在移动互联网刚刚兴起之时，就对企业市场做出了准确的预判，先后成功完成了金蝶云之家、友商网、互联网数据金融等布局。友商网、云之家均做到了各自领域的第一。如今精斗云源于友商网，又高于友商网，既是为了加强金蝶在小微企业市场的地位，也是为了让金蝶从传统企业资源计划时代顺利过渡到云企业资源计划时代，成为企业级市场的常青树。

### 产品是点，平台是线，生态才是面

精斗云发布前，金蝶其实已经基本完成企业市场全产业链的布局，从产品矩阵来看，金蝶在云服务、企业资源计划管理软件、互联网金融等方面已全面开花，金蝶通过针对不同细分市场打造不同的产品为点，完成行业或平台为面的布局，最后形成一个完整闭环的企业级市场生态，精斗云的发布，更加加强了这一生态结构。

因为云之家早已是国内移动办公领域的领头羊，自然深谙"平台因为连接而强大"的道理，所以此次接入精斗云一站式云服务平台，只为完善生态体系，垄断小微企业云服务市场，与其他业务形成更加紧密的协同。这样做既有利于金蝶多元业务的扩展，又有利于实现重度垂直，更加适应生态化发展的需求，这是金蝶以云计算和智能化为驱动，把企业级服务推向专业化、垂直化、智能化、生态化的必经之路，也是金蝶通过云企业资源计划释放生态价值的最好方式。

因此，笔者有理由相信云之家接入精斗云是金蝶"蓄谋已久"的动作，精斗云的上线正好暴露出其真正的"野心"。

## 一个动作，释放了多个信号

作为旁观者或行业从业者，从友商网改名精斗云并被接入云之家一事中，我们又能看到哪些信息？

### 竞争升级，捆绑作战是趋势

从荣硅创业智库发布的《中国创新创业 2015 年度报告》中可看到，2015 年全国新登记企业 400 余万家，九成为小微企业。当下小微企业逐步呈现出遍地开花的全新格局。但觊觎这个市场的创业者越来越多，整个行业逐步进入到"又平又挤"的境地，据 IT 桔子的数据显示，截至 2015 年 10 月 31 日，企业级服务领域的创业公司有 259 家，这看似热闹的场面却加重了行业竞争程度。

如今企业级市场窗口期已过，红利渐失，云之家接入精斗云就是一个信号——抱团求生存，捆绑作战成为行业大趋势，孤军作战的产品将很难获得竞争优势，一不小心就会出局。

### 格局升级,行业寡头时代来临

除了竞争态势，行业格局也发生了重大变化，企业级市场已经从野蛮生产过渡到充分竞争后的寡头时代，互联网巨头（包括阿里巴巴的钉钉和腾讯系）、管理软件厂商（如金蝶、用友）、个别创业公司（如纷享销客等）已集结成三股力量完成对行业的分食，新进入者机会不大。

金蝶在管理软件领域的积累，已经帮助自己占领了企业级市场中的一个重要山头，精斗云的上线及其与云之家的捆绑更是在继续完善、加固金蝶在行业中的竞争壁垒，后来者除非另辟蹊径，否则只能黯然离场。

### 连接升级，平台用户一体化成为趋势

如今的企业级市场早已不是当年的市场，只有真正得用户者才能得天下。精斗云的推出实质是为小微企业打造一个多方共赢的生态体系，是建立在小微企业一起成长的基础上，对小微企业而言，管理不易、融资困难、资源匮乏是其主要问题所在，而金蝶则基于二十多年的管理软件与云服务沉淀，为小微企业提供省事、省钱、省心的一站式体验，最终完成平台与用户的一体化。

因此，只有把小微企业的问题当作自己的问题，与小微企业共同进退，才可能获得长久的发展动力。

# 5.3　超级电视与海信电视之争

2016 年 5 月家电行业最大的新闻事件非乐视和海信互争第一莫属了。事情因数据而起，5 月 19 日，北京中怡康时代市场研究有限公司（简称中怡康）紧急发文，声称由于市场的复杂多样性，中怡康对传统品牌和互联网品牌采用不同的监测方法。传统品牌采用的是中怡康公共平台监测数据，而互联网品牌采用的是公共平台监测数据+自有平台数据，才导致不一致的口径。因此，对于谁是真的销量第一也就大概清楚了。

类似的事 2015 年 6 月也发生过，当时乐视、小米为抢夺互联网电视销量"第一"激战正酣，而海信电器董事长刘洪新却在公众面前表态海信才是"绝对的行业第一"。

但这里讨论的重点不是谁是真正的第一，而是面对这个成立仅 3 年、扛着互联网生态电视大旗的电视品牌乐视，海信作为一家在电视行业摸爬滚打 37 年连续 12 年拿下行业第一的行业老手所面临的尴尬。

这个尴尬一方面来源于整个传统电视市场正陷入无法阻挡的衰落境地。据 WitsView 2016 年一季度全球液晶电视总出货量报告显示，整体环比下滑 20.9%，同比下滑 6.3%……电视行业需要出现"鲶鱼"等待新生。另一方面是因为与一个 3 岁"小弟"争第一，这个 37 岁的"老大哥"并无任何优势。

杰瑞·麦卡锡（Jerry McCarthy）教授在其《营销学》一书中最早提出了 4P 营销理论，即产品、价格、渠道、促销。这也正好诠释了传统家电在营销上的模式。

## 论产品：一个售卖硬件；一个产品、内容并重

在产品上，海信等传统电视厂商主要售卖硬件，即电视机本身，通过不断地调整参数配置，开发新产品去满足市场需求。而乐视的模式却是硬软件和内容并重，硬件本身引领行业，其每一代超级电视都代表该行业顶级的配置和最

高性能，引领未来的电视设计趋势。比如乐视超级电视在"薄"上多次发力，2015 年 12 月发布的超 4 Max70 比上一代 Max70 更薄，整体金属机身仅为 9.9mm；乐视还与 TCL 合作，推出的曲面超 4 X65 Curved/超 4 X55 Curved 更是拥有顶级工业设计和制造工艺，最薄处仅 10.5mm。这是两大巨头合作推出的全球首个互联网 HDR 曲面 4K 生态电视。此外，在软件方面，乐视继续加强 EUI 自由 OS 的功能和服务，也是业界为数不多的同时支持手机、电视产品的互联网品牌。

乐视凭借出色的生态资源为用户提供海量娱乐、影视内容，这让用户除了能感受到高清画质、顶级音效、完美外观等以外，还能在智能电视中享受到内容、服务、系统、操作带来的颠覆式体验，让越来越多的用户回归到大屏内容市场。超级电视的成功就意味着大屏终端的胜利！同时它还连接着一个覆盖全球的乐视云，一个快速成长、实力不菲的自有线上商城 LeMall，一个遍布全国二、三、四类区域的自有线下体验店 LePar 体系，一个正在多方位发展的乐视金融及一个影视公司乐视影业，一个电视剧公司花儿影视，一个版权覆盖率中国第一的乐视体育，一个视听内容量第一的儿童教育体系等。因此，超级电视不只是一台电视，更是一套完整的大屏互联网生态系统。这是全球唯一的结构和布局，复制成本巨大，而且复制机会几乎为零。

## 比价格：一个靠硬件溢价；一个打破价格边界，改变用户付费模式

对海信等传统电视厂商来说，基本的商业模式是依靠硬件溢价赚取利润，每卖出一台电视都要加足够多的硬件利润，除此之外用户还需要为人力、营销、渠道等成本买单。而贾跃亭却认为：产品价值正在移迁，硬件已经由核心价值衰减为非核心价值，仅仅是由软件、平台、内容及应用等构成的完整生态系统的五大价值要素之一。于是乐视喊出不以硬件盈利的口号，率先提出公开 BOM 成本、按低于量产成本定价的策略，通过后续的内容服务来提升产品价值，开启电视的负利时代。

在去硬件溢价，低于量产成本定价，甚至免费后，乐视还创造了新的用户服务模式，让用户只为核心价值买单。比如"硬件免费日"，当用户购买足够多

的内容和服务时，他们不再需要花钱购置硬件。这就重新定义了智能电视的价值——在生态消费时代，硬件变为非核心价值，软件、平台、内容及互联网应用的价值正在日益提升。由此带来的会员收费、视频端的广告收益、视频点播费、游戏收费、体育会员、教育付费、购物盈利等都将成为乐视的盈利途径。比如乐视超级电视的视频内容可通过贴片广告实现收益，这是海信等传统电视所不具备的能力。乐视还通过横向开放，引入更多的合作伙伴。如乐视入股TCL，获得了 TCL 全部的开机广告资源独家授权，广告收入惊人。

根据乐视智能终端研究院与央视市场研究股份有限公司联合公布的《乐视大屏生态发展研究报告》，消费者每购买一台超级电视平均会购买 1.6 年会员年限。结合乐视会员费约 490 元，平均每台超级电视带来的 1.6 年会员年限可获利 736 元，若按 54.9 万台的单月销量计算，乐视即可获利 4.041 亿元。

这和游戏产业一样，单纯依靠内容黏性带来的用户付费行为才真正具备强大的杀伤力。也正是因为乐视的出现，让电视的价格几乎被"腰斩"，也从根本上动摇了传统电视商业模式盈利的基础。在此，我们也看到了生态电视 3.0 的全貌，这类电视具备以下四大特征：一是硬件必须以高配为标准；二是定价模式必然是可低于量产成本定价甚至免费；三是盈利模式全面转向内容和服务的运营；四是具有"化反价值"为生态提供高品质用户，为用户打造极致生态服务。

## 拼渠道：一个传统渠道，一个生态 O2O 全产业链渠道

在渠道方面，海信主要依赖于传统渠道，如国美和苏宁，即便近两年开设了一些海信专卖店等自有渠道，但对销量的贡献不大。这就让海信的销售状况被动地依赖于国美、苏宁 KA 卖场的运营，一旦 KA 卖场失灵或某一渠道出现重大变动，就将危及海信的销售业绩。

乐视则采取去渠道化的模式，目前已完成了自有线上商城 LeMall 和自有线下体验店 LePar 的战略布局，打造了生态 O2O 的销售平台。按照乐视控股 LePar 销售副总裁张志伟的说法，乐视生态体验店将提供智能硬件，明星签名体育用品，影视剧中的道具、体育用品，赛事门票等体验，是乐视商城在线下的延伸。除了乐视超级电视，乐视体验店还将承载乐视超级手机、乐视超级汽车等智能终端的销售。而乐视也将向 LePar 体验店的合伙人提供产品销售、会员续费分成、衍生品和资本的四重收益。

此外,乐视还与阿里达成战略合作,目标是实现14000家阿里村淘点与5300家乐视LePar店打通,"村淘+LePar"组合将进一步补全乐视在线下末端渠道的覆盖,将品牌渗透至二三四五线城市市场。

乐视这种全渠道布局摆脱了在互联网时代电视厂商对传统渠道的局限,也规避了过分依赖线上渠道的纯互联网模式,乐视通过开展"LePar超级合伙人"计划,实现渠道下沉,将触角深入互联网普及不够全面的三四级市场。而且LePar还可作为线下体验展示平台以及售后服务平台,这对乐视的线上渠道又是一大补充。这种模式成本更低,运作更灵活,能更快地拉动品牌影响力和市场销量增长,有利于实现长期发展。

## 玩促销:一个打价格战;一个创造电商节,平衡全年销售淡旺季

在促销上,对传统电视厂商来说,单纯的价格战和产品战是其惯用打法,除了价格一降再降,就是依靠春节、五一等假期做促销,最后的结果是自己和同行陷入微利、零利润的被动境地,甚至赔钱赚吆喝,也扰乱了市场秩序。过度的价格战引发了一连串负面反应,如消费需求提前透支,市场混乱,部分厂商在促销期以次充好,最后影响消费者对行业的不信任、抵制等,所以价格战只是饮鸩止渴。

而乐视在促销上则更为灵活、多赢。近年来乐视在不断提升产品实力的同时,也在致力于通过造节的方式来推动超级电视销量"井喷"。例如2015年9·19黑色乐迷节超级电视总销量突破38.2万台,2016年4·14硬件免费日总销量54.9万台。另外,就现成的"双11"、"双12",超级电视也有不俗的表现,如2015年"双11"总销量38.6万台;2015年"双12"总销量28.2万台。其中2015年乐视的"黑色9·19"乐迷节,直接"截胡"了"双11",2016年4·14硬件免费日乐视全生态总销售额突破23.2亿元,又"截胡"了传统家电销售旺季五一黄金周,相继成为继6·18、"双11"之后的第三、第四大电商狂欢节。而就在2016年5月24日乐视举办的媒体沟通会上,乐视TV销售副总裁兼LePar销售管理副总裁区文生表示,"今年6·18,乐视生态全渠道的总销售额目标是30亿元,这将是乐视生态有史以来最大的一次销售活动。这将再次突破创造极限的销售额纪录。"

乐视不仅摆脱了电视行业以前单纯依靠传统节日做促销的单一形式,也在

创造新的行业记录，同时又带动了其他渠道的促销节奏提前：比如因为 4•14 硬件免费日的火爆，国美将 4 月 18 日店庆促销活动提前至 4 月 15 日开展，天猫和苏宁也在 4 月 14 日当天提前放价，开启大规模促销活动，引爆了四月中旬市场。

这不仅体现了超级电视独特的市场魅力，也表明了消费者对乐视造节的认可，同时折射出乐视在市场需求和消费心理的把握上技高一筹，这是超级电视独一无二的优势所在：人造促销节点能带动促销节奏提前，逐渐平衡全年销售的淡旺季，让厂商促销更为主动。从数据上看，乐视超级电视几乎垄断了电视行业的所有纪录，而优异的市场表现又会带动超级电视去创造更多的纪录，推动其继续保持高速增长的"惯性"。

总之，乐视与海信的"销量第一之争"，从深层次看是互联网生态模式和传统家电模式两种不同商业模式的竞争，是传统势力与行业大趋势的一次交锋。恰恰是这个"第一之争"，有可能成为两种商业模式的一个拐点。创维在 2016 年 4 月的公告中明确表示："从 2016—2017 财年起，本集团将不再披露彩电事业部电视机销售额的按年改动，因为董事局认为此改动已经不能真实地反映该事业部的实际表现。"这就如同一个高考生说"不要看我最后的成绩，那并不能够代表我所有的努力"一样，当趋势不可逆转时，事实只会胜于雄辩，传统家电模式的根基正在遭受前所未有的冲击，而结果已经没有悬念。

# 5.4 短信互联网化能否"拯救"短信

PC 端互联网日渐饱和已不可逆转，而移动互联网正在蓬勃发展，席卷各个细分行业并衍生出更多垂直服务，如 app 储存、app 测试等。然而还有很多渐入末路却又在意料之外突起的老牌领域，如短信验证码、邮件营销等，借移动东风迎来了第二春。尤其是行业短信，一大批如阿里大鱼、创蓝 253、容联云等平台如雨后春笋般兴起，这是否预示着短信互联网时代的到来呢？未来移动互联网的发展趋势又是怎样的呢？

## 传统短信颓势难改，短信互联网化成新出口

2015 年 6 月 26 日，短信之父 Matti Makkonen 过世，可能随之一起发生的还有短信行业难掩的颓势。

从相关数据中可以看到，国内短信总量正在加速下降，2014 年、2015 年降幅分别为 18%和 4.7%。

一部分原因是点对点短信量急剧下降。工信部分享的数据显示：点对点短信 2014 年前两季、2015 年前两季同比上期分别下降 15.8%、17.7%。尽管人与人交流需求量增大，但以微信为代表的社交软件占据了用户多数时间，个人点对点的短信成为束之高阁的摆设。

另一部分原因是垃圾短信数量迅速下降，其中的重要原因便是自 2013 年 10 月开始国家相关政策的实施，运营商也开始宏观调整。自此，短信逐步消亡，最具代表性的现象便是拜年短信的直线下架。比如 2015 年的除夕当日，短信发送量为 82.9 亿条，同比下降 25%，要知道之前的除夕是拜年短信发送的高峰期，差点让运营商网络崩溃。拥有 20 多年历史的短信业务亟待找到新的增长点，才能摆脱被遗弃的命运。那未来的市场空间在哪儿呢？

与个人点对点短信恰巧相反的是，行业短信成为所有短信数据中唯一呈增长趋势的类别，有数据显示，2016 年第二季度同期对比 2014 年、2015 年分别增长 36.83%、10.65%，2016 年行业短信量更有望突破 5000 亿条。

这一方面可能是因为移动互联网大热，O2O、P2P 等创业热潮集体爆发，服务商需要验证用户信息的真实有效性及保障用户账号、资金等虚拟资产的安全，验证码短信被广泛用于注册用户、提交订单等使用场景及找回密码、在线支付等安全场景。

另一方面可能是因为移动互联网用户及 App 数量增加，包括验证码短信、会员通知短信、会员营销短信等类目的行业短信市场，尽管只是短信行业里的一个分支，却在传统短信走下坡路时成功逆袭成为一个全新的行业。

除此之外，如短信"老兵"创蓝 253 的 CEO 唐小波所说，"传统短信企业的客户以营销为主，没有正规的行业客户，营销的投诉率大大超过运营商百万分之三的指标，在运营商监管严格的情况下，营销类的内容无法发送，导致短信公司无法生存"。从事短信业务的企业都面临着不得不变革的困境，这一推一拉，便促成了以行业短信为代表的短信互联网化革命。

## 从三大根源解决速度和到达率问题

这就意味着短信行业从此将高枕无忧吗？行业短信是在世华佗，能让短信"起死回生"吗？

非也。至少行业短信自己也受其他因素影响，未来发展如何还得看自身造化，尤其是验证码短信，它的质量好坏直接取决于验证码的速度和到达率，目前近 60% 的 App 验证码短信的速度非常不稳定，只有 40% 左右的速度是稳定的（另一说法来自 WOO 理事贺寅宇：广大 O2O 企业的共同痛点就是短信到达率只有 70%，另外 30% 几乎无法到达用户）。而在这 40% 之中，能够做到 10 秒内到达的，只有 6.41%，10～30 秒内到达的，占 74.49%。如此糟糕的体验难免会导致用户流失。因此，当务之急是解决速度和到达率的问题。那具体是什么影响了验证码速度和到达率呢？又该如何处理呢？

### 验证码短信服务商机房的网络架构

国内 IDC 机房的质量参差不齐，拿验证码来说，是个持续不断的长期技术活，需要服务器连续运转，最为关键的是要解决跨网的问题，比如用户从电信网关或移动网关，提交短信到服务商，服务商再把提交的号码根据移动、联通、电信分别分发到 3 家运营商，就需要实现互联互通，但往往这一环节容易出错，最后致使用户收不到验证码短信。

实现互联互通的办法除了服务商采用五星机房、配合 BGP 网络、自动识别用户提交短信的网络、保证验证码的到达率之外，还可在北上广深等重点城市部署机房，直接从当地提交到中心机房来解决跨区域延迟问题。也可以备份 2 条以上链路，集群模式服务，防止任何时间中断。

### 平台的发送机制

目前多数公司通常情况下能做到日处理百万条数据，但如果一小时内需要处理 500 万条数据，就可能消化不了，大批量延迟，甚至收不到的情况可能发生。这就与平台的发送机制相关。目前行业内通常会采取以下措施。第一，内存数据库技术，HASH 散列存储，并采用二级索引进行快速排序、查找；第二，在实时处理信息时，按照大数概率和正态分布控制实时内存窗口，提高实时短信发送效率。 第三，对于低优先级的数据，按照权重进行发送流速均衡分配；第四，短信流控采用令牌获取机制，做到原子操作，实现流速精确均衡控制等。目前在行业里有公司采取对 cmpp、sgip、smgp 接口的封装技术，让短信走单发接口，从而解决了以前 App 运营者短信通道延迟甚至收不到的痛点，并做到了 5 秒到达，在高峰时间能够每小时处理 800 万条以上的数据。

### 短信通道的容量

短信的通道资源非常珍贵，一家注册资金 1000 万元的企业，只能申请一根通道，并且从申请到能用的周期很长，需要 2 年以上。除了资源比拼，还有技术比拼，因为一根通道的流速上限是 1000 条/秒，也就是说一根通道每小时的发送量是 360 万条。打个比方，一条马路 3 个车道最多容纳 1000 辆车，如果达到最高 1000 辆车，那车辆的移动速度就会变得极其缓慢，如果将车辆降低到 50 辆，马路就相当宽松了，但能否做到就要看团队的技术能力和对用户需求的理解了，创蓝 253 目前在单根通道上的使用率控制在 1/30，也就是一根通道每小时发送的短信不会超过 12 万条，量越小，通道的压力越小，速度和成功就获得了保障。

加之运营商对通道的管控较为严格，目前运营商对短信通道的要求是百万分之 0.65 的投诉比例。也就是说每发 100 万条短信，不能超过 0.65 个投诉，所以通道关停的风险时时刻刻都有，各短信平台无疑是戴着镣铐在跳舞。

最后端口码号的长短也影响短信服务质量，码号越短，质量越高，有些公司给用户使用的是 11 位短码，也就是一个手机号的长度，从而降低了 360 等软件的拦截概率，也避免了各省运营商之间的相互屏蔽机制，从而在通道层面保证了短信的速度和成功率。但其他平台能否做到就难说了。

因短信行业比拼的是谁能做到更加快速地到达和更高比例的成功率，这是一个公司的硬实力，也是公司在这个行业的立命之本，而且光靠技术突破还不够，行业短信，尤其是验证码，不管是用户触发还是系统触发，都需要调用短信通道接口，如果短信通道服务商（主观或无意）劫持手机号码及内容，就会变得不可控，之前的借贷宝信息泄露等问题就与通道劫持有关系，再加上绝大部分行业短信服务商都是从以前的群发短信商转型过来的，无技术积累，也需要时间调整自身。

未来短信行业企业不仅需要狠抓技术，还要扮演变革者、监督者、协调者等多种角色来处理各类关系。除此之外，从猪八戒网上线的短信服务商免佣平台，为平台用户提供筛选和创蓝 253 推进的自助通线上平台等，均能看出服务体验是决定这个行业优胜劣汰的核心点，行业短信平台在注重技术的同时更加需要在服务体验上下功夫。总之，要走的路还很远，一切都在路上。

# 5.5 互联网企业出海的"大败局" 和"大胜局"是如何产生的

数据显示，截止到 2015 年年底，全球市场前 1000 名的 App 中已经有 11%，也就是 113 个属于国产"出海"App，而这个数字还在增长中。但在积极"走出去"的过程中，折戟沉沙者不少。下面就让我们看看"大败局"和"大胜局"都是如何产生的？

## 大船易沉，还是小舟难覆

笔者在调研过程中发现 BAT 这三家巨头是国际化的最早践行者，如百度 2006 年就宣布了国际化战略，但不幸也是最早当烈士的，跳了不少的坑，值得后来者借鉴。究其原因，很大程度上是国外业务不是其战略重心，公司的耐心又不够，走到一半往往转型；相反创业型公司只做单一业务，厚积薄发，反而容易一鸣惊人。

阿里巴巴在美国上市前后尝试在亚马逊和 eBay 的主场虎口夺食。2014 年 6 月，阿里在美国上线了一家电商网站 11Main，它是由阿里集团在美的全资子公司 Vendio 和 Auctiva 联合推出的，短短一年后的 2015 年 6 月，阿里巴巴不得不与美国 OpenSky 社交购物公司签署协议，将 11Main 与 OpenSky 合并，这也意味着阿里的出海尝试遭遇困境。

但从 OpenSky 关注社交购物，拥有 5 万家店、200 万种商品、500 万名用户和 1 亿个"用户关系"中不难看出，阿里发现涉足相对成熟的美国市场还需要更多地与懂得当地文化和消费习惯的从业者合作，这也许是从效率和时间成本出发，所以自动放弃了自建平台的打法。

百度也曾在 2006 年年底高调宣布国际化，推出了日文搜索引擎，但很快遇到了文化和现实的冲击。其在 2006 年至 2010 年先后上线了网页搜索、图片搜索、博客搜索、视频搜索和贴吧等功能。不过根据 Alexa 数据显示，Google 日本在日本网站中排名第 2，百度在日本排名 300 上下，这意味着百度在日本碰了一鼻子灰。

在 2015 年 4 月，百度终于关闭了百度日本搜索引擎，主要原因是日本的搜索引擎市场被 Google 和 Yahoo!两大巨头牢牢占据着，而且日本用户对新事物的接受程度很低。百度要想靠提供同质化的产品从两大巨头手里夺下用户实在很难。

Google 副总裁 Harry Wu 曾写过一篇文章，主要内容就是阐述日本为什么会错过互联网革命，他认为这与日本强大的工业基础关系较大，国民在行为方式上是保守的，在面对新事物时缺乏探索的勇气和兴趣，如认为 Yahoo!很好用，别的产品再好用也不予理睬。百度也不幸成为这种思维下的牺牲品。

再从资金层面来看，没钱是万万不能的，但有钱却不是万能的，拿钱砸市场的方法也许可以打一针"兴奋剂"，但在海外未必可以获得长期的效果。

2011 年马化腾曾把微信视为腾讯走出去的唯一机会，但微信在海外用户数量增长上却难以突破瓶颈。据 2015 年媒体报道，微信在国内的用户超过 6 亿名，在海外大概只有 1 亿名，不到国内用户数量的 15%，相比之下 Facebook 的海外用户占到 83%以上。

此外，微信在海外至少已经投入了 2 亿美元，但是并没有起到应有的效果。要知道，为了拓展海外市场，微信当时不但聘请了足球明星梅西出任形象代言人，由梅西主演的电视广告也在 15 个国家播出，而且微信海外版在美国还与谷歌合作，使用谷歌账号登录并邀请 5 个好友使用微信，将获得 25 美元的餐馆优惠券。微信官方还在东南亚和打车应用 EasyTaxi、电商平台 Lazada、送餐应用 Foodpanda 等都进行了推广合作。即便这样，2 亿美元花光后效果却并不尽如人意。

究其原因，微信其实忽视了这几点。

首先，微信本身是一个社交类产品，其成功的重要原因之一，是来自 QQ 好友关系的导入，但外国人并不使用 QQ，他们大多是 Facebook、Twitter 的忠实用户，QQ 在海外使用的主流人群是华人，而他们只是海外市场的很小一部分。

其次，微信进入海外市场的时机太晚，Facebook 或 Linkedin 等竞品的网络效应已经形成了。

另外，微信海外产品定位不准，走大而全路线的腾讯并没有解决海外用户的痛点，也没能给他们带去"甜点"，从而陷入不上不下的境地。

2014 年之后，BAT 三家经营海外市场思路从独立经营业务变成了大笔投资，例如，仅阿里一家就投资了东南亚电商平台 Lazada，Uber 的对手 Lyft，聊天软件 Tango，海外总投资超过 10 亿美元；腾讯的海外投资主要集中在游戏、社交和电商三大领域，相继投资了 Snapchat、时尚电商 Fab，韩国的 Kakao Talk、匿名社交 Whisper、情侣社交应用 Couple 等。

相对来说，百度在海外投资布局方面比阿里巴巴和腾讯要晚一些，目前布局美国、巴西、以色列等国，聚焦广告、O2O 等领域。百度在美国投资了 Uber，收购了巴西最大的团购公司 Peixe Urbano，也投资了以色列的广告平台 Taboola 等。

## 出海的成功之道，细节里有风光

久邦数码前总裁张向东曾说，成功的国际化有三大指标：第一指标是用户的国际化，也就是海外用户占 50%以上；第二指标是收入国际化，收入份额中来自海外的比例占 50%以上；第三指标是品牌的国际化。

按照这个标准，2013 年之后崛起的不少创业公司反而是彻头彻尾的国际化标杆，如做美国本地化电商的 5miles，做工具的 Apus、茄子快传（海外 SHAREit）、Flash Keyboard,，做音乐分享的 Musical.ly 等。

这些在细分领域表现不错的案例或许还没有达到 BAT、Google、Facebook 的规模，却发展迅猛。以下就以这几家公司为例，总结一下它们的成功之道。

### 团队至上，练就超级联盟

出海企业的创始团队应该具有相关行业成功背景、海外经验或当地的高管团队。如 5miles 的定位是海外的"58 同城+淘宝"，针对的是海外的粉丝市场，将美国流行的 Yard sale（庭院售卖）插上了互联网的翅膀。其初创团队有淘宝、兰亭集势等 C2C 市场和跨境电商背景，平均有 7～8 年的相关经验，做起移动端 C2C 市场来驾轻就熟，进入美国市场后又适时地引进了美国当地团队，所以做起本地化营销和公关来和美国公司相比毫不逊色。

又如在海外运营得风生水起的桌面应用 APUS 是由 360 海外业务前负责人李涛成立的，他在 360 的最后一年时间，走遍了欧美和亚非拉的几十个国家，在意识到海外市场的潜力后，毅然放弃了价值 700 万美元的股票，创立了 APUS。创立初期的团队成员有一半是从 360 无线跳槽过来的，这些人都是李涛的旧部下；因为已经建立了相当的默契，团队成立三周左右，APUS 第一版就推出了，此后一直保持三到四天一个新版本的迭代速度。这样的行业积累当然不是初生牛犊能比拟的。

再如 Flash Keyboard 这个隐形冠军，可以看到海外经验的决定性作用。这个在国内并没有多少人知道的软件是几十个国家生产工具类 App 排行榜的 TOP 5。它其实是专做海外推广的广告代理公司——Avazu 旗下孵化的产品。Avazu 成立于 2009 年，有多年做海外广告平台和游戏分发的经验，推广这个产品本质上只是分发别人产品到分发自家产品的区别，玩转流量毫不费力。

### 善于经营流量，获客留客两手抓

从某种意义上来说，互联网业务就是一个流量业务。对任何企业来说，规模化、高效率地获客、留客，以及进行商业化变现都是核心问题，而成功发展壮大的这些出海企业无一例外都是在这些方面做得比较成功的。经营流量的方式很多，且看"各村有各村的高招"。

前文提到，Flash Keyboard 的推广获客借助了 Avazu 强大的营销力量和全球经验；5miles 的推广团队有兰亭集势的背景，而兰亭集势当年是谷歌亚太区的单一最大客户，对于 Google 和 Facebook 营销的经验很深，所以 5miles 团队从一开始就善于规模化获客。

带有激励性质的人际传播也是重要的获客方法，茄子快传是让用户一对一、一对多地传输文件、视频、音频的软件，天生具有网络效应，所以内置"邀请好友安装"，不消耗流量可以一键下载，在印度这样的发展中国家市场自然蔚然成风。

更高明的企业善于利用事件和热点营销。2015 年 7 月，Musical.ly 这个音乐视频 App 在 YouTube 里发现"扮丑"在青少年亚文化里变成一个风潮，所以主动发起了"Don't Judge Me"这样的标签，引发 Facebook、Twitter 和

Instagram 的跟随，之后连篮球明星奥尼尔都主动使用。这种玩法的难度更大，因为不仅产品要和文化、趋势相结合，营销人员也得谙熟流行文化，并能够引领流行文化。

再来看如何留住客户。众所周知，虽然下载量可以用 Facebook、Google 等付费的下载渠道来获得，但日活率却是判断成功 App 更重要的一个指标，高日活率（留存率）需要强有力的运营、商品推荐、社区建设等细致入微的工作。只有能让用户不断回头的 App 才是真正提供价值的 App。

5miles 被美国第三方机构 SimilarWeb 评为美国回头率最高的电商类 App，靠的就是中国公司特有的精细化运营。淘宝出身的团队当然会尝试做到"千人千面"，而不是"千人一面"：根据用户的喜好优化首页商品展示，让用户优先看见喜欢的商品，而新用户在使用 1 天、7 天、30 天时会收到不同的推送消息，提高相关度。与此同时，适当提高新商品的权重，让新商品卖得更快，这样激励用户上传更多商品，带来正向反馈。

在社交关系链上，5miles 利用 Facebook 和通讯录的好友关系，当好友注册或追随自己时有推送或邮件提醒，从而激励用户再次登录；而当用户想买的商品被别人出价时他也会收到提示，这样促使用户再次回头。

茄子快传的做法是通过人群划分精准找到用户，然后分析出对应的应用偏好，如当用户频繁分享音乐文件时，能够为用户推荐音乐类软件信息，帮助用户获得更好的音乐体验。

Musical.ly 音乐视频根据自己的特点采取了社交优先的产品策略。每个用户都有自己的客户画像，以个性化来增加忠诚度，同时培养了一种社区文化，忠诚的粉丝们会在亚马逊网站上买来印有公司标志的 T 恤；并通过相关机制将流量分配到少量用户上，打造"网红"经济。

### 极致的本地化改造，避免踩"洋坑"

极致的本地化对出海团队来说既是一种能力，更是一种心态，是其成功不可或缺的因素。

5miles 的深度本土化改造是海外逆袭的关键：最早的产品文案都是中国团队在做，并不完美，但随着发展，所有文案都由美国当地团队完成，迭代产品的功能测试也都会让美国本土团队来做，这样避免了中国团队的想当然。

再如 Flash Keyboard，其发展的重要原因便是遵循本地化语言的原则，但不是简单的翻译，而是相当深入地运作，每种语言都找多名测试者，分别对输入方式、文化、互联网社交元素进行大量测试，确保和当地产品一模一样。

本地化除了语言之外，还需要在法律和文化上特别当心。海外特别尊重知识产权及个人隐私保护，2015 年年底，Google Play 官方商店严厉打击涉及侵权和作弊的游戏，仅在东南亚地区就有数百款游戏遭遇下架，其中的主要原因就是侵权、抄袭及刷榜等违规行为。

海外很多用户对个人信息的保护非常强。当发现应用需要使用相机、麦克风、通讯录等敏感权限的时候，用户会非常谨慎。2013 年 12 月百度日文输入法曾遭日本政府封杀，因其质疑百度日文输入软件可能将用户的输入记录上传至服务器，"可能使用户机密信息外泄，导致严重的安全问题"。

在文化禁忌上也应当心，一旦碰到某些"雷"，一款优秀的产品就可能"意外猝死"。有的只是因为某个标志不合时宜，或者一个在其他地区司空见惯的功能或推广活动，都可能在海外遭遇用户抵制，甚至违反当地法律。例如，在一些国家，星期五和数字 13 代表着坏运气，彩虹代表了同性恋等。创业者要注意入乡随俗。

通过以上的盘点，我们可以发现，出海是一个系统工程，BAT 国际化之路的曲折说明国内的资金、品牌、产品未必都能转化为海外的成功者。

但巨头不占优势的情况恰恰是创业者的机会，5miles、APUS、Flash Keyboard、Musical.ly 的成功说明面对巨大的蓝海和比中国多几倍的用户基数，只有在团队、流量经营、本地化三方面都做好准备的公司才能成为这个全球市场里的成功玩家。出海不易，不过随着中国公司的日益成熟，相信新来者可以站在前人的肩膀上看得更高，少走弯路。

# 5.6  海外移动市场，到底是陷阱还是"馅饼"

随着移动互联网行业的竞争越来越激烈，创业大军开始寻找新的蓝海。大伙们一方面争相到乡下抢占地盘，一方面又纷纷选择出海。时不时有公司宣告坐拥亿万名海外用户，一副"力拔山兮气盖世"的架势，这里有 360、百度、阿里、小米等巨头，也有 91、猎豹、5miles 等后起之秀，但当资本寒冬到来之时，到底谁在裸泳，谁会成为最终的赢家？海外市场到底是陷阱还是"馅饼"？

## "机缘巧合"造就海外移动大市场

其实，海外市场成为移动互联网兵家必争之地既是天时地利的顺势而为，也是创业者们退而求其次的取舍之举，除了国内移动互联网市场基本被巨头瓜分殆尽之外，更多的是海外本身的原因。

### 市场容量大，成长空间广

中国互联网企业早有共识：与其在国内拼死抢夺 8 亿名用户，不如去拥抱 25 亿的海外市场，尤其是拉美、印度、东南亚、中东等国家和地区，它们或更有成长空间。

第一，这些国家和地区智能手机刚开始普及，可供选择的产品和服务稀少，本地互联网企业整体落后，成熟的巨头又看不上。

第二，海外的应用分发渠道单一，Google play 独当一面，没有巨头垄断流量并封闭起来，初创企业尚有机会参与公平竞争。

第三，海外用户有极好的付费习惯，即便销售桌面壁纸也能获得收益，为企业提供了生存空间。

第四，国内移动入口战基本结束，排位赛已经进入后期决胜阶段，中小创业者现在进入的机会不大，那不如把视角投向海外。

### 海外市场也有很大的粉丝经济

中国互联网、移动互联网的发展很大程度上依靠免费模式和粉丝经济模式，而粉丝经济模式同样适用于海外市场。即便在商业成熟、互联网发达的美国，同样有一批"粉丝"群体。根据美国统计局的统计，大约 4500 名美国人属于贫困人口，1 亿名美国人属于低收入群体（家庭年收入低于 8 万美元），这部分人每月的收入仅能维持衣食住行等基础花销，所以说美国是一个典型的 M 型社会。其他国家的粉丝和粉丝经济更甚，而且这样的粉丝市场也呈现出类似的特质。

- 中美两国的"高帅富"都会用钱买时间，"粉丝"愿意用时间去省钱，他们缺钱却有时间，所以会在手机上消磨时间。
- 这部分用户受教育程度普遍较低，容易受广告影响，也容易受亲友圈的影响，愿意尝试新的 App。他们属于对 Facebook、Google 上的广告或亲友的转发会点击下载的那部分人。
- 他们信用差，无法从正规金融机构贷款，比如美国低收入群体普遍没有积蓄，导致短期消费金融的普及率很高，也更容易被一些奖励刺激从而下载尝试新的应用。
- 他们收入有限，钱都花在房租、房贷、饮食、子女抚养等必须花钱的事项上，像汽车、家具、家电等大件购买只能从性价比高、现金交易的二手货中选择，实用又免费的二手商品交易平台是他们的首选，免费的移动应用他们同样也乐意尝试。

## 细数业内翘楚，探其发展趋势

电商、工具、通信、社交是海外最常见的四类移动应用，作者先列举前三类细分市场发展较快、有望成为巨头的产品，分析其发展状况以窥探行业趋势。

### 矩阵型移动工具猎豹

猎豹移动在海外安卓市场建立了猎豹 CM Launcher、Clean Master 和 CM Security 等组成的移动工具矩阵，以流量为基础，以移动广告为盈利模式。2015

年 11 月 17 日，猎豹移动公布第三季度财报：季度收入首次突破 10 亿元大关，其中海外收入为 5.38 亿元。如今猎豹移动已经从工具延伸到了游戏领域，比如旗下游戏《别踩白块儿 2》曾夺得 Google Play 免费类游戏第一。

但猎豹并非高枕无忧，一是猎豹用户规模已接近上限，只能通过横向并购延迟天花板的过早到来，但并购投资的产品与自身产品的关系就如干儿子和亲儿子的关系，如何权衡抉择进行流量、利益分配是件不太容易的事。这也解释了为什么猎豹官方宣布其战略目标将从大规模用户获取转向提升用户活跃度和用户使用时长。

二是猎豹的收入来源单一，而且过度依赖广告业务，其中营收的很大一部分又来源于 Facebook，猎豹只是分销商角色，不能直接接触到广告主。未来猎豹利润增长点在哪里？如何打好这场从追求用户数量到质量的升级战，猎豹还有较长的路要走。

## 海外移动电商平台 Wish

海外移动电商可能是巨头们曾忽略的大行业，一方面国内的阿里、京东等光彩四射，聚光灯都照着它们；另一方面国外 eBay、亚马逊等基本将电商的大头 B2C 市场瓜分。但在巨头倾轧下还是有创业的空间，Wish 算是一例。Wish 主要销售非品牌服装、珠宝、智能手机、淋浴喷头等，大部分产品都直接从中国发货。

现在 Wish 的全球注册账户将近 1 亿个，商家 10 万家。Wish 的杀手锏有 3 个，一是低价，把中国制造的商品以淘宝价卖给全世界的消费者；二是算法，Wish 在向用户推荐商品时基于一种特殊算法，这种算法不仅基于消费者购买的商品，也基于他们查看过的商品；三是营销，Wish 是 Facebook 单一最大广告主，擅长高效的网络营销。

除了 B2C 领域的 Wish 之外，C2C 领域也有美国前十名的电商平台 5miles。5miles 是一个移动版的 Craigslist（58 同城的鼻祖），作为一个信息和交易平台，对接个人卖家和买家，以二手商品为主，服务为辅，品类涵盖家具、手机、二手汽车、童装等。在 1 年多的时间里，5miles App 已经在美国成为主流电商应用，据悉其月交易流水已经近亿美元。需要注意的是，5miles 目前采用的是对消费者免费上架的策略，而电商又是个需要本地化、精细化操作的行业，这家位于北京的创业公司后期将如何发展及商业化，还有待时间考验。

### 实时通信云服务提供商 Agora

这家公司比较特殊，不像前面提到的面向消费者提供产品或服务，Agora（中文译名为"声网"）通过向全球企业提供语音或视频通话云服务来影响消费者，即 B2B2C。大多数人了解 Agora 可能是在其主办的"首届网络实时通信大会"上。

事实上，国内对于实时语音传输技术还知之甚少，但声音作为移动互联网时代最天然、最具优势的输入方式，已经在教育、智能医疗、企业协作、无人驾驶等领域都得到了应用。而 Agora 凭借其成熟的产品和技术，能够在全世界复杂的网络环境中保证客户通话质量，有望成为行业创新模式的催化剂。

但同时，Agora 如何在行业认知度低的情况下打开局面，也是其必须面对的问题。

## 大业未成，这些关键节点仍需谨慎

尽管从目前来看我国企业进军海外市场初战告捷，所提到的龙头企业的发展势头也很好，但这并不意味着已成定局。

### 产品细节与用户体验或决定成败

超级 App 是离用户最近且高频次的产品，用户体验将是成败的决定性因素。因为用户对移动应用的品牌认知相对较低，转移成本也很低，如果体验不好随手卸载再下另一个就成。因此，比竞争对手先走一步，让用户用得更"爽"很重要。一些国内常见的功能在出海的时候也许能成为杀手锏，例如类似微信聊天的地址发送，或者买家卖家双边互评机制。类此这样差异化的功能、人性化的处理往往能事半功倍，帮助自己与对手拉开距离。而太多被淘汰者多是在细节上栽了跟头，所以要警惕"一着不慎满盘皆输"。

### 对海外市场的了解和文化适应性

如果说当初 Go 桌面的成功是因为进入海外市场的切入点和切入时机恰到好处，那后来者就没了这样的待遇。面对国内市场，众厂商因为自己的"土著"

177

角色，凭借自己对国内用户的深厚了解就能闯出一番天地，但面对纷繁复杂、更加陌生的海外市场可没了这等好运。尤其对绝大多数创业者来说，海外是个全新的市场，无运营经验。有太多创业者因为对海外市场的不熟悉、对文化的不适应等折戟沉沙。之前，Apus Launcher、猎豹移动先后被爆"流氓推广"窃取用户隐私遭 Google Play 下架惩罚、责令整改就是例证。另外，中国公司的诚信问题和合作的持久性也一直是海外用户和合作者顾忌的问题。

## 营销乱战

对每家出海企业来说，用户获取都是头等任务。但只要我们看一下数据，就会发现随着创业大潮的狂飙突进，2014 年 iOS 全球商店里 App 增长达到 67%，Google Play 达到了 100%，这些 App 都需要广告营销，与此同时，全球智能手机的出货量从 12.7 亿部增长到了 14 亿部，增长率只有 10%。在"僧多粥少"的局面下，大广告渠道如 Facebook 和 Google 广告的价格水涨船高，而其他小的效果广告渠道良莠不齐，测试起来又耗时耗钱耗人力。

于是，各家企业都面临着新用户获取渠道越来越贵或枯竭的局面，在这种情况下，大家"八仙过海，各显神通"，尝试 YouTube 视频营销、社交圈子营销、Pandora 音频营销、电视广告等。要注意的是，国外对广告有更严格的法律法规，恐吓用户、当假警察等推广方式都可能让自己惹祸上身。

另外，营销是一个需要本地化和精细化操作的项目，行业人士都知道，一条文案的变动、一个创意的改变，都可能产生非常大的差异，更不用说执行上的细节了。目前多数公司都像 Wish 和 5miles 这样在美国建立了完全由本地营销人构成的团队，也有部分出海企业选择授权海外本土运营商代理运营或直接在国内运营，这都可能给自己带来人力和财力上的压力，也势必影响团队在成本和收益、短期利益和长期利益上的取舍。另外作者也想提醒大家，营销是需要用品牌和效果广告双管齐下的方法，用落地而不是遥控的方法来做才可能获得成功。

总之，如今移动应用海外市场已不再是当初的态势，疯狂烧钱、盲目激进的时代也已经过去，而具有先发优势和独特卖点的应用或将继续发展，行业马太效应逐渐明显，寡头时代即将来临，但谁能成为最终赢家还是海外用户说了算，唯有用户需求至上和极致的产品体验才是不变的法宝。

# 5.7 资本寒冬，看咕咚、Keep、Feel 如何逆势而上

继晒美食、晒旅行之后，晒健身俨然成了微信朋友圈的"新宠"，好友间的互动模式也开始从约饭、约电影变成约跑、约健身。与"健身热"一起热起来的除了各类智能穿戴设备外，还有手机里咕咚、Keep、Feel、约运动、悦跑圈等各类细分领域的运动类 App。这两年运动健身类 App 创业经历了过山车式的大起大落，有的依然人声鼎沸，有的已经黯然离去。

## 风雨交加，健康运动类 App 提前进入寒冬季

这是一个谁也不愿意看到的事实，健康运动类 App 行业正遭受着前所未有的"内忧"和"外患"，在这场没有硝烟的战场上，多数创业者正体会着"山雨欲来风满楼"的惆怅。

### 内忧：风口过后融资开始"断崖式"骤减

国际市场分析机构 IHS 曾预测，运动 App 有望迎来高达 63%的增长，全球范围内的装机量或下载量 2017 年有望达到 2.48 亿人次。

也正是对市场的乐观估计，创业者们纷纷下注，最热闹的时候，随便在 AppStore 里搜索"运动"两字，就会跳出 3000 多个结果。

与此同时，各类资本也"添油加柴"，尤其是 2014 年，十几个运动类 App 扎堆获得风险投资，其中包括咕咚、去动、跑跑、Feel、约运动等。

然而进入 2015 年，运动类 App 领域的融资热潮降温，获得投资的项目大都处于 A 轮、B 轮之后，而且这些 App 基本都是在细分领域暂时领先的，如 Keep 在 2015 年 7 月获得 1000 万美元的 B 轮融资等。

到了 2016 年，情况更加糟糕，获得投资的项目掰着手指就能数过来，如 2016 年 4 月 Feel 宣布完成 B 轮融资，投资方为动域资本，金额接近亿元人民币，用户数在 2016 年 6 月突破 3000 万名；5 月 16 日 Keep 宣布获得 3200 万美

元的 C 轮融资，用户量突破 3000 万名，同样在 5 月，咕咚宣布完成 5000 万美元的 C 轮融资，用户达到 6000 万。此外还有趣运动、章鱼 TV、悦跑圈等。

这些为数不多的公司似乎要撑起整个市场，而那些过分投机或模式过于重复的项目开始"丢盔弃甲"，被市场抛弃。

### 外患：腾讯、百度、乐视等"专业组"刮来暴风雨

祸不单行，在创业者们四处寻找突围机会之时，大批的"外来者"开始疯狂入侵，它们来自互联网、金融界或上市公司、IT 巨头。一时间，运动相关的项目呈现出一派"你方唱罢我登台"的热闹景象，腾讯、万达、乐视、百度等快速跑马圈地。

腾讯动作最大，微信推出拥有计步功能的公众号"微信运动"，成为朋友圈和咕咚等争抢风头的最大势力。QQ 也没闲着，推出了"QQ 健康"，此外还增加了医院挂号、健康攻略、运动竞赛等板块。百度在百度地图中增加了根据行进路程推算出用户消耗的卡路里等运动元素。乐视直接推出自带直播功能的运动相机来抢食运动 App 市场。

更为关键的是，所有工具类产品都摆脱不了帕列托法则（又称二八定律），新创立的工具如果短时间没能引爆市场，也不能产生二次发酵，生命周期就将很短，而资本更加关注能转化为现金流的 App，绝大部分创业项目"门前冷落车马稀"。

# 一手好牌，却接二连三地犯错

回过头来看，在体育产业获得前所未有关注时，运动 App 却陷入如此尴尬境地，原因竟是自己给自己下了套，把一手好牌打得稀烂。

### 逻辑之错：能健身不是运动 App 的发展动力，运动之外的社交、炫耀、健康管理等才是驱动力

事实上，运动 App 自诞生起就不是为运动者准备的，那些真正的运动者不用 App 也会坚持运动。那些在健身俱乐部办了健身卡，去几次就不去了的用户，App 也帮不了他们。

运动 App 发挥的最大价值是：在聚合了有运动需求的用户后，制造出"我们是通过这个 App 实现了健身"的假象给其他用户看。

有趣的结果是：运动 App 在一群不爱运动的用户中火了，他们把健身作为借口，实际是为了约朋友；或者为找个理由打发时间，App 成为他们在社交软件中炫耀的道具。

他们真正要的是朋友圈里那串运动数据和"点赞之交"的微信好友。他们真正的运动是"晒"，此时运动 App 的价值是：提供了一个话题窗口和途径。

于是越来越多的创业者意识到，随着新鲜感的逐渐丧失，普通用户很难有高强的自趋力来坚持单一运动。但运动社交是有条件的，人们不会为了社交而社交，而是在共同参与一件有价值的事之后才会产生社交行为。

健身运动 App 成为社交的桥梁和场景，那些走在前面的创业者开始让 App 不止于运动，如咕咚强化社交元素，在 App 里设有咕咚吧、运动团、运动场地、附近的人、俱乐部、官方赛事等板块来增加用户停留时间。

### 路径之错：盈利不是找健身运动的人，而该找不为运动健身的人

前文说到健身运动 App 治愈不了"懒癌"患者，运动只是他们的幌子，而那些真正需要健身运动的人，运动 App 又不是他们的第一选择，这是不是意味着向这些人收钱难度极大？

事实上，运动类 App 的发展"仿制"了 PC 互联网产品的发展轨迹，先是各类模式层出不穷，热闹过后，就剩下几家，然后这些被"剩下来"的 App，借海量用户开始尝试收费盈利。在整个产品生命周期中，免费是他们的最大利器，圈用户是他们最重要的工作。

然而正是这种在 PC 互联网时代被验证过的发展路径坑了他们。

首先，他们掉入了同质化竞争的泥潭，看似每款产品都在更新，其实最后大家都集中在记步和跑步上，大家能提供的都是 GPS 定位、显示运动路线图、耗时、卡路里消耗等最基础的服务。这种浅层的运动功能，不仅让用户陷入选择困难，也没能强化自己的独有性，从而未能建立竞争壁垒。

其次，这些运动 App 在技术上存在硬伤。有媒体测试结果显示，不管在步数的计算还是在热量的记录上，这些 App 和专业仪器测试出来的数据都大相径

庭。这和不同运动产品本身的算法、所使用的传感器及人体的复杂性等因素不无关系，但直接影响了用户对运动 App 的信任和付费意愿。

最后，国内用户对软件付费的意愿远比国外低，尤其是对运动工具类 App，用户的依赖更低。

因此，向直接的使用者收钱显然"难于上青天"，这样运动类 App 们集体陷入盈利模式空缺的窘境。

### 模式之错：健康运动 App 不应该是"闹钟"，而应该是"助手"

新华网投资者教育基地曾在一篇文章中把运动类 App 分为两大支线：健康和医疗保健。目前国内 95% 以上的运动类型创业公司均在健康支线，其中代表产品如 RunKeeper、咕咚、Keep 等。医疗保健领域的创业公司如小米运动、三星健康、Feel、Arugs、Fitbit 等。该基地的研究结论是：整个健康领域的 App 除了同质化严重外，最大的问题是没有化学反应——体育还是体育，互联网还是互联网。

事实上，运动类 App 的发展主要分为两个阶段，第一阶段是"闹钟模式"，即健康类产品，由于传感器的限制，他们只利用了一种类型的传感器来记录单一的运动数据。并没有充分利用互联网实现与运动结合，用户必须回到线下体验运动。他们工具属性强，时效性强，使用频率偏低，就像闹钟，需要定时定点，过后就被"抛弃"，用户难有情感依赖。

未来健身运动类 App 应该成长为"助手模式"，该模式需满足以下这些特征：

- 刚需、高频、强场景使用；
- 用户基础广泛且能有效交互；
- 广阔的连接性和延展性而且可凝结出非时效性资产；
- 具备生命周期总价值，且盈利方式边际成本为 0。

三星健康开发了记录喝水和喝咖啡的功能，采用数字计数法，用户设定每天的健康饮水目标后，三星健康按照用户的饮水习惯和目标提醒用户喝水。Feel 相当于一个独立的、集中的健康规划助手，针对用户的增高、瘦腿、矫正驼背、戒烟等健康方面的需求，鼓励用户自己设立计划，而运动只是健康的一部分。

QQ 健康依靠 QQ 的庞大用户人群集成计步、跑步、骑行、体量、睡眠、血压、喝水等各类运动健康数据，成为一个强大的应用。

这种产品模式有助于用户的习惯养成，并通过联动多个低频需求来实现高频使用。

不过现在看，这些产品仍有一些问题，如 Feel 还不能主动发现用户的健康习惯问题，并提出解决方案。而 QQ 健康接入了太多应用后，却将主要精力放在导流上，影响了用户体验。

但医疗保健（即"助手模式"）产品在国外仍然受到国际资本的热捧，这或许是行业发展的大方向。

## 痛定思痛，绝境之下用这三个"锦囊妙计"

要想逃脱被抛弃的宿命，运动类 App 要怎么做呢？作者提供三个"锦囊"。

### 构建"数据力"，为产品找支撑

既然只利用了一种传感器的健康类产品模式对用户和公司来说都很鸡肋，那就该创造多维的数据，让 App 赋予用户更多价值。这本质上就是以"数据力"塑造产品竞争力。

从用户来说，使用 App（理论上）是希望：监督自己锻炼产生效果；指导锻炼强化效果。这就需要 App 能善用数据，尽量完成这两项使命。

目前咕咚网开放了数据平台，允许第三方硬件产品接入，扩大了用户数据来源。但它们的数据主要用于变现，比如根据用户上传的运动数据，向用户提供与运动健康相关的产品和服务，如推荐运动鞋、衣服等。Feel 对外也是将数据内核驱动和数据型决策作为自己的核心竞争力，Feel 目前已经接入健康生活 16 个品类，超过 42 种数据采集。

点点运动也希望通过智能穿戴设备进行数据采集，并依靠点点运动软件平台进行数据计算和信息存储维护，分析用户数据。

不过以上这些都只是初期尝试。

### 增强"内容力"，为黏性想办法

运动健身本是一件枯燥的事情，一旦失去场景化的驱动，用户很容易失去自制力，App 也会慢慢被冷落。因此，如何创造有意思的、能推动用户频繁打开的内容就变得格外重要。

目前行业内多数用打卡来提升激励体验。比如 Feel 用户在完成一天所有的运动计划之后，App 就会自动弹出一个完成任务的激励卡片。只要点下分享就可同步分享到社交软件中。这种不用截图、不用编写朋友圈文字，简单粗暴的方式容易让用户获得满足。

Keep 也在健身这个垂直维度下设置了打卡、话题功能和社区，并重点推荐时下热门的腹肌撕裂者、翘臀训练、五维腹肌训练等局部塑形训练，还推出邹市明拳击课程、邹市明战斗跳绳、瑜伽等课程，以丰富的课程内容来提升用户黏性。

其实在健身习惯养成上，由于具有任务挑战和社交属性，利用 KOL 做示范效应也是一种方式，一旦习惯初步养成或产生初步健身效果，用户就容易产生深度黏性。

此外，社区化也是提升用户黏性的方式。用户锻炼后可以看到其他人锻炼后的吐槽、自黑、共勉，还有"福利"——来自美女帅哥用户秀身材的自拍照等，也是诱惑。

### 强化"连接性"，为盈利找出路

有了好的内容黏性和数据挖掘，App 和用户就有了"连接性"，也就有了盈利的想象空间，而这种"连接性"可以实现多维连接。

- 与硬件数据方的连接。小米运动、点点运动、咕咚、Feel、乐动力、悦跑圈、Keep、FitStar、Fittime、全城热炼、 PushUps、Squats 等国内外健身运动 App 无不在尝试与硬件结合。
- 与服务提供方的连接。如健身房，私人教练们可以把 App 作为自己的用户管理系统，帮助自己的学员制定健身计划并实时收集反馈数据，督促提醒自己的用户去完成计划。

- 与商品的连接。这是多数 App 都可能尝试的方法，它们是运动场景电商的入口。如 Keep3.0 版本中推出了电商功能，由最初的移动健身工具逐步向运动平台转型。只是这个电商形态还相对简单，没有形成统一规划。

- 与广告的连接。一旦 App 拥有巨大的用户量和复杂的数据维度，就具备了媒体价值。目前包括 Feel 在内的个别 App 已开始尝试有精准需求的广告。

总之，健身跑步类 App 产品的本质仍然是体育本身，人们的消费习惯决定了他们的价值。因此，App 应回归对体育参与者服务的本位，才不会沦为这场竞争的牺牲品，才可能掌控未来。

# 5.8　起底地推之殇，我们的地推"死"在哪

望京 SOHO 有一条"扫码一条街"，短短 100 米，就散布了近 30 个地推点。这不禁让笔者想起自己那段风风火火的地推岁月。作为一名地推"斗士"，我们也曾借着翻滚而来的移动互联网大浪，舞动着奋斗者的脉动。或许是因为各类 O2O 项目、零售业、游戏娱乐业等"兴风作浪"，把地推推向了新的风口。又或许是营销传播者对不断攀升的电视广告成本和处于用户疲惫期的网络广告的逃离，地推成为了我们首选的推广方式。

但是，就在你追我赶互不相让的补贴、扫码和优惠券过后；就在地推吧、开拓者等地推平台崭露头角之时；就在"地推派"泰斗大众点评和美团把地推玩得风生水起却仍"捉襟见肘"之时，作为一名地推的失败者，笔者提起笔写下那段伤痕累累的文字：

笔者曾是某餐饮 O2O 项目的深圳地区负责人，运营团队 29 人，其中全职地推人员 8 人，11 家分子公司，合计 100 余人，另有兼职人员数名。推广的是一款类似微信微生活、淘点点的 App，沉浮 8 个月，以公司产品转型告终。当时地推的对象一是商户，二是用户。商户是中小餐饮店，邀请它们入驻 App，盘活平台。用户就是商圈内以餐饮店为中心的消费人群。从结果看，我们一开始就选错了路，也一度成为同行嗤笑的对象。

### 困于成本，难言之痛

尽管我们清楚地推是一项重人力、重物力，或持久或宏大的事儿，但在成本控制上还是栽了跟头。

首先是人力成本，2013 年项目开始之时，我们团队之前都是做网络运营的，对地推全无经验，为了弥补团队短板，公司大量换血，短短 1 个月，深圳团队就新招专职地推人员 6 人，我也从高级运营经理变为推广组组长，原网络运营团队或调岗，或"主动"离职，而北京总部也从美团高薪挖来一位总监，统管 11 家分公司的运营工作。这就导致人力结构的巨大调整，招聘成本增加，而地推人员的固定工资、车费（甚至外地住宿费）、奖金及提成也成为新的开支，

也打破了原来的薪资结构，引起老员工的不满。但事后证明这些新招过来的地推人员高薪资却没带来高绩效，成了团队最大的包袱。

其次是物力成本，除了我们的奖品、现场宣传物料、场地租用成本，还包括商家配合我们推广的优惠折扣补贴等变相的物资成本。因为地推活动制作的横幅广告、易拉宝、宣传单页基本是一次性的，在特定的活动上使用，活动结束后即使没用完的也都成了无法回收的废品。而当时为了吸引人流产生关联消费，我们极力说服商家把原来 98 元一份的鱼头做 1 元特价，结果是到店的顾客就盯着 1 元的特价菜，其他菜基本不点，店面人流量上去了，可服务成本和补贴成本也大幅提高，很多店面推广了一周之后就不再理我们。

公关费用也是一笔巨大的隐形成本，当时我们为敲定场地，不断向公司申请费用进行各类打点，而在地推活动中与各种相关人员的沟通协调和周旋，也是斗智斗勇又斗钱的游戏，最终到第三个月时，财务就不再接受此类费用的审批，我们的地推活动也更加艰难。后来我们联系了地推吧，利用它对地推的熟悉，找到成熟的团队承接了一部分业务，成本有所降低，可惜为时已晚。

## 羞于执行，团队之殇

"屋漏偏逢连夜雨"，除了缺钱，我们团队的执行也出了问题。具体包括三个层面：执行力度、执行方略和执行工具。

执行力，简单地说就是完成任务的意愿、完成任务的能力、完成任务的程度。由于我们的团队刚组建不久，个别成员目标感不强，利用地推外派到各地监控不到位的漏洞，把地推活动变成了放风度假，到了下班时间就把单页往垃圾箱里一扔回公司打卡，而后其他同事也开始效仿。

而乖乖听话的那批人又在执行方法上出了问题。当时淘点点疯狂发力，生造"吃货节"，微生活也是一个商圈一个连锁的地毯式覆盖，面对它们的高压，我们只能靠补贴去促单拉客，但它们很快也开始补贴。并且其他对手也开始模仿我们与地推吧等第三方地推平台建立了联系。于是我们内部在该坚持原有政策还是跟进上出现了分歧，一部分商家刚开始支持我们继续补贴，随后见效果不好就开始埋怨我们，甚至其中部分商家还终止了合作。这无疑证明了地推考验着团队的两大能力：线上和线下的整合能力；线下管理的协调能力。而我们却在"阴沟里翻了船"。

另外还有执行工具的问题，我们当时并未开发统一独立的数据模型和销售系统，商家各自用自己的，结果导致数据不畅，我们统计的数据和商家统计的相差甚大，也影响了整个地推的效率。

### 死于贪大求全，主次之累

在总结教训时，经验不足且急于求成也是我们提及较多的。总部给分公司下达各类命令初衷是建立目标，结果却让执行团队眉毛胡子一把抓，毫无重点。主要表现在以下几点。

第一，考核目标无重点。总部在给分公司提出了各类关键绩效指标后，下载量、覆盖率、宣传单页派发数、销售额、客单价、留存率等都成了考核指标，结果导致部分分公司不知道要干什么，步调难统一。

第二，目标用户无重点。地推初期，为了提升 App 下载量，我们推广时不区分男女老少，结果导致很多大妈被吸引过来扫码，他们领了礼品后就卸载App，用户数据呈现断裂式波动。

第三，地推传播策略无重点。我们准备了很多内容，如传单、卡片、楼栋号、易拉宝、日历等，看似热闹，结果发现现场用户不知所措，纷纷调头就走。更有甚者，因为仓促应战核查不严，出现了宣传物料印错或漏印的情况。

此外，我们还出现了对新老客户的补贴失衡的情况，而准备不足导致漏洞百出也是其他分公司出现的大问题，总之各有各的"不幸"。

## 山前有路，那又该如何让"悲剧"不再重演

在这场没有硝烟的战场上，最终以淘点点主攻外卖、微生活销声匿迹告终，而不计其数的中小平台和我们一样都折戟沉沙，团队解散，独留掌舵者们的一声长叹。笔者结合自身经历，给还在坚持地推的朋友一些忠告。

### 坚持 7R 原则找关键点

所谓 7R 原则就是在恰当的时间、恰当的地点，以恰当的价格，给予恰当数量、恰当质量的恰当礼品给恰当的用户。尤其是以下四点。

选对时间

根据产品类目不同，地推的时间应该有所区别。比如生活类商品地推，午休时分、晚高峰和周末效果都不错。游戏类产品在下班时间比上班时间地推效果好。餐饮类项目在吃饭时间自然是推广高峰期等。

挑对位置

地推一定要找准目标用户群体聚集的地方，盲目地广撒网往往徒劳无功，比如去停车场找需要打车的人；去路边摊夜市找高端的商务人士；去集团公司有食堂的地方发外卖单……目标客户在哪儿，地推就应该去哪儿，甚至需要摸透每个地区或物业管理社区的特点和难点，包括开发商、物业公司、业主各方面的情况。

送对礼品

做小排档外卖的，送扇子比送毛巾合适，给网游做地推的送鼠标垫较受欢迎，超市门口的免费环保购物袋永远"畅销"。礼品需要和地推的推介产品形成强关联，在同一消费场景下使用能引起注意。

找准对象

关注目标用户，注意用户习惯，知根知底方能百战百胜。比如地推的对象是做烧烤的商户，就需要对烧烤比较了解，如烧烤的平均毛利是多少，旺季、淡季在什么时候，哪些菜利润高且食客点得多，是打七折好，还是送几瓶饮料好等。对用户更是如此，找准对象的差异性才可能攻准其心。

如果团队对地推比较陌生，那么选择一个成熟的地推平台会让你少走弯路，对地推平台的选择有几个参考标准：是否对社区、高校、娱乐场所、商圈等各类渠道都非常熟悉；是否与一些知名的内容提供商合作过，如华夏租车、顺手付、借贷宝、爱学贷等，或者与滴滴、美团等大公司有过合作关系；是否有标准化的流程和成熟的地推团队执行；是否有足够的资金储备和较大规模的地域覆盖能力。目前行业内大大小小地推公司 2000 余家，找刚融完资（如地推吧）、刚完成 pre A 轮 1000 万元投资、估值 1 亿元这样的平台则相对靠谱。另外市面上有如趣地推、帝推、开拓者等地推公司也相对成熟。

### 成本领先，便步步领先

除了对方向的把握，成本控制也决定着地推的成败与否。因为地推只是一种推广方式，摆脱不了"利润=销售额-成本"的商业本质。

- 控制烧钱式补贴。如果补贴有悖于公司的长期规划和战略，那地推就无太大意义。即便通过高额补贴能抢夺用户，那些贪便宜的用户也不是优质用户，一旦补贴减少，他们就可能跑到另一家去，反而会增加内耗，如推广压力增大、供应链矛盾滋生、竞争对手肆意挑衅、补贴漏洞加大等。
- 学会转嫁人力，将包袱变为武器。比如，要善于利用廉价的劳动力，如兼职生、大中院校的实习生。又如可借力联合商家的人力，如餐饮O2O平台不妨借用餐馆的服务人员做装机量，推介自然还不用花钱。再如团结老客户，实现"老带新"，通过搭建用户群，鼓励老用户带新用户参加体验活动，做相互推荐等。当然直接把地推任务派发给地推吧等第三方平台也能做到有效控制成本。

### 差异化做事件营销

在场景碎片化的当下，地推对装机量的贡献越来越小。而我们的地推也开始由原来的主动向人群推荐信息，转变为吸引人群主动来咨询信息。2015年7月北京街头半裸"斯巴达勇士"被抓事件虽不是一件值得称道的好事，却给地推提供了新的思路。地推不单是为接触用户，而应是传播为主，拉新为辅，以地推之"形"，做事件营销之"神"，通过地推活动去创造话题，放大影响力，吸引海量用户主动关注，最后从中筛选出精准用户。这也是地推回归到传播本质上的体现。

最后笔者还想提醒的是，地推不是万能钥匙。那些满足长尾、需要巨大客户数量的行业才可能奏效。比如餐饮业单个商户的销售额和其他行业比相对较小，需要一个个地去沟通，因此一定规模的地推团队可以把整个长尾抓紧。况且营销推广的成功是合力的结果，需要天时、地利、人和，因此地推作为线下活动需要线上传播支持，而只有真正懂用户的才可能赢得用户。

# 5.9 巨头之下移动 IM 市场瞄准安全 隐私的后来者还有无机会

如今的移动即时通信市场有点"蹊跷",一边是朋友圈里"微信又出故障了"、"微信要上直播了"、"烦死了,每天被微信群里的垃圾信息轰炸"等诸如此类的控诉和抱怨。另一边是主打隐私保密安全的后来者集体出动,海外的 Telegram 截止到 2016 年 2 月,用户每天发送消息 150 亿条,月活跃用户突破 1 亿人,而且每天新增用户约为 35 万。Wickr 在 2014 年 6 月获得 3000 万美元融资后也在加速"攻城掠地",国内则有超信、CoverMe、Dove 等一大批后起之秀。当年易信、来往、米聊等"狙击"微信的先行者铩羽而归,那这些从安全门缝里滋长出来的"杂草"能否完成逆袭?等待他们的又还有哪些挑战?

## 好消息是:巨头垄断下又现生长空间

当"来往"们折戟沉沙,所有人都在喊大局已定,全球用户突破 10 亿人的 WhatsApp 和月活跃用户 7.62 亿人的微信成为中外移动 IM 市场上两个遥不可及的巨人。然而时过境迁,WhatsApp、微信笼罩下的 IM 市场正被划出一道口子。

### 巨头开始出现"病态",后来者有机可乘

如今的 WhatsApp 和微信早已不是当年的 WhatsApp 和微信,但看似不可撼动的江湖地位,背后却隐现出臃肿的身躯及多种"慢性疾病"。下面以微信为例加以细述。

- 信息冗余造成社交负累。这里充斥着各类心灵鸡汤、养生知识、星座运程、广告推销、拉票投票甚至各种吐槽各种晒等。这一方面使得信息高度重复并严重碎片化,另一方面又使用户难以找到自己真正需要的信息,"信息黑洞"与"信息过载"并存,信息明显"结构性过剩"。
- 情绪随意被传染、被消费。用户的"贪慎痴"被任意利用,掐架、情怀

成为最好的理由，咪蒙、六神磊磊等成了最好的故事源，"贩卖小孩一律死刑"、"疫苗之殇"、30 张机票……成了一波又一波的热门话题，挑逗和消费公众情绪成为屡试不爽的伎俩。

- 谣言四起滋生病毒传播。"语不惊人死不休"的标题党、五花八门的诱导分享，低劣"老旧"的谣言、精妙的伪原创随处可见，各种"致癌"、"养生"、"丢小孩"谣言恣意横飞，辟谣反而成了"狼来了"的笑话。碎片化的微信呈现的都是支离破碎的内容，却演变成一场群体意识侵占个人意识的闹剧，一旦个人意识受锢于群体意识，"三人成虎"便有了可乘之机。

- 信息茧房造成信息筛选困难。微信公众号相对开放的方式看似让讨论聚焦，但也增加了视野窄化、群体极化。这使得舆论场中社会群体间的交往边界被强化，不同层级的社会群体难以开展舆情沟通，而且海量的信息和用户有限的注意力构成极大的矛盾，从而引发用户逃离。

- 好友非好友，社交不社交。当"嗨，美女，加我一下微信吧！"成为用户日常生活中的一部分，当这种没有信任基础的陌生人闯入了自己的朋友圈，微信就不再是单纯的熟人、半熟人的社交工具。他们原以为仅靠简单的撮合就能完成社交的转换，最后才发现这根本硬造不出关系，于是朋友圈、通讯录中充斥的都是些眼熟的陌生人。

### 安全隐私需求由隐性转变成显性

一是近年来，泄露和侵害公民个人信息包括隐私的事件频频发生，个人信息成了随意买卖的"商品"，非法买卖公民个人信息的违法犯罪活动日益泛滥。尽管我们几乎每天都能看到政府查办此类案件，但犯罪率仍然有增无减。马云、王健林、马化腾、雷军等互联网或商界巨头的个人身份证信息都曾在 Twitter 上被曝出，普通百姓的信息更谈何被保护？

二是人们对安全隐私的保护需求越来越重视，尤其是斯诺登事件后，公众的隐私安全被空前放大。

当人们越发争执不休时，这种担忧情绪也造就出了新的商机。

### 产品成了突出重围的第一利刃

除了金立、奇酷手机（现 360 手机）等硬件厂商，软件也打着安全牌"趁机而入"，如俄罗斯最大社交网站 VKontakte 的创始人帕维尔·杜罗夫与尼古拉·杜罗夫创建了 Telegram，国内对标的则是超信，此外还有 BitTorrent Bleep、CoverMe、Wickr、安司密信等。它们最大的共同点就是从产品上完成差异化塑造。

讲产品前，我们先来看看安全，说来说去，都绕不过以下四点。

- 通信安全：指通过语音和短信通信时，应用能够防止通话或信息被截获监听。
- 数据传输安全：数据接入的传输通道要可靠，这主要由通信运营商完成。
- 运行安全：存在形式多式多样，目的是有效隔离恶意应用和木马。
- 信息安全：这主要是指防止敏感信息的泄漏，如照片、私密视频、短信、联系人等。

## Telegram、超信等应用的应对之策

首先，注册登录极其简单。如 BitTorrent Bleep 不需要注册，只要下载后创建一个用户名就可以立刻使用，超信也只需要简单地输入信息，当用户再次登录时，再输入手机号收到的短信验证码就可进入。

其次，没有社交网络。Telegram、BitTorrent Bleep、超信都没有社交网络，用户能做的只是聊天。BitTorrent Bleep 只能以文字、图片或网络电话形式进行沟通，超信、Telegram 还可以发送语音、视频、位置和文件等。

第三，为安全采用了不同的信息加密方式。CoverMe 采用军用 256 位 AES 二次加密算法。BitTorrent Bleep、超信采用的是 P2P 加密传输，没有中心服务器，不会收集元数据，这是端到端加密通信，保证机要消息阅后即焚、远程销毁，服务器不留痕迹，聊天更私密。Telegram 也是采用端到端的加密方式，所有内容不通过 Telegram 服务器；当用户退出账号时，私密聊天的内容就会消失。Wickr 采用了一种"零知识"的策略来保证安全，它既不会在自己的服务器端采集用户的信息，也没有能够解密用户数据的密钥。安司密信通过密盾完成端到端的加密，密盾关闭后已加密信息自动隐藏。另外，Telegram、CoverMe、超信、Wickr、安司密信都支持阅后即焚，不过它们在细节上又有些差别，如超信在阅后即焚模式下，图片在聊天框将模糊展示，需长按才能看清原图，用户隐私得到保护，同时当检测到截图时还会在对话中显示"×××已截屏"、"我

已截屏"；CoverMe 则是当对方试图通过截屏保存某文件时，发送方就会收到一条通知；Telegram 索性在进行私密聊天时反截图，即无法截图。

第四，设置信息送达通知，比如 Telegram、超信在每条信息的后面都会有两个√，当出现一个√时，表明信息送达，出现第二个√时表明信息已被阅读。并且两者都支持针对性回复，当需要针对某个人说的某句话发表看法时，单击信息然后选择回复即可。

此外，这些应用还有一些令人惊喜的设计细节。如 Telegram 可随意发送各种格式的文件，并有一个可搜索在线图片（包括 GIF）的搜索器，另外还新增了一个 Channel 功能，就如广播或公告板一样，可用来分发信息。Dove 用户可以为消息投票，也可通过手势密码解锁。CoverMe 有一个"分屏加密"功能，用户手机接受审查后，输入不同的密码便能显示不同信息。超信除了上文说的每次退出超信后，再次登录都需要输入手机号的短信验证码外，如果在超信里设置了登录密码，则输入短信验证码后，还需输入登录密码才能进入聊天页面。如果登录密码被盗了，超信设置里还有密码锁（安卓）及 Touch ID（苹果）设置，即需要短信验证码、登录密码、密码锁（或 Touch ID）全部都正确才能进入聊天页面。超信还有一对一振铃和群主强制振铃群成员的功能，用于召唤通话对象同时在线沟通。会议模式是其另一特色功能，而本地消息自毁、信息多级回复和转发、群内消息的被阅读数量也以绿色数字标示等也很有特色。此外，超信、Telegram 两者都可一目了然地看到对方输入、在线等状态。

就如当年微信依靠匹配 QQ 好友和通讯录让自己超越和甩掉米聊，这些小功能在发展初期也担当着突围先锋的角色，帮助这些后来者俘获用户。

## 机会和困难同在，后来者还要面对哪些坎儿

看完这些在夹缝中求生存的后来者，或许多数人会问：它们真的还有机会吗？事实上 Telegram 已经给出了答案，当 Facebook 买下 WhatsApp 后，数百万名用户就立即放弃该应用，而 Telegram 也迎来了崛起。尽管这和 WhatsApp 的数据相去甚远，但正如有人所说，"即时通信应用的用户是非常薄情的一群人"。这或许是超信等后来者的榜样。只是我们在看到机会之时，也不可忽视这些问题。

用户之选：目标用户和实际客户会偏离吗？

或许在我们想象中，这类产品的用户多是：

- 律师、金融界人士、医生、记者等专业人士；
- 希望保存私人文件的普通个人；
- 那些不愿意让各类大公司获取自己信息的人；
- 从 WhatsApp、微信中逃离的那波人。

又或许如行业创业者所言，"我不会刻意给平台的用户贴标签，也不会将用户限定在某一类别中"。但正是因为这类产品极强的安全性能，从而使得本不是自己的目标客户成为实际用户，如恐怖分子。恐怖分子组织伊斯兰国已经将 Telegram 作为发布消息的主要渠道。尽管 2015 年 11 月 Telegram 就曾宣布封杀了几个恐怖组织用来交流信息的私密小组，也尽管这些怀有恶意的使用人群只占该款即时通信应用用户总数的很小一部分，但笔者仍然想提醒这类产品：反恐和自由似乎永远难以两全其美，而那些告密者甚至恐怖分子仍是"达摩克利斯之剑"，小心这样的定时炸弹"劣币驱除良币"。

信任之结：你说的安全用户该怎么信

经过棱镜门事件之后，用户对平台由完全信任转变为半信半疑，越来越多的用户开始质疑这些科技巨头究竟如何使用自己的个人信息与数据。尽管这些产品宣传绝对安全，绝不窃取、盗用数据，但这是平台自己口中的安全，而安全一直是相对隐性、不太好感知的存在。对于自诩安全的后来者，最大的问题莫过于让用户相信自己的安全性。

Telegram 连年举办比赛，比如 2013—2015 年连续三年举办比赛鼓励参赛者破译 Telegram 的加密信息，并配以高额的 20 万～30 万美元奖金。超信也举办了类似的悬赏活动，在公开的 2 个超信手机号之间发送一条消息含神秘邮箱地址（安全模式+非阅后即焚），成功破解者可获 100 万人民币的赏金，这既是在向使用者证明自己的安全，也是一次营销话题。但短暂的活动能持续给用户带来信任感吗？

### 边界之争：隐私与自由，一个在左，一个在右

或许，对平台方来说，用户的自由和隐私都只是单纯的数据，而这些用户数据集结后可形成一个巨大的社交图谱，从而具备商业变现的潜能。也正是这种力量让所有个体都不得不面对这样的取舍：平台方在商业利益和用户隐私之间的权衡，用户在隐私保护和行为自由上的选择，甚至包括极端恐怖分子等个别个体的隐私与平台在维护安全隐秘的大环境下用户自由的量度。

苹果与 FBI 的对抗、Telegram 与恐怖组织的较量只是缩影。要知道，在当下，自由、隐私既是透明的，也是无处不在的，任何人、任何平台既无法保护，又必须做出抉择。

### 盈利之谜：数据挖掘与广告盈利的纠结

毫无疑问，平台方最重要的盈利模式之一就是利用其庞大的数据对用户进行分析、挖掘，最后完成广告投放或增值服务盈利，但如果这些标榜为安全的应用拿用户去做粗暴的广告，就是在打自己的脸。Telegram 至今依然完全免费，没有广告，没有内购，这也许是因为它的创始者不缺钱，又或者正如 Telegram 自己的解释："为了做到安全和保证隐私，没有借口不这样做。"

那么，除了这些，平台怎么赚钱呢？

当然你可能说 CoverMe 有 99 美元的年费，这是 CoverMe 目前的主要盈利点。而 Snapchat 2014 年 10 月份发布了广告服务，并发帖称其广告服务不会"打扰"用户。但笔者还是想提醒一句：作为创业者，在学会如何赚钱的同时，必须学会如何说服用户继续相信你安全。至少在 Facebook 买下 WhatsApp 后，数百万名用户就真的放弃了该应用。

除此之外，还要说明一点：病毒是不断进化的，再缜密的系统防护也不可能面面俱到，尽管从消费者由 WhatsApp 转投到 Telegram 中让我们看到了后来者的希望，但显然还有些事待完成。

## 5.10 智能硬件+影音内容绑定，能否为智能家居破局

近年来，智能家居无疑是最热门的行业之一，随着"互联网+"的广泛应用，我国智能家居产品与技术呈现出百花齐放的态势，市场也涌现出横跨低、中、高不同档次的产品。但目前真正落地用户清单的还真不多，智能家居更多表现出来的是"虚火"，可谓雷声大雨点小，行业问题也开始暴露。比如投资过热与消费遇冷，供求严重失衡；服务滞后，多数产品体验欠佳；滥用概念、功能堆砌等。甚至已有声音直接否定它，认为智能家居只是个"伪智能"、"伪概念"。行业进入瓶颈期，围绕家居场景的智能硬件该何去何从，又该如何破局，开始成为新的课题。

## 硬件和操作系统，谁才是真正的连接器

在由一些传统的硬件产品加上 WiFi 模块和 App 就能伪装成智能家居产品的智能家居行业，要解决上面的难题就得先回答两个问题：第一，谁才是真正智能家居的连接器，能承担连接所有智能终端的任务？第二，如何实现差异化，提升用户价值，加快用户需求转化，从而实现智能家居价值的落地？我们从第一个问题开始，目前智能手机等智能终端、各类基于安卓的操作系统、智能无线路由等智能网关成为连接器中呼声最大的三股力量进行分析。

### 智能手机等智能终端仍只是遥控器

如今智能手机、平板电脑、笔记本甚至 PC、智能微投都被用来监管家中的生活电器、家人健康、住宅安全、多媒体娱乐等。在以家庭为单元的生活场景中，它们一度充当桥梁，去实现不同设备之间的操作，尤其是智能手机。于是小米、乐视甚至行业新兵魅族都在构建自己的智能家居蓝图。但目前越往下做越发现：智能手机等智能终端只能替代原来的遥控器，问题重重，比如不同产品之间互不兼容，华为手机就可能操控不了海尔冰箱，而且行业参与者都有自己的算盘，都在做自己的硬件及其周边，相互之间存在竞合关系，短时间内很难全面兼容整合。而大部分用户购买了小米的空净设备和空调后，又可能用其

他品牌的智能厨电设备和安防设备，这就让智能手机等智能终端成为操控局部家庭家居产品的遥控器，无法实现全面连接。

## 各类 OS 也只是操作系统

除了智能手机，UI 或 OS 也成为巨头纷争抢滩智能家居的武器，360 OS、Lite OS、MIUI、MOUI、EUI、阿里云 OS、小云路由 OS、Flyme……不一而足。在控制终端乏力的背景下，大家开始把宝压在作为底层的操作系统上，并提出开放的口号，试图连接更多的智能家居终端。的确，相对于手机等终端，OS可共享账号体系、内容服务资源，通过开放底层数据接口和统一标准连接更多人、设备和其他服务。但目前整个行业缺乏行业标准，多数企业各自为战，开发出来的智能系统功能并不配套，各类 OS 同样陷入和手机等终端一样的困境：各干各的，都无绝对话语权，各个家庭都被不同品牌割裂成多个"孤岛"，这样也就失去了智能的效应。这样一来，短时间内依靠 OS 操作系统实现大一统还不太可能。

## 智能网关或有机会成为连接器

既然智能操作终端和底层操作系统都无法成为连接器，便有人认为管控网络的网关将是连接器。谛听科技 CEO 李程就曾喊出"2.0 时代，智能路由器将会成为未来智能家居的中枢神经"。这两年智能网关及相关衍生产品不断涌现，并快速进入智能家居与智能生活。智能无线路由器、网络电视盒、云存储设备、智能开关等产品技术与系统开发层出不穷，由此组合而成的智能网关，开始与智能家电、智能可穿戴设备、智能窗帘、智能安防产品互联互通互控。无论谛听科技联合京东智能和搜狐视频推出的 newifi 新路由 2，还是被寄予厚望的小米路由 1TB 版智能路由器，都希望在智能家居中担任"连接枢纽"，作为智慧家庭各终端设备的节点。其实在智能家居实现终端与终端，即物与物、人与终端、人与人之间互连的过程中，整个生态链被划分为五个层级：支撑层、感知层、传输层、平台层和应用层。智能手机等作为感知层、操作系统作为平台层都无法在短时间内实现物与物和人与物的连接，那承担支撑和传输任务的智能网关或许就是真的救命稻草。

第一，它是连接入口，没有 WiFi 和网络的智能家居就无法"智能"，至少所有家居启动的前提是连接上网络，那路由器就成为必选。

第二，它标准化，无"党派之争"，所有的手机和操作系统都统一用标准的入网模式实现连接。

第三，它处于底层，也能实现操作系统所承担的工作，甚至它本身就是个操作系统。

这样说来，智能路由器等网关在智能家居应用中通过连接各种信息传感设备，可实时采集任何需要监控、连接、互动物体的信息，从而与互联网结合形成一个巨大网络。如此说来，智能路由等还真有机会实现物与物、物与人以及所有的家电终端与网络的连接并做到方便识别、管理和控制。

## 硬件+影音内容，能为智能家居贡献什么

既然第一个问题弄清楚了，那接下来就得问智能无线路由这样的智能网关该怎么破局。翻看京东产品库我们会发现，小米 1T 版墅级路由、newifi 新路由 2、捷稀等产品不再是一个简单的路由器，还可以是电视盒子，或家庭网盘，或 Wi-Fi 万能遥控器，并开始融入影音内容。比如京东智能借助联想 NBD 的供应链体系与谛听科技联合打造出来的新路由 2 就与搜狐视频达成合作，新路由 2 内置搜狐视频终身免费 VIP 账号，用户只需参与搜狐视频的 P2P 共享计划，就可享受会员权限，最终做到硬件全免费。这和联想与蜻蜓 FM 合作基于 vibeui 系统打造"电台"App 进军智能家居生活一样，都是采用智能硬件绑定影音内容的玩法，其目的是希望借力影音内容来捆绑用户使用习惯，提高用户对硬件的黏性从而实现连接。而这一做法又能给智能家居带来什么？

### 丰富智能背景音乐系统

作为智能家居子系统，家庭背景音乐一直只是其备选系统之一，其原因是音乐内容可选择性少，操作难度大。如果能顺利通过连接器接入，让家庭任何一个地方，如花园、卧室、酒吧、客厅、厨房甚至卫生间，都能听到美妙的背景音乐，那对消费者体验来说就是一个质的提升。而且连接器更易连接高保真双声道立体声喇叭等，从而保证音质效果。

### 共享视频资源，实现同设备同内容

影音内容本身是家庭娱乐的重要组成部分，一旦智能硬件接入影音资源，就可实现客厅、餐厅、卧室等多个区域影音共享并同步，这既可以减少购买设备和布线，从而节省资金和空间，又便于通过遥控器选择自己喜欢的内容，只要一根网线就可以传输多种视频信号，这样用户就再也不担心因为突然有事要去卧室必须离开客厅而中断正在看的影视节目，操作更加方便，自主性也更高。

### 搭建家庭影院系统，实现"家庭云平台"

对于公寓或高档别墅，客厅或影视厅是主要的建筑面积之一，也是家庭成员和客人长时间驻留之地，往往也是家里最气派的地方，对其娱乐休闲功能的需求更大，因此家庭影院系统就显得特别重要。通过接入影音内容就能自由下载观看影视内容，并可做到一键启动多种娱乐模式，如音乐模式、试听模式、卡拉 OK、电影模式等，而且操作简单，甚至可配合智能灯光、电动窗帘等进行联动。影音内容让整个智能家居有了充实的内容并可实现与人的良性互动。这种通过遥控器/手机就能在不同的房间操作投影仪、电视机分享私家影库的体验就构成了以连接器为中心的"家庭云平台"，而影音内容恰好是"家庭云平台"中的"肉"，与投影仪、电视机等终端构成的"骨架"融合成完整的智能家居家庭影院系统。

由此说来，影音内容的加入是在盘活智能家居的内容系统，提升用户在线时长的同时获得更多用户数据，并进一步改善提高体验，增强智能家居的娱乐休闲功能。这一反家电的冰冷和机械，加强了家庭成员与家电之间的交流互动，让家居真正做到智能，从而提升家庭生活质量。

## 娱乐化的智能家居还需要什么

有了影音内容对智能家居的丰富，多数智能家电都活起来了，但要真正做到"互联、互控、互通"的智慧家庭，实现娱乐化、场景化、智能化，还需要做什么。

### 降低价格，继续培养用户为影视付费的习惯

目前大多数智能家居产品价格都超过普通消费者的消费能力，从而使多数产品陷入落地困局，如果再加上影视内容成本，价格更高。虽然研发和制造成本会随着产业技术的成熟降低，但目前智能家居主要消费群体 80 后、90 后仍停留在乐意体验难于付费购买的阶段，且互联网早已培养用户免费观看影音娱乐内容的习惯，如要在影视内容上收费，还需要进一步教育和灌输，新路由 2 强调享受搜狐视频终身 VIP 特权，短时间内即可抵消硬件购买成本，实现硬件全免费也算一种价值转化的教育方式。而对先锋用户的培养，把智能家居用户群聚焦在金字塔顶端的高端用户，通过优质内容推荐获得他们的青睐，让他们有兴趣也有能力尝试智能家居，并以其行为影响其他人。

### 注重产品的实用性和安全性，提升使用体验

目前部分智能家居产品仅仅是为了智能而智能，某些"繁杂"和"花哨"的功能，并不符合用户的使用需求。同时其安全性也令人担忧，比如被互联网企业寄予厚望的智能路由器接连被媒体曝光存在弱口令漏洞、屡遭黑客攻击等。因此加入影音内容后就不能只是简单的堆砌，合理的场景化就显得特别重要，比如在家庭生活一些较为危险的场景中就不应设置影音内容去分散用户的注意力，从而避免发生危险。智能家居不是简单的智能手机代替遥控器，也不是高科技玩物，影音内容提升家庭娱乐元素的同时也得考虑到安全问题。

### 提升易操作性，加快统一标准进度

对普通消费者而言，他们并不具备相关专业技能，他们只需要极易操作的智能家居用品，而不是玩弄科学仪器。这一方面需要加快行业统一标准的进度，尽快实现不同厂商硬件之间的互联，加强数据的共享和开放，争取更多第三方应用厂家的参与。另一方面也需要"内外兼修"，让擅长做硬件的也懂得做软件。加入视频娱乐内容仅是第一步，谁能发挥最大价值，最快地打通"硬件—云—软件—（影音）内容—服务"整条生态链，谁就能获得更多机会。

总之，智能家居是由硬件互联、内容共享、应用开放组成的完整的生态系统。在恰当的连接器上接入内容，有机会加快智能家居"飞入寻常百姓家"的进程，但只有真正好的产品体验才能让梦想照进现实，最终完成飞跃。

# 5.11  财经门户势微，垂直站点该何去何从

如今综合类理财门户大不如从前，以新浪总编辑陈彤离职为标志，门户时代成为过去。近日搜狐喊着要私有化，因为长期"被低估"，旗下的财经频道自然"皮之不存，毛将焉附"；号称"中国最大财经门户网站"的和讯网早在2013年就宣布成立基于财经资讯的互联网金融频道，成为布局互联网金融的财经类网站之一；另外一家作为国内首家上市的财经网站东方财富也在积极谋求转型，频频布局金融领域，连口号都改成"致力于建立一站式金融服务平台，做国内最大券商"。这与其说是财经门户进军互联网金融的主动出击，还不如苟同于行业内外"财经门户遭遇行业天花板后的尴尬求生"的说法。

而财经垂直站点却表现出另一番景象，比如在中国首创"实时新闻"模式的华尔街见闻，网站每个月100万~200万名独立用户；号称"比新闻更快的新闻"实时同步全球金融财经信息的金十数据，网站每个月400万~500万名独立用户；由网易原执行副总编辑方三文创办的股票投资社区雪球也已完成C轮融资，目前日活跃用户数稳定在70万~100万人……诸如此类数不胜数，这或许真的印证了那句话：门户"廉颇老矣"，垂直站点百花齐放。

这是为何？

## 挡不住的趋势，垂直站点呈现新生机

我们首先定义一下"垂直"站点，一是目标用户的垂直，比如金十数据服务的人群就是专业的交易操作人员和对实时财经消息深度要求的群体；二是行业的垂直，比如汇通网就是专业的外汇平台。财经类垂直站点的兴起一方面源于行业内容质量要求高，数量上需求大，另一方面是因为行业离交易近，或者对资产价格有影响，或者与市场价格有关联，商业空间巨大，但更多的是挡不住的大趋势。

### 入口效应渐失，大而全的平台不再有吸引力

包括四大门户在内的所有门户的流量已趋于平稳甚至呈下滑姿态已是不争

的事实，上网找资料先从门户首页登录的时代已然成为过去式，从手机 WAP 端浏览量超过 PC 端，到多个新闻客户端下载量进入亿级俱乐部，门户网站将重心向移动端转移的同时，入口效应也在逐渐减弱。

这一方面是因为百度、360 等搜索引擎截取了门户的流量。因为网络媒体的内容路径是垂直站点向门户输送内容，门户和垂直站点向搜索引擎输送内容，搜索引擎处在信息流最前端，自己扮演了更为强大的入口角色，负责信息聚集与内容分发。最直接的例子是：如果搜索引擎不收录你的内容，或者给你的排名权重很低时，新闻资讯的曝光率就很低。财经行业也是如此，各大小财经网站都希望成为搜索引擎的新闻源，并进行各种优化争取好的排名。

另一方面是因为社会化媒体直接冲击了传统财经门户的新闻入口地位。如今内容的传播度不再只受制于编辑们的推荐，名人或意见领袖在微博、SNS、微信朋友圈或群里的推荐都可能给财经内容带来意想不到的传播效果。而且越来越多的门户财经频道已经放弃了堆砌信息的大入口方式，直接改为"信息流"样式，形成了精炼而垂直的细分板块结构。移动端的入口之争，是应用商店、移动浏览器、超级 App、手机桌面之间的较量，门户已经退出角逐，财经门户的入口梦"也已成灰"。

## 内容生产者和渠道分发者的博弈，越精准越不可取代

门户媒体衰落的另一个因素是内容和渠道的分离，尤其在自媒体人时代，门户渠道对流量的分配开始由控制转为协调甚至主动奉献，你不给我推荐，我就到其他平台上做首发。财经媒体界面就是优先独家、首发的内容。一大波微信大号（其中就有一部分财经号）被官方封号后开始选择集体出逃，微信公众平台只好"恰巧"（主动或被动）不断下放流量的分配权。

而现在，三大门户、百度、QQ、微信、微博包括头条等这些曾经掌握过流量分配权的平台都纷纷将权力下放至"自媒体"。且不论这是不是内容生产者的胜利，但门户作为渠道分发者不再拥有唯一话语权已成为既定事实。财经类门户也是，曾经一条"据路透：人民币在 SDR 篮子中的比重将为 10.92%"的财经资讯不是在财经门户上首发，而是在广州金十信息科技有限公司旗下的金十数据上传出并传遍了微博和朋友圈。当财经工作者和金融相关人士已不再去搜狐财经或和讯网了解财经资讯，而是跟着有内容生产能力的自媒体

或垂直站点走时，留给财经门户们选择的只有：要么"委曲求全"，要么被内容生产者抛弃。

### 移动的分散性与碎片化让垂直媒体"有机可乘"

更为重要的是，随着信息量的爆炸式增长，网络媒体正在快速分化和重度垂直，这就带来了财经媒体的分散性和碎片化。这个变化一是让普通人从浩瀚的财经信息中找到自己想要的信息变得越来越困难，人们不得不去那些定位精准的"小圈子"中寻找信息；二是让人们获取金融资讯的渠道更加多元化，这种多元化促使媒体往精准化的方向努力。

于是那些拥有部分专业、高端财经忠实用户的垂直站点就有了成长的土壤，它们的用户有着共同的兴趣，通过与财经信息的匹配并自动筛选成员最后走到一起，并形成了高效、高质的圈子。

这种通过内容找到精准用户，建立起"直连"关系的垂直站点，不仅利用了碎片化的内容产生、生长和传播机制，也培养了一批有关联、有忠诚度的死忠用户。这恰如"罗辑思维"所说：拥有 1000 个铁杆粉丝用户要比影响十万名不相干的用户更有价值。雪球虽说是一个股票投资的交流站点，但因其垂直性和专业性，用户质量相对偏高，从而让变现变得更加可控（如移民广告、美股开户等）。金十数据只是个实时同步全球金融财经消息和新闻的站点，因其严格控制内容的时效性和全面性，使得高质量群体的黏性更高。

如此看来，财经门户作为朽木之身已是"寿终正寝"，成为移动浪潮下被翻腾过去的前浪，而作为后浪的垂直财经站点尽管体量远不及门户，但已焕发出势不可挡的生命力。

## 千万诱惑，该取哪瓢

以上势头并不代表垂直站点的日子就将一帆风顺，互联网传播的本质是消除或解决部分信息不对称，而财经垂直站点在处理财经信息对称问题的同时也面临着各种取舍、各类诱惑，这些或将决定着它们的生与死。

### 人和资讯的抉择：社交为重还是内容为重

相比 BAT，财经媒体本身就较为小众，而垂直站点更是其中的小支，虽有用户，但多数站点在以内容为重还是以社交为重上表现出疑惑。如今垂直站点已逐渐演变成关系型站点和内容型站点两大阵营，关系型站点主要侧重于社交，需有一个稳定持续的账户体系，通过内容筛选实现用户筛选，如面向投资者的雪球。内容型站点的核心是内容，注重优质内容的沉淀和流转，让用户通过关系来过滤，从而获得更多感兴趣的内容，如专做实时金融信息的金十数据、专做外汇的汇通网等。

目前单纯的财经资讯站点越来越少，大多加入了账户体系，夹杂一些互动，但内容和社交具体孰轻孰重则众说纷纭，我们需要确认的是：社交的本质是信息的循环传递，也就是既要有信息扩散，也要有信息反馈，如果只是扩散信息，那是广告，如果只能收集反馈，那就是客服。

那么问题来了，财经站点上增加了点赞、转发等功能算不算社交？非也，社交还有一个条件：它是以人为基础，也就是信息扩散和信息反馈都由个人来完成。如果财经站点上只是单纯的点赞、评论，那只是"人与平台"之间的反馈，而非人与人之间的社交。

而且社交的原始动力在于分享与互动，资讯内容的成功则在于流量与传播。这从百度指数也可以看出：金十数据、华尔街见闻、汇通网三家主做资讯的站点相对百度指数较高，且呈现变现的周期性变化（这与股市周末不交易相关），其中金十数据的相对百度指数甚至比大多数创业公司都高。东方财富网之前猛做资讯后又狠推互动社区"股吧"，最后还是往金融上靠或在说明：资讯和社区都不是救命稻草，垂直站点们，小心！

### 内容和内容的抉择：PGC、UGC 还是 OGC

垂直财经站点作为财经门户出现后的第二类财经媒体形态，最直接的影响力就是细分、精准和用户群。因此，垂直财经站点的生命线有两条：一是财经信息库，二是互动和反馈。

其中信息库就是内容，但我们更加需要关注这些内容由谁产生，即专业生产内容（Professionally Generated Content，PGC）、用户生成内容（User Generated

Content，UGC）还是职业生产内容（Occupationally Generated Content，OGC）？作为 UGC 站点，雪球的核心板块之一就是话题，通过用户自己发起悬赏，吸引更多的用户就某一话题参与讨论。而金十数据则作为 OGC 站点，由平台编辑提供实时数据，提供发布的消息，表达上保持中立，不对任何数据发表平台的意见及态度。华尔街见闻则设立了"见闻名家"栏目以行业专家 PGC 的角度对实时重大财经新闻进行点评。三者谁优谁劣暂不评说，但必须指出，判断内容是否优质最简单的标准就是：这个内容是否能够仅凭内容本身，就摆脱对单一平台的依赖，而在多个渠道上获得曝光，甚至单独分发。

因此，不管 PGC、UGC 还是 OGC，前期不要妄想把鸡蛋放在多个篮子里，因为内容与用户的专业性，不太可能面面俱到；后期不应该把所有鸡蛋放在同一类篮子，这不利于规避风险。只有营造立体化的内容矩阵，在 PGC、UGC 和 OGC 中找到适合自己的平衡，才可能享受到垂直站点带来的红利。

另外，不管 PGC、UGC 还是 OGC，高质量的内容带来的都是平台和用户之间的黏性，而不是用户间的互动关系，而且平台内容的供求也是个技术活，尤其是优质内容可能将形成平台之间的马太效应，其中取舍是重大的抉择，也是难言的赌博。

### 量与质的抉择：抓优质还是要海量

这大概是所有中小创业者或中小平台需要面临的抉择：是粗放增长疯狂圈用户量还是精耕细作做质量？作为财经垂直站点，天然地存在着用户数量限制、用户价值限制，也一定程度上制约了垂直站点的用户数量规模和变现能力的提升。但仍然可以看到部分财经站点拿到热钱后就疯狂追求规模，最后"搬起石头砸了自己的脚"。也有个别网站"精打细算"最后错失发展良机。

因此在大和好、多和优之间的选择也是垂直站点容易掉进的沟。殊不知，媒体用户早已分级（大体可分成核心用户、普通用户、浏览用户等），只有核心用户才能创造有价值的内容。而且垂直站点之间的较量也不是求全求大，而是看谁能做到在差异化竞争中形成专业细分领域内的客户闭环。金十数据利用快而全的金融财经消息，死死地拴住了金融行业里的核心交易人员。所以无须纠结，得失在于人心。

## 面子和票子的抉择：是坚持媒体还是兼做公关

最后是盈利方式的问题，垂直财经站点尽管有太多变现的可能，但媒体和公关仍然是最常见的商业模式。财经站点作为媒体，是财经信息的载体与主要传播主体，通常具备传播新闻、传递知识、播放广告、舆论监测、市场宣传、提供娱乐等核心功能，并且要求强调报道的中立性，而公关则强调对甲方（客户）的绝对忠诚。

财经垂直站点这个离钱最近的媒体在"面子"和"票子"的选择上如果稍有偏差，都可能"万劫不复"。要知道垂直站点生存靠的是行业影响力，而行业影响力的基础是媒体公信力。当各类"软植入"、"友情推荐"等大行其道之时，垂直站点是否还能抵制诱惑坚守底线不忘初心？除此之外，财经垂直站点又该如何找到自己的生财之道，堂堂正正地赚钱？

总之，作为一类媒体，其他媒体犯过的错、掉下去的坑，垂直站点都可能需要面对，但当门户已老，垂直站点该如何发挥自己的细分优势，将内容与渠道有机结合，做一个真正有价值的媒体？这个问题更加值得我们深思。

# 5.12　当创业者在二三线城市选择了一个全新的产业该怎么办

近年来，物联网和互联网金融无疑成了最热门的两个行业。巨头觊觎，纷纷抢先占位，中小创业者们更是前赴后继，希望能分一杯羹，连政府也陆续出台各项政策为其保驾护航。无锡某集团公司与平安银行合作首创"物联网金融"新模式，更是实现了两个行业的融合，给行业带来了更多的想象空间。

## 当一个新的产业诞生在一个二三线城市

物联网金融是无锡某集团公司与平安银行合作开创的新模式，目前已应用于汽车、钢铁行业。这类模式让动产具备了不动产属性，避免了动产质押中存在的复抵质押、货权不清晰等风险，有助于盘活动产资源，也降低了虚拟经济的风险。

但本节讨论的重点不是物联网金融的意义，而是物联网金融为什么诞生在无锡这样一个江南二三线城市。为什么是无锡？为什么是物联网和金融的融合？这又给了创业者什么信号？

尤其在大众创业的当下，创业成为一场全民运动，一方面，政府鼓励创业；另一方面，创业的真实常态并不太理想。大多数创业者更多的是在压力、焦虑、抑郁、苦闷中艰难挣扎：没有稳定的收入、等着领薪水的员工、家人、时不时造访的工商税务、需要一步步扎实地通过实践验证的商业模式、网站服务器被恶意攻击运维程序员却高价难求、行业巨头威胁压迫……

极少数能成为 BAT，大多数在生死边缘挣扎，这种冰火两重天的境遇更加值得我们思考，尤其是那些还在想方设法挤进北上广深等一线大城市，或者跋山涉水要出海做海外服务的创业者，以为机会多，以为补贴大，以为产业成熟……

### 创业者需要的是什么

物联网金融在互联网金融上做了很大提升，互联网金融只是实现了信息流和资金流的二流合一，却没有改变金融机构的现行信用体系存在的根本问题：缺乏对实体企业的有效掌控。物联网金融实现了资金流、信息流、实体流的三流合一。因为其中的物联网建立在实体世界已有的智能化、网络化基础之上。这个模式出现在无锡而不是互联网技术发展迅猛的北杭深（分别以 BAT 为代表）也告诉了我们一些道理。

### 政策支持也是大风口

无锡物联网的发展可算是政企合作齐头并进的范例。

2008 年 11 月 19 日，无锡新区和中科院上海微系统所签约，携手进军传感网产业，刘海涛正式担任无锡物联网产业研究院院长。其实早在 1999 年，很多人还不知物联网或传感网是什么的时候，刘海涛和他的团队就已经开始在默默前行。2009 年 8 月 7 日，国务院总理温家宝来到无锡视察，一个月之后，中国传感网标准化工作组正式成立，后面就渐渐有了蓬勃发展欣欣向荣的物联网产业。

### 充分利用产业集群效应

除了政府层面，我们再说说产业层面，如今物联网产业空间格局基本确立，长三角、珠三角、环渤海以及中西部地区等四大物联网产业集聚区明显，其中长三角已是传感器、软件开发与系统集成企业的集聚区和项目应用的先导区。无锡也成为我国唯一的国家传感网创新示范区，甚至形成了覆盖信息感知、网络通信、处理应用、共性平台、基础支撑等五大架构层面的物联网产业体系。如今无锡在物联网等行业所积累的产业集群效应能让行业创业者很好地利用城市现有的产业基础配套和政策环境，也能让创业者第一时间了解行业进展，调整自身步伐，减少犯错误的几率。

物联网金融概念的提出，笔者更愿意把它归结为：首先是一个城市对一个模式、一个产业探索的成功，其次是一个团队依靠过硬的技术和良好的创业心态的成功。如今创业绝不是光凭发起人的一腔热血或一个好的想法，也不是单靠资本的助推、行业的大趋势发展。它给我们创业者的是时机、产品、团队、行业、政策等多维组合的命题。

# 中小创业者该怎么办

接下来，中小创业者或许可以换一个角度去看待创业，尤其是面对行业方向选择、投融资变化、政策变动、产品或商业模式变换、团队成员去留、盈利好坏情况等。

### 行业跨界、组合式创新带来新机会

我们暂且不去评断或猜测物联网金融能走多远，但这种将两个看似毫不相干的行业结合在一起，相互渗透、相互融合，给产品建立一种立体感和纵深感却是一个好的思路和方向。

太多的创业者都埋怨自己所在的行业红海一遍，面对残酷厮杀，心灰意冷。殊不知行业与行业的相互渗透、相互融会也许能开拓新天地，从原有的竞争中撕开一道口子，找到新的蓝海。新的商业模式或者是对现有模式的替代和推翻，或者是在原来的基础上做横向融合，滴滴打车的分享经济模式是这样，智能设备的玩法也是这样。

从传统到现代，从东方到西方，跨界的风潮愈演愈烈，这给我们创业者带来了更多机会。当然创业者在做跨界创新时仍需把握七大基本原则：资源匹配；品牌效应叠加；消费群体一致性；品牌非竞争性；互补原则；品牌理念一致性；以用户为中心。跨界是为了共赢，融合需不忘初心。

### 观风向看动向，产业集群提供新思路

我们暂且不去妄想自己能不能遇到和无锡物联网一样发展的好机遇，但创业者在城市选择、行业方向把握甚至办公地点确定的时候应该关注城市的政策支持和地域产业集群效应等。

所谓风口，一是行业发展大趋势，二是政府的政策环境，三是产业集群状况，孤掌永远难鸣。无锡物联网的最先发轫，或多或少受到当地政府一贯理解创业、支持创新、包容失败的理念影响（无锡设立了全国跟投比例最高的创业"种子基金"，用于支持创业"种子期"项目，最高跟投比例达到1：1.5，配套

以高达 30%比例的创业风险补偿，对社会风投机构在本地范围内投资早中期科技型创业企业或项目所造成的损失给予最高 30%的损失成本补助）。

因此，建议创业者们先做到以下几点：

- 关注当地政府关于创业的政策及相应支持，即便拿不到免费的地和减免的税，政策鼓励的行业总能找到更多机会。
- 关注地区的产业集群效应，不做孤军奋战的独鸟。每个地区都有自己的基因和长处，北京中关村的高新技术、深圳华强北的电子产业、重庆的汽车机械制造业、杭州的电子商务园区、江浙的服装产业、泉州晋江成熟的鞋服制造……中小创业者大可站在"巨人"的肩膀上利用区域资源优势和产业链的集中度获得生存空间。
- 认清大小城市的利弊。大城市的成熟市场有自己的好处，也同样面临着问题，比如遭遇大公司排挤，模式容易被抄袭，人才可能被挖空，规模小容易被忽视等。而小城市也有自己长处，"不做大池塘里的小鱼，要做小池塘里的大鱼"。其中的利弊、取舍、得失，唯有创业者自行决断。

### 端正心态，幸福创业或有新收获

最后想说说人的心态，都说这是一个最好的时代，也是一个最坏的时代，创业不再停留在老百姓的嘴巴上或政府的红头文件上，而是进入了人人都是创业者的时代。一如网友的调侃："这年头，你见朋友聊个天，不聊几句用户痛点、商业模式等与创业相关的话题，都感觉你跟当下潮流脱节了。"

就如无锡高新区首度提出创业幸福指数的概念，在关注创业者的成功光环之外，也开始关注创业者的生存状态。各地政府为了扶持创业也是绞尽脑汁。

这是政府对创业的态度，那我们呢？我们中小创业者又该以一种什么样的心态去面对创业和个人得失呢？当盈利与否不再是衡量企业成败的唯一标准时，我们不妨去关注用户和创业者自己。用户的口碑才是输赢的关键，如果采用违背社会道德的虚假宣传或置用户安全于不顾，卖得再好的产品也不应得到弘扬，钱赚再多但员工心累老板心也累的商业模式也不应该得到鼓励。

在商业文明发展繁荣、物质如此充裕的当下，当创业从信仰变为一项行动时，我们应该多问问自己：创业，你幸福吗？

# 第 6 章

# 香馍馍的网红与直播

## 6.1 看脸的时代，美颜修图 App 如何光彩地活下去

曾经"我的小学生证件照"刷爆了朋友圈，虽然效果简单粗暴，但也不失为一种有效的创意。类似的事还发生在 2016 年 1 月，微信朋友圈被 Faceu 修饰过的各类搞怪"激萌"的图片"侵占"，而 Faceu 正出自 2014 年火爆微信的脸萌团队。更不用说朋友圈每天流传的各类自拍照有多少出自美图秀秀、美颜相机等美颜修图 App 了。这是一个"看脸"的时代，美颜修图成为现代人必不可少的生活方式，看似火爆的美颜修图 App 目前生存情况如何？未来又该如何调整？

### 生产美的流水线，从来不缺少故事

2015 年美颜相机和艾瑞咨询共同发布的首份女性自拍研究报告显示，在爱自拍的女性中有 27.9% 的人已经自拍成瘾，同时 59% 的女性每次自拍都要连续拍下至少 2 张照片。另一项调查则显示，花费几分钟拍照后，少数自拍成瘾者还要再用至少 1 小时时间修图。微博用户"一只鸡腿子"曾经发微博感慨，女孩子一张普普通通的照片背后可能隐藏着 9 个强大的 App，这个说法竟获得了 2700 多个点赞。有文章报道，一个名叫杨筱筱的用户，为了拍出一组令自己满意的自拍照，她的最高纪录是"折腾了两三小时"。

社交媒体和美颜软件给了人们更多的机会展现自己，同时他们也被其他人的照片影响着。根据微信团队公开的数据，2015 年第三季度末，微信月活跃用

户达到 6.5 亿人，77.28%的微信用户通过微信发送照片，61.66%和 53.55%的微信用户通过微信朋友圈察看和分享照片。

在这个大潮中，各类美颜修图 App 成为生产美的流水线。一张"合格"的自拍照在上传到社交网站之前，一般会经过流水线般的精密加工和修饰：磨皮、美白、放大双眼、瘦脸瘦身、加滤镜、加贴纸，最后还可能配上一段让人摸不着头脑的文字。就这样，一套由拍、修和发送三步组成的固定仪式定格成一种大众化的生活方式，人们也正式进入了看脸的时代。

## 读图时代，引发美颜自拍的狂欢

这个过程中，美颜修图 App 也逐步模糊了其工具性和社交性的边界，这是一场以工具性（修图、美化、动漫化）为基础，社交性（分享、集赞、PK 等）为具体形式的美颜自拍狂欢。这一领域开始诞生巨头、独角兽。国外有 Instagram、Pinterest 等拍照分享 App，国内有包括美图秀秀和美颜相机在内的庞大美图系、Camera360、天天 P 图等。

刚开始还是普通的自拍修图，慢慢地就是各种搞怪、自黑。

如刷爆朋友圈的张馨予同款东北大花，就是美图秀秀推出的热点素材，网友们纷纷用东北大花自黑与互黑，乐不可支；百度魔图推出的 PK 大明星，让笔者看到自己和吴彦祖有 80%的相似度，不禁为那些只有 20%的朋友们担忧；万圣节前后美妆相机推出的万圣节搞怪妆容，精致的妆容加上诡异的特效，更是受到了留学生和时尚人士的夹道欢迎，使美妆相机直登 App Store 榜首。

逐渐形成的自拍美颜习惯，也孕育出了隐形巨头。最典型的例子就是美图，这家拥有美图秀秀、美颜相机、美拍、美妆相机、潮自拍等巨量 App 的公司，全球移动设备覆盖数已超 10 亿台，其中主打美颜自拍的美颜相机在 2015 年 10 月底就拥有超过 3.7 亿名用户，每月产生照片数高达 38.7 亿张。据移动互联网数据提供商 App Annie 统计，出色的产品加合理的矩阵，使美图公司跃居全球第六大移动应用开发商。

美成了第一驱动力，人人为变美而疯狂。或许正如美图公司 CEO 吴欣鸿所言，"美是一种虚拟的必需品，就像人们需要水、需要电、需要食物，美和这些需求一样，特别对女生而言，美是数一数二的需求。"

为何美颜自拍令人着迷？

从心理学出发，有人把这种自拍成瘾、修图成魔看作现代人自我实现、自我认知和寻找群体归属的表达，正如吴欣鸿所说，"美颜相机向外贩卖的是一种自信"。

也有人说这是个人在用照片借互联网渠道进行社交的过程，这种美颜自拍是将个人互联网化的一个里程碑。而这种自我形象的操控，用社会心理学的术语解释就是印象管理。美国社会学家欧文·戈夫曼在《日常生活中的自我呈现》一书中有这样的解读："在我们太人性的自我与我们社会化了的自我之间存在着差异。"也就是作为一个出色的生活表演者，为了不让观众失望，就必须隐藏自己真实的主我，而表现出观众所期望的角色，所以自我是情景定义的产物。而且戈夫曼认为研究印象管理的最好的分析单位不是个体，而是群体，从这个角度看，自拍修图呈现的是一种典型的印象管理行为：操纵我们给别人留下的印象，而它已经成为一种群体行为。

## 美颜修图 App 的尴尬，如何"美"才能让自己活下去

虽然每天都有自拍照在社交媒体上产生，但是也有不少人对这个市场保持观望态度，并不看好。因为在一般的印象中，美颜自拍类 App 是工具属性，如果只是在此维度上看这个品类，那么就存在用户忠诚度低、盈利方式单一、容易被复制取代等这些工具类 App 普遍存在的通病。加上美颜市场已经趋于饱和，再走原来靠产品功能爆红的老路，会越来越后继乏力。但实际上，已经有不少工具起家的公司通过与社交结合、抓住行业发展风口等方式逃过了工具类产品的宿命。

就美颜修图 App 该如何在困境中求生，笔者在这里罗列几点，仅作参考。

### 重塑用户与用户间的关系，强化社交

很多美颜修图 App 都说自己是中国的 Instagram，可惜绝大多数却缺乏 Instagram 核心的社交基因。大量的事实表明：与社交结合的工具类 App 才是高增长、强黏性、不怕抄。如果微信没有朋友圈和微信群，它也只是一个短信的升级版，是社交成就了微信。美颜修图 App 更加需要强化自己的社交属性，尤

其在产品用户量达到千万甚至亿级别时，根据产品属性培养和引导用户发生联系才能创造更多可能。早在美图秀秀诞生时，用户使用美图秀秀美化照片就是为了在 QQ 空间上进行社交。因此美图秀秀、美颜相机等美颜修图 App 具有很强的社交属性。库克访华时，美图公司 CEO 吴欣鸿透露美图移动端产品全球覆盖设备数已经超过 10 亿台，在 iOS 平台已有超过 5 亿名用户，其中社交化功不可没。

当然你需要分析自己的产品属性及用户群，真正解决用户的某个需求点，再利用社交关系链去创造病毒式扩散。而这个过程是让用户影响用户，让用户产生数据、分享数据的过程。一旦用户与用户之间发生了联系，那些不活跃的用户就可能被激活，同时新的关系链可能产生并转化为商业机会。

### 捆绑视频，尝试多类场景

如今用户在使用美颜修图类工具时，已由内容表达升级到自我表达，甚至大众娱乐全民恶搞狂欢。这就意味着单纯地"看"不能再满足用户，还需要在用户场景上延伸，在表达自己、娱乐大众上下功夫。美颜修图 App 可以添加、强化或捆绑视频元素，比如当下火热的短视频、直播等形式。这在增强用户使用场景的同时，也可提升工具的连接价值和商业价值。连接价值体现在普通用户 UGC（用户生成的视频），在日常生活中创造偶然事件形成新闻点，再让精英层 PGC 放大并扩散。而商业价值则是从普通用户过渡到企业用户，围绕企业需求进行功能（直播、专题聚合、众筹活动）和内容（预告、病毒）的延伸，美颜修图 App 的角色则由工具转变成为平台，好的平台会吸引更多优质内容，达到良性循环。如范冰冰在巴黎时装周进行的美拍直播一炮打响，成为明星直播里程碑，后续引发了小 S、巩俐、李冰冰、李宇春等一线明星在美拍直播的风潮。

### 专业化、精准化后，小范围广告尝试

执行两条腿走路策略，坚持专业化和精准化后再向用户收费，专业化就是你的产品让用户爱不释手，精准化就是针对核心用户推送他们需要的服务，比如给准备购买化妆品的用户推送适合她们的美妆滤镜，让她们足不出户即可体验柜台试妆服务，用户自然会产生产品黏性；此外，品牌广告、话题或主题活

动、feed 流广告等都可以尝试。需要注意的是，务必保护好用户体验，减少控制广告的侵入性，并找到好的广告落点，这样才可能扩大品牌广告的盈利空间。

## 借势网红，探索电商变现

锥子脸、大眼睛和白皮肤曾是网红的"标配"，也恰好是美颜修图 App 最擅长"生产"的，借势如日中天的网红未必不是一个好选择。目前已进入手机短视频自拍的三次元时代，借网红之口推荐自己的美颜修图工具自然顺畅，如果过程中加入第三方品牌商，进行变美相关的产品植入，也相当精准，毕竟大部分观众都希望变美。一旦平台和用户建立了信任机制，"网红—用户—平台—品牌"就形成了稳定的多边关系，赚钱就简单得多。

此外，给各种有需要的用户做工具性插件也是一条出路，比如在淘宝、微博、微信上给海量的淘宝、微商中小卖家提供美颜美物插件，让他们的宝贝一键"美美哒"，将人脸换成了商品，中小卖家就不再需要专业后期修图，他们自然乐意。

## 建构产品矩阵，软件硬件化也是一种试错

最后来说说矩阵的重要作用。

据观察，在美颜修图类软件公司里，美图的矩阵是最大的。它已经将触角伸向各个相关的场景来提升各类产品的使用率，目前已经形成了三类产品。

第一类：主打美颜修图 App，如美图秀秀、美颜相机、潮自拍、美妆相机等。

第二类：社交类平台产品，美拍已成为最具口碑的短视频、直播平台。

第三类：智能硬件，如美图手机和美图智能相机。

另一家公司——成都品果科技也开始建立属于自己的矩阵，只是规模和知名度比起美图还有一段不小的距离。它的产品矩阵集结了 Camera360、Bestie 最美自拍、照片圈、MIX 滤镜大师、HelloCamera 等。目前看来，除了明星产品 Camera360 外，其他产品的知名度尚小，但矩阵对该公司来说也是非常好的尝试。

除了吸引新用户、做大规模外，产品矩阵化也是用户需求不断细分的自然延伸。随着自拍人群的不断庞大，美颜修图习惯逐渐巩固，用户会衍伸出新的需求，新的产品也是迎合这些需求而诞生的。

另外，美图通过硬件产品变现也许是其中一条突破路径。借着美图系产品多年来积累下来的强大用户口碑，加上对美颜技术的常年深耕形成的技术壁垒，硬件只要效果过硬，容易形成自传播，而且硬件对用户的"捆绑"能力也远远高于软件。

总之，美颜修图类 App 现在谈悲观还未免太早，当自己还在不断生产美的时候，不妨换个姿势让自己也美起来。

# 6.2  主打拍照的手机厂商们，换机时代能否自救

微博上有网友放出了一支关于美图手机的视频，视频中的美图手机新品 M6 具备了一项特别"奇葩"的功能：宠物美颜！如今手机市场竞争日趋白热化，在洋品牌节节败退的情况下，国产手机正尝试深挖细分市场需求，寻找错位竞争机会。但随着各式各样的拍照手机不断出炉，拍照功能是否真的能担当"拯救"国产手机品牌的重任？主打拍照功能的手机厂商们还会遇到哪些问题？

## 拍照大比拼，各有奇招

国产手机品牌座次轮番变换，各厂商也使出浑身解数抢食市场，从比拼屏幕、核数等硬件配置逐步向比拼摄像头的像素转移，纷纷推出主打拍照功能、像素达到千万级别的智能手机。如今根据拍摄对象和场景的不同，可分为三派。

派别一：重点拍物；代表：努比亚

对大多数人来说，知道努比亚的原因可能是因为那句"可以拍星星的手机"的广告语，作为中兴打造的互联网手机品牌，努比亚一直担当狙击小米等竞争对手的重任，而拍照则成了努比亚的武器。不过努比亚强调的是拍物（典型的场景就是拍星星），并为此申请了诸多专业摄影等专利，在产品上也是费尽心思，比如 Z9 配备全新的 NeoVision 5.1，采用 6 片精密光学镜以实现"手机中的单反机"效果。Z11 mini 更是主打摄影功能，强化自身在拍摄上的优势。只可惜中兴手机"廉颇老矣"，努比亚拍照再好，也仍是个小众品牌。

派别二：自拍和拍宠物；代表：美图手机

作为手机领域的跨界者，美图手机从第一代开始就专注于拍照，尤其在自拍方面，一度加速行业的军备竞赛。

美图 V4 是全球首款前置 2100 万像素摄像头的手机，也是全球首款支持前置摄像头拍摄 720P 慢动作的手机，强化了夜间自拍功能，而且美图手机强调的是自拍和美颜，这主要是借助了美图在软件和用户积累上做的布局：美图公司除了美图秀秀，还有美颜相机、美妆相机、潮自拍等与图片相关的软件和娱乐直播平台"美拍"；在用户上，根据官方数据，截至 2015 年 10 月 31 日，美图产品已覆盖 9 亿台移动设备，移动端月活跃用户 2.7 亿名，日活跃用户 5200 万名；国际化方面，美图海外用户超 1.1 亿名。

所以说，美图做手机更多的是延伸自己的产品线，并非为了销量，美图手机显然也不是一款拼出货量的产品。美图手机更多的是满足那些"高颜值、爱美的、自拍控、90 后""把我拍得美美哒"的需求。美图手机摒弃了"手机"的概念，定位于时尚用品，是在满足那些"矮穷挫变白富美""找到真爱""省去化妆"等非真实摄影的需求（真正喜欢摄影的人是用双眼去发现美，而美图是在处理美再让别人发现）。

而新开发的宠物美颜功能更是在拍照细分市场的细分，是对自拍的衍生。因为对多数拍照人士尤其是女孩子来说，拍自己是第一需求，拍宠物是第二需求，拍男友是第三需求。如今宠物市场消费增长迅猛，女人爱美、爱自拍自然会延伸对宠物的美颜上。所以可以预见宠物美颜市场将是一个巨大的增量市场，但美图手机能否抓住这个时机还有待时间验证。

派别三：啥都拍；代表：OPPO

对于拍照功能，OPPO 是发力较早的，早在 2012 年 OPPO 就推出了一款美颜手机 OPPO U701，接着又发布了第一款前置 500 万像素摄像头的智能手机 OPPO Ulike2，而后 OPPO 将智能手机的摄像头模块进行了改进，实现了可旋转拍摄，推出了 OPPO N1。

可以看到 OPPO 在拍照功能的提升上主要是通过硬件提升来实现，比如 OPPO R7 Plus 搭载了德国施耐德光学认证的镜头和全局闪拍系统，拥有包含激光对焦和反差式对焦在内的双驱对焦，OPPO R9 配备了 1600 万像素臻美前置摄像头等。OPPO 没有强调拍摄对象，也就是什么都能拍，拍风景、拍别人、自拍都行。这和 OPPO 的市场定位有关，作为全渠道手机品牌，OPPO 并不希望自己被束缚在一个细分市场，这在俘获一部分用户的同时也让自己的定位变得模糊，最终成为街机。尤其是最近的新品，OPPO 在继续宣传拍照功能的同时主打快充，比如 R7、R7 Plus 的快速充电，R9 更是号称"全新闪充自拍专家"，把"充电 5 分钟，通话 2 小时"的安全低压 VOOC 闪充这一功能点作为核心卖点，铺天盖地地宣传。如今在消费者心目中，OPPO 离拍照手机越来越远。

除此之外，其他手机品牌在拍照上也是不遗余力，比如金立 ELIFE E7 强化 CMOS，将传感器尺寸达到 1/2.3 英寸；华为 P9 引入了"徕卡"，配置徕卡双摄像头。LG G2 强调光学防抖，苹果 iPhone6s 具备光学图像防抖功能和 Live Photos，支持拍摄或播放 4K 视频。诺基亚 Lumia 1020 内置 4100 万像素传感器，vivo X6 主打快拍，启动时间只要 0.6 秒等。它们都希望在硬件标准趋于统一，同档价位的智能手机在处理器速度、显示屏效果、电池续航量上差别不大的情况下，通过强化拍照性能来赢得用户。

# 为何拍照功能成了救命稻草

有人会问：在智能手机行业洗牌悄然来袭之时，为什么拍照成为各大手机品牌争相抢占的高地？这是个别创新型公司的进取一举，还是手机厂商集体不得不为之的被动求生？我们知道从 2G 到 3G 网络的转换，坚守塞班系统的诺基亚被淘汰出局；电商兴起，运营商渠道转移到社会渠道，联想、酷派、中兴均感不适，陷入被动；而在从 3G 到 4G 的换机时代，互联网手机小米模式也正面临着重大考验。拍照已经成为各大厂商突出重围的重要机会。

## 硬件创新触及"天花板"

自从 iOS、Android、WP 软件系统三分天下，智能手机厂商之间的竞争就开始围绕硬件垒积木式的硬件升级来进行，处理器从单核到八核，显示屏从 IPS 到 OLED，分辨率从 VGA 到视网膜屏幕，屏幕尺寸从 3.5 英寸到 5.5 英寸甚至 6.44 寸，但每次硬件产品的更新迭代创新都表现不足，最终导致智能手机同质化愈发严重，厂商之间短兵相见，大众消费者开始视觉疲劳。此外，大家期待的无边框、可折叠、柔性屏幕、全息投影、超强电池续航等手机在技术上的突破并不明显，即便有个别前卫概念技术出现，也仍然停留在实验室研发阶段，短时间内很难普及，但手机市场又需要新的卖点来吸引用户换机，于是拍照成为部分厂商的赌注。

## 过度营销招致的"泡沫"

各大手机厂商在营销手段上乏善可陈。小米带动了国产手机互联网营销模式的狂潮，于是魅族、荣耀、360、一加等前赴后继地做起了"饥饿营销"，玩起了粉丝经济，希望靠品牌驱动来带动销量。但，如今饥饿营销不再灵验，互联网模式更无新鲜感，后进入者只能引来诟病如潮。越来越多的消费者对这种过度的营销模式开始排斥、抵触、反感。各大手机厂商透支了信任和行业风气后仍然"颗粒无收"，不得不把精力转移到对用户来说既实用又易感知的拍照功能上。

## 强化个别硬软件上的性能或有出路

市场需求的变化让自拍成为一个极好的细分市场。当今自拍已经成为一种生活现象，而不是某种摄影类别。2013 年 selfie（自拍）这个词甚至成为《牛津词典》的年度词汇。而且拍照逐渐成为一项"社交化"行为。在社交网络中，消费者拍照不仅仅是为了记录生活，更多的是要分享给朋友和陌生人，拍摄已经成为消费者的一种语言，一种沟通方式，用户也乐意为更好的拍照产品买单，尤其是女性，她们更注重感性的体验，如好看、炫彩、时尚，她们对个性的追求和对形象的注重形成了新的经济形态：颜值经济。美图手机从第一代产品开始就邀请了林志颖、杨颖等明星及网红助阵，并强化了拍照的社交互动需求，强大的美颜功能让美图手机一炮而红，随后一大批手机品牌如小米、华为、HTC、努比亚、三星等都纷纷加入美颜功能。

## 拍照除了彰显个性化，还有诸多优势

在国内智能手机市场增长逐渐放缓甚至下滑的今天，拍照功能除了能满足消费者对颜值、个性化的需求外，对手机厂商也有利。

● 能强化营销噱头。在拍照功能上的单点突破，会比那种纯粹靠玩"期货"概念，渲染粉丝经济的概念式营销更能赢得尊重。
● 拍照有可能形成一种核心竞争优势。这是手机厂商树立核心竞争优势的一次机会。当消费者越来越挑剔，故事越来越难讲，拍照却有可能让追求潮流的年轻人记住并选择购买。

总之，当下手机的拍照功能已经成为厂商们单点突破下的大创新，也是部分厂商的最后机会。

## 要想突出重围，还要靠这些

但这就意味着手机厂商们将高枕无忧了吗？当然不是，强化拍照功能充其量只是抓住了一个细分市场，这也就意味着需要舍弃另一部分市场，而且智能手机野蛮生长的时代早已过去，要想突出重围，除了主打拍照功能，还需要做好以下这些。

### 摒弃硬件堆砌，从用户需求出发做持续优化

如今参数营销走向没落，手机用户的心智趋于成熟，参数之争逐渐让位于体验之争。简单的参数竞赛只会提前遇到天花板。因为手机镜头参数对用户而言只是冷冰冰的数字，手机成像质量高低才是他们的直观感受。苹果手机像素不高，却胜过许多号称千万像素的国产手机而被用户追捧便是力证。而且决定手机成像效果的除了镜头参数，还有感光元器件、系统软件等；决定用户购买与否的除了照片质量，还有这款手机是不是"为用户而生"。

所以我们看到，为了提高成像效果，个别国产手机厂商开始尝试提升后期优化能力。比如，vivo X6 为改善运动物体拍照拖影问题，引入了新的优化算法。而美图则干脆为自拍一族定制手机，从第一代手机开始，就为手机的前置摄像头配备了独立的 ISP，并配备了独家美图 M-LAB 降噪技术，从外形到功能都狠抓爱美、爱自拍的女生需求，宠物美颜更是在女生爱美之上的延伸扩散。但这样的优化是个持续不断的过程，需要不断推陈出新方能获得用户的持续关注，这就考验团队的创新力。

### 拍照不能只是噱头，卖货还得靠渠道

在这个"酒香也怕巷子深"的时代，光有好产品还不够，还得有合适的渠道和传播途径，将产品传播出去形成销售，手机市场更甚。2016 年第一季度 OPPO、vivo 出货量分别跃升至第四和第五位，这两家手机除了产品方面主打

拍照、音响、快充功能外，线下渠道在产品销售上也起了关键性作用。因此，对拍照手机来说，不但需要把产品做好，还需要建立完善畅通的销售路径。尤其是互联网手机需要弥补渠道"短板"，甚至海外市场也应加速规划，积极开拓，避免国内市场饱和后陷入被动挨打的局面。

## 从小众到大众，用户市场习惯的培养和延展

智能手机终究还是手机，人们依赖手机本身有多重原因，自拍的疯狂爱好者毕竟是少数，所以拍照手机如要在市场竞争中占有更多主动权，必须完成从满足小众需求到符合大众期望的转变，尽管自拍的习惯已经养成，但像美图手机开拓的宠物美颜和自拍却是一件新鲜事，需要教化和培育市场，只有使其像自拍一样成为一种时尚潮流，从极少数人自我表达的一种方式，转变为大多数人日常生活的一个需求，这个市场才可能被释放。

## 合适的引爆点是关键

在传播上，还需要一个标志性的事件来推动，形成引爆点，这样才可能更加快速地让消费者关注拍照手机，点燃这个细分市场。之前在互联网大会上，360 周鸿祎亲自上阵，与马云、丁磊、刘强东等大佬卖萌自拍，并特意在微博里标注"来自 360 奇酷手机"；美图也没歇着，除了请杨颖作为代言人，并担任美图手机首席颜值官外，还借助颜值经济的火爆，玩起了"男神送货"的活动，而后直接请陈学冬作为美图手机男神送货的福利特派员，将"男神送货"升级为"明星送货"。此外，奥斯卡颁奖典礼上的群星自拍、奥巴马自拍、青奥会上奥委会主席自拍等营销事件层出不穷，但接下来呢？当这些招术都用完了，让消费者尖叫的下一个兴奋点在哪里？这又考验着手机团队。

综上，主打拍照功能是手机严重同质化下的一个突破口，但不能背离实用价值，否则只会沦为华而不实的噱头。我们保持开放心态在迎接类似宠物美颜等差异化功能的同时，也需记住：这一切都应基于用户的真实需求，只有真正对用户有价值的东西才可能获得支持。我们需要拍照，更加需要真正的好产品。

# 6.3 没有了剪辑和台本，papi 酱为何要"强行"直播

2016 年 7 月 11 日可能是 papi 酱人生当中的一个重要里程碑。因为这一天她和她的团队第一次"赤裸裸"地出现在人们面前（美拍、一直播、斗鱼直播、花椒直播、熊猫 TV、百度视频、优酷直播、头条八大平台同步直播）。据@papitube 通报的数据显示，全网在线人数突破 2000 万人，相当于全国人口的 1/70。

然而，这次直播效果显然没有达到预期，主要表现在以下几个方面。

● 互动少，内容性太弱，强行聊天导致"尴尬癌"爆发。直播中为了极大可能地为 papi 酱自己的新平台 Papitube 打广告，不但全程主背景露出并增加口播频次，还多次表演了 papi 酱与 papitube 的小伙伴们的日常。同时过程中其他内容显得十分无趣。在多数人看来，papi 酱"和其他展示才艺的主播相比内容性不够强"，"和她的短视频相比并没有很搞笑"，"不太会和观众互动"，"看了三分钟就关了"。此外对于"美豆爱厨房"的露出让人觉得推荐得有点过度了。可惜即便如此卖力，但截至目前 papitube 微博账号的粉丝仍然只有 11,000+，与其主账号 1677 万明显不在一个量级，这个转化率也不好意思拿到台面上来。

● papi 酱个人紧张得让人意外。papi 酱直播开始后的第一句话就是"我好紧张"，甚至没敢看镜头，说两三句话后又接了一句"紧张"，直播几十分钟后，还能听到她突然说一句"紧张"，甚至后来紧张到打嗝。

● papi 酱的现实呈现与镜头里的形象形成强烈反差。首先，对观看直播的人来说，她的嗓音令人意外，有网友说噪音有点男性化，还有网友吐槽说衣服像睡衣、为什么不化妆等。其次，这次直播中绝大多数网友最强烈的感受可能是"卡"和"画质太差"。此外，直播中，papi 酱一度跳回正常套路，与平时录制的短视频中恶搞的 papi 酱相比，直播里的 papi 酱显得有些正经，聊她的学生经历、恋爱经历，就连那句"我不美"的宣言，也让人感觉有点"讨赞"的味道，而这种"讨赞"远没有短视频里"自黑"时的可爱之感。

尽管这些瑕疵可能被解读成"断臂的维纳斯"，是 papi 酱及其幕后团队的故意安排。但这不尽如人意的现实掩盖不了一个基本事实：从短视频里挣脱出

来的"草根"网红在直播面前仍会暴露出自己的青涩；网红离"十全十美"的明星仍有较大的距离。

身为 2016 年第一网红，papi 酱一直以来都生活在浓重的包装感之下——视频的台本、剪辑、声音的后期处理，再到罗辑思维对 Papitude 的投资、招商竞拍等。爆红的 papi 酱此前向人们展示的"集美貌与智慧于一身"，一直都是加工雕琢之后的生产线产品。直播对她来说是一个新的挑战，也是一个测试场。一旦脱离了她原来如鱼得水的以娱乐、搞怪、吐槽为主的视频阵地，在直播平台上，这种实时传播的形式瞬间就让她的战斗力大打折扣。因为直播拼的是现场反应能力和肚子里的"存货"，幽默感只能在录制的视频中表演，却无法在直播中伪装，就好像接近完美的 PS 照片也迈不过视频这道坎一样，一旦面对面，总会被打回原形。

## papi 酱为什么要选择直播

第一，明星在加速蜕变，自黑、搞笑等成为新的技能。明星不能只是高高在上，看看那些迎来事业"第二春"的明星无不拥有"段子手"、"自黑"、"逗逼"这些属性的加成。他们的一举一动都被人们关注，人们可以用自己最舒服的姿势、最舒服的时间去关注他们的日常。这是一种新的偶像文化。作为 2016 年网络文化的图腾，papi 酱没有理由拒绝这条道路。

第二，如今无论 BAT、网易、360 等一线互联网公司，还是美拍、花椒、映客等互联网新生力量，都在全力进攻"内容+直播"这两个领域。它们重金押注，多数是因为"直播"和"内容"极有可能成为移动互联网世界新的流量入口，这是被 PC 互联网反复验证过的：一旦占据了入口，就有源源不断的流量和转化变现的可能。这仍然是攻占渠道的思维模式。一是互联网时代传播渠道多元化，入口无处不在又随时可能失效，甚至上一分钟的入口，在下一分钟很可能就不再成立。二是信息消费路径发生变化，在新的信息传播链条中，用户们的话语权变得越来越大。网红能不能火的决定性因素不再是传播渠道好不好（当然这还是条件之一），更关键的是内部本身，即这场直播是否具有引爆点的话题元素：槽点、惊喜、趣味、不可思议的内容等，是否足以使人们把这场直播分享到朋友圈、微博等社交平台。而直播平台的价值不只是获取、到达或感染用户，更是交互甚至用户与直播者的一体化。

第三，"偶像文化"正借助直播从大众明星模式过渡到小众网红模式，当前中国的娱乐经济正进入小众消费、小众品牌和小众偶像的新偶像经济时代，即网红模式时代。这有别于当年小虎队、"四大天王"那样典型的大众娱乐明星模式，更多呈现的是像 TFBOYS、EXO 这样的偶像养成模式，他们的粉丝通过社交网络聚集，并建立起全国性粉丝组织。粉丝间分工明确，氛围融洽并逆向引爆大众媒体。与粉丝互动—增加曝光率—制造传播性内容—粉丝再集聚、沉淀—更高的曝光率，已成为全新的偶像经济互动模式，而且呈现出明显的三大特征。

- 短时性。从默默无闻到红极一时再到曲终人散，一直上演着"后浪推前浪"的故事。
- 小众化，即圈层化。粉丝们各有各的偶像，且彼此独立；圈层之外却可能完全无感，族群特征鲜明。
- 去中介、去中心化。从过去的粉丝与偶像之间"距离产生美"到现在的"零距离、同呼吸、共命运"。而且粉丝个人就是中心，对偶像不再依赖，随时可以"粉转路"，也可以"路转粉"。

因此，深谙网络生存之道的 papi 酱自然会选择更接地气的直播。

事实上很多科班出身的艺人也主动向直播"投怀送抱"。比如黄磊美拍直播逛超市，吸引了 33 万名粉丝围观；2016 年的戛纳电影节，明星们也全程通过美拍进行分享互动，李宇春的一次红毯秀就吸引了 5000 万次的点赞；TFBOYS和 SNH48 更是把直播玩得风生水起。此外，包括周杰伦、王宝强、刘涛、杨颖、黄晓明、贾乃亮、鹿晗、蒋劲夫、张艺兴、黄轩在内的明星也都有过直播经历，他们觊觎的不仅是美拍们强大的流量价值，还有直播平台因垂直内容、圈层用户实现的标签价值，甚至还有在商业化道路上的消费场景价值。直播已经成为明星圈粉的上好模式。

所以，与其说 papi 酱的这次直播是直播时代繁盛的标志，倒不如说是新偶像文化的崛起。

最后，我们还是回到这次 papi 酱的直播上，有组不得不说的数据：开播一小时之后，papi 酱在美拍平台上的粉丝数是 167 万人，花椒直播上的粉丝数是400 万人，一直播上的粉丝数超过 400 万人。直播结束后，美拍上的粉丝数是192.9 万人，收获了 1.26 亿次赞；而一直播上的粉丝数却减少到 247.9 万人。这组数据背后引发的问题是：路人为什么选择观看直播，又为什么会取消关注？

多数人能提供的答案大抵如下。

- 这是直播主体用户演绎的迁徙。他们是一群 90 后，他们区别于三十而立的 80 后，也不同于四十不惑稳重担当的 70 后，更不是处于半退休状态的 60 后，他们是社交平台的中心，他们是遵从个人喜好的自由个体。他们在游戏和秀场中为移动直播推波助澜，在欣喜好奇之时为这一直播记录"添砖加瓦"，但也在无感无聊中随性"掉头就走"。

- 直播在拉近粉丝和偶像之间心理距离的同时，也让粉丝的"集体偷窥"得逞。粉丝不再需要对着 PC 显示器"舔屏"，也不需要在遥远的高山上为自己的偶像呐喊。直播中，明星自然、轻松、毫无掩饰地"真空式"出现在粉丝眼前，粉丝们从此可以从倾慕、崇拜到消费，甚至"占有"。直播让明星、网红成为平价偶像、低价偶像。而且在直播中，粉丝可以"恣意"地窥探偶像们各类从未曝光的另一面和现实生活中的小瑕疵，直播让粉丝们变得主动起来。最直观的例子就是 2016 年 6 月 25 日，TFBOYS 三个不满 15 岁的男孩在美拍 App 上一场持续露脸 40 多分钟的直播就吸引了 560 多万人观看，就连他们那些操持锅铲的笨拙手法，也让他们的粉丝欣喜若狂，仿佛发现了天大的秘密。

作者认为，直播在这里扮演的不再是喇叭（只传达不创造），而充当的是花瓶，偶像（明星或网红）在这里是鲜花，而粉丝则是鲜花旁边的点缀，直播平台、偶像、粉丝共同组成这道美丽的风景并完成了一个新的商业效应——花篮效应：每个组成个体都不可或缺，并相得益彰地完成多赢。这就意味着：直播平台是偶像与铁杆用户的连接器，偶像自带流量和粉丝，一场好的偶像直播秀刚开始是半成品，在与粉丝交互中逐渐丰富内涵并扩散。因为直播平台的核心竞争力来自"人"，本质上是一种 IP 经济，而经营这个 IP 也是以人为中心，而不是传统的"以产品为中心"、"以渠道为中心"的经营逻辑。直播平台应该保护和支持粉丝"人"的意义，而一旦粉丝"人"的价值受到损害，自然"弃你而去"。

总之，直播是一种性价比较高的娱乐方式，让粉丝们低成本地主动消费偶像。只要条件允许，每个人都可能与明星、偶像在人格上对等，有交流、有交集地参与到他们的日常生活当中。直播平台不仅能够成就草根网红，更是传统明星向偶像文化过渡的一种渠道，在这个时代拥有它独特的生命力。2016 年 7 月 11 日，并不是 papi 酱再次带火了直播，而是直播一直在等着 papi 酱上岸。

# 6.4 明星"真空"出镜上直播，这"戏"该如何继续演

世界著名作家、大思想家斯宾塞·约翰逊曾经说过，"唯一不变的是变化本身"，这句名言也是当前互联网时代下各行业的真实写照。风口是接二连三地变换，独角兽的面孔也是日新月异，就连原本高高在上的明星们也在互联网的冲击下纷纷"走下神坛"。

## 时过境迁，明星纷纷"沦陷"进直播

曾经相当长一段时间内，粉丝只能借助电视、门户网或微博的只言片语和图片关注明星的动态，而能观真容的演唱会、发布会等线下活动往往频率低、受限于活动空间及安保需要而最终参与粉丝少，止于寒暄式的互动。而随着直播成为 2016 年互联网新风口，越来越多的明星如坠落凡间的天使般"真空"亮相直播，与粉丝零距离互动。

从 2016 年 3 月范冰冰直播巴黎时装周成为明星直播热潮的首个引爆点开始，巩俐、李宇春、王大陆、井柏然、贾静雯等众多明星纷纷在美拍开了直播。米兰时装周中黄子韬也凭借一次美拍直播，扭转一些人对他的负面印象。当红人气小鲜肉组合 TFBOYS 把直播玩出了新高度，先通过其官方微博发布征集"美拍直播挑战"，请粉丝写下最想看的直播内容，并有可能在直播中进行挑战，不到两小时微博评论数已近 2 万条，"TFBOYS 美拍直播挑战"成为热门微博话题，点击量破亿，在直播开始前便达 100 万人预约。一周之后的直播中 TFBOYS 出镜不过 42 分钟，直播观看人数却超过了 565.5 万人，这场直播获得点赞数 3.67 亿次、评论数 520.5 万条，道具总收入 295808 元，还捐赠午餐 73952 份……

无独有偶，国外明星与直播也走得越来越近，Facebook 花费 5000 万美元，邀请明星和传统权威媒体提供网络直播服务，其中签约的名人明星包括 Kevin Hart、Gordon Ramsay、Deepak Chopra 和 Russell Wilson 等。除 Facebook 外，亚马逊、YouTube、Twitter 甚至 Yahho! 旗下的 Tumblr 也都推出了类似服务。

如今拥有千万粉丝拥护的明星涌入直播，迅速聚焦粉丝围观，引爆各界评论，呈现出一种谁直播谁就成为当下热点的态势。

# 挡不住的趋势，拗不过的"山头"

明星集体"沦陷"进直播，是出于猎奇尝鲜心理，还是迫于网红经济兴盛的无奈之举？

## 从上到下"中心化"的明星经济模式被替换为从下到上"去中心化"的网红经济模式

正如罗振宇所言，"互联网就是去中心化，去中介化"，随着互联网的深层洗礼，原本依靠以电视为代表的传统媒体从上到下"中心化"包装的明星经济模式已行至末路，基于互联网诞生的从下到上"去中心化"的网红经济模式取而代之。在网红经济模式下，优质的、有价值的内容高度分散且从多个不同渠道产生，娱乐节目和杂志不再盯着明星微博挖掘素材，星探、经纪人成为多余，专业包装亦非必要条件，人人都可以通过微博、微信及美拍等短视频/直播平台圈粉，成为网红，如 Skm 破音、因《好想你》在美拍上爆红的 JoyceChu，甚至反向成长为大众媒体的明星鹿晗、吴亦凡等。

网红经济模式犹如顺应智能手机风潮诞生的小米模式，除了引起行业对新经济模式的探索和热议外，同时其多样的变现方式、强大的吸金能力以及远超明星数量的网红们，对明星具备致命的诱惑力和杀伤力，迫使中心化的明星经济模式轰然坍塌。

据第一财经商业数据中心发布的《2016 中国电商红人大数据报告》，2016年红人产业产值近 580 亿元，这一数值远超 2015 年中国电影 440 亿元的票房金额。之前亦有报道说人气榜上的前几位网红，年收入甚至超过了国内一线明星。papi 酱更曾获投 1200 万元，单支短视频广告售出 2200 万元的天价，足见网红经济模式的威力。

## 明星内容生产模式全视觉化

美国学者赫伯特·西蒙说："以网络为基础的现代经济本质上都是注意力经

济。"随着碎片化娱乐时代的来临及视频成为新趋势（视频相比文字、图片，能够带来更加直观、生动的体验，宽带及智能手机的发展为视频提供了技术基础），为吸引粉丝的眼球，抢占稀缺的注意力资源，原本明星录歌、演唱会或拍电影的内容产生模式转变为更新鲜多样的生活化、场景化、娱乐化、互动性视频、音频等多重内容产出。明星直播工作过程、日常生活，或者分享技能及心情，可迅速抢占注意力，成为焦点。

移动直播的低门槛、便捷化，注定成为视频行业的发展趋势，而趋势对市场格局的塑造力及直播平台海量粉丝的辐射力，让各行业深受影响甚至重塑，娱乐行业也不例外。

据华策娱乐副总裁崔超表示，直播平台也改写了影视拍摄的传统套路。在电影艺人的海选、片场探班、主题创作互动、剧情解密、提前预热和品牌植入等环节全部加入了直播互动，明星内容生产模式全视觉化成为新的趋势和潮流。

### 粉丝"变卦"，倒逼明星换阵

在传统媒体时代，线下被动地追星无法满足粉丝日益膨胀的与明星互动的欲望。受益于互联网的发展，粉丝们在线上找到情感倾诉的窗口，转而主动参与，线上线下全融合似地追逐明星，刷存在感，刷满足感。

直播平台能够实时互动，更少粉饰，"短兵相接"式的真实，拉近了明星与粉丝的距离，刺激感和更强满足感的特性，成为承接粉丝的集聚地，明星在直播中展示出的随意、亲和也是电视荧幕上无法呈现的，这种新鲜感也让粉丝们流连不已，进而倒逼明星换阵，纷纷空降直播平台圈粉，与粉丝互动、社交。以美拍直播为例，据其官方数据显示，其沉淀的用户 87.8% 为 90 后群体，84.7% 为女性群体，而 90 后女性群体同样也是粉丝经济的主流消费群体，吸引了 TFBOYS、范冰冰、鹿晗、黄子韬等为代表的当红明星的入驻。

## 直播搭台，明星唱戏，这戏该这样演

当明星进直播成为必然，摆在明星眼前的问题便是如何借助直播搭建的平台好好演戏。

## 不是每个直播平台都得上

风口往往会伴随着资本的追逐及各种势力的角力，白热化的竞争使风口呈现良莠不齐的局面，直播平台也是如此。明星勿要"浮云遮望眼"，对各平台"雨露均沾"，有请必上，而应理性对待，多加甄选。

首先，选择内容质量较高且气氛较为正面，与明星气质、影视剧调性相符的平台合作，如若调性不符，明星直播就如一次性消费，忠诚度不高，难言变粉，甚者影响明星自身形象和声誉，失粉才是得不偿失。

直播平台的调性建基于核心用户群和平台氛围，如斗鱼、熊猫 TV 等直播平台以游戏用户为主，游戏气氛浓厚，虎牙、映客等偏秀场属性。范冰冰、TFBOYS 等选择美拍走向直播则应该看重的是其平台不同于秀场直播，资源比较多元，《ELLE》《伊周》等高端杂志和欧莱雅、与狼共舞等品牌入驻后，强化了其平台的娱乐属性，并隐性植入了明星背后拥有强大支撑力的实体产业、传媒信息，有可能获得更多的粉丝、经济和媒体支持。

其次，要注意平台的用户构成是否较为年轻，追星族的主要构成人群 90后、00 后是否是其主力军，明星是否能快速获得高人气。

最后，要看平台本身安装量和活跃度如何，这是明星直播能够形成引爆话题的基础。

## 完美配对，做"百年夫妻"

明星选择好直播平台并不意味着完结，而是一个新的开始。明星应摒弃寻求刺激、浅尝辄止的心态，而平台也应做好建立长久的、利益捆绑的合作关系。这就要求平台做到以下几点。

● 清楚不是每个明星都适合站在主播台前，有些人只适合站在镁光灯下。除了明星的人气，平台更需要了解明星的特质。避免明星暴露了自己负面的一面而降低价值。对明星和平台而言，明星直播是双刃剑，也可能是赌博，拼的是眼光，博的是运气。

● 切勿动事件炒作的念头，如今互联网市场，一旦产生纠纷，就可能被放大，搞个直播频道或文明辩论或激情对骂，试图将小事变大，大事变头条。当年王自如和罗永浩在优酷的直播，看似是三赢的局面，实际并非如此，这次营销事件很可能会被贴上恶意炒作的标签。

明星与直播平台的配对，要基于长久、良好的合作，不应该过于功利主义。目前明星直播多是配合影视剧上映、品牌活动的宣传需要，真正开通直播账号，经常和粉丝互动的却寥寥无几。如若只是浅尝辄止，就难谈更深层次挖掘粉丝增值空间，实现对粉丝的纵深管理，更无法持续产出更多细分、优质内容，延长明星周期。

## 内容这事不能丢

当前市场上有近 200 家直播平台，看上去各式各样，形形色色，但大多数十分相似，刻意模仿马太效应下的成功模板，缺乏丰富、优质内容的输出，甚至不少用户依靠自虐、低俗和各种怪异行为来博取单一浅层次需求驱动下的消费者，众多主播遭罚便是缩影。明星直播更需避免进入内容同质化甚至劣质化的陷阱，这要求明星利用直播平台不断输出优质稀缺的作品和内容。

首先，认真看待"头部资源"，争做稀缺内容输出者，泛娱乐领域是马太效应特别强的领域，唯有头部内容才能赚取绝大部分眼球和经济价值，而直播更加强调互动性，但直播中的"头部资源"又难以像影视剧一样被量化，所以明星和平台都要算好账，明星直播到底该投入多少资金等资源，如何保证明星相应的变现能力与投入相符。

其次，建立有层级的内容生产机制，把群体化的 UGC 作为底层，高质量的定制化 PGC 作为中间层，而明星则是 PUGC 专业指导的自由表演的顶层，在发挥个体自由性的同时保证内容质量，并提高内容生产效率，进行规模化内容输出。

再次，创造丰富多元的内容矩阵，结成以"内容、社群、经济"三条主轴构建的粉丝经济的立体世界。如今直播明星还很稀少，明星在直播上不应该只局限于唱跳装卖萌，有温度、有营养、有创造性的内容才是粉丝关注的持续动力。陈明、海陆、厉娜、宁桓宇、贡米等百位明星加盟映客明星公益直播，为公益发声；美拍内容一直侧重娱乐化、生活化，目前已诞生搞笑、美妆时尚、美食、音乐、舞蹈等近 20 个频道，TFBOYS 在美拍直播的活动，除税收和运营成本外，将全部收益捐给公益项目"爱心午餐"——艺人做公益，也让直播加了公益的元素。

最后，不该有玩擦边球内容、哗宠取宠的想法。踩黄线秀下限都是饮鸩止渴，时间长了控制不住就很容易出问题。"秀"是一种人类本能，明星的视频直播，首先也是一种"秀"，但作为公众人物，这个"秀"得有档次、有调性。

## 善用直播，给自己涨点粉

明星直播变现并非其主要目的，而粉丝交流及营销宣传需求才更加重要。博客时代有徐静蕾，微博时代有姚晨，直播也完全有可能诞生新王者。尤其对那些人气不高的艺人来说，直播是另一个绝佳的自我宣传平台。有报道显示，黄子韬在直播中反复提自己迟到的梗，秀自己的音乐软件，抓起手机给粉丝展现自己的皮肤。这一场接地气的直播不仅吸引了众多网友的关注，不断路人转粉，更轻松地为红秀的美拍账号吸引了粉丝。

同时也应看到，在明星直播中，普通用户与明星的地位并不对等，如果明星在互动性上不足，将进一步降低粉丝的参与度，所以诚心加诚品才能动人又动心。

总之，当趋势不可逆转，唯有顺从并加以利用。明星直播是构建网红经济模式下生态循环的缩影，也是移动互联网火热资本下的冰山一角，明星和直播平台更需要来一场相互珍惜的"恋爱"。

## 6.5 中了网红"毒"的短视频和直播平台真能赢得下半场吗

网红的价值公式是：网红＝内容＋价值观＋连接。直播、短视频平台如何利用好网红为自己创造真正有价值的内容、聚合有价值观的人群，缔造不断连接的商业链是关键。

曾经微博、朋友圈被美拍举办的两周年生日会话题刷屏，热闹的原因不只是有李开复、钟丽缇、李晨、张伦硕、晓雪等名人的出席，而是美拍邀请在其平台上活跃的近 500 名网红参与，创下网红出席规模之最。而这背后映射的正好是火得不能再火的网红、直播和短视频。如今网红逐渐已成为这个时代独有的符号，直播也成为 2016 年互联网新的风口。从以前的"明星女友"到如今"自立门户"，网红们在被追捧中逐渐蜕变。网红是否真能创造又一个神话？谁又是这场决胜战的致胜力量？

## 这届网红有点"邪"，"毒"坏了草根和明星

事实上，网红们与论坛博客时代以文字深度和广度取胜的名人及微博微信时期以碎片化和精准化的图文取胜的大 V 和自媒体不同，这些诞生在直播、短视频平台的网红们以影像内容的产出形式为主，并呈现强烈的场景娱乐化。也正是这种变化，让网红变得有点"邪乎"，正快速感染着整个世界。

### 网红"误导"成名模式

艺术家安迪·沃霍尔曾经作出两个相互关联的预言："每个人都可能在 15 分钟内出名"，"每个人都能出名 15 分钟"。看起来只要半小时就能出一个名人，然后消失一个名人。而这一"15 分钟定律"更是被奉为网红界的圭臬，如今这句话却误导了许多人。

极端的例子就是自媒体账户"X 博士"发布的一篇名为《残酷底层物语：一个视频软件的中国农村》的文章里提到的那些在某短视频 App 上的部分中国农村农民。文章指出，此短视频 App 中充斥着各种自虐视频、低俗黄段子和各

种行为怪异的人。如一位河北大妈为了引起网友关注，增加点击率，不惜自虐吃异物（包括灯泡、蠕虫、玻璃）。而其他人开始表演生吃死猪、生吃蛇、生吃蛆、生吃屎。文章认为，造成上述情况不断发生的原因主要有两点：一是心理满足，想获得他人的认可和关注；二是物质原因，关注度多了，他们就能接一些劣质山寨产品的广告。

如今的网红，一方面在逐步去贬义化，另一方面也让"草根"族遐想自己一朝成名，但当遐想过度就成了误导。实际上即便是 15 分钟的"爆红"，也必须经历一定的积累和沉淀。

美国短视频平台 Vine 上的红人马科斯和科迪曾表示自己有些 6 秒钟的视频竟然花费了 4 小时才制作完成。大家都知道的 papi 酱，其成名路线也经历了很长一段内容积累期。除了时间，还需要坚持，比如曾经的"第一网络美少女"dodolook，从销声匿迹到重新建立起强大人气，也是开始于坚持在美拍发 60 秒日常，几乎从未间断。而能否成名考验的更多的是"内力"，在美拍平台上拥有 173.1 万名粉丝的 JoyceChu，因一首甜甜暖暖的《好想你》在美拍上爆红，不但引发粉丝们在美拍记录下属于自己的"好想你"的记忆，许多大牌明星如 TFBOYS、郑容和、李治廷等明星也都先后翻唱了这首洗脑神曲，《中国好声音》第三季的选手周深、夏恒、罗景文也以美声和音翻唱。这自弹自唱，加上甜甜的嗓音和形象才是成名的法宝。而成名本质上也是网红价值观的建设和输出，绝不是哗宠取宠，更不是一蹴而就。

## 网红经济稀释明星经济

微博让原来高高在上的明星"走下神坛"和粉丝互动，短视频和网络直播则促成了更多原本默默无闻者迅速走红，而他们又开始冲击明星。首先，他们和明星一样都是形成个人品牌价值后依靠粉丝流量变现，而且网红代言成本相对明星代言更低，因此明星代言直接受影响，之前有报道说人气榜上的前几位网红的年收入甚至超过了国内一线明星。其次，随着网红的崛起，这个群体规模会大幅超过明星，明星经济的注意力被稀释，类似"四大天王"这类老少通吃、人人皆知的明星再难出现。再次，网红们的成功也让不少明星开始向网络视频直播靠拢。范冰冰、杨紫等明星开始在美拍上直播自己出席活动或生活中的另一面。其中刘涛在《欢乐颂》发布会现场那场时长 2 小时的直播创造了 71

万人在线观看的纪录。此外包括杨颖、黄晓明、贾乃亮、鹿晗、张艺兴、黄轩在内的明星也都有过直播经历。而据网友推算，电商网红雪梨一年的收入 1.5亿元，这也让明星们开始思考自己的变现方式和生活方式。可见，明星已深受网红影响。

尼尔·波兹曼在《娱乐至死》一书中称商业已成为娱乐的附庸。事实上，娱乐反而是商业的附庸。人们真正觊觎的正是网红和短视频、直播平台背后的商业利益。

# 然而，现实并不如梦想般美好

这主要表现在以下几个方面。

### "非典型网红"孕育了"非典型用户"

美国营销大师菲利普·科特勒说："顾客购买的不是钻头，而是墙上的洞。"而在网红全面霸屏的短视频行业，用户"购买的"其实不是网红，而是满足自己在碎片化时间的休闲娱乐需求，甚至部分是为了满足自己一夜成名的妄想。而这样的短视频受众就难谈忠诚度，他们一旦发现自己关注的网红原来很搞笑可现在不再搞笑或仍玩老套路，就会迅速奔向其他搞笑网红，甚至去看明星、萌娃、萌宠。而且这和追求团购低价的用户一样，一些平台满足的是一种单一浅层次需求驱动下的用户，这就很难形成忠诚度。这也是多数网红的症结所在——自己不能持续为用户创造价值。

而实际上网红三大核心价值表现在以下三个方面。

- "入口"价值。具有强 IP 和强粉丝效应的网红会自带流量入口效应，比如获得 2015 年美拍红人榜第三名的人气插画家嚣搞，他的搞笑漫画视频在哪儿，他的粉丝就会通过搜索或订阅的主动行为追随。一旦网红掌握了流量的分配权，那么网红的议价权就有了。

- "标签"价值。网红是筛选、判别精准目标用户、沉淀用户，并为平台打上标签的最好介质。比如美拍上活跃的美食达人"香喷喷的小烤鸡"、美妆达人"jiaruqian86"、萌宠"小布的日常生活"都是垂直类内容的生产者，吸引关注这类内容的用户群。在用户的心中美拍就是泛生活化、娱乐化的平台，而在"X 博士"眼里的快手则被贴上"中国农村"的标签。

● "消费引导"价值。网红的推荐就是用户购买的理由。网红做电商的巨大成功绝不是偶然，像 HoneyCC、子晴这些边在美拍发直播、短视频，边在淘宝开店的达人，通过美拍宣传自己的网店，又把网店的顾客引流到美拍关注他们的内容。

### 马太效应愈发明显

然而，如其他突然兴起的行业大潮一样，直播、短视频行业的红利期也是有限的。如今行业同质化竞争加剧的同时，马太效应将更加明显，最直接的例子就是少量网红将霸占绝大多数流量，尤其是那些秀场模式，大部分流量集中在少数主播那里。而新兴的短视频、直播平台将需要花费更大的成本去聚拢用户邀请网红或培养新网红。

# 或许，只剩下这几根"救命稻草"

这并不意味着格局已定，美国学者赫伯特·西蒙说："以网络为基础的现代经济本质上都是注意力经济。"笔者认为只要创业者和后来者能抓住下面这几根稻草，或许还有机会。

### 内容决定寿命，不拼颜值拼才华

首先，泛娱乐领域是马太效应特别强的领域，唯有头部内容才能赚取绝大部分眼球和经济价值。电视端二线卫视的综艺冠名费已经降到 3000 万元以下，甚至很多二线综艺出现了"裸奔"现象就是明证。网红是，短视频平台也是，做泛娱乐内容，一定要努力做到头部内容。那具体怎么办呢？

● 摈弃个别负面的往届网红以出位、炫富、审丑为爆点的做法，向注重优质内容原创能力的做法靠拢。

● 内容垂直化，这也是新网红获得竞争优势的机会。网民越来越倾向于只关注自己感兴趣的领域，细分程度越高的短视频生产者，越能够留住忠实的粉丝。而 Danny_ahboy、JoyceChu 四葉草、饭饭 Twinkle、香喷喷的小烤鸡、Jason 的旅行小视频、嚣搞、jiaruqian86 等网红的脱颖而出，也是因为他们各自在音乐、舞蹈、美食、旅行摄影、插画、时尚等领域不断给人以惊喜，这也间接使得更多用户选择关注美拍。

● 形成固定的人格特征，并保持与粉丝的互动。与一般的歌手不同，美拍上的 Skm 破音的内容形式比较特别，他自己会比较注意和粉丝之间的互动沟通，而"破家军"（他的粉丝团）则会投桃报李，为他的每支歌手打歌词，创造了#弹幕填歌词#的形式，并将#弹幕填歌词#在美拍中形成一种潮流。

### 喊得好不如做得好，分发能力是关键

短视频平台目前已经到了内容创作者爆发期，要让好内容脱颖而出，让优质内容到达更多用户，让网红死心塌地跟着平台，分发能力是核心点。

首先，用户看直播、短视频主要在以下三种场景：在家、在路上或在办公室，网红需要考虑到粉丝在不同时间段、不同场景中的观看便捷来制作和发布内容。

其次，要清楚三个内容分发逻辑：订阅、社交分享、搜索。比如有订户、有基于社交链条的链式传播是网红价值输出的重要前提，那主推订阅量大的网红自然要比没什么订阅量的网红效益好。

再次，需要区分内容构成，比如美食、生活分享、旅游等贴近日常生活的视频更易受到热捧，那力推这样的网红更易受用户欢迎。

### 善用直播，为品质生活加道菜

如今越来越多的达人和资本涌向直播，而如何才能做好直播呢？

首先，真正有价值的直播，应该区别于挑逗、矫揉造作等低俗、庸俗、媚俗内容，创造有营养、有温度、有养分的品质内容，这又回到了美拍等做垂直化内容的地方，深度垂直是高质量内容的前提。

其次，要区分直播和短视频的差别，比如直播长时间在线、互动强、内容价值低；而短视频时间短，内容价值高，每段视频都会有长尾效应。要考

虑到直播的特质，扬长避短，这样才能充分利用直播的优势迅速提升并保持热度。

总之，网红的价值公式是：网红=内容+价值观+连接。直播、短视频平台如何利用好网红为自己创造真正有价值的内容、聚合有价值观的人群，缔造不断连接的商业链是关键。如今的时代已给网红们搭好了舞台，但如何唱则要看自己。

# 6.6 淘品牌后生存时代，除了"绑架"网红还该干啥

如今的电商已是个传统行业，依托淘宝商城成长起来的那些淘品牌依次上演了各自的兴亡史，如麦包包、绿盒子、芳草集等明星淘品牌或"出淘"或衰落。

淘品牌似乎正陷入集体沉沦的境地，只有韩都衣舍、裂帛、新农哥、歌瑞尔等少数几个品牌仍在继续前行。不可否认，淘品牌是淘宝流量红利的产物，但当红利渐失，微商、跨界电商、农村电商、网红电商等新生态前赴后继时，淘品牌如何才能在这次震荡和洗牌中跨过所谓的"生死线"，又如何才能获得重生？

## 淘品牌，正站在十字路口

淘品牌本是指那些在天猫平台上诞生成长的年轻品牌，我们也或多或少接触过那些在各个细分领域的佼佼者，如：

叫我主流风，我是 OSA，白领时尚引导者！

叫我棉麻风，我是茵曼，棉麻艺术家！

叫我纯天然，我是芳草集，植物首创护肤理念者！

叫我度假风，我是斯波帝卡，轻松自然慢生活！

叫我坚果达人，我是新农哥，坚果我要新农哥！

……

大量的淘品牌在此阶段完成了财富的原始积累，但当淘品牌正式更名为天猫原创，当淘宝商城易名天猫，大批传统线下品牌强势涌入后，天猫流量资源向大品牌倾斜，淘品牌们就开始遭遇品牌和流量的双重挤压。

拿这几年天猫"双 11"服饰类目的排名数据看，2013 年，天猫女装中，传统品牌与淘品牌销量前 10 名中各占 5 席。2014 年，女装中，优衣库仅次于韩都衣舍排在第二，传统品牌在前六名中占据 3 个名额，而在男装中传统品牌则"一统天下"。2015 年，优衣库成为服饰类目的大满贯，女装中前五名只留下韩

都衣舍一家淘品牌。甚至在天猫单店销售排名前 20 名中，仅有林氏木业、韩都衣舍为淘品牌，优衣库、海尔、格力、杰克琼斯、森马等传统品牌取得压倒性优势。

这一方面是因为越来越多的传统企业慢慢转变思路，学会了淘品牌这套运营规则，亚马逊、国美、当当等电商企业也入驻天猫，它们具备超强的流量抢夺冲动和能力，且天猫流量增长已趋缓并开始向它们倾斜。另一方面是因为早期的淘品牌多仍停留在"淘便宜"阶段，供应链能力弱，产品同质化严重，且无品牌规划，当流量红利消失，短板就被暴露。

更为重要的是消费者的网购模式发生了变化：由原来的价格敏感变为时间敏感；逐步放弃了高性价比而追求更高品质；时尚和健康成为新的消费驱动力；随着精神和思想意识的提高，越来越多的人愿意为好的内容付费等。这就催生了跨境电商、网红电商等电商新模式。同时卖家与买家之间开始强调价值观的输出，追求高品质、极致表现的工匠精神模式开始被呼唤出来。淘品牌无疑面临着前所未有的危机，淘品牌这群"凤凰"需要涅槃重生，重建品牌价值。

## 电商网红化，淘品牌应该知道这些

虽不信"站在风口，猪都能飞起来"，但若能享受红利，品牌发展自然事半功倍。如今品牌日趋人格化，网红经济大行其道，能充分利用碎片化时间高频影响客户的品牌更易脱颖而出，所以淘品牌首先需要"绑架"网红，实现品牌人格化，尝试公司媒体化路线。这不再是被动地适应电商社交化，而是要主动拥抱网红电商，充分发挥其低成本和强变现能力的优势，实现从 0 到 1 的飞跃。关于网红电商，淘品牌们至少要懂得以下这些。

- 认清网红现象本质是粉丝经济个体去中心化，优势在于粉丝的转化率，网红的崛起与网民的审美、审丑、娱乐、刺激、偷窥、臆想及看客等心理相契合。但网红电商的前提仍是工业化和产业化操作，不是所有的行业都要电商网红化，服装、旅游、美妆（化妆品）、母婴产品等类目更值得尝试借力网红。
- 不是只有瓜子脸、大长腿才是网红，猫、狗、公仔、企业领导人都能成为网红，马云和刘强东也都在利用个人魅力为企业做背书。但电商网红化仍需要扎实的供应链基础，并且供应链要与商品策划、营销策划共同协调发展，网红甚至是供应链的前端，淘品牌不仅需要不断寻找培育合适的网红，储备网红资源，还需要持续帮助其包装吸粉，持续关注粉丝黏性及变现能力。

- 细节定成败。比如内容上定期更新发布，培养用户的阅读习惯。销售上，最好采用非标品限时限量的闪购模式。需根据粉丝基数和黏度控制库存深度，售完即止，不可恋战。即便建立了深度黏性，抢购场景的建立和通知不是问题，但用户的期望值满足仍要做好控制，不能涸泽而渔。当然可根据不同平台设计导流方式，如微博通过店铺链接和微博橱窗导入电商平台，微信通过公众号链接店铺吸引社交流量，多平台导流可强化店铺盈利能力。

- 定位向上、传播向下，淘品牌需放低姿态，借助社交媒体的杠杆，通过明星CEO+产品文化，尝试品牌动漫化、传播娱乐化，打造粉丝认同感，鼓励粉丝分享，完成粉丝文化的传播和消费闭环，突显企业特色、营造企业形象、拉近企业与消费者距离的同时，放大粉丝经济效应，填补短板，引爆话题，强化内容输出，将服务加入关系链，扩大企业社交半径。

而这一切都不是一蹴而就，也不是只靠天生，淘品牌大可去试，未来在路上。

# 不甘沉沦，现在应该干点什么

除此之外，产品深挖、内容再造、流量入口细分、品牌重塑都可能是淘品牌突出重围的利刃，但笔者认为至少以下这三件事迫在眉睫。

### 强补产品能力，向价格营销战说NO

淘宝副总裁张勤之前揭示了 2016 年淘宝网的三大发展策略——个性化定制、云导购、C2B2M。其中定制化强调的就是产品开发能力。这一是因为淘品牌原来靠新客拉动的粗放式增长是"虚胖"，需要不断打广告、买流量，营销成本超高；二是因为依赖价格战的淘品牌无品牌溢价也无用户黏性。随着时间的推移，通过打折增加的销售额就不会再增长，反而会使品牌逐渐走下坡路。

所以淘品牌只有强化产品能力，向价格战说 NO 才可能建立自己的竞争壁垒，其中产品能力包括产品开发能力和产品整合能力，没有产品开发能力的淘品牌只是个倒买倒卖的网络贩子，直接的结果是产品同质化后陷入价格战的死循环。新农哥自己研发，用自然食材提取物代替化学添加剂，从罗汉果和甜叶菊中提取甜，从牛奶中提取香，从果蔬中提取鲜，开发出新的"孕妇系列"，为的是更加精准地定位孕妇群体，强化健康，从而强化用户认知，提升产品竞争力。

而产品整合能力则是以目标消费群为核心，扩展子品牌，建立产品矩阵，抢占用户心智，比如韩都衣舍的子品牌包括 19 个，涵盖少女装、淑女装、中老年女装、童装、男装等全年龄段产品，风格多样，从最初的韩风系到欧美系、东方系都有。而其主品牌 HSTYLE 的销售占比已经不到一半，其他子品牌的占比已经超过了 50%。这种扩充产品线的方式，也能帮助从现有的用户群中挖掘更多的消费潜力，提升销量。

### 忘掉大而全，继续垂直精细化

笔者一直赞同的一个说法是：当商品供应越来越丰富、用户可以选择的机会越来越多时，中间市场将逐渐消失，市场呈现细分化、小众化的特色。尤其在线上，选择更多，消费者的个性化更为明显，大品牌会被无数更专业或更加细分的小品牌肢解。

其实现存的淘品牌，每个都有自己的鲜明风格：韩都衣舍的韩国风，裂帛的文艺范；阿芙的精油、御泥坊的面膜，新农哥也是"众多零食商家中一直做坚果，只做坚果，只想做好坚果的商家"。它们深耕小众市场，打造有特色的优势产品，从而赢得消费者。当下淘品牌更该将战略从"抓大放小"调整为"抓小放大"，不做大而全，继续在垂直细分市场里做精做细。

那具体该如何做精细垂直化，打造小众品牌呢？

第一，制造独一无二的产品，不在非战略机会点上浪费哪怕一分的战略资源。比如新农哥早在 2010 年就砍掉了天猫商城专营店，只专注销售新农哥品牌的产品，又在年底坚果销售旺季终止与所有商超合作，随后又砍掉了蜜饯花茶等非坚果类产品线，终于以专卖坚果的身份脱颖而出。而三只松鼠 2015 年由单纯的坚果品类到多品类的扩张，但 8 月后又不得不关闭旗下两大子品牌"松鼠小美"和"松鼠小贱"在天猫、京东和 1 号店的官方店铺，几经波折，差点走错方向。

第二，塑造"鄙视链"，提供优越感。给核心用户提供优越感最直接有效的方式就是"鄙视你的非用户"。比如茵曼塑造的是"棉麻艺术家"，有人喜爱至极，有人则随意吐槽，但茵曼依旧我行我素，不理睬那些不认同的非用户，甚至决绝售卖，从而加强喜爱自己那部分人的独享感。

第三，提供社交货币，引爆传播。隐含在产品之外的背景知识，比可见的产品更加重要，尤其是那些只有狂热粉丝才知道的东西，更是优质的社交货币，更易自传播。比如御泥坊关于御泥的传说让第一批用户在微博、贴吧等任何一个角落传送，以炫耀自己的专业性，这些讨论与交流也逐步形成了亚文化，而亚文化的形成恰恰才是垂直小众领域走向成熟的标志。

## 不止是"出淘"，"去淘"继续品牌化

或许正如新农哥 CEO 余中武所说，淘品牌还不是真正的品牌，但更不能永远只是一个卖货的。因为淘品牌发展的十年，是模仿的十年，模仿可以从零做到几个亿，但靠模仿要做到几十亿、上百亿基本不可能。但就如爱肯牛仔创始人向翼的比喻："品牌是一只母兔子，销量是一只公兔子，把母兔子抓住，公兔子自然就来了。"品牌才是销量的保障，如果说"出淘"是为了摘掉低价、假货的帽子，那"去淘"则是淘品牌提升档次、建立核心能力实现品牌化的必要趋势，目前淘品牌"去淘"至少需要做好以下这两件事。

● 用户切割并细化品牌定位。目标用户群体的筛选和切割直接影响品牌定位，而淘品牌里并不多见真正的定位高端市场的品牌，也难有溢价空间，所以淘品牌首先要做的就是结合自身优势重塑用户，强化核心定位。
● 渠道去淘宝化，发力线下，执行多渠道经营策略。开设线下实体店既能提升与目标顾客群体的接触机会从而增加流量，又能增加品牌的影响力进而提升产品的转化率。如今御泥坊已开店近百家，笛莎线下门店已突破 300 家，茵曼也启动了"千城万店"项目，对外公布"茵曼+"战略，计划耗资 1 亿元扩张线下门店。

这些淘品牌都逐步从电商到专柜，发展全线互动的品牌扩张。只有真正能将触角深入传统线下渠道，建立线上线下互动式立体营销体系的淘品牌才可能完成"去淘"的重生。2016 年 2 月初，三只松鼠被媒体爆出部分批次奶油味瓜子被检出甜蜜素含量超标，3 月 1 日，三只松鼠发布声明回应，向消费者致歉，

并下架全部相关产品，办理退款。这一事件或在提醒我们：品牌扩张的前提是自身已有强大的管理运作体系和产品品控能力。

总之，品牌是高溢价的代名词，淘品牌不止需要学会借力网红这股东风，实现从"淘宝的品牌"到"品牌的品牌"的粉丝逆袭，更需要重审自己，再造渠道，做精做细。否则，留给淘品牌的时间真的不多了。

# 6.7 注意力经济时代，如何用正确的姿势抢"头条"

电视剧《花千骨》中饰演东华上仙的钱泳辰 2016 年在上海高调求婚吕一事件刷爆了全网。这场声势浩荡的求婚过后，笔者"恰好"翻到了这对明星情侣在 2015 年 11 月 11 日和 12 月 2 日两人的微博内容，也关注到现场那幅 DarryRing 的专属真爱协议，联想之前汪峰求婚章子怡现场出现的大疆无人机，如此"机缘巧合"莫不又是一次"蓄意已久"的抢头条戏码？

诚然，全民娱乐的时代，人人越来越需要谈资，甚至都乐意"一厢情愿"地为"头条导演"们"助一臂之力"。

于是在科技圈、音乐圈、娱乐圈、网红圈、企业圈等任何一个夹杂商业气息的圈子里，各类劲爆新闻层出不穷，这一边是 DarryRing 戒指、大疆无人机等品牌借势浪漫又温情的明星婚讯上头条，另一边是神州租车对 Uber 的开喷、乐视和小米的掐架、北京街头"斯巴达勇士"被抓、老罗与王自如轰轰烈烈的"相声秀"……各类奇招，好不热闹，他们也"没有商量却碰巧"撞在相同的目的上：求曝光、要销量、拉投资……

而头条刚好成为这些"导演"们寻找的适合病毒话题生长的沃土，他们通过创造令人惊叹的事件，让媒体的聚光灯、看客们的注意力都吸引过来，从而向外界输出自家的价值观或产品理念，将头条注意力变现为金钱。

笔者只是提醒：抢头条各有路子，但以什么样的姿态上头条更重要。"不惜节操"争抢头条，除了热闹背后的聒噪，幕后"导演"们还得再"合计合计"。

## 自嗨还是众嗨，头条经济该取哪一瓢

当企业、媒体、明星、KOL、粉丝已经顾不上谁是真正的小丑，开始迷恋聚焦在头条上的镁光灯，甚至行业开始创门立派，论资排辈，比如自吹自擂，自己上头条；跟对手一起抢头条；同行一起造头条；跨界一起玩。最厉害的是消费者随便玩，全民上头条。笔者提醒的是：这繁华耀眼的头条营销下，有自嗨众嗨的真假之分，况且这头条也不是人人都能读得懂的，"导演"们可要擦亮眼。

## 要吐槽还是要点赞：三俗营销还是美誉度管理

如今大伙儿为上头条不遗余力，各类奇招层出不穷，比如绯闻、作秀、造谣、对掐、诬陷、诋毁、抹黑、掐架，甚至铤而走险打擦边球。前有斯巴达勇士群战北京警察，后有丁字裤比基尼女模特在北京国贸街头玩快闪，"导演"们已不是把目光放到产品服务和提高用户体验上，而是在哗众取宠、蒙蔽用户上下功夫，甚至不断玩情色诱惑、秀下限，冲击着大众的底线。

头条不只是要利用的大众好奇心，更要生产有价值的"社交币"，让大众争抢；负面、消极的三俗营销即便能在短时间内增长用户，却也是企业品牌的硫酸，不断腐蚀企业的美誉度。尤其当抢头条走进"死胡同"，一味挑战公众忍受底线，极易引起公众的质疑与反感，因为头条不只是要关注、要有人吐槽，更要有人点赞，吐槽只是自嗨，点赞才是众嗨。

反之，DarryRing、无人机等借势娱乐明星求婚等喜事做营销保住了节操，赢了调性，吴京和谢楠、戚薇和李承铉等夫妇用 DarryRing 品牌戒指求婚，过结婚纪念日，汪峰拿着无人机求婚，这些头条营销既满足了明星求婚与众不同的需求，表达出明星个人的价值主张（DarryRing "男士一生仅能定制一枚"，大疆无人机"未来无所不能"等品牌理念符合明星们的价值观），增强了话题性，也让 DarryRing、大疆无人机等品牌曝光变得顺理成章，品牌的美誉度包裹甜蜜的爱情氛围，更加引人注目。

## 独乐乐还是众乐乐：该企业导向还是该用户导向

由于媒介的碎片化，单个渠道的头条新闻很可能沦为多数人身边的摆设，于是头条就变成了或有或无的装饰，是创造者自娱自乐还是与旁观者普天同庆，成为衡量头条价值的新标准。前有神州专车搞出了"BeatU 我怕黑专车"系列海报，希望占领道德制高点，结果却遭围观网友大骂。后有虎嗅只因发了两篇关于新浪的文章就遭新浪封其官方微博，结果自媒体人纷纷站队力挺虎嗅。如果把神州的错归结为神州打着抵制"黑车"的旗号，用明星和营销来打压竞争对手，替用户做了选择并裹挟消费者，从而引发消费者的不爽、倒戈甚至抵制，那新浪的过错则是妄以为自己掌握用户话语权和平台生死权，既做运动员又做裁判。

在去中心化的当下，用户希望的是"自由人的联合"，而抢头条则是继续"中心化"的统治，一切以自我为中心，强调遵命与执行，与趋势相悖。头条实现的只是"信息"的中心化，而"人际"的中心化的前提是参与人自由选择，自由投票。头条只是企业导向，而传播需要用户导向，因为消费者根本不需要独乐乐以企业为中心的头条话题，而是需要众乐乐高度参与、自由交互的平等沟通。

# 强迫还是自愿：强制推送还是主动转发

多数人说到头条，往往立刻就想到刷屏，从报纸杂志到微博微信，从电视广播到搜索引擎新闻客户端，有人关注的地方就有露出，这或是粉丝、用户的主动转发，也可能是媒体、编辑甚至导演的强制推送。

2015年6月，一条"拐卖儿童判死刑"的帖子在朋友圈刷屏引发网友们集体转发扩散。但细心的网友发现帖子图片底部留有某婚恋交友网站的链接，最后当事网站出来"澄清"是其员工的擅自行动。如此"妙招"实在让人胆战心惊，这看似是不明真相的群众主动转发，实则是利用人们的恐惧心理，传播负面舆论并从中牟利。类似情况时有发生。

如今网上对人们的消费陋习、社会偏见、垄断行为、威权主义等的批判已成家常便饭。这看似在引导人们向善，让人们自愿选择，实际上干的却是利用社交网络等信息源和舆论场进行道德绑架，尤其那些类似"不转不是中国人"的诅咒式结尾。笔者只想说：不能把强加当做自愿，不能把强制推送当做主动转发，不能把抹黑、诋毁变成常态，不能把抢到头条看做营销成功，市场的"得"让市场定，用户的"得"让用户选。

# 要利诱还是交心：物质诱导还是情感传播

最后是利与心的事，大多数企业上头条的目的很直接，就是让用户掏钱买它们家东西。少数企业先和用户谈心，然后让用户掏钱买情怀产品。只有个别头条案例只和用户谈心，至少重点先谈感情。

比如2015年刷爆朋友圈的央视羊年春晚"家和万事兴"主题发布H5和本文开头提到的在钱泳辰吕一求婚现场露面的DarryRing等，都算"走心"。且不说最后赢家是不是春晚和那张巨型 DR 真爱协议，至少见证春晚 H5 表达的亲情、和明星夫妻喜结良缘都是老百姓和影迷们乐意主动转发点赞的。

而那些利用物质或金钱奖励诱导分享的霸屏式传播，或者直接售卖式吆喝，都是低级的。别忘了，人们转发和喜爱某条信息多数情况下不是因为钱，只有那些真正能引起情感共鸣，从内心欣赏的东西才能上得了老百姓心中的头条。

总之，企业导向、物质诱导、强制推送、三俗营销的头条并非真头条，用户思维、主动转发、注重情感沟通和美誉度管理的营销才是走心的头条。

# 是的，就该这样抢头条

那么问题来了，如何做才是抢头条的正确姿势呢？

### 内容导向，坚持"六有"原则

好产品自己会说话，好内容自己也能上头条，在平台碎片化、时间碎片化、信息碎片化的当下，人们只关心自己在意的，传播自己认同的，创造一个好的故事极速上头条的第一步，就是坚持六有原则，具体来说就是有情、有趣、有用、有品、有料加有种。

有情是情色、情绪，也是情感、情怀，既是感情，如爱情、友情、亲情、善情，也是心理，如同情心、爱国心、炫耀、恐惧、自卑、贪便宜、好胜心等，这是必要条件；有趣则是一道开胃菜，新奇、反常、搞笑的东西总能"俘获"一些人；有用、有品是辅助，让你"涨姿势"，提升品位；《罗辑思维》则演绎了如何有种、有料地上头条。

创造内容就是为用户制造惊喜，也是在拉近头条导演（多数是企业）与用户在心理上、利益上和地理位置上的距离，因为越贴近就越真实，越真实就越信任，越信任就越关注。

### 借势营销+明星强 IP 联动

现在的头条明星顶着半壁江山，企业要上头条，拉明星"入伙"可算一条捷径，但明星们高昂的出场费不是人人都能负担得起的，所以借势明星就是捷径中的近道。在这一套路上杜蕾斯算是较早的翘楚，钻戒界的 DarryRing 也把这招玩得更胜一筹，这已不是单纯的博取眼球，而是一场场深度的资源联动。它们一方面发挥自有的稀缺性、独特性，如"一生只送一人"形成强 IP，另一方面又与明星们的光环效应联动。

但需要指出的是：借势不是为了作秀，而是希望借此改变用户关系，进一步传递自己的情绪、品性、格调，让更多人关注。借势的最终境界是实现品牌形象人格化，因为一味讨好媒体或随性制造噱头性内容讨好用户都无法取得用户的信任，更别说成为头条了。

### 借热点不如造热点

如果借势所要求的抓住时下热点、快速反应、简洁不拖沓执行起来有难度，那合理设计自传播点、自己创造热点就是唯一的选择。除了上文的六有原则继续奏效，你还需要做好以下几点。

- 不只是满足，更需要发现萌芽中的热点。如"围住神经猫""脸萌"给人们提供了未曾见识的东西。
- 抓住用户的心理欲望，想他们之所想，给他们之所要，满足他们的兴奋点。
- 兜售参与感，开放传播节点，让用户主动扩散。

比如广场舞大赛中一个三岁小孩夺冠远比一位大妈夺冠更有话题性，80 岁老奶奶成为健身教练远比 20 岁小伙成为健康教练更有关注度。再比如"女汉子"变身"马路杀手"不是新闻，萌妹子赛车获得了世界冠军则是特大新闻。

总之，在人人都是媒体的当下，不是人人都能玩转头条营销，很多人还在曲解头条。我们与其上演玩弄三俗的头条话题，不如关注情感共鸣，做符合品牌气质、关注美誉度的情感话题传播，因为只有懂用户之心、上用户心之头条，才能基业长青。

# 第 7 章

# 超级 IP，从影视到体育，无限联想

## 7.1  体育这事，除了抢 IP、赞助，就真不能干点其他事了

2016 年被公认为体育"大年"，欧洲杯、奥运会、美洲杯等都在当年举办，而体育 IP 也获得史无前例的关注，巨头们开启刷爆款模式，你追我赶地争抢热门赛事 IP，创业者们则采取边路突破模式，旁敲侧击刷存在感，抢夺 IP、赛事赞助看似成了企业押注体育的两板斧。那就只有这两招吗？

### 抢占 IP、疯狂赞助有风险，企业押注需谨慎

先说抢占体育赛事 IP，自 2015 年开始，巨头们近乎疯了似地把体育赛事 IP 作为自己的"猎物"。先有万达收购马德里竞技足球俱乐部 20% 的股份、控股盈方体育，腾讯视频拿下 5 年 NBA 网络独播权，PPTV 体育拿下西甲 5 年中国版权，后有乐视体育获得英超转播独家权益，体奥动力花 80 亿元巨资拿下中超 5 年版权，阿里与美国 Pac-12 达成两年独家战略合作，苏宁收购国际米兰 70% 股权等等。笔者之前在《人人争抢的体育赛事 IP，真能上演一场商业好戏？》一文中就提醒大家：行业欢呼雀跃之余，切莫忘了我国体育产业核心环节的盈利能力普遍薄弱的残酷现实，中国近 80% 的体育产业产值均由体育用品贡献，体育赛事产值不到 10%。即便年均 16 亿元的中超版权在 2015 赛季，中超转播的收入也不过 7000 万～8000 万元。目前参与者除非独创自己的变现方式，否则这是正处于并将长期处于"赔本赚吆喝"的虚假繁荣阶段。

再说说体育赛事赞助。首先，从目前来看，体育赛事赞助营销正在上演金

字塔游戏规则，尤其是世界杯、奥运会、欧洲杯、英超、NBA、意甲、四大满贯网球赛等重磅 IP，抢的人多，付出的代价就大，牺牲的企业也更多。比如自 2006 年世界杯后，国际足联正式将世界杯赞助商分为三个层级，每一层级都有不同的赞助门槛和权限。2014 年第一层级就是国际足联全球合作伙伴，第二层级是巴西世界杯赞助商，第三层级则是主办国赞助商。2016 年的欧洲杯在赞助方面也是由麦当劳等 10 个全球赞助商及法国博彩等 6 个全国赞助商组成的，据说要"承包"下欧洲杯，门槛至少在 4000 万欧元以上，而入门费只是企业投入的基础数值，一般来说，企业总投入将达到入门费的 6～8 倍甚至更高。但国内的很多企业在拿到赛事或球队的授权后，以为就获得了消费者天然的认知度，没有继续投入更多的费用在品牌推广上，结果导致前期的投入打水漂（南非世界杯上的英利能源或是例证）。

其次，拿下赛事赞助权对企业来说并不见得是好事。为了方便理解，我们可以把赛事赞助商看成"赞助派"，如赞助 2016 年欧洲杯的海信不但打出"海信电视，中国第一"的口号，还推出《黄家欧洲杯》栏目。再把只是借势玩擦边球的企业看作"潜伏派"，这些企业在不直接赞助欧洲杯的情况下，用其他营销方式起到类似赞助的效果，比如百度糯米借用小学生在父亲节写作文控诉日夜坚守追欧洲杯直播的老爸的罪行（百度糯米在欧洲杯期间上线了主题为"欧洲杯裸价盛，K 歌聚餐折上折"的 KTV 活动，同时还有个"欧洲食刻，深夜看球好去处"的餐饮活动），乐视借"乌贼刘"制作《熙游记：女神欧洲杯》栏目吸引球迷等。

前不久英国营销机构 RadiumOne 进行了一项调研，结果让人大跌眼镜。该公司向 1000 名爱好足球的英国人发放问卷，让其列出 5 个和欧洲杯相关的品牌。最终在前十名的名单中，非赞助商以 6：4 压倒了赞助商。

尽管可口可乐、阿迪达斯这两位"赞助派"霸占了前两名，但非赞助商耐克却强势插入成为第三。前十名中，万事达、喜力、巴克莱、百威都是非赞助商。而且 Orange、海信和现代汽车这三家官方赞助商加在一起，其品牌识别度还不足 1%，马牌轮胎、土耳其航空竟然无一人选择！

事实上，Toluna 调查网在 2012 年伦敦奥运会期间也曾进行过类似的调查：美国消费者并不知道哪些品牌是奥运会赞助商。有数据显示，2012 年伦敦奥运会，伊利作为官方赞助商，在奥运品牌认知度上被蒙牛追平，数千万元的投资收效甚微。而 2008 北京奥运会开幕式上李宁"一飞冲天"，并为电视节目主持人提供了服装，让很多人误以为李宁是奥运赞助品牌。此外，在 2008 年北京奥运会上，大众汽车作为奥运会唯一官方汽车合作伙伴，为北京奥运会提供了约为 6200 辆服务用车。但并非主赞助方的宝马却巧妙地打了个"擦边球"：在奥运会期间，宝马以广告的形式反复出镜，结果很多奥运冠军纷纷成为宝马车主，使得一大部分人误以为宝马也是北京奥运会的官方汽车合作伙伴。

这些让人匪夷所思的现象正在说明：与体育赛事关联度很高的品牌不一定是赞助商；即便赞助了也不一定能提升识别度。赞助体育赛事更像一个冒险游戏，豪掷千金并不一定能带来相应的回报，顺势搭车借势营销也不意味着始终被边缘化。

## 风向已转，除了甩钱买版权和重金砸赞助，还有无其他选择

在万达、腾讯、乐视体育等投入重金，在体育赛事版权、赛事赞助、球队冠名等领域展开激烈的争夺，体育营销之火熊熊燃烧之时，就在企业正考虑如何利用这些资源进行落地营销放大商业故事之时，笔者却想举两个例子。

第一个：2016 年与足球息息相关的啤酒业在体育这一版块上异常冷静，国内啤酒企业集体"哑火"，不再"畅饮"欧洲杯，在网络上很难搜到啤酒企业与欧洲杯有关的广告信息，甚至连之前在营销上不怕"烧钱"的企业青岛啤酒和哈尔滨啤酒，在 2016 年欧洲杯期间也安静了下来。本届欧洲杯也只有嘉士伯啤酒一家啤酒赞助商。而曾经的赞助大户包括喜力、百威等多家啤酒品牌都退出了赞助行列。

第二个：类似百度糯米借用小学生作文体捆绑欧洲杯玩插边球的企业越来越多：耐克在欧洲杯开幕之际，就发布了由 C 罗主演的一支全新广告短片《灵魂互换》；滴滴代驾发起了 H5 小测试#真伪球迷大起底#，通过测试欧洲杯知识库，看看你是不是真球迷；乐视体育除了与法国队、德国队等五支夺冠热门球队独家签约，推出《熙游记：女神欧洲杯》栏目外，还请来了李响、黄健翔、詹俊主掌《超级对决》节目；极米甚至联手滴滴快车玩起了"激情欧洲杯 极米狂欢夜"的主题活动。诸如此类不一而足。

这些现象或许可以说明：除了有钱买版权、重金砸赞助，企业在对待体育这件事上还有第三种选择：借势做埋伏营销。而且企业主们越来越明白，对于

欧洲杯这样的体育赛事IP，购买版权赞助不是人人都合适，原因有以下几个。

- 体育人群相对来说具有高学历、高收入、高职位等特征，但每项运动和赛事都有自己的用户群，如足球是男人的运动，欧洲杯的直播又集中在深夜，受众主要是铁杆球迷。因此，在欧洲杯期间放广告对男性消费品来说是一个不错的选择，但对大众消费品来说，覆盖面太窄。只有具备一致性原则，即购买版权或赞助的对象与企业的品牌战略和品牌个性相一致、与目标受众相吻合时，才能助力自己。

- 捆绑体育成功与否的评判标准实际上是对顾客是否有价值，能否提高顾客的感知利得和减少顾客的感知利失。比如企业赞助欧洲杯是希望通过观众对运动项目形象、内涵的识别、解码、筛选、重新编码，转而形成对品牌形象的认知，产生品牌联想、依恋、渴望，直至购买。乐视拿下17类运动项目共计121项赛事的版权则是为了提升会员价值，加强乐视生态链。但体育赛事能否助力品牌提升促进商业布局，还取决于赛事与赞助企业品牌的相似性、赞助周期、运动项目的频率及产品的介入程度等。

- 很多企业押注体育IP和赞助体育赛事最后失败，其根本原因就是没有激活营销价值链，产品和体育项目没有与消费者建立连接。当年西门子在国内市场赞助的每项体育运动都惹人注目，但因为其在国内市场上的产品设计与本土消费习惯不符，加上渠道滞后、消费人群界定模糊等原因，并没有取得太大效果。

- 无论体育赞助还是购买版权，时间和连贯性是体育布局的关键，真正的捆绑应该做到如网球与奔驰、帆船赛与沃尔沃、高尔夫球赛与宝马等这样的强关联。NBA在中国篮球培育了30年的情感，CBA在中国篮球培育了15年。

总之，对于体育这事，抢占赛事IP、玩赛事赞助都不是容易的事，而多数企业可以退而求其次，向体育借势。

## 这些正确的"绑架"体育赛事的姿势，你是否学得会

那么，具体要怎么做呢？笔者认为，要想成功借势体育赛事，首先绝不能以曝光量为目的，从IP运营到流量场景再到用户黏性都需要新的玩法。

其次，需认识到借势体育营销的价值在于三点：认知价值、体验价值、触动价值。认知是品牌曝光；体验价值是把受众带入生活场景，亲身体验感受品牌；情感触动是直逼受众内心，产生记忆性消费。下面我们以欧洲杯为例，要想真正抓住体育 IP，就要在消费者情感入口周围埋下种子，然后等待流量变现，欧洲杯其实就是那匹特洛伊木马，而笔者认为可以从以下三处发力。

### 直击球迷内心需求

从 2016 年欧洲杯开幕期间的微博讨论数据可以看出：讨论人群分布中 63% 为男性，27% 为女性，74% 集中在 19～34 岁，这一群体除了偏好美食、体育、旅游、娱乐等之外，还有运动精神。好的借势应该站在用户的立场打动对方。耐克虽不是赞助商，但其发布的全新短片《灵魂互换》以及本身运动品牌的属性，给人传达的正是人类从事运动挑战自我的体育精神。百度糯米在作文里暴露的美食、酒水和 KTV 包场正是和欧洲杯相关的，并借 8 岁小学生之口道出球迷要有人陪一起看欧洲杯的内心渴望。若是男士化妆品，则可将产品诉求与"熬夜肌"这一用户痛点连接起来，满足用户"看球工作两不误，唤醒熬夜肌"的心理需求。

### "活捉"赛事（球星/名人/赛事跟踪）

乐视体育成为英、法、德、意、西五支国家队独家官方、新媒体合作伙伴，推出《超级对决》《新三味聊斋》《女神欧洲杯》《超级足球议会》自制栏目。携程旅行联合@球范@一直播推出#欧洲杯旅行新玩法#，邀请 5 位知名艺人作为携程特约旅行体验师，独家对话 15 位神秘球星。优酷土豆自制节目"大话"系列推出《大话欧洲杯》节目，由足球界顶级"专业担当"张路坐镇，搭配柳岩、刘雨欣等女星。这些都是在借欧洲杯球队、球星、名人、赛事等内容衍生话题，因为赛事本身可挖掘的点很多，如赛场上的热点事件及赛程预告、比分预测、结果公布，甚至还有因球星的特质元素产生的话题等，拼的是创意，拼的是响应速度，看谁的产品关联程度高、话题互动性强。

### "死磕"产品

产品是第一营销力，好的产品自然会带来强力的营销效果。这可从产品本身做起，如 OPPO 推出了 OPPO 巴萨定制版 R9 及梅西、苏亚雷斯联合签名手机壳，正是在做#洽洽死嗑欧洲杯#话题。二可从产品所属行业切入，如百度糯米这篇作文里涵盖了三口之家、足球迷、陪伴相聚等多重标签，实际就构成了以家庭为中心的基于"美食、餐饮、KTV"等相关服务的 O2O 场景，父亲和小学生分别是不同的人群画像，这刚好触达了这两类目标人群，从而让媒体消费者在娱乐玩笑中被"洗脑"。

总之，捆绑借势体育是一种区别于砸重金买 IP 版权、做赛事赞助的操作手法，尤其在产品和市场的营销趋同性越来越严重的当下，企业之间的较量不单单是资源财力的比拼，面对重磅 IP，企业们莫要"性急"，而需要"心计"。

# 7.2　人人争抢的体育 IP，真能上演一场商业好戏吗

随着移动设备的不断更新和传播媒介的升级迭代，人们对"内容"的需求也达到了前所未有的高度。从早年的网络文学，到后来的电视综艺和影视剧，如今又延伸到体育赛事。

体育 IP 成为全民热点话题。从奥运会、世界杯、欧洲杯、英超、NBA 到意甲、四大满贯网球赛、中超，中网 CBA、极限格斗，甚至砂板大奖赛等都成为资本和消费者讨论的对象，各种新玩法也层出不穷。巨头创业者们为何如此迷恋体育赛事 IP？热闹之下，又该如何变现？

## 你追我赶，大家都在抢体育赛事 IP

苏宁收购了国际米兰 70%的股权，成功地在意甲联赛这样一个巨大的 IP 赛事中插下了中国企业的"旗帜"。而在体育行业大肆植入了自己标志的还不止苏宁。自 2015 年开始，巨头们就将目光转向了体育行业，而体育 IP 则成为它们首当其冲的"猎物"。

2015 年 1 月，先是万达集团收购马德里竞技足球俱乐部 20%的股份，接着腾讯视频斥资 5 亿美元拿下 5 年 NBA 在中国的网络独播权，相当于每年一亿美元，为 2013 年版权价格的 5 倍。

2 月 10 日，万达集团牵头三家知名机构及盈方管理层以 10.5 亿欧元成功并购拥有多项国际赛事市场及媒体版权的盈方体育传媒集团，控股 68.2％。

到了 5 月，天猫国际宣布与德国拜仁慕尼黑达成战略合作，之后皇家马德里海外旗舰店入驻天猫，天猫魔盒独家发布 NBA 球星科比自传纪录片《科比的缪斯》，这也成为阿里试水体育 IP 的先声。

而在 7 月，PPTV 体育独立，8 月，PPTV 体育以 2.5 亿欧元拿下西甲未来 5 年在中国的版权。

9 月 22 日，乐视体育以 27 亿元的价格获得香港英超 2016—2019 年三个赛

季英超转播独家权益，而在英超之前，乐视体育已经悄悄地吃下了 17 类运动项目共计 121 项赛事的版权。

9 月 25 日，体奥动力斥 80 亿元巨资拿下中超 5 年版权，每个赛季平均下来的版权收益为 16 亿元，有数据显示，三年前央视买断中超电视转播权的价格不足 800 万元。

同年 9 月，阿里巴巴宣布成立阿里体育集团，正式全面布局体育产业。另外阿里巴巴还于 9 月 10 日与美国 Pac-12 达成两年独家战略合作。

就在巨头们一个比一个大手笔，体育产业的火爆程度让外界目瞪口呆时，创业者们也已加快了脚步。

2015 年 9 月，一场名为"章鱼 TV 新玩法——全民主播当道，互动体育直播"的媒体见面会举行，打出"全民主播"的牌子，对准的是体育 IP 中的解说话语权。

2016 年 6 月，"2016 中国砂板大奖赛新闻发布会"在苏州举行，砂板乒乓球职业联盟将以 250 万元的总奖金打造赛事体系，实现从业余赛事到职业赛事的过渡，中国乒乓球行业里的大满贯赛事渐渐浮出水面！

同样走冷门路线的还有昆尚传媒携手江苏卫视合力打造的"昆仑决"世界极限格斗系列赛，正准备打造一个完整的单门类体育项目的全产业链，将极限格斗的 IP 力量释放出来。

此外还有电竞、台球及棋类等冷门比赛，以及卡丁车、射箭、潜水、搏击、马术、攀岩、剑道、壁球、极限的潮玩项目都聚集了大中小各类玩家。尽管其规模尚未形成聚合效应，但正借这股 IP 热潮滚滚向前。

## 除了大环境，谁在推波助澜

体育 IP 之所以会成为继综艺、影视剧之后的又一个被争抢的对象，除了国家相关政策开始支持民间资本介入、赛事转播权限制放宽，体育产业上升为"国家战略"之外，还有以下因素在推波助澜。

- 风起直播。与网文、影视作品的视觉接受途径不同，体育赛事 IP 的粉丝群体大多依赖现场或直播平台。当下视频网站技术突飞猛进，各体育视频网站均有自己的视频云平台，能触达数十亿名用户，并保证赛事直播的安全、稳定，且互联网电视、手机端、PC 端、PAD 端多终端覆盖，普通人可随时随地观看体育赛事。

尤其是直播已成为当下备受追捧的观看方式，体育爱好者不再愿意等结果出来后再看回播，而希望最快、最全面地了解体育赛事并参与其中。

再者，体育 IP 的粉丝群体本身依附于直播之上，一旦资源被独占，那些粉丝们势必从传统电视平台转移到直播平台，且黏度之强，远胜于其他版权。要知道体育直播的观众需求度，比一般影视 IP 首映的观众需求度要强太多，尤其是乒乓球、篮球、足球、排球等用户收视热情特别高的体育项目。另外，体育赛事本身周边产品需求大，除赛事直播之外，可为相关运动类应用提供入口。

## 体育 IP 逐渐成为最好的 IP

体育赛事 IP 具有先天优质 IP 特性。

- 生命周期长，且较为稳定。体育赛事犹如文学、电影、漫画、明星或游戏，甚至优于它们，生命周期长短由用户喜好决定而不是由专利过期与否决定。人们喜欢一部电视剧可能延续几个月，多则几年，而体育运动则是一辈子甚至几个世纪人的爱好。

- 安全系数高，且元素可替代。比如 NBA，即便乔丹、科比退役，马上就有新的超级球员出现，球迷就会对 NBA 持续热爱。

- 独特性强，辨识度高。好的 IP 需要有独特的辨识度和难以被模仿的生产能力。科比、姚明作为体育 IP，之所以能有效维持，靠的是其他模仿者无法比拟的篮球技术、独特的体育精神和国家民族代表意义。体育运动及其赛事 IP 已经具备文化属性，代表一个国家或民族的气质和精神，比如中国的武术和乒乓球、泰国的拳击等。

- 具有网聚效应，用户参与性高。IP 其实质是粉丝效应，粉丝因为热爱所以聚齐并形成口碑效应，而口碑辐射则是网聚效应的直接体现，并可转化为商业价值。人们可能因为热爱乒乓球或喜欢马琳而加入快乐乒乓球社区甚至参加砂板乒乓球世锦赛；人们也可能因为喜欢林丹，所以只用林丹代言的羽毛球拍尤尼克斯，甚至连家里的食用油都只用金龙鱼。而且体育 IP 还可借粉丝互动和 UGC 对 IP 进行再衍生。

- 可复制性强。体育赛事 IP 可依靠系统性模式化运作不断稳定内部造新，为 IP 保值和增值，美国有 NBA，中国就有 CBA；欧美已经举办过 5 届砂板乒乓球世锦赛，中国就在此基础上有了砂板乒乓球职业联盟及其赛事体制，甚至还首创出砂板乒乓球的四级赛事体制。

此外，体育赛事 IP 还具有强观赏性、强娱乐性等特征，如搏击运动观赏性强，对抗激烈，而且观众欣赏比赛的门槛低，不需要了解太多规则就能看懂并参与其中。而脱胎于现代乒乓球项目的砂板之所以成为 IP 赛事并被引入中国，是因为中国有乒乓文化，却没有成功 IP 赛事，砂板传承了乒乓球的特点，同时又升级了乒乓的观赏性和娱乐性，年轻化再加上高额奖金的刺激，激活了职业选手。

总之，如今的体育赛事 IP 已成为资本、巨头、创业者手里的香饽饽，有点"长风破浪会有时"的基调。

# 投资需谨慎，章法玩法得弄懂

我国体育产业只占 GDP 的 0.6%，人均体育消费仅有 27 美元，不及全球平均水平的 1/7，可见体育产业发展空间巨大。对比一下中美在电影和体育票房上的差距，可见一斑：2015 年我国电影票房突破 400 亿元，但体育比赛票房仅有 18 亿元左右；而美国的体育票房是 100 亿美元，娱乐业是 110 亿美元左右，两者相差无几。

而且体育产业的核心是 IP 赛事，但打造一个体育赛事 IP，不仅要接受高投入、长回报周期的行业特性，还需要极强的资源整合能力和营销传播能力，更为重要的是这些章法玩法需清楚。

### 情感是核心，社群才是粉丝经营的落脚地

"情感"是优质体育 IP 的核心。NBA 中国首席运营官钱军说，优质 IP 应该能够深入人心，唤起受众的情怀，得到受众的热爱。姚明则说："体育能够使人与人之间产生情感关联，就像我不认识绝大部分球迷，但我相信，我和他们之间一定有某种联系。"

首先，情感的建立要真诚，一个不玩票不踢假球的赛事才可能不断输出正能量并培养人格，让人们代代相传。

其次，要愿意花时间。培育的时间越长，越用心，情感就越深。NBA 在中国篮球界培育了 30 年的情感，CBA 在中国篮球界培育了 15 年，网球四大满贯平均发展时间都超过 80 年，英超发展超过百年，成熟的 IP 赛事大都如此。

再次，要有一个严谨的管理体系。无论国际足联还是 NBA，甚至连 WTA 都有很详尽的对球员、赛事、服务的管理体系，而且这个体系每年都会更新。在中国很多项目是被举国体制惯坏了，比如乒乓球就是金牌第一、伪职业化严重的典型，但在民间，我们看到砂板职业联盟这样一个自发的严谨体系，以完备公正的积分系统为基础，让专业球员转变到职业化路径上。

最后，也是最关键的，建立一个让情感落地的社群。在这里，粉丝和明星能有连接，用户与用户之间能有连接。有人说中国任何一个体育赛事都离不开人的故事，人的故事就是明星。比如作为中网的一个重要的情感元素，每年李娜都会被赛事邀请参加中网的比赛或观赛。

尤其是那些完全依赖人与人个体交流的项目，比如网球、乒乓球、羽毛球等项目，粉丝的归属感建立在同类人集群的社群上，明星与观众进行情感的沟通和连接也变得更加重要。

## 盈利能力薄弱是现实，价值变现还需玩法创新

当然，残酷的现实是：我国体育产业核心环节的盈利能力普遍较弱，中国近 80% 的产值均由体育用品贡献，体育赛事产值不到 10%。以乒乓球为例，2015 年马来西亚世乒赛的收视率达到 1.78 亿观看人次，可是赛事变现能力却微乎其微；即便年均 16 亿元的中超版权在 2015 赛季，中超转播的收入也不过 7000 万～8000 万元。

这就要求参与到赛事 IP 竞争中的选手们在玩法上创新。比如在变现途径上，除了版权、门票、赞助、衍生品这四项体育项目的主要收入方式外，可以在衍生消费及版权的高附加值上下功夫。

比如在用户体验上升级。昆仑决除了打造职业搏击赛事，还开发了移动端 App、爱好者社区、电商、线下搏击俱乐部等业务，甚至还将推出 VR 游戏。

2016 中国砂板大奖赛总决赛设在梅赛德斯奔驰文化中心，颠覆了传统乒乓球赛的氛围，让观众喝着啤酒看比赛，将砂板乒乓球变成一场"秀"。如今微博交流、网红直播及竞猜比分等方式都可与球迷、粉丝进行实时互动增强体验。

再比如创业者们可选择年轻人喜欢而巨头们又不太关注的项目切入，如电子竞技、五人足球联赛等，但在项目选择上需考虑"聚拢效应"，即关注度、使用效率上是高频的，且高频可以带动低频，并有一定的关联性。

### 付费点播有空间，场馆业务可延伸

此前有人猜测未来体奥动力可能会开启付费看比赛模式，此前腾讯已推出付费体育会员模式，新英体育也已推出付费看英超模式。但或许如多数人观点一致，笔者认为网络付费直播有空间，也是行业发展大趋势，但目前还有一段路要走。

首先，我国传统电视台并不具备让用户付费看比赛的条件，即便个别电视台推出付费节目，也未十分成功。其次，对主要依靠购买体育赛事版权的多数中国企业来说，并不具备和欧美企业一样的制作、分销赛事的能力，目前只能依靠相对单一的收费模式；再加上国内消费者思想观念的转变需要时间，付费点播还需从长计议。

而阿里体育宣布成立 100 亿元体育场馆基金或许释放了另一个信号：在中国大量体育场馆的服务、管理、资产开发、内容建设不饱和，利用效率低下的当下，场馆相关的业务值得尝试，这是赛事 IP 运营方改变收入结构、盘活存量设施、发展增量设施、利用大数据和会员撬动赛事 IP 的重大机会。

### 投资赛事 IP 需谨慎，热闹之下还得有原则

需要提醒一下准备投资赛事 IP 的朋友们，投资赛事 IP 不可盲目，需遵循一些原则。

- 是否符合体育运动的发展趋势。体育运动大多是对战争、生存、劳作的模拟，越是符合现代人生活的越可能成功，比如电竞是对现代人生活场景的模拟。
- 是否符合需求层次理论，从生理、安全、社交、尊重到自我超越。如走、

跑、跳是基础项目，足球、高尔夫、广场舞等是中级项目，马拉松、智
力运动、高尔夫等则是高级项目。

- 是否符合中国文化及当代人的信仰，比如剑术成为奥运会项目后开始兴
  起，乒乓球是我国的国球，这些更容易成功。

- 是否具有商业开发机制。从赛事角度，看团队/个人项目、对抗性、悬
  念性、节奏/速度、是否有代表性的体育明星等；从联盟角度，看赛制、
  分配制、所有权、商业运营方面等。

综上，挖掘体育赛事 IP，无论是巨头的刷爆款模式，还是创业者的边路突
破模式，都需要时间沉淀，目前也都在萌芽期，我们在看到行业整体发展潜力
足、创新空间大的同时，也需要认清现实，避免"一着不慎满盘皆输"的悲剧。

# 7.3 巨头们"如狼似虎"争食互联网+体育，他们胜算几何

在"互联网+"的推波助澜下，各个行业都在深度融合互联网，全面改造各自的生态，沐浴在政策红利之中的体育产业，也在挖掘产业的巨大市场空间。随着以阿里、万达为首的巨头进入并全面争食体育这块蛋糕，互联网+体育是否马上就会迎来新的春天，而巨头们的布局又离最终胜利还有多远？

## "蓄谋已久"，巨头纷纷招兵买马

先从称霸电商财大气粗的阿里说起，2014 年，马云出资 12 亿元获得广州恒大足球俱乐部 50%股权。2016 年，马云旗下的云锋基金入股乐视体育，占比 7.82%，阿里签约赞助 Pac-12 联盟，并获得 NCAA 在华赛事的独家转播权。2016 年 9 月 8 日，阿里体育集团正式成立。阿里体育开始融合赛事运营、版权、媒体、商业开发、票务等环节打造体育产业生态，希望全面整合阿里电商等资源，形成互补效应。

苏宁云商旗下的 PPTV 也不示弱，2016 年 7 月就分拆出专门的体育传媒事业部，即 PPTV 体育，负责研发、销售和节目制作、运营、商务采购等，并新增了直播、赛事运营、广告销售、体育投资等服务，从而形成"上游赛事+中游平台+下游产业链拓展"的体育产业链模式，这和股东阿里势必产生竞争关系（之前阿里以 283 亿元的投资成为苏宁的股东，而 PPTV 又是苏宁旗下的公司）。

与阿里走轻型化资产做大平台不同，王健林领导的万达则是通过自建或并购优质资产进军体育界。进入 2015 年之后，短短 9 个月万达就成为全世界最大的体育经营公司。2015 年 8 月 27 日，万达集团以 6.5 亿美元并购美国世界铁人公司 100%股权，使得中国首次拥有了一项国际顶级赛事产权，这也是中国体育产业发展的标志性事件。尽管万达的投资都立足全球，希望建立大一统的局面，但目前万达仍然缺少一个可以直面市场的输出端口去释放自己。

就在万达战鼓雷鸣之时。贾跃亭和他的乐视体育也在疯狂布局体育产业。版权引进、高薪挖角、融资找钱，乐视体育风生水起。尤其是其中"圈地运动"式的版权收购让乐视已手握 200 多项 10000 多场赛事的内容版权，乐视体育正在打造一个具备"赛事运营+内容平台+智能化+增值服务"四个支点的垂直生态链。

同样砸重金的还有腾讯，2016 年 1 月腾讯打败乐视等对手，以 5 亿美元的价格拿下了 NBA 在中国未来五个赛季的网络独家直播权。

除此之外，京东也没闲着，从体育众筹切入，以金融带动体育。之前京东众筹联合篮球明星巴特尔举行"'卸甲英雄'巴特尔再逐梦"的众筹项目，完成了近 500% 的众筹成绩。近日京东众筹又联合快乐乒乓网针对砂板世锦赛打造首个乒乓球项目众筹，开始尝试对传统体育项目进行线上线下的融合。

总之，各路资本大鳄面对体育产业虎视眈眈，开足马力并全线出击。

## "项庄舞剑意在沛公"，巨头纷争为何如此着急

### 政策红利，5 万亿成就体育新"风口"

2015 年 10 月，国务院发布了《关于加快发展体育产业促进体育消费的若干意见》，将体育产业定调为绿色产业、朝阳产业，并确定了"2025 年体育产业总规模超过 5 万亿元"的目标。要知道当前我国体育产业才区区 1 万亿元，10 年后要做到 5 万亿元，就意味着还有 400% 的增长空间，每年 40% 左右的平均增幅，这无疑是一个新的风口。而那些传统的体育项目也将迎来新春，比如笔者个人喜欢的乒乓球这一细分项目，仅 2015 年上半年，乒乓球行业的总搜索量就达 1510 万人次，成交商品数量达 1069 万个，总成交额超 2.9 亿元。但这个市场仍有很大的提升空间，尤其是非器材类的赛事市场目前表现不佳。体育产业完全可能在海量人口红利的作用下，随着巨头们的大量涌入，催生大众对文体娱乐的巨大需求，从而爆发新的拐点。

### 以体育之名"笼络"用户

巨头乱战的背后其实是在争夺用户，无论是拥有电商用户的阿里、京东，还

是做零售的万达，抑或是扎根视频的乐视、PPTV，都是借体育之名补全自己的用户结构和相关数据。比如足球、篮球等体育产业用户观众多是男性，而阿里目前用户则以女性为主，布局体育产业，就能在一定程度上补齐其男性用户不足的短板，平衡用户结构。而对于那些布局O2O的巨头们，体育更是线上和线下资源整合的黏合剂，可充分调动体育明星的粉丝效应，获得增量用户。比如与阿里合作的以Pac-12冠军联盟为代表的美国NCAA，多年来NCAA负责造星、NBA负责追星，从冠名、承办比赛到赛事票务、直播及周边售卖等，粉丝无不疯狂地为自己喜欢的明星买单，由于明星独家授权绑定到特定平台，这些粉丝就顺势成为平台用户。

另外，很多平台也在以积分制的形式"圈"住用户。由于积分赛不分男女老少，只要是同一积分段的球友均可参与，相对公平、公正，同时增加了悬念和赢球的偶然性，从而提升了其观赏性和趣味性，也有利于平台的用户积累和沉淀。巨头们都希望以体育为切入点，通过整合体育明星、轻社交、大平台和物联网，实现对用户的包抄，而由体育渠道扩展带来的用户增长才是它们的掘金点。

## 做延伸服务才是重点

再往深了说，用户增长的直接目的是留存优质的体育用户。原因很简单，一个男用户可能不会去淘宝买衣服包包，却可能买彩票或球赛门票、运动机械等。这对做电商、零售的阿里和万达都非常重要。而获得这样的优质用户的根本目的便是做延伸服务。比如阿里零售平台，通过与全球顶级足球俱乐部、NBA巨星、"新浪体育"等的合作，就可以整合阿里生态中的电商、媒体、营销、视频、家庭娱乐、智能设备、云计算大数据和金融等平台，打造一个贯穿赛事运营、版权、媒体、商业开发、票务等环节的全新产业生态，衍生诸多产品和服务。

除此之外，开发智能化的体育产品和体育旅游也是巨头们产品服务延伸的新方向。如今李宁的智能羽毛球拍、咕咚手环等随处可见。很多旅游景点也开设了不同类型的体育旅游方式，比如赛事类、探险类、休闲类等体育旅游。这让万达、阿里这样的巨头在旅游经济里又有了新的想象空间。

总之通过将互联网与传统体育联合，可以改变传统体育分散、单一的组织模式和盈利方式，更加轻易、多维地创造体育爱好者与爱好者、举办方和体育场馆、运动者与场馆、教练等相互之间的连接，从而创造出更加多样化、立体化的商业模式。

# 如此"如狼似虎"，他们胜算几何

如此天时地利人和，就意味着巨头们都能"满载而归"、"稳操胜券"吗？笔者认为，体育互联网之路至少需要经历以下几点。

### 全民运动意识、消费需求及赛事资源尚待拓展

尽管我们已经提倡全民健身，但中国的体育人口目前仍然只占总人口的27%，而欧美发达地区已达 70%，我国的体育运动仍然停留在一少部分群体中。在大多数人停留在吃跑喝足玩好的低质消费水平时代，运动健康意识仍需提升和灌输。

此外，供业余体育爱好者参与的赛事资源并不丰富，而且往往有门槛。以目前国内最普及的乒羽运动举例，针对业余爱好者的常态化联赛非常少，相对突出的就是全国业余铁人三项积分赛、快乐乒乓网的"全民皆乒"积分联赛等。据了解，此类积分赛模式是模仿了 NBA 的赛季形式，在全国 100 多个城市展开。而这样的联赛，竟然每年能吸引数十万名队员参加，可以看出，业余体育赛事资源依旧稀缺。

而对于运动产品的消费需求，更需进一步培育，大多数人仅仅停留在购买运动器械的层面，还没有智能体育产品概念。目前除了智能手环，其他的智能体育用品鲜有人问津，并且产品价格普遍偏贵，远非购买体育产品的那些年轻消费群体所能承担的。另外体育智能产品的功能需要突破，并缺乏一个庞大的应用场景，原有的运动人和习惯都需要提升，巨头们售卖运动相关产品尚待时日。

### 垂直领域深耕耗时耗力，场地和教练问题亟待解决

每个体育项目因本身差异所导致的需求乃至用户群特点差异巨大，比如乒

乒球在国内有着巨大的群众参与基础，竞技项目成绩优秀，但在国际上整体影响力不如篮球、足球，参与人群年龄大多在 40 岁以上，用户主要需求是参与赛事、学习技术和器材购买；而篮球是强对抗运动，国际影响力巨大，NBA 品牌效应根深蒂固，参与人群多为青少年，用户的主要需求是获取最新球星、比赛信息、购买器材和参与赛事。除非阔气如万达，能够直接完整收购组织架构完整、对铁人三项垂直领域已完全渗透的企业，否则，在细分体育领域投入的时间、金钱和人力，就足够让巨头们"喝一壶"了。

体育是一项线下的体验活动，对场地和教练的需求更是刚性需求。但现实状况是，目前我国的体育场地和运动设施一是本身基数少，二是因为信息不对称，很多没有被利用，教练也少，而且质量参差不齐。尽管互联网的加入能一定程度上打通体育场馆、教练与用户的信息对接问题。但巨头们如何实现直接对接需求方和供给方，去除中间环节，让用户用最短的时间、最少的成本找到合适的服务，实现多方利益最大化，仍是目前亟待解决的问题。因为：第一，场馆和教练受时间地域限制，同一时间能接待的用户有限；第二，目前懂互联网的不一定懂体育，懂体育的不一定懂互联网，这两者都懂的不一定懂旅游、零售、电商等，但构成体育体验的要素是吃、住、行、游、娱+体育资源，运动体验完整性和满意度很难把控。

## 体育的重体验性是对巨头和 O2O 的考验

承上，用户仍然注重体育运动的线下体验，甚至个别运动项目就是重体验性的，比如羽毛球、乒乓球等，本身是单人或双人对抗，观赏性较低，但参与度高，爱好者无不想亲自参与，而不是光看，本部分对赛事资源的重要性不再复述，笔者着重探讨的是体育的 O2O 模式。

对于购买运动器械，很多体育用户尤其是体育爱好者，仍然选择到店里去体验，而非直接在网上购买。这就是在电商如此盛行的当下，阿迪达斯、耐克等体育品牌依然坚持开实体店的原因。当然，要把体育用品 O2O 做好更不容易。一是开设线下体验店带来成本的增加，二是流量入口均衡的问题也会令天猫、京东等难以抉择，三是线下服务体验也在考验着巨头，互联网巨头很少有线下体验店，万达的飞凡网又不见起色，这些事实或许都映射了：新环境下巨头们也没找到"感觉"，体育 O2O 更是个未知数。

体育大多是群体活动，至少是轻社交，打乒乓球至少得有两个人，踢足球得有两个队，但电商购物、看在线视频一个人完成即可。巨头抢夺的这批体育用户是否买账，取决于平台本身社交兴趣化的程度及与体育的场景逻辑，也就是需要成功打造一个体育运动兴趣社交平台，实现线上约好友，线下交友一起运动，最后衍生出新需求。这一定是体育投资风口必须解决的重要突破口。当前的几款跑步/计步软件虽然火爆，却始终未能成功实现社交，也是其停滞不前的原因之一。

体育运动兴趣社交不同于传统交友类社交，这是一种弱关系交友需求，很难建立起平台的用户黏性。只有个别运动项目需要的运动场地小，参与人数可多可少，交流更方便，比如国内公认的乒乓球是社交运动，而其他运动要先创造用户使用情景，再黏住用户培养习惯，最后才能形成消费转化，整个过程漫长而艰难。

当然，互联网+体育一边面临着各种挑战，一边迎来了移动化、智能化、大数据化的大趋势，体育众筹等新玩法也在改变着行业规则，巨头之下的互联网+体育还有更多可能。

# 7.4 捆绑影视 IP，玩跨界营销，并非那么容易

《极限挑战之皇家宝藏》大电影是继《爸爸去哪儿》《奔跑吧，兄弟》后又一个热门综艺节目变身电影步入电影院，与之前电影上映前后，观众们纷纷吐槽其中植入的广告不同，如今越来越多的公司都在尝试捆绑这样的影视 IP，做跨界营销，观众们也开始慢慢接受。

其实捆绑影视 IP 做跨界营销早已司空见惯。

有的够创新，够经典，获得了好口碑，比如《小时代 3》上映时，顾里辰星、南湘迷梦、宛如夏日、萧然晴朗四个女主角的名字成了麦当劳麦咖啡四款果汁饮品的代号；联想推出了直接用"刺金时代"命名的 YOGA 平板电脑；《北京爱情故事》与四大电商合作；《催眠大师》登上全国速 8 酒店的房卡等，都给电影和企业赚足了眼球。

有的则无厘头，让人大跌眼镜。比如富力城搭上《后会无期》，打出"买富力新城，做国民女婿，何谈《后会无期》"的卖房标语；卖房热线也用上了"娶亲热线"，不知道用户们有没有体会到商家的"良苦用心"；《绣春刀》硬生生和 COSTA 搭上，持《绣春刀》的电影票可以在 COSTA 门店享受优惠，这样的一部武侠片和一个现代连锁咖啡馆的跨界实在有点"难为人"。

品牌方和电影玩跨界营销不再是剧照、海报、预告片、广告植入的"老四件套"，也不是简单的媒介组合，但在人人都喊跨界生态的时代，结果却是"几家欢乐几家愁"。

## 这是为何

作为一种消费者和明星、粉丝参与度极高且合作形式新颖的营销模式，影视联动类的跨界营销能够在市场竞争日益激烈、营销趋同的环境下，达到事半功倍的效果。但很多企业和自诩为专家的操盘手在执行影视内容跨界营销中，却停留在粗浅的理解和简单的模仿上，也就出现了上文类似《绣春刀》生搬硬套在 COSTA 里的尴尬情形。殊不知，影视跨界营销其实玩的是这些。

### 跨界本质是要建立"联系力"

当下，消费者的选择越来越多，注意力越来越碎片化，关注一家品牌的时间越来越短，而且用户在企业传播上由被动变为主动，话语权也越来越大。如今的营销，不仅要"拉新"，还要"守旧"。企业品牌要经营的，也不再是"点"，而是"线"，甚至是"面"。

跨界营销则是在目标受众一致的基础上，借用影视 IP 的拥趸、明星的粉丝与品牌建立新的连接，并实现转化。品牌要经营的是它们和影视粉丝之间的"联系力"。多数跨界营销的失败，跟产品、服务、管理没有太大的关系，而是因为没有跟影视粉丝建立稳固的联系。这或许是因为用户对品牌无感，或许是因为在传播上力度不够，方法不对。

因此，跨界表面上是一种交流和整合，实际上是在冲破壁垒、打破藩篱、整合传播上建立新的"联系力"。营销本是在企业活动中，需要付出极大成本的活动，尤其在顶级竞争中，边际成本非常高，但跨界营销则是希望借助影视 IP 的力量，实现边际成本的降低，也就是 1+1>2，1+1+1>4。

### 跨界核心是寻找 T 型影视 IP

用户和品牌的关系搞清楚后，我们再来看品牌和影视之间的关系。品牌商要找什么样的影视 IP，与什么样的品牌商联合做跨界。答案很简单，T 型矩阵。T 的一横表示宽度，即影视 IP 和合作公司的覆盖能力以及匹配度；T 的一竖表示深度，也就是品牌自身的沉淀和积累。

前者要求合作方需要形成互补关系，这不是基于产品功能上的互补，而是基于用户体验的互补。也就是进行跨界营销合作的各方需满足一些条件，如：品牌调性相似，品牌之间无竞争性；拥有共同的消费群体，或者彼此之间互为潜在消费群体；资源渠道互补；合作能够给消费者带来更多的价值和体验，提升消费者满意度等。后者要求品牌自身有很强的实力，能与影视 IP、合作方匹配，不能是友强己弱（这是"傍大款"，狐假虎威）。

### 跨界的目的是实现三级过渡

跨界其实就是交叉，在大众和分众、广度与深度、覆盖与沟通、品牌与销售、长期与短期、全面与重点上实现平衡，让影视 IP 、合作方、消费者一起参与进来实现多赢。但跨界却又层次之分，低级的只是粗鲁地借用渠道，比如《绣春刀》只是借 COSTA 门店卖票，却不一定能提升转化率；中级的则是合作扩充客户群，如三星发布了 GALAXY S6 和 S6 edge 的钢铁侠版本，吸引酷爱钢铁侠的消费者下单；高级的境界是学习借鉴方法并实现裂变再生，能达到这一境界的品牌商很少。

# 除了广告植入，影视跨界该这么玩

除了硬生生的广告植入，与影视合作的跨界其实还可以这么玩。

### "鸠占鹊巢"玩粉丝营销

粉丝恐怕是影视 IP 最大的筹码，尤其在巨星云集的大电影里，每个明星都拥有庞大的粉丝基数，而他们的号召力恰是影片上座率的保证，也是企业主"费尽心思"联合影视 IP 的最大动力。据透露，坐拥千万粉丝的电影，哪怕只有 1%的粉丝去看，电影就赔不了钱，而这千万粉丝如有 1%能被企业转化，也是一笔超级划算的买卖。

在《白发魔女传》上映前后，某摄影机构与之合作，在全国 800 家分店里推出了以范冰冰造型为主体的"白发魔女传"套系，一边为影片带动人气，一边提升自己的拍摄量。

### "借鸡生蛋"，做衍生品营销

尽管国内电影业还未形成成熟的衍生产品开发模式，但不可否认衍生产品的开发将带动非常大的产能价值及收益空间，也是内容变现的最好途径。

如当年《阿凡达》火爆一时，成为全球电影史上最强 IP 之一，麦当劳与之合作，推出六款以电影中角色形象为原型的玩具，如苏杰克、奈蒂莉、迅雷翼兽、灵鸟等。可口可乐零度也为《阿凡达》启动了一个名为"阿凡达计划"的网站，并推出可口可乐"阿凡达"易拉罐和礼品"阿凡达"塑料杯。还有《黄金时代》放映时，杜蕾斯推出"黄金实戴"定制款包装。

这都是品牌商根据自身产品特点和影视内容的相关性，推出一系列衍生品，进行整合营销。这种合作要求品牌有影响力，且可以帮助电影在口碑上获益，双方不需要太大的成本，品牌商甚至不需要向影片方提供赞助费，却能提升自身销量。

此外，电影与游戏的合作也是衍生品营销的很好方式，因为通常情况下游戏玩家与影视观众的重合度高，双方共同推广话题性强、热度高；玩家可以感受到电影中的场景与环节，体验感好。比如 2015 年 37 手游就获得了《天将雄师》与《琅琊榜》的 IP 版权。这对电影来说，可借助游戏增强自身的影响力，并扩大自己的衍生产业链，增加收入渠道；而对游戏方而言，可通过优质 IP 充实内容，也可整合自身渠道资源和电影的宣传渠道，最大限度地挖掘电影 IP 版权的内容价值，实现品牌共振。但目前根据电影 IP 改编的同名手游成功的并不多，这主要是因为手游和电影的生命周期较短，且手游的制作时间长，传播时间没对应上，游戏对电影的理解不够到位、还原度低等，最终遭到用户的吐槽。所以此招需谨慎。

## "借尸还魂"，影视元素授权

电影元素授权也是品牌玩转跨界的很好形式，通过利用电影元素，制作平面或视频广告，投放于机场、高铁、楼宇、公交、户外等媒体，通过影视本身的传播，锁定目标消费群体，完成产品或服务的同步传播，避免同质化的广告素材，利用"明星代言"效果，省去代言的高昂费用。

比如《复仇者联盟 2》与三星、吉利、奥迪、优衣库等多家品牌公司进行了电影元素授权。吉利推出与电影中主角对应的概念剃须刀，剃须刀伴随电影的上映而发售；优衣库推出复仇者联盟系列 UT，购买此系列 UT 可获得《复仇者联盟 2》的电影优惠券；奥迪推出"复仇者联盟"主题特别版 TT，限量发售199 台并只在天猫旗舰店预售购买等等。

需要提醒的是，品牌商在借用电影元素展开影视元素授权时，要根据自身的品牌定位、内涵、营销诉求去挖掘相应的电影题材，找到匹配品牌的电影元素，并把电影的元素融入到品牌里，让电影和品牌互相映衬，互相加码。

## "借力打力"，联合营销

还有一种就是联合营销，也就是在传播环节各自利用自己的传播渠道向辐射的用户做扩散，以扩大影视和品牌商的知名度。尤其是互联网平台可借力线上力量引导消费者到线下电影院去消费，形成全渠道覆盖的O2O闭环。

当然，除此之处还会有更多的跨界营销的玩法，如今联姻影视做跨界营销已成主流，越来越多的企业纷纷效仿并跃跃欲试。笔者在此提醒一句：品牌与影视的跨界营销不是万能的，模仿和盲目跟风都是下策，根据自身的品牌调性和营销状况决定是否进行跨界营销并想清楚如何进行跨界营销才是首先要做的。

# 7.5 探底影视众筹：贩卖明星消费
# 粉丝经济背后的 400 亿票房梦

截至 2015 年 9 月 6 日，2015 年内地票房超过 2014 年的 297 亿元，全年票房向 400 亿元迈进，就在中国电影市场呈现井喷式增长的背后，一部票房破 9 亿元的《大圣归来》将影视众筹再次带入公众的视野，这个回报率高达 400% 逆袭式的成功也将百度有戏、大家投、平安众+、淘梦网等影视众筹平台再次推向风口浪尖。就因为加了金融和互联网+元素，影视的投资、营销、粉丝转换、在线销售等环节都呈现出新的面貌，但看似热闹非凡、受尽追捧的影视众筹真的能成就 400 亿元的票房梦？

## 是重构影视产业股权，还是共享经济在试验

我们先来看看热闹的场景：截至《大圣归来》下线，合计投入 780 万元的 89 位众筹投资人至少可获得本息约 3000 万元，平均每位投资人可以净赚近 25 万元，投资回报率高达 400%。而之前阿里娱乐宝平台推出的《小时代 3》《小时代 4》以及《狼图腾》，参与投资的众筹人也获得了相对满意的回报。

此外，百度也联手中影股等发布"百发有戏"平台，萧红的传记电影《黄金时代》成为首期上线电影。平安集团旗下的众筹交易平台平安众+在做由巩铮、陆彭等主演的《诱狼》电影众筹。湖南卫视也携手浮古娱乐在股权众筹融资平台大家投上做电视剧《女人花似梦》的众筹，而这部由马华干执导，秦海璐、丁一宇、李菲儿、潘粤明等主演的电视剧在播出前期还会有湖南卫视量身定制的《女人花似梦》真人秀做预热。

大家投还完成了由董洁、张嘉译主演的《花开如梦》的 600 万元众筹。另外著名导演贾樟柯也发起了《山河故人》电影众筹，淘梦网、聚米金融等垂直影视众筹平台正全力迈进。行业好生热闹，众筹在影视业中开始扮演起新的角色。

的确，影视众筹不仅改变了靠制片人公司凭关系在小范围内找影视基金、

私人老板、私营企业等的传统融资方式，解决了出品发行方的资金问题，也提前锁定了一部分观众，保证了票房，而投资人也用极少的成本过了把瘾，看似是一项多赢完美的变革，实则只是共享经济在影视领域的试验，它是把影视作品的生产权和产权（即股权）共享给非专业用户，实现了影视使用权和支配权的分离，塑造出影视产业双层的产权结构：影视的归属权即支配权归出品制作方，影视的利用权和产权给广大众筹股东，人们在影视产品上私有，但在享有和股权上变为公有。

这其中呈现出明显的共性。

- 资金募集借助平安众+、大家投、众筹网等众筹平台，影视制作过程分工明确。就如中国股权众筹行业联盟理事长、现任大家投 CEO 李群林所说，原来由资本指定让谁出演一个什么角色，通过"互联网+"的方式，会更尊重用户和制作团队的专业意见，让资本与专业各自回归本位。

- 让影视众筹融入了互联网、大数据等众多元素，使得影视具有社交、媒体等多重属性。

- 给影视行业添加了"金融特技"后，因此表现出明显的金融属性。但平台之前又变现出差别，如以阿里"娱乐宝"、百度"百发有戏"为代表的"消费+金融"模式，除了金融收益，还有丰富的周边衍生产品；"平安众+"影视的模式是债券众筹与金融理财产品的转换，承诺一个相对固定的收益回报；而类似大家投这种股权众筹平台，走的则是一种纯粹的股权风险投资方式，对外强调的是以"股东"身份的监督权和参与分配权，对项目的质量和投资者的专业眼光都有较高的要求。

总之，影视众筹作为众筹细分领域的一种，体现专业性价值的同时，也让共享经济有了新的试验场。

### 共享经济下的影视众筹实质是消费粉丝经济

既然嫁接了共享经济新模式，继承了互联网+和金融的优良特性，影视众筹就一定能代表新的经济形态，作为颠覆式模式为我国电影票房推波助澜吗？

回答这个问题的前提是搞清楚影视众筹的实质和根本。我们"追究"一下，就会发现，《大圣归来》电影点映首日，众筹者就包场观影接近 200 场，同时还竭尽全力拉亲戚朋友过来捧场。而《小时代》放映时有多少看过 2 遍、3 遍甚至 4 遍的"投资人"，还不断刷朋友圈，给好评，就为了刷票房。这和传统的明星开演唱会卖 CD 并无二致，实质都是贩卖明星效应，消费粉丝经济。只不过影视众筹大多是基于 IP（内容版权）做开发，影视公司合作或平台方选取现有游戏、动漫、文学等 IP 开发成影视作品，而演唱会更多的是单纯消费明星。原因很简单：互联网多屏时代，小说、影视剧和文学等的受众高度交叉重叠，各方都希望通过影视来推动 IP 的变现，平台更希望利用自身在其他领域庞大的存量用户做转化，充分借力粉丝经济实现 IP 边际效应最大化。

当平台和众筹项目越来越大，它们更加表现出共同的特征。

第一，它们借助的平台，要么是连接型公司，如阿里、腾讯、京东，能将自己的 QQ、天猫、京东商城等极具连接属性并与电商交易相近的平台上的用户转移到影视娱乐上来；要么是如平安众+、众筹网，在行业拥有影响力和话语权，借力行业品牌背书。

第二，它们用"技术+内容+平台"的互动娱乐服务来聚拢用户，用经典的游戏、文学、动漫及电影 IP 来连接用户。

第三，连接转化的过程，既发挥自身强大的 IP 资源优势，又能利用用户群体的重合性，实现线上到线下的拓展，最终用影视光环效应实现外界对 IP 的有效聚焦。

## 这样的粉丝经济是万能的吗

尽管这类平台有着海量的基础用户，也具备连接转化的能力，并且目前收获颇丰，但这并不意味着它们就可以高枕无忧。

第一，存量粉丝的优势很可能是 0。首先，这些优势的前提是用户高度重合且易转化，但在中国互联网免费模式的熏陶下，用户早已习惯免费获得，让他们掏钱是件不太容易的事。其次，获取粉丝的目的并不一定能达到，利用众筹获得用户的投票和支持，其最终目的并非要那点投资额，而是粉丝带来的资本。而且这个资本的含义是：

资本=资源+本事

资源是粉丝所能发动的人脉关系等社会资源。众筹是希望让粉丝拉更多的人来为影片买单。本事是粉丝制造话题的能力、引导舆论的能力、传播造势的能力等。只有具备真正资本的粉丝才对影视有价值。

第二，粉丝经济和明星效应并非屡试不爽。粉丝经济的本质是品牌营销，影视粉丝经济只是借用明星 IP 缩短品牌建设的周期，并借助平台黏性引导用户积极参与，从而产生影视需求，最终为明星 IP 买单。用户因关系、兴趣而聚拢，通过关系图谱、兴趣图谱进行交互，但只有用优质内容来连接粉丝，才能让 IP "活起来"，引发网络"自来水"效应。一旦影视本身质量不高，就会引发反向"自来水"，大量吐槽抨击引发差评，最后影响票房。"娱乐宝"推出的众筹电影《魁拔 3》最终票房未达到 2000 万元遭遇滑铁卢是个提醒。

第三，粉丝价值并不能带来影视价值。电影价值应具备三种属性：艺术价值、社会文化价值和商业价值。影视作为高体验的文化产品，其价值的大小还取决三个属性之和，众筹可增加观众在影片投资、制作、营销上的参与度，让人们产生"我是它的代言人"的认同感，但叫好又叫座的影视作品必须满足三个点：兴奋点、社交点、分享点。平台的粉丝价值仅能放大其商业价值，影视作品的成功还受人群定位、受众年龄、推广渠道、价格区间、故事优劣、艺术性高低、制作水准等多种因素的影响。

第四，包括影视众筹在内的文化众筹，政策风险依然在。尽管近期各类政策出台，对影视的众筹仍游走在"营销"与"投资"的边缘，行业红线密集，亟待继续规范。而行业参与者多是对政策、众筹业态不熟悉，缺乏相关专业人才，缺乏项目推广渠道，这无疑加大了行业风险。

第五，影视众筹风险仍然较高，成功的模式与经验仍待检验，仍需警惕信用风险。数据显示，我国影视类众筹平台项目成功率仅为 64%。国内第一批影视众筹网站目前项目的成功率只有四成。一方面影视剧投资受推出时间、参与环节、回报模式、团队力量、档期、同期上映影视、市场偏好等多方面因素的综合影响；另一方面影视众筹发展时间较短，相关运作体制尚未完善，存在技术风险和信用风险。

总之，投资者对影视众筹应该保持理性，并同步提高对影视行业的了解与认识，影视众筹的商业模式还需要不断完善，以降低投资风险。影视业作为一个拥有巨大沉默能量的产业，让影视众筹去承担实现"超级 IP+超级粉丝+全产业链"的影视生态还太早。

# 7.6 用户体验和个性化服务才是在线音乐的核心竞争力

互联网信息技术革新了各个行业，促进了生产生活方式的大转变，也让人们对知识产权更加重视。但中国音乐产业却随着互联网驶入了另一车道：野蛮的互联网犹如一道"避风港"，音乐版权一直处于悬空状态。平台肆意上传各类没有版权的音乐且无须承担任何成本。但近年来，付费和版权保护的声音越来越大，音乐产业逻辑逐渐清晰，在线音乐平台之间的诉讼和封杀事件频频发生，版权价格开始暴涨，单打独斗多年的在线音乐开始"抱团"上阵，监管层的法律也接踵而至，版权开始成为在线音乐的头等大事。

## 版权口水战，醉翁之意不在酒

2014 年 11 月，腾讯状告网易云音乐所播 623 首歌曲侵犯了腾讯购买的版权。而后武汉中院作出判决支持腾讯的申诉，认定网易云音乐平台及其下游分销商通过互联网络、移动网络公开传播的《时间都去哪儿了》等网络音乐涉嫌侵权，裁定要求网易云音乐停止这一行为。要知道，通常情况下，腾讯应先向网易发起要求对涉嫌侵权的音乐作品下架的通知再发出诉讼。但这次直接诉讼要么说明双方之前的沟通并不顺畅，要么就是腾讯有意为之，而这并不是腾讯对音乐版权争夺的开始，更不是结束。

同样的版权争夺也在阿里与酷狗间展开，阿里音乐旗下公司向杭州余杭区人民法院递交诉前禁令申请，禁止酷狗音乐播放其独家版权歌曲，之后酷狗公司也向法院递交诉前禁令申请，斥阿里巴巴（杭州）文化创意有限公司在未经许可的情况下，擅自在其旗下产品"虾米音乐"上向公众提供酷狗公司享有独家著作权利的音乐作品。日前法院已经裁定阿里音乐停止通过"虾米音乐"平台向公众提供涉案录音制品，其中包括张惠妹、陶晶莹、苏芮、黄磊等众多知名歌手脍炙人口的代表作，如《趁早》《我可以抱你吗》《太委屈》《听海》《橘子红了》等共计 456 首作品。

但诉讼远不止这些，除了网易云音乐与酷狗，腾讯 QQ 音乐与网易云音乐互相起诉，就连一些国外唱片公司也向国内在线音乐平台发起了诉讼，2015 年年底，美国歌手 Taylor Swift 在中国的版权持有方环球音乐致函天天动听、网易、虾米等网站，警告其必须下架 TaylorSwift 的在线免费音乐。在线音乐诉讼之战全面开启，这和复杂的音乐产业链不无关系，其中涉及乐曲、歌词、发行人或公司、表演者、唱片公司等多个权利主体，要获得全部授权很难，从而导致不同的主体分别授权时错乱，引起版权纠纷。而诉讼也远非简单的要求下架，背后真实的情况则是巨头排斥对手的常规打法，提升自家在行业的话语权，加速市场洗牌。

### 各家购买版权，中小网站面临淘汰

除了诉讼维护自身现有的版权，在这场在线音乐抢夺战中，各家也用资本对决版权。QQ 音乐当算绝对主角。2015 年 QQ 音乐与全球三大唱片公司中的华纳和索尼达成独家版权合作，几乎买断两家唱片公司的曲库，成为它们在中国的"独家代理商"，其他在线音乐平台要使用两家唱片公司的作品，就需先经过 QQ 音乐的授权。QQ 音乐通过对版权分发的控制试图确立上游龙头老大的位置。阿里音乐自然毫不示弱，与 QQ 音乐版权展开"军备竞赛"。2016 年 7 月，阿里巴巴集团宣布成立阿里音乐集团，全面整合虾米、天天动听等旗下音乐业务，并将高晓松和宋柯两位中国乐坛的重量级人物收至麾下，剑指原创音乐。

其他音乐平台也没闲着，恒大音乐与百度、阿里等互联网公司签署了音乐作品授权使用合同，虾米推出"寻光计划"，发掘原创音乐人；网易云音乐推出音乐发掘活动，希望借助平台的力量打造原创音乐……这时候音乐平台在渠道角色之外开始承担出品等多种角色，音乐行业的链条开始重塑。

但这种通过资本囤积大量版权并进行版权转授的玩法并不能持久。

一是在线音乐的盈利模式尚未明确，国内仍然存在大量免费音乐资源，在从唱片到在线音乐的过渡中，市场仍未出现类似 iTunes 一样的平台衔接上下游，国内用户更没有形成付费习惯。在同质化的音乐服务商不断增多的行业状态下，为圈住用户，平台服务商往往采取免费模式而非强制收费的方式进行推广。

二是通过垄断在线内容来留住用户，只是短时间的权宜之计，要清楚版权之争只是存量之争，但在线音乐市场无论内容还是用户都是增量市场之争。垄断终究无效，反倒伤了用户的心。

三是版权争夺战最直接的结果是版权成本增加，这无疑加剧了行业的困难程度：随着版权价格的水涨船高，平台版权支出成本也在增加，由于音乐版权的定价没有参考体系，一口价往往是饮鸩止渴，平台更加艰难。据业内人士测算，现在每千首音乐消费，流媒体网站需要负担版权成本 2.5 元、带宽成本 1.6 元，而广告收益仅有 1 元，净亏 3.1 元。这对缺乏强大资金实力支撑的中小网站而言，将因无力购买版权失去生存土壤从而彻底出局。2016 年 7 月下旬，音乐分享网站 SongTaste 就因版权问题最终被迫关闭。

持续烧钱的音乐平台正在等待版权规范来拯救整个行业，政策先行是否将成为在线音乐行业走向正常轨道发展的开始？

## 政策施压，行业迎来正版化曙光

2015 年 7 月，野蛮生长的网络音乐终于迎来了正版化的春风。国家版权局下发《关于责令网络音乐服务商停止未经授权传播音乐作品的通知》，网络音乐版权专项整治行动正式启动。这则最严禁令开始引起连锁反应，首先便是网络音乐平台纷纷下架未被授权的音乐作品。截至 2015 年 7 月 31 日，16 家直接提供内容的网络音乐服务商主动下线未经授权音乐作品 220 余万首，包括 360 的"好搜"音乐盒，SongTaste 音乐板块等。政策的出台，一来可以减少诉讼维权的数量，毕竟通过法律途径维权，成本高，周期长，投入产出比也低。再者随着行政力量的介入，监管处理及惩罚力度加大，违法成本提高，维权方成本降低，对盗版者也形成有力的管制。

政策出台对行业的影响也不容小觑，在线音乐行业马太效应将更加明显，拼资本、拼流量、拼模式将成为在线音乐平台竞争的主旋律，版权匮乏的网站将寸步难行。版权被更加重视，以 QQ 音乐为代表的腾讯系、酷我酷狗为代表的海洋系、虾米和天天动听组成的阿里系和网易云音乐、百度音乐等，纷纷与音乐内容版权方签署了版权合作协议。

同时，在线音乐收费再次成为行业共同的关注点。一来随着音乐版权费用的上涨，网络音乐厂商成本压力越来越大，亟待变现。再者网络音乐向移动端迁徙的过程为收费创造了条件，用户开始在移动端集中。以网易云音乐为例，其 1 亿名用户中就有 70%来自移动端。而且手机端的支付方式更加灵活，移动支付更加便利，移动端变现效率大大提升。尽管在线音乐仍然面临着用户付费意愿不足的问题，但几大网络音乐服务商都在尝试推出高品质付费下载包月价套餐，价格也在 10 元左右。网易云音乐更是在 2015 年 7 月推出了每月仅需 3 元的正版环球音乐唱片包，希望用性价比培育用户付费习惯。

利用粉丝经济为音乐买单也是在线音乐付费的积极尝试。自 2015 年开始，QQ 音乐就开始尝试为周杰伦、周笔畅、张学友等粉丝基础深厚的明星推出数字音乐专辑，且销量还不错。比如 20 元一张的周杰伦专辑一年内已售出 16 万张，韩国乐队 BIGBANG 的三张专辑 2015 年 7 月总销量更是突破 100 万张。此外，腾讯 QQ 还与华谊创星联合发布了行业内首个关注粉丝细分行为的榜单"星影联盟明星粉丝指数"来评估粉丝的"价值"，粉丝经济已然成为评估艺人价值的重要元素。另外 YY 语音和 9158 等网络直播表演平台和唱吧等线上 KTV 平台也创造性地培育出了新的在线音乐付费方式，它们通过粉丝"打赏"的金币、花束等道具与平台分成获得收入。

就在整个在线音乐产业盈利方式仍然模糊不清的当下，行业更加需要打破固有的商业模式的差异化创新，通过产业上下游结合或线上线下融合的方式建立新的竞争力。比如乐视音乐推出了付费直播平台和主题音乐会；酷我建立了 K 歌、儿童歌曲专区；虾米主打独立音乐人；网易云音乐以"社交"为核心，主推"乐评""歌单"等功能……而 QQ 音乐的 LIVE MUSIC、网易云音乐的"音乐大战"、阿里音乐的"寻光计划"又是另一种对互联网音乐体验形式的创新，将线下演出搬到了线上。这种收费做法让用户更易接受且交互性更好，是背靠阿里、网易、腾讯等集团的音乐厂商利用网络独特资源为区隔定位做出的大胆尝试。

总之，在线音乐一如当年的在线视频，版权和内容的竞争只是大公司和资本密集进入后的初级状态，用户体验和个性化服务才是行业核心竞争力的标志。

# 7.7　打造超级 IP，你真悟错了道

这是一个人人都离不开 IP 的时代，从动漫、影视、游戏、图书到体育、明星，甚至网红、主题公园和玩偶，IP 成了无孔不入的存在，资本追逐，人们"爱戴"，品牌商趋之若鹜，可谓热得发紫！但同样都是在经营 IP，有人欢喜有人忧，喜的如好莱坞迪士尼，一直是动漫影视 IP 界的巨头。从 20 世纪三四十年代的米老鼠、唐老鸭，到现在老少通杀的《钢铁侠》《冰雪奇缘》等，迪士尼乐园无疑是 IP 商业运作的先驱。而更多的企业或成先烈，或成炮灰，在 IP 运作或借势上陷入死胡同。那具体如何理解 IP？又该如何玩好 IP？

## 同样在玩 IP，差距可不止一点点

众所周知，迪士尼是极具品牌张力的 IP 元素，无论人物还是故事，总有说不尽的趣味谈资和道不完的娱乐触点。

据不完全统计，目前迪士尼全球有 3000 多家授权商，销售超过 10 万种与迪士尼卡通形象有关的产品。以上海迪士尼乐园为例，据数娱梦工厂的数据，从 2015 年起至 2016 年 3 月期间，已经至少有 21 个中国品牌及上市公司主动寻求与迪士尼合作，如华为荣耀的儿童手表大打迪士尼牌；小天鹅在洗衣机产品上使用相关迪士尼、漫威及星战原型；阿里数娱推出了一款互联网电视盒子——"迪士尼视界"等等。连百事公司也成为上海迪士尼度假区的首要饮品供应商之一，这标志着百事公司 30 年后重返迪士尼。

而国内呢？成功者可谓凤毛麟角，《花千骨》已是成功中的旗帜，带动了小骨手机、赵丽颖同款服装、《花千骨》同名游戏等相关产品的兴起，而失败者如《仙剑奇侠传》官方手游上线不足 1 个月就衰退到冰点，中国第一部改编强 IP 动画玄幻大戏《秦时明月》电视剧版错失口碑，豆瓣评分 4.6，收视率也极其惨淡……诸如此类举不胜举。

同样在玩 IP，为什么国内外的差距就这么大呢？

# 搞超级 IP，你或许真悟错了道

如果把经营 IP 看作开火车，那以影视娱乐为首的 IP 内容板块就是火车头，以 IP 内容为牵引和驱动，用电影、电视、音乐、游戏等大众化的衍生品的爆发力来引爆 IP 价值，国内有华谊兄弟等，国外如迪士尼等。但今天笔者要说，多数人错误地理解了 IP 和 IP 运作。

### 成功的超级 IP 运作不一定是 IP 内容的成功，而是踩准了点

很多人把影视、游戏等 IP 衍生品的成功归结于原 IP 内容好，如电影《哈利波特》系列的成功是因为 J·K·罗琳的原著《哈利·波特》好。如果按照这个逻辑，《西游记》和孙悟空的成功就一定会保证其他衍生影视作品成功，可到今天，源自《西游记》的影视剧总数超过 100 部，却只有《大圣归来》《西游降魔篇》等少数作品叫好又叫座（尽管这些影视 IP 热播热映，但其衍生的游戏仍然少人问津）。

所以一次成功的 IP 运营绝不止是 IP 本身质量过硬（当然这是必要条件），更多是踩对了点。首先是时间点，如电影《同桌的你》是在大学生即将毕业的 4 月底上映；迪士尼那场求婚发生在上海迪士尼开园的当日，迪士尼官方刚好邀请了众多媒体。其次是情感、社会环境、科技发明趋势等节点，比如小说《三体》改编成电影被寄予厚望，是因为科技进步让人们对另一个世界充满了前所未有的好奇心。

### 超级 IP 内容只是表象，人格化才是内核

如今无论是行业巨头还是中小创业者，抑或是投机分子对 IP 的追逐都是跟着内容跑。殊不知影视、游戏、小说、动漫、体育甚至明星、网红，都只是 IP 的内容呈现形式，而这只是表象，IP 人格化才是核心，这包括三大部分。

#### 呈现场景化

IP 基于人们使用现场所遇到的痛点转变为呈现方式，并通过内容落地，《同

桌的你》这个 IP 其实是我们对青春的怀念，歌曲和电影再现的都是校园场景。上海迪士尼也是一个很好的场景展现，对绝大部分女孩子来讲，迪士尼是一个梦幻的求婚场地，所以迪士尼相关元素和 Darry Ring 的呈现才不会突兀。

## 内容人格化后还需要表达人格化

人格化是 IP 连接的核心，IP 连接的关键在于能否人格化呈现出来，也就是内容人格化并表达人格化，这是超级 IP 无限拓展和产业表达的基础。小女孩喜欢看《白雪公主》是因为她们崇尚善良和漂亮，而白雪公主这个角色则是善良和漂亮的人格化内容，电影《白雪公主》则是善良的人格化表达。

## 人格化成功后的结果是自带势能，即拥有流量和粉丝

《飞屋环游记》之所以成为千万少女的最爱，是因为它述说的浪漫爱情、幸福婚姻吸引了她们。这个 IP 贩卖的是爱和浪漫，所以才具有连接粉丝、集聚流量的能力。超级 IP 自带流量，而且是连接的自然结果。

## 超级 IP 不是简单的符号，应该具备四大属性

很多人把 IP 看作一个超级符号，如看到金箍棒就想起孙悟空，看到盾牌就想起美国队长。但这还只是皮毛，吴声说，超级 IP 的生存法则是以 IP 为中心形成"亚文化"，而笔者认为，超级 IP 绝不止是超级符号，它至少包括以下四个特性。

强视觉辨识力，如 VI 视觉元素、仪式感或故事性等

上文说的金箍棒、盾牌，还有《哈利·波特》中的扫帚、蝙蝠侠的飞天服及清宫、唐服、星际等都是 VI 视觉，是人们最直观的感受层面。

《蝙蝠侠》《美国队长》《007》《琅琊榜》都是在讲述"超级英雄"的故事，《花千骨》运用的是"灵魂伴侣"的故事引擎。此外，故事还得有文化内核，日本动漫作品在中国获得了巨大成功，但未能像漫威系列那样风靡全球，就是因为日本和中国文化同源，而且这种文化与价值观的表达只局限在中日两国。

强分享连接感，表现为：用户参与、乐意分享，兴趣社交等

好的 IP 一定是能引发用户参与，让接受者乐意主动分享的。真正的 IP 刚

开始是半成品，在与用户交互中逐渐丰富内涵并扩散，其实就是种子用户因为喜爱而主动聚集进而形成兴趣社交并主动传播。超级 IP 是抵达铁杆用户的连接器，经营 IP 应以人为中心，而不是传统的"以产品为中心""以 IP 内容为中心"的经营逻辑。只有在受众心中产生情感共鸣，并乐于分享这种共鸣，才是一个好的、长久的 IP。

价值沉淀性，表现为：有温度有营养，历史感不是快餐式消费

这首先是指时间沉淀。要知道《美国队长》诞生于 1941 年，《钢铁侠》诞生于 1963 年，而国内的《西游降魔篇》等影视剧 IP 的生命周期很短，尽管播出时收视率和关注度很高，但当影视剧收官以后，用户注意力就瞬间转移，相关衍生品如游戏推广更是难上加难。IP 运作绝不是快餐短暂式消费。

其次是指情感沉淀。有温度有营养，这是 IP 人格化的必然结果。爱情、亲情、正义、尊严等都能推动 IP 深入人心，如《蝙蝠侠》中的民间正义，《超能陆战队》中宣扬的亲情，DarryRing 代表的唯一真爱与承诺，这些内核是可以跨越文化、地域和时代的，是可以被沉淀下来形成亚文化效应的。

强附着力，表现为：相互吸引，能引爆潮流

一是 IP"信息内在质量"具有附着力，或容易被接受，或容易被记忆、行动和分享，《银河战士》《古墓丽影》《大富翁》等在全球拥有大量受众，它们本身就是增加信息附着力的好途径。

二是能激发流行感，既有传播广度，又有传播深度，甚至引发人们主动搜索。IP 的附着力取决于 IP 与受众之间关联程度的高低和 IP 的价值大小，关联度高、价值大的 IP 具有更强的附着力，成为流行的引爆点。例如，《武媚娘传奇》是一部电视剧，它的话题度、流行度、点赞和吐槽及对 IP 内容的经营都成为一种流行。

## IP 的真正价值不应该是流量价值，而是信息价值

商业拥抱 IP，觊觎的是 IP 的流量入口价值，它们垂涎 IP 就是因为其在流量入口和商业变现上有更大的想象空间。而笔者认为 IP 的真正价值在于信息价值，流量变现价值要建立在信息价值基础之上。

信息价值表现在为：知识，本质是帮人们省时间；娱乐，本质是帮人们花时间。

简单地说，知识价值就是帮用户做筛选，人们认可 IP，IP 就帮助人们过滤。高晓松、罗辑思维这样的明星 IP 就是在不断创造知识并让读者省下做筛选的时间，专心学习。所以 IP 的知识价值就是标签，是推荐机制，是内容质量的保证。而 IP 的娱乐信息价值则是让人感到放松并愉悦，并且让人们愿意为此花掉时间。比如笔者看《万万没想到》是因为搞笑，看《变形金刚》、《钢铁侠》是因为刺激，看《冰雪奇缘》是因为浪漫，未来哪个 IP 占用用户的碎片化时间更多，谁就更容易获得"流量入口"。

所以真正运营好 IP 就是使之高效知识化和高效娱乐化，在此基础上才可能获得流量入口，进而转化为商业价值。IP 运营就是完成人与 IP 的连接，让人们节省时间并消费时间，影视、游戏等内容只是表象、流量只是结果，人格化才是内核。

## 借势还是运作超级 IP？这些真应该学会

如果以上理解了这些，那么无论是运作 IP，还是借势 IP，都得从长计议。也许这两点值得注意。

### 理清边界，"门当户对"是因，"水乳交融"是果

边界就是哪些能做，哪些不合适做，运作 IP 要看 IP 本身的气质和目标消费者是否匹配，借势 IP 要看 IP 与自身品牌调性是否一致。

门当户对是看是否实力相当、调性匹配、产品具有共通性。若一个煤矿老板说要拍动画片，怎么听都觉得滑稽；上海迪士尼乐园要找合作方，选择百事可乐、康师傅这样的快消品品牌，肯定比电器、金融等其他行业品牌更加合适。

确定边界是战略问题，抢夺 IP 则是战术问题。尤其是在超级 IP 的捆绑上，"首次效应"的威力毋庸置疑，但若气质不符，超级 IP 有多强，释放的负面效应就会有多大。

### 注意传播自下而上，而不是自上而下

成功的 IP 应该具有可持续性。成熟的 IP 最初也应该是半成品，通过粉丝

参与丰富其内涵后，再完成价值转化。所以无论是运作 IP 还是借势 IP，请善待粉丝，粉丝经济不容小觑，真爱粉丝才是自己的"4A 公司"。IP 扩散不应该从上到下，而应该鼓励粉丝、引导粉丝自下而上。只有小女孩天天拿着自己喜爱的芭比娃娃和水晶鞋到处炫耀，《冰雪奇缘》这个 IP 才是在释放价值。粉丝因为爱才会分享，因为认同一生只爱一人的价值观，才会选择 DarryRing 钻戒，才会去演绎《飞屋环游记》的桥段，才会选择在迪士尼乐园求婚。

IP 借势和运作都无须复杂化，并应避免过度商业化，只要创造一个独一无二的定位或内涵，留出粉丝自发参与的空间，这事就成功了一半。

总之，经营 IP 是件由内而外的事情，别看表象，得回归人性，看人的需求，完成人格化的演绎。

# 第 8 章

# VR 与人工智能，未来走向何方

## 8.1 井喷之前，虚拟现实还要补哪几块短板

2016 年 1 月 6 日至 1 月 9 日，一年一度的国际消费类电子产品展览会（2016 CES）在美国拉斯维加斯举行，从无人机到 3D 打印机，从智能手机到无人驾驶电动汽车……成千上万款无与伦比的消费类智能电子设备和产品在此亮相，上演科技圈的"武林大会"。但 2016 年虚拟现实（Virtual Reality，VR）产品和设备绝对是市场的焦点，Oculus、HTC、PS、大朋 VR 等早已各出奇招，好不热闹。但就在虚拟现实全面井喷之前，笔者想泼一盆冷水，高歌猛进之时不要忘了行业还有些功课要做。

### 智能终端新风口，虚拟现实人头攒动

最近几年，互联网+、共享经济、工业 4.0、人工智能等概念风起云涌，让人目不暇接，虚拟现实更是以不可匹敌之势吸引着 IT 拥趸和投资者的眼球。就在 VR 开始从概念、电影中走入现实，角色也开始从极客玩具转向大众消费品，并逐渐融入人们的生活方式之时，VR 也毫无疑问地成为创业新风口，并会集了实力空前的三大阵营。

第一阵营：国际科技巨头，以 Oculus、微软、索尼、HTC Vive 等为代表。2014 年，Facebook 豪掷 20 亿美元买下 Oculus，其 VR 设备 Oculus Rift 已开放预订，价格为 599 美元。微软在 2015 年也掷下 25 亿美元收购《Minecraft》为其 HoloLens 布局游戏；Google 仅凭一段视频就投资 Magic Leap，并借助硬纸

盒 Cardboard 进军 VR 硬件领域；HTC Vive 2015 年 3 月也在 2015 年世界移动通信大会上高调亮相；2015 年 9 月 15 日，在 2015 东京电玩展索尼发布会上，索尼旗下的 VR 头盔正式更名为 PlayStation VR，同年索尼 VR 系统 Project Morpheus 首次入华；三星也和 Oculus 合作开发了 Gear 设备；英特尔投资 VR 厂商 Avegant；再加上高通、瑞芯微等芯片厂商，该来的都来了。目前激战正酣，尚未形成绝对领先的品牌。

第二阵营：国内 BAT 巨头。阿里巴巴向国外 VR 公司 Magic Leap 注资 2 亿美元，这也是阿里发力 VR 的起点，但肯定不是终点。腾讯也没落下，早在 2015 年的乌镇互联网大会上，马化腾就已提及腾讯在思考 VR 还是 AR，随后在 2015 年 12 月底，腾讯在北京正式组建 Tencent VR 团队。同样是在 2015 年 12 月，百度视频高调宣布进军 VR 领域，并上线了 VR 频道，成为国内 VR 内容聚合平台的先驱。如此，BAT 的 VR 之路正式起步，是一股不容忽视的力量。按照 BAT 的惯用打法，收购或单干都将影响行业走向。

第三阵营：行业新秀。国外如 Magic Leap，国内更有大朋 VR、暴风、乐视、魅族等等。其中暴风的一款"暴风魔镜"造就暴风科技股票连续 36 个涨停的神话。目前在国内 VR 市场占有率超过 60% 的大朋 VR 也在 2015 年 12 月获得了迅雷和恺英网络的 3000 万美元 B 轮融资以及奥飞动漫战略入股，令其估值达到 10 亿元。据其官方数据：大朋头盔（移动端）市场占有率在国内居第一位；旗下 VR 内容分发平台 3D 播播，累计用户超过 150 万名。

同时，在产品上也分裂出三类不同的产品形态：一体机、PC 端和移动端。VR 市场可谓人头攒动，VR 势必在未来两年内进入蓬勃发展期。这也是家庭娱乐智能系统发展加快家庭互联网化的必然趋势，让越来越多的智能设备加入到家庭娱乐体系中，实现整个家庭成员、家庭行为以及家庭基础设施的连接、开放、共享和智能化。

# 四块短板，亟待补全

但这不意味着 VR 就将一帆风顺，勇往直前。和所有新生力量一样，虚拟现实在迎来爆发的 2016 年之前，仍有或多或少的行业问题需要解决，这不是一款产品、一家公司面临的难题，而是整个行业滚滚向前必须经历的阵痛。

## 产业链短板：供应稀少，尚不成熟

让我们先看看发展得如火如荼的智能手机市场，有免费的操作系统、数亿计的免费应用、千万名软硬件技术人员。而作为核心元器件，芯片、摄像头、屏幕、电池等厂家更是数不胜数，充分保证提供价位合适的零部件。如此成熟的上下游产业链成为智能手机突飞猛进的支点。

但 VR 就没有如此好的"待遇"了，目前整个产业链尚不完善：既没有统一的行业标准，也没有太多可供选择的操作系统平台，行业所需的高级传感器和芯片也极其缺乏，甚至 OLED 面板也只有三星、HTC、Oculus 等几家厂商可以拿到。根据英伟达的测算数据，2016 年全球仅有 1300 万台 PC 具备足以支持 VR 的图形处理能力。再看看 Gartner 的测算，这些超高端设备在 2016 年的 14.3 亿台 PC 装机量中占比不足 1%。这一切使得整个行业从产品的工业设计、结构设计、硬件、光学、固件、图形图像算法、软件开发工具包、供应链管理、生产等整条产业链上所需的设备、人员、技术、供应商等都相当稀缺。除了国际顶级厂商，国内只有个别一线品牌才具备百万量级产品的供应链能力，而像大朋 VR 能成为首家向 ARM 提出核心处理器在 VR 领域的适配解决方案的 VR 互联网企业，并保证旗下产品大朋头盔能采用三星独家 AMOLED 屏幕的厂商更是少之又少。

总之，从操作系统到元器件，从技术到人力，行业生态链都面临种种制约，VR 仍然处于从实验室到大众市场普及的爬坡阶段，等待着整个行业的共同成长。

## 内容短板：影视娱乐内容少，开发难度大，成本高

除了产业链的限制，内容稀缺成为第二块短板，VR 的主要应用是影视娱乐，也就是图画、图像、3D 视频影像、游戏等。但目前一是内容少，多是试看片，即便 Google 推出了 Jump，Youtube 也可用于制作 VR 画面的视频，但国内用户也"无福消受"；二是质量差，看看那些 VR 老游戏或特质的影视片段，其画质和完整度实在满足不了用户需求。

当然各厂商们也在发力内容，比如 Oculus 制作 VR 短片，并将制作好的内

容推向电影节，还推出了 VR 商店来进行 VR 方面的转换。大朋 VR 则推出视频内容平台 3D 播播及游戏开发者交流平台大朋助手。此前大朋 VR 还与蓝亭等环视视频提供商及爱奇艺等视频公司合作，甚至还提供了与 Oculus 打通的软件开发工具包，兼容 Oculus99%的资源，从而争取更多的内容源。乐视借用生态思维、暴风执行"All in VR"策略也都是为了丰富内容。现在也有很多手游创业团队将目光聚焦在 VR 游戏上。

但整体来说，内容资源仍然供不应求，这一方面是因为 VR 应用技术开发难度大，这极大地考验着开发者沉浸式应用的开发技能，考验着他们对内容场景、视场角度、构想性、交互性等的理解和实现能力，况且多数开发者仍习惯于移动应用，对 VR 的内容开发缺乏经验。另一方面是因为内容制作成本高，多数个人开发者只能望而却步，中小公司大多不敢轻易尝试。再加上目前整机厂商的主要注意力还集中在 VR 硬件设备的研发之上，如此态势下，内容或将直接决定了 VR 行业能否在未来两年实现大爆发。

### 场景体验短板：体验不畅，真实与幻象的距离

用户实际体验尤其是在真实与幻象场景中转换的体验仍存在较大的改进空间，这是 VR 设备及产品需要面临的第三个问题。

目前市面上多数 VR 设备都是头戴式，使用时不仅需要用户紧盯着屏幕，还需要用户自己来回调整装置。且不说这是一项负担，在实际操作过程中，任何轻微的投影错位或时间延迟都可能产生不适，如果调试慢或不稳定更会让用户对设备产生厌烦。笔者亲身经历，在使用第二代暴风魔镜两次后，实在忍受不了长时间调试、画质差并有眩晕感等问题，最后不得不舍弃。

另外 VR 展示的是一个完整的虚拟场景，这让用户在与真实场景的交互中显得有点尴尬。比如沉浸在 VR 里的用户或无意识地来回转动自己的头，或拿着遥控器到处抓，那场面让旁人啼笑皆非。再如头戴式设备多是单个人使用，一旦沉浸进去，就可能不会再和朋友聊天。

再说操作也是件麻烦事，比如微软联手 Oculus VR 带来的沉浸式游戏在实际使用过程中，用户需要先将 Xbox 的游戏通过 WiFi 转入安装了 Windows 10 的 PC，串流游戏画面，再通过 Oculus Rift 虚拟现实头盔输出图像，从主机到 PC 再到呈像设备，如此复杂的流程让普通用户烦不胜烦。

当然行业内各大厂商也在强化用户体验，比如增设手柄之类的硬件外延等，HTC Vive 使用了控制器定位系统 Lighthouse，让用户可以在一定范围内走动；在 2015 年国际消费类电子产品展览会上亮相的"大朋"还配合了 4D 座椅；诺基亚、GoPro、大朋看看等也逐步实现 360°看视频，其中大朋看看还可以和虚拟角色进行互动。大朋 VR 之前还推出了一款"眼镜盒子方案"Virglass，在一定程度上提高了用户的使用感受。但当下 VR 设备造型不够美观，也不够轻盈，视野广阔度不够，使用场景自然性不够，更无法让消费者随时随地使用，从而限制了 VR 设备的使用场景并影响了消费者持续使用。

## 用户短板：小众市场，增量市场亟待爆发

最后就是用户基数的问题，根据调研机构 ABIResearch 的预测显示：未来五年，VR 设备年复合增长幅度为 106%，但即使如此，到 2020 年，VR 设备的总发货量也只有 4300 万件。这个数据相比智能手机的出货量，根本不值一提。我们再看看单个厂家的数据，据瑞士信贷估计，2016 年 Oculus Rift VR 头盔销量在 500 万台左右。而来自美国投资银行 Piper Jaffray 高级分析师 Gene Munster 的预计：Oculus Rift2016 年的销量在几十万部。两项数据差距如此之大，只能说明市场需求极不确定。再看国内，大朋 VR 的官方数据说其用户规模已经超过 150 万人，如果按其 60%的市场占有率算，国内整个市场用户数也就是 250 万人，这个量级还很大的提升空间。

这一方面是因为消费者的使用成本高。比如 HTC Vive 预计售价在 1 万元左右；Oculus Rift CV1，售价预期也是 200～400 美元，如果再加上 PC 推荐配置，全套方案在 8000 元上下；而微软 HoloLens 售价开发者版本高达 3000 美元；诺基亚的 ZOZ 更是上万美元，到用户手里就可能更贵。另一方面是因为 VR 离刚需尚远。它目前既不是智能手机，也不是电视，保罗·纽恩斯在"大爆炸式创新"理论中提到：顾客只剩两种，试用者和其他所有人，而目前 VR 用户则多是前者，仍然停留在少数玩家的尝鲜期内，等待大众消费者去认识并使用。

当然，随着整个生态产业链的构建和成熟，各巨头的持续加码投入，以及开发者的自我学习进化，当下 VR 所面临的各种困局都可以迎刃而解。

　　"跨越裂谷"理论告诉我们，在早期接受者和早期主流用户之间有一个裂缝，被称为技术接受生命周期的裂谷，一旦跨越裂谷，市场的发展就像龙卷风一样快速蔓延，从而形成主流。VR 正好处于偏爱科技的小众到大众消费者之间的裂谷中，大众消费者正在等待越来越自在、越来越舒适、越来越简单、越来越魔幻、越来越人性化的 VR 设备。这是一个过程，也是一场颠覆传统娱乐的革命，拥有良好沉淀的先行者只有认清现状，继续坚持用户至上、体验至上，才能赢到最后。

## 8.2 汽车 VR，下一个蓝海吗

种种迹象表明，VR 正表现出火爆和令人惊奇的发展势头，全球已经点燃了一场无硝烟的 VR 战争。如今 VR 已经渗入汽车业，改变着消费者的消费习惯和汽车企业的生产模式。绑上 VR 的汽车业，会是巨头们的狂欢，还只是消费者的妄想？汽车 VR 的困点难点又在哪里？

## 从造车、选车到驾驶、售后，VR 技术全面"侵入"

自 VR 面世，这项技术就得到一些汽车生产商的重视，如今 VR 技术已经全面渗入汽车业整个产业链的各个角落，巨头、创业者更呈现你追我赶之势。

### 在汽车 VR 研发和制造中

福特汽车早在几年前就推出了 FIVE 实验室。FIVE 实验室是一个虚拟汽车原型房间，其中有一辆汽车，一个 80 英寸的 4K 显示器和计算机平台，汽车只有一个座位和方向盘。使用者戴上 VR 眼镜和一只手套，遍布墙壁的 19 个运动跟踪摄像头会对其进行监测，以获得佩戴者头部的精确位置和方向。戴上眼镜后，用户可以加载车辆 CAD 模型，将它们置于不同的环境中，然后在汽车周围走动，就好像自己身处陈列室一样。

2015 年，奥迪也推出了一项"虚拟装配线校检"技术，利用 3D 投射和手势控制，可以使流水线工人在三维虚拟空间内完成对实际产品装配工作的预估和校准。整个测试过程在名为"CAVE"的 VR 空间中完成，这是将 VR 技术用于生产模拟的一个尝试，未来更多的应用将改变汽车工程师的工作方式。

### 在汽车销售和试驾时

奥迪联合 Oculus 推出了一项基于线下 PC 端的 VR 选车服务，客户可以在奥迪的任意经销店内使用 Oculus Rift 浏览奥迪旗下所有车型。Oculus

能够为用户带来更为真实的模拟体验，较以往销售电脑里的 3D 选车界面更加真实。

菲亚特-克莱斯勒也发布了一项 PC 端看车的新技术，该技术设备装有多个摄像头，外加内置一系列装置使之能在每秒进行 1500 万次 3D 测量，结合它实时监测的位置和方向，能够最终结合大量数据绘制出周围世界的 3D 模型。通过该技术，用户可以在设备中看到一辆和现实中一样大的虚拟汽车，并且可以和现实中一样打开、关闭车门，观看内部细节。

然而，目前市场中这些基于 PC 端的 VR 应用始终让人觉得只是锦上添花，正如在雪山脚下放一个滑雪模拟体验站，相信没什么人愿意尝试。笔者认为，VR 在线下经销店内的应用只能算作 VR+传统看车的一种运用尝试。

国内汽车 VR 销售解决方案提供商车势科技自主研发的一套基于移动+PC 双平台的汽车行业 VR 数字销售平台 VR AUTO，能够通过移动 VR 实现销售场景的无限扩大，让在家看车、试车甚至购车成为可能。VR AUTO 汽车销售套件包含有 VRAUTOCREATION（创意内容）、VR AUTO DEALER（虚拟经销商）、VR AUTO SALES（销售促进系统）和 VR AUTO SUPPORT（售后支持系统及其他）四大模块，可以说打通了汽车销售的全流程，可以让汽车厂商构建自己的虚拟经销店，在线上实车实店进行展示，让销售顾问在虚拟经销店里和消费者同场景互动，虚拟看车，实现 24 小时在线拓客，不受空间束缚，不在店里也可以自由卖车，有效扩大了销售半径，颇有几分颠覆式创新的意味。

而在虚拟驾驶上，丰田和 Oculus 联手推出了一个面向青少年的虚拟现实驾驶模拟器"TeenDrive 365"。使用者只需要坐在驾驶舱内，戴上 VR 头盔，即可进入"真实驾驶时刻"。三星和宝马也有类似的产品，如在 2015 年柏林电子消费展上，体验者通过佩戴 Gear VR 头盔，可以获得近乎真实的宝马 i3 驾驶感受。起亚也专门为车迷设置了虚拟试驾，参观者可以真实地享受新车驾驶体验。

### 在售后和学车阶段

在售后阶段，韩国现代汽车 2015 年宣布将向用户发布电子使用手册，而其最大的亮点就是融入了增强现实技术。车主只需拿起手机或平板电脑对准车子，通过 2D 和 3D 追踪，该技术就能够自动识别这是车子的哪一部分，并给出相关的信息。

在学车上，据英国《每日邮报》报道，一款名叫"驾驶学校"的手机 App 能帮助人们在虚拟现实中测试自己是否是一名能抗拒干扰、专心开车的好司机。

此外，VR 还被用于汽车发布会上，比如在北京车展上，乐视用 VR 技术向全球观众直播了乐视首款概念车 LeSEE，以及 Faraday Future FFZERO1 的发布会，帝豪 GS 发布会也是通过 VR 进行的。

由此可以看出，汽车 VR 应用范围并不局限在汽车产业的某个环节，而是全面渗透，对用户的震撼也不再局限于视觉、听觉，而是向各种感官延伸。

## 汽车 VR 在这些方面做出了改变

如今全球汽车行业正呈现四大趋势：世界汽车制造业格局逐步向多局面发展，新兴市场正成为全球汽车工业的生力军；行业竞争正由制造领域向服务领域加速延伸；新能源汽车成为工业转型升级的方向；智能化、网络化、数字化将成为主流。尤其在汽车年销量接近 2450 万辆（2015 年）的中国，汽车整体销售额已达 36000 亿元，其中，乘用车的整体市场份额已占全球总量的 31.6%，稳居世界第一，汽车逐渐成为中国老百姓的消费必需品。面对国内日益激烈的市场竞争格局，各大汽车厂商更需要使出浑身解数，力争站稳脚跟，分得一杯羹，而汽车 VR 则成为它们最重要的一件武器。但目前看，汽车 VR 技术的应用带来的改变主要有以下几个方面。

### 满足用户个性化，实现虚拟化私人订制

目前汽车业及供应商们都面临着同样一个挑战：产品以及相应的生产过程变得越来越复杂，产品的生命周期却在不断缩短，如何减少设计失误和资源浪费已成为最大的难题。于是大规模定制的商业模式越来越被汽车业重视，汽车业希望在不牺牲效率，可实行大规模化生产的同时，还能满足客户的个性化需求，实现"量体裁衣"制造汽车。再加上原来先有订单再有生产，依靠层次式库存来保证生产的方式越来越不灵了，随着互联网和物联网的发达，原有多库存的物流体系也将逐步消失，慢慢会变成全过程供应链的物流配送"零库存"体制。

而 VR 技术首先加速的就是汽车制造链的改变。如奥迪、福特等厂商可以

利用自身所拥有的海量大数据以及由大数据支撑的车联网生态，通过 VR 技术来进行虚拟私人订制，让用户按照个人定制的意愿，选择不同的车身颜色、车轮和装饰，提前看见自己未来的实车细节；能在大数据的前提下精准分析用户喜好，最大限度地满足用户的个性购物体验，从而大大提升用户的满意度和成交率。

## 虚拟工业设计和生产，降低生产开发成本

在汽车的工业设计和生产中，奥迪等汽车厂商的设计者可以借助 VR 头盔显示，利用在虚拟环境中可视化、可感触、可交互等技术，在动态中确立整体的设计模型，在与真实汽车同样比例的立体空间中，全方位了解每处设计细节，优化设计效果，最大程度上避免设计和生产失误，减少甚至取消物理产品原型，节约时间、成本，提高效率和水平，降低资源浪费。

过去一辆概念汽车的原型确立往往需要一两年或更长时间，虚拟原型汽车则在几天甚至几小时内就可完成。汽车外观工艺评价人员再也不用等到实车生产后才能进行相关评价了，通过数字模拟同步进行生产模拟和工艺分析将大大缩短新车开发的周期，降低汽车开发成本。

## 革新企业营销模型，在虚拟和现实之间完成闭环

在汽车营销和用户体验上，VR 技术最突出特点是促使用户掌握产品控制权，用户不再是商品和服务的单纯接受者，而是主动的参与者。

像车势科技自主研发的 VR AUTO 汽车销售套件等解决方案，能帮助汽车经销商突破空间、时间、库存数量等客观条件限制，为每家汽车厂商和经销商打造专属的在线虚拟销售店，汽车经销商无须实车，消费者无须到店，仅仅需要一副眼镜，就可全实景还原。销售顾问可随时随地在线拓客、售车，消费者也能在任意时间、任意地点，轻松惬意地在线完成看车、试车、订车的全过程，而车辆本身与实车毫无差别。VR 技术可为汽车经销店全面降低营销成本，优化营销体验，扩大销售半径，最终提升销售转化。

奥迪联合 Oculus 推出的 VR 选车服务等也可以让消费者通过 VR 技术身临其境地体验车辆的各种行驶状态，并且可以快速切换内饰风格和车型来进行比较，消费者由此获得更佳的购车体验，更有效地选择一辆自己喜欢的汽车。

所以，汽车 VR 变革的是整个汽车产业链，在汽车品牌认知、虚拟体验、情感链接、按需定制、产业重构、财富增值等方面都具有重要意义。

# 是狂欢还是妄想，这些问题摆在面前

诚然，VR 所带来的沉浸感体验是前所未有的，只要是重体验的行业，VR 都会率先切入，大家都希望用 VR 来重构、优化传统的生产、销售模式，帮助自己更加省时、省力、高效。这是必然的大趋势，但每个行业的具体情况不同，又将面临不同的问题。在汽车行业，至少还有以下这些问题摆在前面。

## 从概念到商用，隔着落地的距离

首先必须承认，我国的汽车 VR 事业已取得不少的进步，但仍处于起步阶段，比如汽车制造方面还只是吉利帝豪等个别企业的行为，而汽车销售方面甚至只有车势科技打造的汽车 VR 销售平台，和国外成熟的汽车业还有很大的差距。其次因为受限于整个 VR 硬件和内容发展，汽车 VR 过去一直停留在商用阶段，没有真正实现民用化。再加上目前国内的移动 VR 眼镜铺货量相对有限，整个 VR 市场也还在培育期，从噱头到全面应用还需要不断提升 VR 技术、扩展内容、普及硬件设施等落地的行动，而这并非一蹴而就。

## 是假象还是沉浸式的完美体验，假的真不了

作为汽车 VR，用户感知最深的是场景体验和流畅便捷的在线交互，尤其是在车辆购买前的试驾体验，也包括销售终端的展示。真正的汽车 VR 应该做到让营和销归于一体，将产品推广和产品销售有机结合，而用户感知最深也是汽车 VR 真正的存在价值就在于沉浸式的完美体验，而且"沉浸式"和"完美"是两个要求，"沉浸式"是要求能再现真实场景，也就是虚拟和现实要一致；而"完美"则需要让消费者得到的大于期望的，那些滥竽充数、粗枝大叶的伪 VR 是对消费者的欺骗，一旦消费者发现"描述与真实不符"，则是对行业的最大伤害，也是对 VR 技术的最大亵渎。而这也是考验汽车厂商和创业者的最大难题。如何把 VR 里的车做到和实车一样，是一个很现实的问题。

### VR 汽车应用大势所趋，而消费习惯和场景搭建还有一段路要走

如今车联网市场推广难度大，最大的阻力来自中国车主缺乏消费习惯。汽车 VR 也是，这一新兴概念对于注重价格的市场消费者并不具有吸引力，因而如何让用户愿意接受，乐于尝试，并真实地感知汽车 VR 所带来的驾乘新体验，才是汽车 VR 普及，真正走入人们生活的关键所在。这其中包括如何说服消费者相信自己用 VR 看到的就是真实的，如何通过 VR 不仅仅是看车、体验车，更能够实现在线购车完成销售闭环等等。

随着 VR 硬件和内容的逐步成熟，VR 在汽车行业的应用场景将更加多元，但是如何完成交互，底层如何构架，如何让厂商更加便捷地卖车，帮助厂商构建一个新的销售场景，如何让消费者更加舒适地购车，如何完成精细的实车实店还原等，仍然是技术考验。

莎士比亚在《仲夏夜之梦》中写道："想象的东西往往是虚无缥缈的，但诗人的笔下，它们可以是有形的、固有的实质。"尽管汽车 VR 离我们还有一段距离，但这并不妨碍我们去为之遐想，因为我们想要的，或许马上就会到来。

# 8.3 无人机爆发元年，创业者们要小心哪些达摩克利斯之剑

近年来，无人机行业发展异常迅猛，无论是企业经营还是应用场景拓展，抑或是媒体关注度，民用无人机市场都发生着巨变，资本市场、各类巨头以及 VC/PE 纷纷对无人机产业表示出浓厚的兴趣，市面上也出现了一批如大疆、科比特航空、零度等无人机行业的佼佼者。但是，民用无人机行业具体怎样？又有哪些问题待解？未来的发展走向如何？

## 爆发前的无人机市场，百花齐放

作为无人控制的智能化装备，无人机可分为：无人直升机、固定翼无人机、多旋翼无人机、无人飞艇、无人伞翼机等。

按照市场研究机构 BI Intelligence 的预测结果，未来 10 年民用无人机将占 12%无人机市场份额，价值为 980 亿美元。当前我国无人机市场规模在 30 亿元左右，随着我国低空空域的开放以及无人机监管政策的完善，未来 10 年我国民用无人机的增速将有望超 30%。据相关机构预测，未来 20 年我国民用无人机市场规模将达到 460 亿元。

而垂涎这块大蛋糕的创业者也不计其数，其中一批无人机品牌也已获得资本青睐，如由深圳麦星投资、红杉资本投资，估值高达 100 亿美元，在消费级市场占据绝对领先地位的大疆创新；由曾从事航天飞行器研究的杨建军创立，被雷柏科技以 5000 万元增资获得 10%股权的零度智控；由曾任职大疆创新的卢致辉创立，A 轮融资估值超过 1.5 亿元、B 轮融资 4000 万元后市值超 5 亿元的科比特航空；与快递物流业合作紧密，2015 年 8 月完成了 2000 万美元的 A 轮融资的极飞无人机以及亿航等。此外，小米、腾讯也已通过收购团队切入这一市场，整个市场一片火热，百家争鸣。

我国民用无人机的兴起一方面是因为我国工业产业链配套逐步成熟，比如在深圳，所有硬件都可采购到；另一方面是企业研发投入增加、技术加速成熟。2014 年"全球创新 1000 强"中国企业研发总支出达 299.6 亿美元，比 2013 年大增 46%，大幅高于全球研发支出 1.4%的增速。再加上如传感器等硬件成本

大幅降低，智能化进程迅速向小型化、低功耗的设备迈进，使得我国无人机具备较大的成本优势。尤其是多旋翼无人机在消费级市场应用被重视，因为其结构简单，市场上已有开源的飞行控制系统，使得制作门槛降低，造价降低，并且操控能力好、可悬停，比较适合个人使用，很多发烧友可以购买部件自己开发制作一款简单的无人机。

# 腾飞之前，还有一些问题可能让你折翼

尽管无人机获得了迅猛的发展，但也有一些业内人士对其后续能否可持续发展表示一定的怀疑。尤其在消费级市场，有媒体报道过亿航是一家"没有技术，没有产品，只有营销的皮包公司。甚至有人说目前无人机市场上90%的公司纯粹就是为了炒作融资。更麻烦的是面对美好前景，无人机市场真正腾飞起来之前，还有诸多问题待解，一不小心就可能把自己绊倒，让自己"折翼"。

### 续航之殇，如何才能久而稳

续航时间一直是限制无人机技术发展的重要瓶颈。目前市面上包括大疆无人机在内的多旋翼无人机大多使用锂电池作为能源，因为它采购方便，工艺成熟，但因个体差异，电芯无法做到 100%均衡的充放电，且大功率电池的充电时间比较长，使用起来较为麻烦。最让人头疼的是其续航时间，300 克重量的锂电池理论上只能让 500 克重的无人机飞行 17 分钟，如何提升无人机的续航时间，让其满足消费级甚至更高层级如工业级、军用级的需求，成为所有无人机厂商必须面对的坎儿。

要突破航程上的瓶颈，只有从两个方面入手，一是改变能源，二是减轻自身重量。采用燃油作为能源的无人飞行器一直是军方的选择，但这类飞行器一方面造价昂贵且多为固定翼，使用时有场地限制而不够灵活，另一方面使用燃油也会对环境造成污染。在锂电池技术无法有更大突破的今天，唯有从电能入手，目前英国 Intelligent Energy、国内科比特航空等采用氢燃料电池，因为氢气轻，逃逸速度极快，在非密闭空间内，就算产生明火也不会引起爆炸；氢气便宜，损耗低，维护成本也低，5000 小时才需活化处理一次；和汽油等不同的是氢气燃烧是向上的，没有横向延展的危险。从当前来看，氢燃料电池已经能在极其稳定的情况下为无人机提供动力，如一家新加坡的氢燃料电池无人机可空载飞行 4 小时，1 千克满载下还能支撑 150 分钟，而科比特无人机能做到载荷 5 千克飞行 273 分钟。但这就是极限吗？能满足所有应用需求吗？显然不是。

再说说如何减轻无人机的重量——从材料入手。消费级无人机大量使用塑料和金属部件，但工业级无人机必须胜任在不同工作环境下的不同任务需求，对于机身材质的要求也远非普通的塑料和铝合金就能满足，所以选择合适的材料成为影响续航的另一变量。目前科比特厂商采用全碳纤维航空材料，因为相较于传统的铝合金材料，碳纤维在重量上要轻 2/3，制造工艺也更为简洁，在不降低自身强度的同时，有效地减轻了重量，从而提高了航程，并在不增加原有电机功率的情况下提高了无人机载重能力。但无人机绝不只是为了"飞"得久，还需要飞得更高、更远、更平稳。如何满足多样化的需求会一直驱使创业者们继续前行。

### 市场之困，消费级和工业级该如何取舍

目前无人机除了军用外，在民用领域也可被广泛应用，比如航拍、航飞服务、遥感、自拍、地图测绘、地质勘测、灾害监测、气象探测、空中交通管制、边境巡逻监控、通信中继、农药喷洒等。这其中又可分为工业级市场和消费级市场，各个厂商在主攻消费级还是工业级的市场选择上也各有侧重，比如大疆原来做工业级市场，2010 年转移到消费级市场，目前在消费级市场占据全球70%以上的份额，上文提到的零度、亿航等也主做消费级市场，而科比特则主攻工业级市场，如公安系统、治安巡查、刑侦抓捕、应急救援、高速公路信息采集、森林巡防等，科比特航空是无人机电力放线的发明者。博瑞、极飞等也是工业级市场的创业品牌。

但不管是消费级市场还是工业级无人机市场，目前都面临一系列问题。

● 销售渠道与产品技术参差不齐。多数企业或强于技术，却缺乏销售渠道和关系网络，无法进行大规模销售；或产品单一，如只有四轴多旋翼一种类型的无人机，由于四轴没有动力冗余，坏掉任何一个桨，飞机就会坠落，在工业应用上存在一定的风险。

● 定价混乱，市场接受度不高。目前无论是消费级无人机还是工业级无人机，价格差别都极大，淘宝上便宜的 100 来块，贵的数万元。甚至同一

性能，比如同样一款续航 30 分钟左右的无人机，有售价 60 万～80 万元的，也有售价 4.5 万～6 万元的，让用户无从选择。

● 团队不稳定，技术易断层。例如，某工业级无人机企业创始团队多次分裂，人一走团队就散，技术研发也断了，直接影响企业整体发展。

消费级无人机市场注重用户体验，工业级市场则侧重续航时间、载重量、任务载荷、作业半径等飞机技术指标和行业应用，两者的要求差别极大，细分市场更有各自不同的需求，考验着创业者们对无人机应用的理解，很容易顾此失彼。如何在这两类市场中分配精力，找准切入点，对创业团队来说也是个极大的挑战。

### 政策之谜，谁来监管谁来保护

目前，我国在无人机监管问题上还有诸多欠缺，现行的政策法规越来越不能满足无人机市场发展的需要。比如目前对于无人机的管理规定，大多源自 2013 年中国民航局发布的《民用无人驾驶航空器系统驾驶员管理暂行规定》。该规定中明确指出，无人机起飞重量小于 7 千克或飞行高度低于 120 米、飞行距离不超 500 米的，无人机驾驶员可以不持有驾照。但一旦超出这个范围，就属于"黑飞"。在中国进行无人机飞行需要满足三个条件：操作人员具有无人机驾驶执照，目前唯一合法的执照由国家民航 AOPA 颁发；军方审批的合法空域；申报民航飞行计划。但光重庆一市就可能有 2000 架以上无人机，而持有"无人机驾照"的人仅 110 多人，多数无人机爱好者都有"黑飞"的现象。这其中的安全事故隐患巨大。但就现有的无人机管理办法，既无强制的措施，也没有任何机构对"黑飞"情况进行查处，这些漏洞和空白更易引起行业乱象。

尽管近期又出台一些新规，比如在 2015 年 12 月 29 日，国家民航局飞行标准司发布《轻小无人机运行规定（试行）》，2016 年 3 月 4 日，中国民用航空局飞行标准司正式批准轻小型无人机监管系统"优云"（U-Cloud）实施运行，但在无人机的使用，特别是空域管理上，是否会有一个更宽松、更清晰的法律环境？无人机在各个场景，尤其是低空空域和适航上法规放开的最大限度在哪儿？谁来保护无人机下普通老百姓的人身财产安全？2016 年 3·15 晚会上，央视曝光了大疆无人机严重的安全漏洞还只是个提醒。对正在无人机市场厮杀的创业者们来说，所有要发布或未发布的新政都可能影响它们的生死，而且反抗基本无效。

除此之外，无人机市场也早已暗流涌动，趋势明显。比如无人机成为一个大数据入口将是趋势，因为无人机作为一个会飞的传感器，核心功能之一便是采集数据，无论是航拍还是电力巡线、测绘、警用巡视等，本质都是采集数据，随着无人机的大范围推广，无人机在各行业所采集的数据将相互连接，谁能充分利用好这个数据入口，就能在未来的竞争中占据有利地位。

消费级市场和工业级市场将面临不同的境况，随着巨头和更多创业者的进入，消费级无人机市场将逐步步入红海，价格战在所难免，把消费级无人机做成玩具或模型的企业马上会触及发展的天花板。最终胜出者，将是那些有好的商业模式、极致的用户体验以及强大的现金储备的企业。

工业级市场则因为需要贴近行业客户需求进行反复沟通和不断改进方案，从而获得了较强的客户黏性和进入壁垒。这将导致工业级无人机企业更有机会扎根某个细分市场，最终形成行业垄断。

面对如此扑朔迷离的市场，创业者无论是逆流而上还是顺势而为，都有一段路要走。

# 8.4　从百度、谷歌、优必选、天机智讯
# 看人工智能会通向哪里

美国硅谷互联网科技界的"预言帝"凯文·凯利，在他的著作《必然》里用整整一个章节的内容来阐述当人工智能与媒体融合而可能产生的场景，简直如同做梦一般。

人工智能先驱、未来学家雷·科兹威尔也有类似的预言：到了 2020 年，我们将成功通过逆向工程制造出人脑；2030 年年末，计算机智能将赶上人类；2045 年，人工智能会掌管全球科技发展。至此之后，人工智能的摩尔定律被打破，科技将呈现爆炸式发展。

奇点曾经被看成空间、时间的边缘或边界，只有给定了奇点处的边界条件，才能由爱因斯坦方程得到宇宙的演化。就在人工智能奇点来临之前，那些站在浪潮之巅的先锋者，如何审视这场史无前例的"大变局"？我们的世界又会形成怎样全然的新秩序？

## 看起来，未来一切都"人工智能"

根据国际机器人联合会（International Federation of Robotics，IFR）的定义，服务机器人分为两类：专用服务机器人和家用服务机器人。其中，专用服务机器人是在特殊环境下作业的机器人，如水下作业机器人、空间探测机器人、抢险救援机器人、反恐防爆机器人、军用机器人、农业机器人、医疗机器人及其他特殊用途机器人；家用服务机器人是服务于人的机器人，如助老助残机器人、康复机器人、清洁机器人、护理机器人、教育娱乐机器人等。据 IFR 预计，到 2018 年全球销售使用的个人服务机器人将达到 3500 万台，销售额也将达到 200 亿美元，其中家用服务机器人将有 2500 万台，娱乐休闲机器人 900 万台。

这还只是服务机器人的规模和所涉及的领域，如果再加上其他与人工智能相关的领域，可从另一项数据中看到，到 2020 年，与"智能机器"技术相关的

产品市场总营收将达到 300 亿美元。这就意味着我们未来将被人工智能全面包围，甚至部分生活和工作被人工智能取代。

不信，我们再看：2015 年 10 月，Gartner 公布了十大战略预测，提出 2016 年是数字化时代，在智能算法和机器人驱动的世界里，人和机器人的关系将被重新定义；预计到 2018 年，20% 的商业内容将由机器撰写；将有 60 亿台智能设备联网；超过 300 万名工人将向"机器老板"汇报；在增长最快的公司中，50% 的公司员工数将比智能机器人少。

根据最近一项调查，全球一半的人工智能专家认为，2040 年前将研发出人类级别的机器智能；90% 的专家认为，这一技术将在 2075 年前实现。一些人工智能专家谈到了有朝一日对人类大脑展开"逆向工程"的可能性。与此同时，有些杰出的科技领军人物警告称，该技术产生的后果是难以预料的。SpaceX 的创始人马斯克认为，先进的计算机技术"可能比核武器更危险"。

这个结论并不是危言耸听，事实上人工智能发展受以下四大"催化剂"的作用，正在加速前进。

- 云计算快速发展，实现了大规模并行计算并降低了成本。
- 大数据训练加速提升了人工智能水平，机器学习是人工智能的核心和基础，是使计算机具有智能的根本途径。如今我们已经进入大数据时代，来自全球的海量数据为人工智能的发展提供了良好的条件。
- "深度学习"技术的出现和逐步普及。
- "人脑"芯片将从另一个方向打开人工智能的大门，这也许将是人工智能真正达到人类大脑水平的终极道路。

人工智能正表现出前所未有的活跃，并快速演变成各种形态渗透到各个领域。当下我们接触较多的机器人有以下几种。

### 硬件机器人，代表：NAO 机器人、优必选机器人

NAO 机器人是目前全球最先进的类人机器人，也是在学术领域世界范围内运用最广泛的类人机器人。Aldebaran Robotics 公司将 NAO 的技术开放给所有的高等教育项目，并于 2010 年成立基金会支持在机器人及其应用领域的教学项目。2007 年 7 月，NAO 被机器人世界杯 Robo Cup 组委会选定为标准平台，作为索尼机器狗爱宝（Aibo）的继承者。目前国内图灵机器人已实现对 NAO 机

器人的技术支持，为 NAO 机器人接入了具有最佳中文语义识别能力的图灵机器人，为其安装了一颗更加智能的"智慧大脑"。

国内这一领域的代表是在 2016 年央视猴年春晚上大放光彩的优必选公司，与孙楠同台表演《心中的英雄》的跳舞机器人阿尔法，名为 Alpha 1S，由深圳优必选科技有限公司研发。

### 虚拟机器人，代表：微软 Tay、Hidi 语音助手等

微软推出了一款名为 Tay 的推特线上聊天机器人，将其设定为一名 19 岁的美国少女。但就在 Tay 上线仅仅 16 小时之后，微软就不得不将其紧急下线处理，甚至向公众道歉，因为这款聊天机器人开始频繁爆粗口，其中不乏种族歧视、侮辱女性及污秽不堪的词句。

HTC 手机中内置的小 hi 也是一款非常智能的语音服务软件，能够帮用户打开应用程序、订日程、查询生活信息、发送信息等。此外还有小 i 机器人以及苹果手机用户熟悉的"聊天机器人"Siri，甚至 Facebook 不久前也对外宣称将发布自己的语音聊天机器人，并将在 Messenger 软件中加入此类技术。

### 智能家居，代表：Nest 智能温控技术、海尔智能家具控制系统等

Nest 智能温控技术能通过不断地观测和学习用户习惯的舒适温度来对室温进行动态调整，并节约能源，即 Nest 依托于强大的机器学习算法，能自己学习控制温度。此外 Nest 还会通过 WiFi 和相关应用程序与室外的实时温度进行同步，内置的湿度传感器还能让空调和新风系统提供适宜的气流。当用户外出时，Nest 的动作传感器就会通知处理器激活"外出模式"。海尔 U+智慧生活操作系统是全球首个智慧生活操作系统，它涵盖了整套智能家居解决方案，包括三大支撑：U+智慧家庭互联平台、U+云服务平台以及 U+大数据分析平台。通过这一系统，用户只需 12 秒就可以实现与所有智能家居终端跨品牌、跨产品的互联互通。这是目前行业最快的连接速度，用时仅为行业平均水平的 40%。

### 资讯机器人，代表：天机智讯、微信朋友圈广告

天机智讯是智搜旗下的一款资讯类 App，以资讯机器人为核心技术，通过

大数据挖掘式分析和可视化商业智能呈现的方式，可全自动化智能聚合语义相关的资讯，通过主题阅读的方式（天机智讯 5.0 版本设有"主题聚合"功能），能给用户提供一种"更全面、更深入、更持续、更解渴"的阅读方式，用户能更深入地还原事件本身，每家媒体的观点、动态发展路径一应俱全。另外，"天机智讯"可基于用户自定义的主题追踪（大机智讯 5.0 设有"一键追踪"功能），第一时间获取用户感兴趣的资讯，用户不用到处检索，只需看通过天机智讯为用户追踪的内容，就能找到自己想要的答案。

微信朋友圈的信息流（Feeds）广告推送也是基于自然语言解析、图像识别和数据挖掘技术，通过分析用户朋友圈语言特性，以及朋友圈图片内容，根据对用户收入和消费能力的分析来刻画用户画像，并决定投放何种广告，依托的也是自然语言解析和图像识别等人工智能技术。

除此之外，还有 Google、百度的无人驾驶汽车，博世的车载系统，甚至北京电信智能客服、"网易七鱼"的全智能云客服产品等都是人工智能领域巨头争抢、创业者人头攒动下的产物。

# 管中窥豹，看看还有哪些大趋势

首先，从当前看，人工智能产品和服务能否切中用户的刚性需求取决于人工智能技术在产品背后能够给予多大的支撑。当下仍然是产品热、需求冷的局面，其主要原因在于所谓的智能硬件大多是"伪智能"产品，只是把原来功能性电子产品接入互联网或添加收集数据的功能，如智能手环、智能机顶盒等，换汤不换药。华泰证券在一份报告中指出："杀手级"的智能产品和服务必然是建立在强大的人工智能技术支撑下的。典型的战略布局分别有以下几种。

- 家电企业转型智能家居方向，以海尔和美的为代表。
- 互联网新贵从硬件入口开始卡位，以小米和 360 为代表。
- 互联网巨头从人工智能技术发力打造生态圈，以百度和 Google 为代表。
- 计算机硬件制造商转型智能硬件的行业应用，以海康威视和大疆创新为代表。

另外天机智讯与微信朋友圈广告也是人工智能资讯服务的代表。

其次，目前人工智能商用仍然有限。除了 Siri 等的语音识别功能等早期应用成果外，人类接受资讯的方式将加速进化。从凯文·凯利的描述中我们可以看到，所有物体都可以用于资讯，而所有的资讯工具已经搭载上了人工智能，这就一跃成为能读懂用户内心的"资讯机器人"：它通过媒体完成与用户需求的高智能匹配，从而不仅可以识别用户、发现需求并智能匹配信息供给，更重要的是生成新的用户，创造新的需求，并很快顺畅地满足新用户的新的信息需求。这也意味着传媒业将从信息时代进入智能时代。资讯机器人还可以应用到各种场景，甚至内置于其他机器人中而成为它们的"最强大脑"。如今无论国际巨头Google、Facebook还是国内BAT，抑或是图灵机器人、小i机器人、天机智讯等创业平台，都很重视智能对话、知识库、技能服务等功能的构建。

再次，目前除了受限于技术本身，人工智能应用的普及还受性价比影响。而控制成本其实与规模和摩尔定律有关，一旦技术问题被解决，成本自然就会降低，普及速度就会加快。所以随着计算机成本的下降速度加快以及收集和处理数据能力的快速提升，人工智能发展潜力巨大。

最后，对人工智能来说，未来极有可能是巨头与新贵共舞的生态格局，尽管国际IT巨头频频放"大招"，但并不意味着创业者没有机会，比如做无人机的大疆、做硬件机器人的优必选、做资讯的天机智讯，甚至做智能视频监控系统的格灵深瞳等，只要在垂直细分市场扎根下去，均有可能分得一杯羹。

在行业人士看来，当人工智能发展的拐点到来，无论是专用还是通用领域，围绕"底层—中层—顶层"的技术和产品架构的生态圈将逐渐成形。

- 底层为基础资源支持层，由运算平台和数据工厂组成。
- 中层为人工智能技术层，通过不同类型的算法建立模型，形成有效的可供应用的技术。
- 顶层为人工智能应用层，利用中层输出的人工智能技术为用户提供智能化的服务和产品。

每层架构中，都有不同的企业参与，最终形成围绕人工智能技术、产品和服务的生态圈。另外，一旦人工智能技术取得突破，极有可能诞生新的商业模式，带来巨大的市场想象空间。

## 8.5 汽车销售想以 VR 切入，是一厢情愿还是另辟蹊径

如今 VR/AR 成了香馍馍，VR 与汽车结合的例子也越来越多，当菲亚特、丰田、宝马等国内外汽车厂商都在尝试将 VR 技术应用在汽车研发、生产、制造、发布等环节时，奥迪、ZeroLight、车势科技等却将 VR 重点应用在消费者体验、经销商销售的环节，这到底是另辟蹊径，还是一厢情愿的"伪需求"？决定它们成败的又是什么？

### 奥迪、ZeroLight、车势科技，不同的玩法，相同的目的

先说奥迪，在 Audi Sport 品牌发布会暨全新奥迪 RS6、RS7、R8 车型发布会上，我们看到的除了奥迪旗下三款动力总和接近 1800 匹马力的新品，还有奥迪在 VR 技术和汽车结合上的最新动作。

此次奥迪推出的 Audi RS6 Avant VR 体验系统，号称"国内首款沉浸式汽车 VR 体验系统"，采用的是 VR 互动设备 HTC Vive，通过激光空间定位系统确定运动物体的位置，使用户在 Audi RS6 Avant 周围内可自由走动。

更重要的是，这套 VR 系统还融合了强大的营销功能，可最大限度地对用户选装的配置同步显示核心亮点信息。例如选择引擎就会显示发动机的 3D 模型、相关数据、竞品对比参数，甚至还能模拟出引擎的轰鸣声，让人获取理性和感性的双重认知。

与之类似的是车势科技，由车势科技自主研发的 VR AUTO 汽车销售套件是一款"沉浸式、一体化"的汽车行业 VR 销售解决方案，从移动端切入，辅以线下 PC 体验站。如前文所述，该套件包含的四大模块用以打通汽车销售全流程，让汽车厂商与经销商可以构建自己的虚拟经销店，在线上实车实店进行展示，销售顾问则能够在虚拟经销店里与消费者同场景互动，虚拟看车，实现 24 小时在线拓客，不受空间束缚，不在店里也可以自由卖车，甚至试乘试驾。

另外英国一家名为 ZeroLight 的公司也在做类似的事情，其开发的汽车可视化互动系统在 2016 年的北京车展上有亮相。该系统是基于 PC 端 +HTC Vive

套件，消费者能够全方位地观察一辆车的方方面面，即便不在店内的车也能够通过虚拟场景进行实际体验，按需换颜色、选配件，即时呈现出车辆的全真效果，超越图片、视频和 3D 的视觉观感，360°浸入式的体验让消费者真正地看到了一台想买的车。据悉，帕加尼、奥迪等已同 Zerolight 尝试性地开展合作，并在其终端销售店里设有体验站，以供店内的消费者体验。

此外，东风日产、上海通用、现代、丰田、宝马等厂家也有通过虚拟现实的方式为消费者提供模拟试驾体验，但大多停留在体验环节。目前将 VR 接入汽车销售端并进入大众视野的唯有奥迪、ZeroLight、车势科技这三家（可能还有其他，但被报道的较少），它们都希望借助 VR 所具有的超强沉浸感、超高精度、超强真实感、自然交互、动态场景等特点来撬动汽车的销售。

# 看似豪赌，背后也有逻辑

很多人对汽车厂商的 VR 系统最直接的反应是：这是个伪需求！现场有车的话，可以在现场体验，还用 VR 干什么？但真正了解汽车销售的人清楚，他们之所以这样布局，是建立在以下背景下。

## 汽车销售原有营销手段不再适应发展需要

众所周知，当下国内的汽车销售环境正在日益恶化，整车销售利润不断下滑，经销商苦不堪言。有近半数的经销商表示日常的营销手段未能给店面带来直接集客，销售转化就更谈不上了。

这主要是现行的营销手段所致。目前的汽车营销主要基于"二维媒体"，如杂志、报纸、电视、网站、App 等，以图片、文字、视频为主要体裁，消费者习惯在线上接受品牌信息，而后到线下实体店去具体了解、体验产品，最终触发可能的消费行为。但对于消费决策周期较长的耐用消费品，如汽车、家电等，线上到线下的转化率极低。要知道把一个消费者从广告前（无论什么媒体）吸引到店面，这远不是营销能促成的，中间的不确定因素实在太多，这直接导致了营销始终仅停留在品牌层面，难以促成销售。

如今，经销商的日子每况愈下，流量成本越来越高，比如汽车电商线上的线索成本常常会超过 1000 元/人，线上大把的营销推广费用最后换来的只是到店寥寥几人，购车转化率非常低。现行的营销推广仅仅解决了"眼球"的问题，消费者缺乏实际体验使得销售链条无法从营销环节中得到顺延，无到店、不体验。同时销售顾问卖车也被限制在店内，很难把车拿到外面去，这也使得整个营销和销售的衔接不畅，出现了营、销分离的窘境，再加上运营成本居高不下，销售店的地理位置较远，店内展车和试驾车的数量有限，销售顾问上班时间固定等问题，集客、转化成为每个汽车经销商的梦魇，十分尴尬。

## 汽车用户市场逐步个性化、多样化，迫使变革

典型的案例就是奥迪 Audi Sport 子品牌等高性能车销售面临的客户是一群高净值、有强烈的个性化需求、对价格相对不敏感的用户，而目前销售端并没有有效的手段对这些用户的个性化需求进行有效的呈现，往往最终以客户流失到竞品车型或经销商对库存车辆进行大幅折扣留住客户结束，这对 Audi Sport 等品牌推广以及车型销售来说都很痛苦。而 VR 系统通过直观和真实的体验，完全可以打消这群消费者的担心，对品牌推广和产品销售起到助推作用。

## 汽车 VR 体验带来了不同的人机交互方式

之前的人机交互模式是一种平面图形交互方式，是以键盘和鼠标为核心的指令输入模式，以纵横坐标为锚定的操作模式，机器也是以 2D 图像变化为主要形式进行反馈，整个过程中人的作用是理解机器的行为并配合机器，并且只是人的视觉和少量的触觉、听觉与机器交互。

而 VR 的交互则是机器理解人的行为，并给予模拟真实世界的反馈。整个过程中，人通过视觉等知觉管理系统与机器交互形成可感知的虚拟现实世界，并让包括视觉、嗅觉、听觉、味觉在内的多种感官获得刺激，这种虚拟现实沉浸式体验极大地改变了汽车产业在用户试驾、选车、验车、修车等方面的体验模式。

更关键的是，这类技术如果应用到 4S 店的销售中，可极大地增加客户在实体店面的滞留时间，为销售人员和消费者提供了充足的交流时间，提高了用户最终购买的概率。

所以无论汽车品牌商还是当地经销商，抑或是第三方方案商，都在下一笔注：VR 技术能够为汽车销售完成变革。

# 其实，这些才将决定生死

但即便这样，目前看，汽车 VR 在用户体验端和销售端的应用仍然在探索期。那到底是什么在牵绊汽车 VR 的全面应用？未来谁又能"剩者为王"？笔者认为能成为赢家的选手必须得靠真功夫，而连接和体验才是汽车 VR 的核心，这具体包括以下三个方面。

### 是否支持多样化场景体验，满足个性化互动

尼尔·斯蒂芬森（Magic Leap 首席未来学家）在他的著名科幻小说《雪崩》中提到一个虚拟现实空间的概念："超元域"，用户、内容全都通过这个无限的虚拟现实空间联系在一起，每个用户都会有个虚拟的"化身"，用户不再通过屏幕来互动，而是真正地进入这个虚拟的空间，在这个空间里生活和互动。这是虚拟现实的理想境界，但在现实的当下，我们仍然受限于技术，而技术则决定了场景的搭建。

目前在技术上，行业整体处于探索期，比如位置和方向追踪是 VR 最大的特色之一，涉及九轴传感器和传感器融合算法；ATW 是解决眩晕问题的关键技术之一等。但这些技术少有厂商掌握。宝马借助 HTC Vive 实现了体验者在密闭空间可感受到真实的驾驶体验。但这款 Vive 设备需与 HTC 出品的一套覆盖范围 5×5 米的 Vive 灯光追踪系统搭配使用，且依赖于高端的游戏电脑（比如配置英特尔酷睿 i7 处理器和英伟达 Titan X 显卡）才能顺利运行。

而且虚拟现实线下体验必然涉及大场景跟踪，比如需要用精确的动作捕捉系统，营造出非常高的沉浸感和交互；而这套必要的机械和场地布置系统一是稀缺，二是非一般普通汽车经销商可以负担得起的。

另外，消费者的行为和选择除了由技术决定外，也受心理学和经济学影响。这就要求汽车厂商和经销商除了掌握核心技术外，还需要更为宽泛的消费者信息。要知道，即便 Unity 和 Unreal 这样的成熟商业引擎，面对 VR 的苛刻需求和毫无优化可言的套用的传统游戏场景，其渲染性能也捉襟见肘，

而汽车厂商更是缺乏图形底层知识和深入实战经验，其场景的搭建必然还有一段路要走。

## 是否能强化消费者与汽车的情感连接，并持续带来新增潜客

汽车 VR 在增强体验之外，需要帮助汽车品牌或经销商加强和消费者的沟通并了解其偏好，判断出谁是真正可能购买的潜在客户。这除了需要处理好 VR 在技术上的一些问题外（如 VR 内账号登录、付费问题，目前支持付费的 VR 系统只有 Oculus 和 Steam，而且搭建这个系统也需要极大的技术投入），还需要更加了解消费者。在社会化商业趋势的当下，社交平台成了消费者与品牌发生关系的主阵地，社交化电商成了产品售卖的主流渠道，这就要求汽车厂商或经销商进入消费者的日常信息流，抢占关注，才能确保品牌和消费者的关系得到延续。这不是简单的抢占用户，更需要建立多种消费者沟通方式。这对汽车厂商的要求也不只是需要智能识别不同的消息来源、消息类别和其他属性，更需要对客户实现社会化管理并进行大规模、一对一个性化的用户互动，能把消费者区分为沉默观察型、偶尔参与型和深度参与型三类，并针对不同用户采取个性化互动。比如对深度参与用户，需要设置协作交互以扩大该群体在社会化媒体中的品牌宣传力。未来能被"剩下来"的汽车厂商也一定拥有能够识别和追踪每个个体用户并监视其行为，实现良好个性化互动的客户管理技术，而需要和 VR 体验进行很好的衔接。

## 是否能帮助汽车品牌及其经销商实现消费者精准抵达，并完成销售转化

如今"营销"和"服务"的边界正在变得模糊，也就是服务即营销，这对汽车厂商及其经销商、方案商的直接要求就是建立一个以消费者为中心的营销体系，让营销内容和销售行为形成自然关联并适应不同的服务场景，也就是需要针对不同场景下不同需求的消费者，尽可能去适应和满足甚至挖掘新的连接点。

所以对于汽车 VR，汽车经销商不应只是围着造型、功能、配置、先进技术、安全性、油耗等产品价值与新车价格做文章，更需要了解消费者的利益需求是什么，购车和用车过程中所关注的焦点又有哪些，甚至在购车选择过程中，

可能受到的干扰主要有哪些。而对于方案商，这一要求真正懂行业，二要求能降低成本，三需要形成可复制的能力。这考验的不只是技术的沉淀，更多的是对汽车行业的理解和对汽车准客服务的理解。

多数汽车厂商目前只是利用 VR 补充了线下营销体验，ZeroLight 尽管在试图解决看车、试车、订车一体化的销售链条，但仍然限制在 PC 端。目前仅有 Autoforce 为汽车厂和经销商实现了 1∶1 实景实车还原，让营和销归于一体。

总之，所有汽车厂商及其经销商、方案商不应只把 VR 作为噱头，更需要利用 VR 技术实现可预测的精准营销，为促进销售转化决策提供可量化的科学依据。如今，即便占有先发优势的领军者，也都面临着各自的问题，所以中小创业者仍有机会去搏一把。这就意味着，属于汽车 VR 的战斗，才刚刚开始。

# 8.6 被带偏的智能家居行业，如何才能"逃出生天"

2016 年 9 月底，中兴在北京召开了智能家居战略发布会，大喊包含"单品、整合、开放"三大要素的 IOC 产品战略。这把笔者的注意力再次拉回到这个"看似热闹，实则不温不火"的领域。2014 年，自 Google 收购恒温器公司 Nest 后，智能家居市场迎来爆发，海尔、美的、长虹等家电企业，中兴、华为等通信设备企业，以及京东、阿里巴巴等互联网企业，都以不同的方式切入智能家居市场，而主推智能家居概念的创业公司也迎来了一波集中喷发，大受风投资金热捧。奥维咨询也预测，2020 年中国智能家居的整体产值将突破万亿元，市场看起来一片欣欣向荣。

然而，在从概念到落地的过程中，智能家居在终端消费市场的现状却不太乐观。到目前为止，市场先驱大多已成了"先烈"，而消费者真正认可的产品屈指可数。相比于几年之前的火热，智能家居公司的关注度已经冷却不少。不少公司都融资困难，被资本看衰。到底是什么原因让整个行业步入死胡同？未来将何去何从？令行业盼望已久的"风口"到底会在何时出现？

## 控制中心，生态是 0，单品才是 1

截至目前，智能家居行业即便巨头如云，仍不见领头羊，而它们大多数都在大打生态牌，建立控制中心。如 iOS10 中增加了 Homekit 平台，iPhone 成了其中的控制中心。可惜即便承载了苹果布局智能家居生态的全部野心，仍鲜有使用者。小米也是，小米的很多产品，比如摄像头、灯泡、路由器、盒子等，它们的连接中心都是手机。三星把冰箱作为生活类智能家居的中心。中兴则认为智能摄像头、路由器、智能门锁具有成为入口级智能硬件产品的可能性。另外，它们也都有智能家居的客户端，可以统一管理和协同在系统内部的所有产品：插座、摄像头、电灯、电视等等，客户端成了另一个控制中心（如苹果的"家庭"、中兴的智能家居 App 等）。然而实践证明，连接器、入口、控制中心、生态等都是建立在单品之上，没有极致单品，其他都是空谈。

- 重生态轻单品是本末倒置。智能家居平台的意义在于连接更多的产品。

平台上产品的多寡则取决于用户的选择。因此，在平台的建设中，用户是最核心的因素。而产品是厂商争取用户最重要的筹码。正所谓"万丈高楼平地起"，如果把平台看作高楼，那么单品就是那块平地。

- 单纯把个别硬件作为智能家居的入口，与用户体验相悖。比如用户在厨房做饭或休闲娱乐的时候，不可能随时随地把手机握在手里。电视最多是娱乐智能家居的中心，毕竟电视只有在人们需要它时才处于待机状态。只有那些具有高频、随时可连接、操作极简单等特点的单品才可能承担入口的重任，但"有可能"不代表"一定会是"。

- 多数人误读了生态和产品体验的关系。国内互联网公司过分注重生态的原因是它们并不擅长做产品，只关心用户的数据。它们只是打着生态的幌子收集数据，一旦把所有的数据交换都放到云端去，结果就会是用户体验的下降，比如延时、不能断网等。

- 目前最大的问题仍然是好产品的稀缺。市面上的产品虽层出不穷，但好产品少之又少。产品留不住用户，用户在新鲜期过后，很容易就将所谓的智能家居产品弃之不用，而平台如果没有产品入驻，或者入驻的是用户体验不佳的产品，就只是个空壳。

- 未来的趋势更不在乎控制中心，物联网技术发展到后面就是设备到设备，也就是设备之间互相自主通信，交换信息，这就意味着只要产品和传感器足够多，用户就无须通过手机 App 进行操作和设置，如果再加上人工智能和机器学习，物联网的未来就会脱手机化，脱中心化，形成真正意义上的万物互联的高级智能。所以那些缺乏核心产品、仅依靠数据、只强调 App 强大的功能的做法实在与物联网背道而驰。

因此，聚焦单品并不止步于单品才是当下需要做的，中兴当前的做法看起来就是按照这个逻辑，先从单品开始，然后逐步涵盖单品之间的交流互动，最后形成一个完整的方案。中兴旗下的小兴看看智能摄像头如果没有百万级销售量，那中兴的智能家居梦就真的只是梦。小米生态中的那些家居类产品如果卖不动，小米手机再智能、再中心也只是个花架子，无法成为连接器或遥控器。

## 爆品创造的是点，整合才能形成面

认识到单品重要性的公司都开始尝试爆款策略，比如小米精心设计了单个产品（或小套装），用低门槛来吸引大量用户，从而产生海量的数据并吸引用户产生二次传播或消费。但实际上，单品是沿袭原来工业时代点对点的竞争模式，未来单纯做无连接、不相关的爆款无法形成系统的模式，未来需要的是整合。

未来是链条对链条、生态对生态的竞争，单品虽然可以打"爆"，但不可避免地会造成产品单一、与其他产品关联性较少等后果，这样就很难给用户带来系统级的智能家居体验。而且如果扩充产品线，由于不同的产品多是不同的团队（甚至不同的公司）来做的，就会导致在系统层的互联互动上出现短板。

单品难以解决利益分配问题，智能家居生态链涉及许多利益相关者，包括上游的芯片和软件供应商、中下游的联网设备制造商、平台提供商、零售商、服务提供商（诸如有线电视、通信或保安公司等）和大数据云提供商，每个相关供应商的需求都有所不同，若是押注单一产品，很难协调整体系统的利益关系。只有全面整合，重新分配利益，方能做到均衡。

未来的盈利模式也不再是依赖单品。未来物物相连，"硬件+服务"模式将成为主导，这就意味着智能硬件售出只是起点，后续服务才是主角，这包括嵌入 App 应用、构建家庭入口、收集大数据，并寻机将数据和流量进行变现等。在这种模式下，硬件不是利润的实现点，而是价值链的基本环节与载体，接下来则是整合能力的比拼。

再说没有哪家公司能保证自己所有的单品都能成为爆品。即便是小米，也正在通过投资入股的方式拉拢合作伙伴。这些生态链企业，是严格按照小米模式投资孵化出的"小"小米，目前已经超过 50 家，涉及多种使用场景：家电有空调、空气净化器、净水器；安保产品有智能摄像头、多功能网关、门窗传感器；健康产品有血压计、体重秤、小米手环，市场表现十分耀眼。中兴的整合思路也是通过投资孵化来培育更多的合作伙伴。这次中兴通讯的"整合"策略就高喊将通过运营商、零售渠道、行业渠道三大渠道推动智能家居产品和服务落地，拉动整个智能家居行业的良性发展，从而完成单品到开放，开放到整合，再到单品的闭环。甚至此前中兴还开启了众创空间来整合行业、孵化行业。

这一系列整合都是希望摆脱对爆品的过度依赖，快速实现从点到面的覆盖，在行业内形成影响力和竞争力，但整合在落地上仍需要重视一些问题，比如谁帮忙安装？售后如何落地？另外目前智能家居行业最大的问题是产品场景不够，整合需要支撑完整的物联网应用，比如从家到社区、从社区到互联网的互通以及场景利用，这考验的恰恰是各厂商的整合能力。

# 缺少互通标准是表，糟糕的体验才是万恶之源

讲到整合，有人会说整合难的原因是行业缺乏互通标准。确实，智能家居行业目前每个厂家都有各自的想法，产品之间不能实现互联互通，但笔者更愿意用中兴通讯智能家居产品运营总监田波那句"糟糕体验是万恶之源"来解释背后的真正原因。

- 人们对智能家居不感冒本质上是自己用着不爽，他们才不在乎有没有标准。当下智能家居产品智能化炒作现象频现，形式大于内容，与用户需求不匹配，再加上高成本导致价格虚高，市场接受度低。奥维云网和腾讯家电联合调查的数据显示，目前用户对智能家居的感兴趣程度高达 95.2%，但有 87.5%的用户对智能家居现状不满，表示跟预期完全不符或低于预期。

- 智能家居的智能化不应只停留在家庭设备的联网协同（也就是互通）上，而应该是全方位地提升人们的生活体验。对于智能家居，人们需要的是实用性，而不是远程遥控，也不是炫酷的操控界面，高效、便捷、节能才是用户需要的。理想的智能家居可以替人们订机票、改签航班，或者根据用户的体温自动将空调调节到合适的温度。未来智能家居需要自动感应环境和人，自我学习，自我调整。

- 缺乏互通标准实际上是因为布局不完善及方法比较封闭，伤害了用户体验。比如小米选择了用封闭来保证用户体验，但在布局不完善的情况下结果就会适得其反；三星收购 SmartThings 后，要求用户必须购买它的 SmartThings 中枢器，才能享受它的技术。但这种封闭的智能家居系统一旦没准备好，就成了"绑架"用户。

所以中兴改用"对客户"的方式去接触客户，依托家庭网关优势，以单品（路由器、智能摄像头、门锁等）切入，去强化用户体验并大打开放牌，以吸引开发者和生态链合作伙伴，打造智能家居生态圈，形成整体解决方案。阿里则是做云物联网开放平台，百度云也推出了面向可穿戴设备的 dulife。此外苹果的 HomeKit、亚马逊的 echo、海尔的 U+、美的的 M-Smart、华为的 HiLink 等也都打着开放的旗帜，但它们多是系统内部的协同，未来能成功的一定是技术实力、产业号召力和合作模式（即开放能力）都不错的企业。智能家居依然有

一个金三角：硬件、云服务和智能终端。硬件是机器，智能终端上的 App 是人机界面、控制枢纽，而云则是连接、数据和服务的中心，唯有开放才可能完全释放这些能力，改善和提升用户体验，而在此之上互通标准就会水到渠成。

# 短期看营销概念，长期拼研发专利技术

智能家居市场之所以遇冷，还有一个重要原因就是浮夸成风，许多所谓的"前沿技术"大多只是宣传概念，当行业充斥着各类缺乏硬实力、单纯靠营销赚钱的投机行为时，需求疲软就成了自然结果，"一粒老鼠屎坏了一锅汤"也成为这一现象最好的描述。

智能家居的基础是技术运用，例如物联网技术、信息技术、数字技术、语音技术、感应技术等。长期以来，整个行业也会如手机行业一般，必然有一个洗牌的过程，无技术基因、技术不过硬、靠营销炒作的企业必将率先出局。除上述投机企业外，有些企业是转型进入智能家居领域的，如家具企业、卫浴企业、门窗企业，包括互联网企业等。这些企业并不是技术型公司，产品本身对创新技术的运用也不多，先天缺陷暴露无遗，其产品的智能化程度可想而知。2015 年小米就深受专利困扰，由于其专利尚未获得批准就被公关部门拿来大肆宣传，而后被工商部门重罚，一时间变为笑柄。

李俊慧统计出 2015 年企业发明专利申请受理排行榜，在涉及智能家居的企业中，中兴通讯领衔专利榜，华为、小米、奇虎、京东方、格力和联想均进入前 10 名。海外三星、苹果在技术、专利、资源（资金）和人才等方面的积累是其他企业一时半会儿不可取代。这无疑证明了一个既定的事实：智能家居这一仗，唯有专利研发技术才是核心竞争力。

我们再往细处看，中兴通讯的研发投入一直位居上市公司首位，2013 年，公司研发费用 73.84 亿元，2014 年增至 90.19 亿元，而 2015 年大幅增长至 122 亿元，2016 年仅上半年，公司的研发投入已高达 70.59 亿元。中兴通讯在中国、美国、瑞典、法国、日本及加拿大等地设立了 20 个研发中心，公司与领先运营商成立了十多个联合创新中心。英国知识产权局分析，2004—2013 年间，中兴拥有的物联网专利为全球各公司之最。中兴目前已拥有超过 6 万件全球专利申请，1.7 万件已授权专利。小米也是，截至 2015 年 12 月 31 日，在小米已经提交但尚未授权的发明专利申请来看，除去装置（3107 件）、终端（778 件）

等手机相关领域外，其他大量涉足电视、净水器、净化器、电饭煲、智能眼镜、窗帘控制、衣柜控制、风扇控制、空调控制、车辆相关等智能家居或物联网应用领域。这又印证了另一个事实：专利研发技术非一时之功，大厦不是一天建成的。

所以那些妄图用数千元就能提交申请新型实用专利来钻空子的公司应早点打消念头。一家企业即便对营销和包装长袖善舞，如果没有技术专利支撑，靠零星的智能家居产品，其塑造的智能家居就永远是空中楼阁。

# 不是时机未到，而是安全性没做好

最后说说安全性问题，行业不少人士把消费者不买账归结于风口未到，却没有反思自己的产品是否真的足够好，尤其是最低层次的安全性考量，这是消费者购入的第一前提。

《纽约时报》的专栏作家 Nick Bilton 称，一台失灵的 Nest 智能恒温器导致他家里的气温变得很低。也有新闻报道，一个大一学生编写了一个手机病毒，导致数十万部安卓手机用户中招。当前智能设备几乎都采用基于 linux 的安卓系统，这套系统漏洞多，安全性差。而智能家居企业基本无安全防御技术，这意味着智能家居系统更容易被黑客攻击，这会导致智能门锁、室内监控失效，小偷可以如同进出自己家一样进入用户的家里拿走东西。除此之外，还有大量其他潜在的危险，比如窃取室内监控摄像的内容，导致用户隐私泄露等。

陷入舆论旋涡的三星 NOTE 7 爆炸事件更是给做智能硬件产品的企业当头一棒，再好的概念、再厉害的技术，安全永远是最核心、最低层次的要求。只可惜现在的大多数厂商都把智能家居的外形或技术当作重点，而把安全性排在后面。

令人欣喜的是，部分智能家居的开发人员已经意识到物联网领域中各个层面都需要重视安全性，但是对于现今行业能提供具有足够安全性的元器件和流程的企业依然是少数。因为这考验的不只是企业大数据收集、整理、分析、判断、预测、响应和调整的能力。

当然，从另一个角度看，这也是创业者的机会。如小兴看看智能摄像机就是围绕安全问题主打家庭监控、家庭安防。因为智能摄像头具有 24 小时响应的需求，所以有着较强的不可替代性，而且中兴还可通过更多的附加功能来取代一些智能产品。事实上摄像头确实属于刚需，京东商城智能家居产品中摄像机占了一半，这再一次证明了安全的重要性。

总之，过去几年，一方面我们看到了智能家居火热的发展势头和值得期待的发展前景。但另一方面，又不得不面对智能家居产品惨淡的市场现状。当行业泡沫期过去，各家企业都应该沉下心来把自己的产品做好，这样才有资本和更多的平台连接，让产品真正实现"万物互联"，这样用户积累就是自然而然的事情，所谓的整合、生态，也是锦上添花，顺理成章。

# 第 9 章

# 人人共享的分享经济在何方

## 9.1 "U 盘式生存"的知识共享经济，能否长袖善舞

自 2014 年开始，随着人口红利和市场资源的重新配置，以 Uber/Airbnb 为代表的共享经济产品在各行各业"横冲直撞"，而人们的知识和技能的"共享经济"也开始打破机构、资质的限制，呈现出旺盛的生命力。时间拍卖、靠我、在行、8 点后、1 英里……各类应用数不胜数，正在紧锣密鼓地抢占这片新生市场。

喧嚣过后，作为旁观者或从业者，是否需要冷静下来看看，这到底是真的颠覆，还是资本催生的产业泡沫？又或是个别人一厢情愿的妄想？就在知乎的"模仿对象"Quora 估值达到 9 亿美元的颠覆时期，我们有必要来梳理一下关于知识分享经济的种种可能。

### "泛知识"分享下的知识分享经济

不得不赞叹，人类对知识的需求是个海量的、无从穷尽的增量市场，因为人类的进化和更替就是随着获取信息或答疑解惑前进的。从消费（接受信息）到分享（传播信息）再到创造（提供新信息），人们对知识信息的渴望永远孜孜不倦。但人们获取知识信息的方式大多是粗暴低效的。正如行业人士表述的，"一般情况下，用户遇到难题时有两种解决渠道，一种是免费的咨询，一种则收取高昂的培训费用"。如今传统培训咨询已经无法满足"因材施教""按需服务"的知识经济的需求。

- 成本高。免费的互联网获取方式需要从海量的信息里做筛选，时间成本高。而付费的培训咨询则财务成本高。据行业市场调研发现，一个商务人士每年获取知识的成本最低也要 5000 元，而培训咨询公司所需的场地等硬件成本和推广、销售等营销成本也会转嫁到学员身上，从而继续推高成本。

- 效率低。首先是高昂的培训课程时间集中且信息量大，学员真正吸收的知识却较少。其次，一对多的模式无针对性，而每个学员面临的问题都需要对症下药。再者，即便能做到一对一，也无法保证咨询者或被培训者都能找到理想的指导老师。

于是，一种借助于互联网技术与大数据，充分挑动行业专家的认知盈余来实现信息经验分享的知识共享经济模式就有了成长的土壤。PC 时代的维基百科、Twitter、百度百科、译言也是借助这种 UCG 模式，利用人们的认知盈余实现平台用户的积累。

而如今 Treatings、1 英里、靠我等也是让用户把个人的认知盈余通过互联网平台实现知识共享。这或是一场"经验交谈"，又或是一次"技能切磋"。而这种基于经验知识传递的非标准化产品恰好是"泛知识"在实现价值交换。

比如前不久靠我邀请知名智客"鬼脚七"在其平台上接受固定时间的问答环节，短短 3 小时共有 172 个人参与，当日活动收入达到 1 万多元。于是更多行业大咖小 V 们开始借助靠我等平台，在提升个人品牌的同时，获得精神满足和物质利益双丰收。

## 是打破，也是再造，知识共享经济在蜕变

恰好，笔者有幸成了多个平台的"智客"、"导师"，在讲述知识共享模式之前，不妨罗列一些例子，如做一对一见面 O2O 模式的"在行"，通过一键连线互联网大咖的"靠我"，名校学子为师弟师妹提供海外留学咨询的"1 英里"，组织用户线下聚会的"会会"，专注中小企业咨询的"答赏"。国外也有连接企业家与高级顾问和行业专家的 Clarity、Treatings 及学习社区 Skillshare……

各平台各有特色，各有侧重，但基本的逻辑都是一样的——通过互联网化，实现人与知识的泛连接。这是罗振宇"U 盘式生存"的最好写照，每个人都可

以自带信息，不装系统，随时插拔，自由协作。而这种打破传统咨询培训模式的新经济形态更有着独特的优势。

### 直接将认知盈余兑换出知识的经济价值

早前人们只在电视机前消费，而后具有丰富知识储备的人通过互联网进行分享和创造，于是有了知乎、百科。如今靠我、Clarity 实现了更多行家的专业知识、技能、经验等在盈余时间被利用，并直接兑现。这比在知乎等舞台上免费卖艺来得更加猛烈，因为这既让人们更加重视专业知识，又通过付费对信息和用户进行了筛选，因为真正愿意付费的"知识索取者"才是有黏性的核心用户，真正有价值的知识不会永远免费供应。

### 认知盈余继续强化去中心化、去介质化

在这场"认知盈余争夺战"中，国外维基百科已经输给 Quora 等社会化协作平台，而百度百科也难以招架 1 英里、在行等平台的攻击。因为它们加入了经济链和社交链，前者让参与者更有动力，后者让传播更加发散。这带来的对商业模式的颠覆，让原本分工式的生产方式变成了分布式的共享方式。这导致的直接结果是强化了"两化"，一个去中心化，一个去中介化。

正如出身阿里而后创办了靠我的赵理辉所说，"靠我是更加纯粹的个人经济，在连接智客与用户的过程中，不需要任何物质和媒介，就能提供高效的问题解决方案"。当人本身就是媒介，不再依托任何平台时，知识共享就被无限放大并形成新的泛互联网商务模式：有认知盈余的行家利用闲余时间为他人提供一对一的高性价比服务，从而把知识分享演变成一场单纯且善意的"金钱交易"。

### 一对一知识服务模式释放了"弱关系"的巨大能量

和咨询公司、教育培训机构、问答型网站等一对多或多对一不同的是，知识共享经济模式是一对一的服务模式。无论是靠我、1 英里一对一的电话/在线沟通，还是在行一对一的见面聊，这种一对一的方式，都在为针对性、私密性的知识服务提供场景，也为建立深度的人际链接创造了可能。

更重要的是，此时知识分享不再局限于"强关系"的圈子内部，而让"弱

关系"的"牛人"也参与进来出谋划策。这既完成了媒介改变信息不对称的本质任务，又让知识实现了可复制并使得共享的边际成本趋近于零，用萧伯纳的话说："倘若你有一个苹果，我也有一个苹果，我们彼此交换这些苹果，那么你和我仍然各有一个苹果。但是，倘若你有一种思想，我也有一种思想，而我们彼此交换这些思想，那么，我们每人将有两种思想。"这正是知识共享的真正杀手锏：无"内耗"却可产生纯增量价值。

# 哪怕长袖善舞，也要小心行业暗箭

如果我们把衡量在行等这类产品是否有价值的标准定为：是否有有态度的内容（内容价值）；是否在做圈层化互动（用户交互）；是否让参与者在共享中获利（新的连接价值），那共享知识经济模式就应该让知识这种非标准化的产品用个人对个人的模式实现多赢。但行业高歌猛进的当下绝非万事大吉，即便最完美的商业模式也面临各种各样的陷阱。

### 对知识交易感的态度

的确，有了知识共享经济模式，智客行家可以利用碎片时间来帮助用户解答各类问题，这种智慧交易方式避免了用户不停地去问"熟人"的尴尬，也让学员与专家保持纯洁的"金钱联系"。但在被"士农工商"的传统文化或多或少影响的当下，在"谈钱伤感情"的时代，把专家的时间和知识明码标价是否需要一个平衡的尺度？当"话题谈论""知识分享"与金钱亲密接触甚至等价交换时，又该如何去对待大 V 们身后那最后的身份标签？这种知识交易行为又如何保证知识分享的初衷：最大化利用认知盈余？认知盈余体现在以下三个方面。

第一，高价值信息的获取，这包括如何筛选出真正有质量的知识，实现行家过滤，如何提高这些行家对平台的依赖，以及如何保障专家服务的质量。

第二，高质量信息的高效匹配，这包括对知识检索与推荐的效率，以及最终促成交换的满意程度。

第三，信息价值的评估，这包括定价机制、激励机制和评价反馈机制。

如今在行用充满仪式感的约见来"淡化交易感"，而靠我则采取淘宝式线上付款、线上沟通的交易方式，试图摆脱见面给钱相互尴尬的局面。这真的是最好的方式吗？

### 非标准化下如何保证服务品质

知识共享经济实质是认知盈余的一种演化，采取的是一对一个性化私密性C2C的模式。这种分散化、个性化的用户需求无法让知识提供者实现标准化。在非标准化的服务体验模式下，如何保证服务品质？如何实现产品规模化？如何去量化单场服务和整个平台的价值？平台如何提供足够好的信息去支撑用户挑选合适的导师？靠我目前采用实名制认证和双重交易评价系统，在行细拆服务流程，1英里采用双评分制……这些措施都加强对这种非标准化产品的可控性，但这些招术真的屡试不爽吗？服务的标准化和可复制性问题又如何解决呢？

### 用户规模、内容质量与平台质量的权衡

说完服务质量就得说说用户规模、内容质量和平台规模。一般人都认为凡是社区就应该灌水，但量的增加不等于社区成长，因为有了巨大的用户量和内容量不一定是好事，百度流量那么大，它的"新知"却折戟沉沙。这类一对一的兼职知识共享平台更是，专家与学员的会面频次都不会太高，平台若要提高交易频次和交易量，势必会扩大用户规模，但一旦用户量增大，信息筛选的成本就会提高，一对一沟通的质量就会受影响。另外行家总是相对少的，大多数用户的需求无法完全得到满足。

### 平台商业化的变现

知识共享经济平台固然有三个使命：消除"知识交易感"带来金钱的罪恶感；让行家、导师、智客的存在感爆棚；让学生们"满载而归"，但即便完成了以上三样，平台自身的商业价值就实现了吗？

答案是否定的，如果学员与行家"私奔"摆脱了平台怎么办？一对一的沟通方式会不会沦为私聊工具？三四线城市是否存在这类场景需求？学员付费意愿怎样？是不是每个平台都能和靠我一样与酒店、Uber深度合作，实现住宿、

交通等一站式服务的同时获得利润？在专家有限的"交谈社区"里，如何以交谈为核心连接更多服务，构筑商业模式？

尽管有这一系列问题，并不意味着知识分享模式就无想象空间，就像当年的淘宝一样，很多人刚开始只是试一试，后面开始以此为生。知识共享经济作为新的行业形态才刚刚萌芽，对泛知识的商业化也刚刚开始。当每个人都开始脱离固定工作，实现"U 盘式生存"，践行着共享经济和去中心化时，我们是不是就迎来了新的时代？

# 9.2 三问网约租车，如何辨别真伪共享经济

短短 4 年，网约租车市场就走完了其他行业 10 年才能走完的历程，从野蛮生长到疯狂补贴战再到合并入股上市潮，现今的网约租车正进入分水岭，一面是合并后的滴滴快的在获得苹果公司 10 亿美元的融资后，再获阿里和蚂蚁金服共 4 亿美元的投资；而神州专车也在获得 36.8 亿元的融资后，向新三板提交了上市申请，如无意外，神州专车将成为"专车第一股"；易到用车被乐视以 7 亿美元并购后起死回生。而另一边，微微拼车只用了 3 个月就从估值 10 亿元到失控垮掉，"爱拼车"早在 2015 年 5 月就已宣布停止运营，嘀嗒拼车、51 用车、AA 拼车、天天用车等平台的消息越来越少，渐渐沉寂。就在行业进入冰火两重天之时，关于真伪共享经济的讨论也成为热门话题。笔者也从用户、平台和巨头三个维度说说网约租车共享经济模式的真与伪。

## 对用户：C2C、B2C 体验才是硬道理

如果说交通运输解决的是资源的位移问题（资源包括人和物），网约租车解决的就是人用什么方式完成位移的问题。

### C2C 才是真共享经济？

目前主流的方式一种是拼车模式下的分享里程，如嘀嗒拼车和滴滴顺风车等。车主本身要去目的地，顺便带搭乘者一程，从中赚取相应的补贴。另一种则是专车分享车辆模式，如神州专车、滴滴专车等，汽车驾驶者本身并无驾车出行的需求，只是为付费搭乘者服务。如果按运营主体划分，则分为 B2C 和 C2C 两类。C2C，即个人对个人，如 Uber、滴滴，私家车主用自己的车辆为搭乘者服务；而 B2C 则是企业对个人，如神州专车使用租赁来的专用车辆和雇用专业驾驶员提供服务。但在有些投资人看来，神州专车的这类 B2C 模式是伪共享经济，因为其资产重。文件显示，截至 2016 年 1 月 31 日，神州专车共有司机 3.6 万人，占整体员工的 93.86%。此前公开信息则透露，神州专车共有长租

和短租车辆总计近 3 万辆。其实从其资产负债表来看，资产主要是现金（19.74 亿元），固定资产只有区区 2768 万元。

## C2C 只是披着个体户外衣的 B2C 罢了

有人曾说"C2C 这类需求，从来都是伪需求"，而笔者则认为，所谓的 C2C 只是没有在工商行政管理部门登记的个体工商户模式。

首先，司机的"经营"状态虽不一定是全职，但至少是频繁对外提供产品和服务并赚得收入。

其次，司机与公司一样都是有目的性、有节奏地从事经营行为，只是参与服务的人数差别，司机是自然人（或者说家庭）以车作为生产工具提供服务完成交易。

再次，如果非要加上兼职偶尔提供租车服务的个人，他们充其量只是网约租车市场运营的补充，只有那些以赚钱为目的、提供长期稳定服务的司机才是服务的主体，那些网约车平台也绝不会把所有希望都压在那些因为好奇或抱着其他目的而成为车主的个人身上。

最后，只有那些在政策合规性和赚钱状况比较稳定的情况下，网约租车模式才能得以持续，而只有合规性更强、盈利模式更清晰的 B2C 模式才能满足用户的需求，甚至可以根据不同的场景来订制服务，比如孕妇专车、女生晚班专车等等（这些服务神州专车目前都在做，而单纯的个人显然不能持续稳定地提供此类服务）。

所以无法规模化的纯 C2C 模式绝不会是共享经济的未来，更不会是真共享经济，而当个人开始持续稳定地从事这个行当，他就具备了商业属性，成为特殊的"个体户"。如今滴滴、易到用车等都选择联手或成立租赁公司，滴滴还高调推出"伙伴创业计划"，这何尝不是变相的直营 B2C 模式？

## 更效率、更标准化、更安全才是检验模式的唯一标准

对用户而言，模式是 C2C 还是 B2C 并不重要，他们只在乎自己是否安全，是否能更快地到达，过程中是否舒适。

首先，效率方面。共享经济的核心是资源复用，是调动沉睡资源，提高闲置车辆的使用效率，解决交通运输问题，让人流集中的地方不再车辆扎堆，人烟稀少的地方也能叫到车。Uber 式的 C2C 模式下，司机接单时都不知道目的地是哪里，很难保证不去扎堆。神州专车式的 B2C 模式采取系统派单模式，让大数据对车辆进行调度，更有可能响应不同乘客的用车需求，从而提高整个社会效率。

其次，标准化方面。如今淘宝备受冷落，天猫、京东成了购物天堂或许印证了一个道理：B 端相对于 C 端更可能提供持续稳定、优质的服务体验，租车市场亦是如此。如今 C2C 专车车况不好、车内肮脏、司机无服务意识等问题逐渐暴露。而用户出行虽不能要求享受星级服务，但最起码不能让自己感到不舒心。而 B2C 至少更可能提供统一的服务标准，因为对车辆和司机的要求都相对更高，能减少服务的不确定性，有利于提升服务品质。

最后，安全方面。出门在外安全第一自不必说。最近各种事故已经接二连三地发生，各种"奇葩"司机不断被曝光，劫财、劫色甚至杀人事件都时有发生。C2C 专车粗放的管理模式实在让人心有余悸。唯有前期对入驻司机严格审核，过程中做到科学监控，平时提供多种反馈渠道，才可能减少安全隐患，至少目前 B2C 模式更让人放心，而 C2C 的共享模式，在对车辆、人员（含驾驶员、乘客）的可控性方面仍有一段路要走。

所以脱离安全、效率和服务质量来谈模式好坏的都不靠谱，共享经济更加不能缺少"用户体验"这一关键指标。

# 对平台：疯狂补贴？免费？赚钱才是真本事

Uber 的 CEO 此前公开表示，Uber 2015 年在中国亏损超过 10 亿美元，并准备把在全球其他市场的盈利都补贴到中国市场上，根据 FT 中文网报道，滴滴 CEO 程维也曾表示，滴滴一年花费 40 亿美元进行"市场培育"。看来补贴大战根本停不下来。那靠疯狂补贴甚至恨不得免费的网约租车就是真共享经济吗？

**补贴只是让用户薅羊毛的"假高潮"**

诚然，在运营初期，补贴是推广的重要手段，但现在的情况已经不同。

多数人选择网约租车，不是因为干净的车内环境和司机优质的服务，不是因为大众消费方式升级，出行方式走向高端，而仅仅是因为网约车价格便宜，有补贴，有红包奖励。

当补贴一旦降低，司机和乘客就从一个平台流向另一个平台，从专车转向出租车，商家好不容易培养了用户"先领券再打车"的消费习惯，却被用户"精明"地用在看哪家打车软件补贴多上，难谈忠诚度，司机和乘客只为那些为自己买单的平台摇旗。甚至当补贴减少时，部分车主以罢工来表达不满。

更有甚者，即便补贴奖励增加，那些已经不再参与平台运力的"休眠"司机和"沉睡"的乘客也再难唤醒。因为一个不缺钱或者只是图新鲜而注册平台的司机和乘客只是平台虚假繁荣中的泡沫而已，更别妄想依靠这些司机来创造峰谷运力弹性来释放需求。反而是神州、首汽这种司机群体固定的模式更易管控司机和车况。

如今网约车的业务规模已经极大，却依然需要补贴来维持市场热度，这只会扭曲价格，扭曲供需关系。更可怕的是，这让用户形成了补贴路径依赖，让那些薅羊毛的消费者开始"劣币驱除良币"，让部分投机分子用刷单"扼杀"了平台和其他想好好开车的司机。"千团大战"的悲剧仍在耳边回响，但补贴已酿成网约租车市场的"假高潮"。

## 补贴只是平台腐蚀市场的"慢性自杀"

此前虎嗅有报道，Uber 在上海一段 40 元路程的单子，车主最多可以拿到 240 元。但我们需要问的是：当补贴减少时，我们还能享受到低价又舒适的乘车服务吗？平台方拿什么来留住用户？

平台烧钱背后的商业逻辑曾经是，占据更大的市场份额，淘汰掉那些拼抢不过的对手，凭借雄厚的财力站到最后。但如今各平台都各自找到了稳当的靠山，难道真要靠山不倒，补贴不止？

这些平台曾把烧钱补贴看作一种用户获取成本，但这与电商广告投放迥异，这是将红利直接输向用户，而停补后的"用户留存率"将成为平台衡量生死的核心指标。当补贴渐失，红利褪去，谁在裸泳谁的底裤被扒自然"水落石出"。

所以当平台补贴成为司机赚钱的唯一来源，那补贴就成了制造畸形供需、加剧平台资金链紧张、制造虚假繁荣的"春药",尤其对高频消费、低客单的网约租车市场来说,它们创造的不再是一个闲余资源分享经济的平台,而是在上演一场类似 19 世纪火枪兵方阵的"枪毙式"作战。双方列队前进相视而对,然后开枪对射,最后看谁活下来的人多。而这故事的结局也有点像《吕氏春秋》的寓言:齐国有二位勇士,路遇对饮,为比勇力,割肉自啖,肉尽人亡。

2015 年 2 月,曾经一度拼争激烈的滴滴和快的宣布合并,以减少竞争消耗。这也在说明:这种双向高额补贴、高订单量叠加造成更大亏损的商业模式不可持续。

无论故事怎么讲,还得回到"如何盈利"这个问题上来。

其实在移动互联网时代,价格才是最好的过滤器,免费、高补贴换不来真正的用户,因为只有对产品和服务的品质有期待、有要求的人才是出行市场上真正的核心用户。

在出行市场上,供给方单位成本不会有规模效应,补贴不会提高平台的造血能力,反而要让平台不断输血。

其实滴滴、Uber 等平台的低价加补贴战,恰恰毁灭了这些平台自身生存的根基。只有高定价、高阶车款才能筛选出一批愿意为更好的乘车体验买单的价值用户,从而让自己看到其他盈利的可能性。

如今滴滴把出行领域所有能讲的故事讲了个遍,却仍然回答不了"如何盈利"这个最简单的问题。汇智创享在最近的文章写道:2015 年 10 月,滴滴开始尝试推出试驾业务,并逐步形成了汽车资讯、车商城、汽车用品、试驾等诸多业务,这标志着滴滴出行大力拓展汽车电商领域。无独有偶,神州也将上线神州买卖车作为厂家销售渠道的补充,作为处理维护库存车、积压车、热销车的补充,用汽车电商去探索盈利。

总之,补贴战给不了网约车平台未来,也跟共享经济没有半点关系,不赚钱的商业模式终将走向消亡。

# 对巨头:抢专车?抢入口?人车生态才是未来

最后说说巨头,国内除了 BAT、乐视、联想,国外还有大众、丰田等,比如德国大众汽车向欧洲打车软件 Gett 投资 3 亿美元，丰田汽车战略投资 Uber，此前还有通用汽车投资 Lyft、福特自己推出打车软件等。国内外巨头如此觊觎出行市场难道只是为了抢专车，占领移动入口？

### 觊觎专车？抢占入口？你们都错了

此前就有人说阿里注资神州并不是简单地介入专车之争，而是另有宏图。这里隐含了两个重要判断。

首先，阿里并不认同滴滴等一些公司从试驾入手颠覆汽车销售渠道的做法，这个 C2C 场景不成熟，需求小且分散，不为汽车厂商所喜，要完成规模化的新车销售简直是天方夜谭。

其次，互联网+出行正从点对点的出行服务向深层次迈进，汽车的产销与服务都面临变革，这比拼补贴的专车之战要有意义得多，也是阿里真正关心的。且不论如何表达阿里的真正意图是否准确，但如今的汽车行业革命绝不只是出行方式和交通工具的改变，更面临着技术端从传统能源汽车往新能源汽车和无人汽车等的变革，而真正重塑的是人与车的生态圈。

神州优车董事长兼 CEO 陆正耀也曾表示，"专车大战已经结束了"。只有依靠品牌、客户口碑以及客户满意度和留存率从而获得溢价和成本降低的专车模式才有清晰的盈利曲线。疯狂的烧钱补贴模式掩盖不了客户的伪需求，也解决不了高昂的成本结构问题，这就意味着依靠补贴的烧钱模式完成不了抢占用户的使命，更别说要长久获得移动入口了。

### 未来值钱的只是智慧汽车和分销网络

那未来又将如何？其实无论是汽车厂商还是百度、阿里、腾讯等互联网巨头，它们押注打车软件的根本原因在于：一、私家车需求降低，汽车销售需要在移动端有新的流量入口；二、无人驾驶才是趋势，一切都是为这个铺路。滴滴出行 CEO 程维也说：当无人驾驶技术成熟时，买一辆车或许会和今天买一匹马一样奇怪，汽车会回归其交通服务工具的根本属性。因此，未来值钱的只有两类公司。一类是生产、研发、制造这类智慧汽车、无人汽车的公司，苹果、Google、百度等都在发力。一类是那些拥有渠道、拥有分销网络、具备强大的网络运营能力的平台，陆正耀说神州租车和神州专车正在构建的就是一个强大的运营网络和分销渠道。这是打车软件从出行板块过渡到未来的必经之路。

对于打车软件，智慧汽车离我们较远，未来能做的是加速构建分销网络，而真正具有杀伤力的也是平台化。这就要求出行平台不但需要在租车、专车等出行市场上有足够的话语权并能影响新车集采，而且需要在线下有强大的资源变现能力，把车辆和人流按照财务模型完成消化，最终形成生态闭环。目前来看，神州走在滴滴前面，神州通过租车、专车两条产品线每年完成成千上万的新车集采，从而让神州在上游厂商中颇有话言权，而且神州通过下沉到三四线城市的品牌门店，完成租车、专车两体系的旧车消化，并用汽车金融去承载，只是神州还需要接驳大流量的互联网平台，只有在流量、数据和客户资源等方面获得补充，才能发挥神州优车体系在线下和产业链上的优势，构建一个线上线下相结合的汽车电商平台。而滴滴需要强补线下，发挥腾讯的社交优势，完成线下的落地。作为打车软件，只有线下线上联动的分销网络才可能在未来产生价值。

总之，不要看热闹的外表，不要秀浮夸的数据，只有具备盈利能力、为未来而活的打车软件才可能笑到最后。

# 9.3 越走越偏的知识技能类共享经济，如何迷途知返

罗辑思维推出的付费订阅 App，自推出《李翔商业内参》后，两周时间获得了 5 万+的订阅，吸金超过 1000 万元。而后《卓老板聊科技》《槽边往事》《攀登速读》《前哨》《雪枫音乐会》等悉数登场，一路圈钱。

接着马东团队也玩起了知识付费，首次推出的是一款教人"好好说话"的音频课程。主讲人则是《奇葩说》的那些超级辩手们，如马薇薇、黄执中、邱晨毅等。据米未传媒透露，该课程在喜马拉雅 FM 上线，销售额一天即冲破了500 万元。

可同样，一则"火遍朋友圈的分答遭封杀"的消息不胫而走。不管原因如何，这个上线仅 42 天，估值 1 亿美元的现象级产品如果就这样香消玉殒不免让人叹息。

这也正好反映出知识技能分享行业喜忧参半的现实，造成如此不同的结局和走向的重要原因之一，便是它们在付费与否上有着不同的理解和打法。那在付费与否上到底要持什么态度？如何才能打好付费这张牌？

## 猪八戒网、分答、罗辑思维，异途更不同归

曾经一位科技评论人这样控诉"写了 150 篇深度科技评论，每篇只有数百次阅读量，一共赚了不到 2000 元的赞赏费，这就是微信公众号对知识工作者的尊重？"反观那些娱乐大号、拼凑号、段子手们却轻松获得 10 万+的阅读量，甚至年入千万元！这从侧面反映出知识分享者的尴尬。我们以猪八戒网、分答、罗辑思维及得到 App 为例，看看它们能给我们哪些启发。

### 猪八戒网：从取消佣金，到免单日，未来在哪儿

号称最大的共享经济服务交易平台的猪八戒网，是分享知识和技术、创意共享模式的先驱，从众包模式兴起时代，将其他众包网站挑落马下，到分享经

济大行其道时，融资 26 亿元，估值百亿元，猪八戒网看似顺风顺水，其实在付费与否上也是费尽周折。

刚开始猪八戒网采用的是和滴滴类似的抢单模式：发布需求，等待投稿。盈利也依靠交易中的抽佣，一开始全部抽取 20% 交易佣金，而后根据会员等级采用不同的佣金标准。但在实际过程中，尽管用户规模和交易量增长很快，可惜收入一直未达预期，始终呈线性增长。佣金模式让猪八戒网提前触碰到了众包模式的天花板。

终于，在 2015 年 7 月，猪八戒网上线了天蓬网，一改需求方主导的"抢单模式"，变身为设计师主导的作品展示、接单模式。在此之前，猪八戒网还宣布平台外包业务交易全部免佣金，以每年 6000 余万元交易佣金的代价完成了一次自我推翻。

对这种烈士割腕式的壮举，笔者更倾向于理解为：猪八戒网意识到了"佣金有毒"。更大的背景则是：和所有从知识技能服务切入的平台模式一样，它们面临的是还未养成付费习惯的用户，以及非标、低频、需要深度沟通的知识技能型服务难以杜绝的"私奔""跳单"等现象。

或许正是这些原因，才有了这个"八月八免单日"，猪八戒网联合 27 家分公司、6 个八戒园区，以及 1 万家服务商，全国联动，这与其说是一场史无前例的免单服务狂欢日，为引爆创业狂欢，为助力创业者创业，不如说是猪八戒网在尝试从供给和需求层面发力，完成对用户的绑定和留存，通过一个订单的切入，来服务目标企业一辈子。

所以从这个层面理解，猪八戒网在收费上的取舍，根本不是在刻意营造一个可有可无的电商节，而是在探索知识技能分享领域供应端、消费端和平台还有没有其他组合可能，能不能完成规模效应和价值转移的有效结合，形成一个可持续发展的商业模式。

这种激进式的冒险是在赌未来。

### 分答："误食"了偷听收钱的毒药，还在寻找解药

作为付费语音问答平台，分答一开始就扮演着让任何人都可能依靠 60 秒的语音赚快钱的角色，问答、付费和偷听成为它独有的结构模式，初看让人眼前

一亮。尽管只是 1 元、5 元这样的小额打赏，却给了用户足够的心理按摩。再加上偷听分成，用户心理成本进一步降低的同时获利心理被激发。

这种由答主定价，提问者和其他听众共同承担费用的偷听收费模式开创了新的可能，本是慰藉和鼓励知识分享者的良药，但却被分答用错了药引子：娱乐性网红。这导致的直接结果是：分答所呈现的娱乐社交性盖过知识性。

当"某某人开通分答，自爆曾让女友流产""一家兰州拉面店让某明星魂牵梦萦"这样的劲爆消息刷爆了朋友圈，分答就离纯粹的知识性社区越来越远，而一旦越来越多的人将"分答"贴上"知识噱头、网红实体"的标签，做出"付费分答，无关知识"的论断，这种娱乐化、八卦化的偷听收费方式就变成了不折不扣的毒药。

- 对社区：偷听收费"生产"出来的娱乐性内容，直接导向了那些具备互联网娱乐精神和神秘色彩的人，可惜他们所贡献的内容充满挑逗性和恶趣味，又无关知识，这使得知识型社区一边为娱乐买单，一边原本应有的气质被腐化。
- 对知识阶级：当分答被明星、网红等占据，本该去中心化的知识型社区又被踹回中心化的境地，这种偷听机制也极易滋长职业咨询者和职业提问人，毕竟，靠回答日赚上万元、靠提问日赚数千元的情况都已出现，那些真正具有丰富的专业知识和个人见解的人就难觅生存空间。
- 对用户：这也直接加速了劣币驱除良币的进程，偷听激发的是粉丝的窥私欲，收钱加速了八卦、消遣娱乐内容的生产。当知识社区成了明星、网红等人的主场，可能那些求学若渴的求知者就会被冷落。

### 罗辑思维：打着知识付费的幌子，将了内容电商一军

从 2012 年 12 月 21 日首开视频读书节目起，罗辑思维就一直是内容创业的传奇，在知识变现的道路上一次又一次地创造了奇迹。

当时间来到 2016 年，内容付费成了新的风口，罗辑思维趁机推出了内容付费订阅产品得到 App，将李翔、王煜全、李笑来、卓老板等这些原来名不见经传，只在圈内小有名气的"怪杰"包装一番后便以 199 元一年的价格打包出售。再经过罗振宇殚精竭虑地推销，就有了本节开头说到的漂亮战绩。

我们且不去评论得到 App 中的付费订阅内容《前哨王煜全》《李翔商业内参》等的质量，先从内容来看，他们多是以个人的见闻与经历作为背书，用视频+语音去塑造人格，将人格兑换成流量，最后玩起了内容电商，其实质都是在打造知识型网红，创造出一个个新的人格魅力体，只是在商业变现上，又回归到电商的打法，原因如下。

- 无论是之前的玩会员社群，还是后来延伸的卖书，又或是当前的得到App，采用的都是快速推爆款、平台拉流量、财报刷数据的电商模式。
- 这一整套链条中，用户除了钱，贡献的更多的是自己对罗辑思维的信任，而罗辑思维给电商导流消耗的是其苦心经营的人格，这是最重要的社交货币，也是粉丝们用爱供养出来的结晶。遗憾的是，当罗辑思维形成的流量加速向产品转化时，平台总体的信任资产也在加快地贬损。有人甚至直接评价罗振宇这是"把知识当货卖，把货当知识卖"。
- 从当前看，关于罗辑思维和得到 App 的负面声音越来越多，诸如"罗辑思维没逻辑，李翔商业内参成外参，量化生产的模式有问题，同质化太明显""好后悔订阅，没有价值"的"晒单评价"数不甚数。再加上淘宝上的各类盗版，罗辑思维恐怕正面临着未曾预知的尴尬：罗振宇宣传的内容付费，也许并不如想象般美好！

由此可以看出，猪八戒网、分答、罗辑思维都是以自己的理解来试探知识技能型分享经济在付费问题上的"安全区域"。Google 2002 年推出收费问答"Google 问答"，2013 年又推出了基于视频聊天工具的专家收费问答、培训服务，但都以失败告终，模仿者百度知道和知乎在商业变现上也徘徊不前，这些都在印证，这个"安全区域"不太好找。

## 不管要不要钱，还是能不能要到钱，都得从这些开始

但这并不意味着我们只能悲观地面对知识技能类分享，要知道钱并不是最大的成本，协调成本才是，这包括时间成本和信任成本等，真正有实操经验的行业专业人士最稀缺的是时间，而不是那几百块咨询费。而对于一些特定的人群，如视时间为生命的精英人群、求知若渴的青年、追求仪式感的狂热粉丝等，收费并不件困难的事。但我们需要摆正态度，无论如何，都得重视以下这些原则。

### 要头部，更要长尾

在知识技能类分享链条中，还有一个特别重要的点是生产者和消费者重新被定义，一个用户既是知识信息的生产者，也是消费者。一个好问题和好答案一样珍贵，都将成为优质内容的重要标准。

这就意味着所有人都是平等的，而单纯依靠大咖、网红撑起的平台，一旦用户热情冷却，将因为没有扶植足够多的"草根"而丧失生命力。事实上，真正能解决问题的，不是所谓的专家、公知，而是真正扎根在各个行业但不太起眼的人。所以别只关注头部用户，那些微弱却持久的长尾才是主宰平台死活的命脉。试想下，猪八戒网如果没有那 500 万名中外雇主和 1000 万家服务商，怎么去讲述一个市场占有率超过 80% 的服务众包平台的故事？正是这些个人及中小微企业释放的长尾效应让平台有了源源不断的活力，让共有知识有可能聚沙成塔。

### 要立竿见影，更要细水长流

如果知识技能型平台只是大咖们的福音，而不是大多数普通用户的"福音"，那么真正享受到红利的只是初期的大咖，他们在知识技能类分享平台上实现"拔鸡毛"，变现后就留下一地鸡毛，这是杀鸡取卵的一次性买卖。

但当绝大多数用户被冷落时，知识就不再因分享而流淌，反而会因为大咖的存在而阻塞。所以我们需要千千万万牢牢扎根在某个领域的专家，他们不在乎一时得失，在短期利益和长期效益、在立竿见影和细水长流中，他们选择后者，做一口口钻井，源源不断地共享知识能量。而作为平台，则需尽可能地发挥连接价值，快速匹配，让拥有钻井能力的普通知识技能人群加快能量释放。

### 要规模化，更要连续性

知识共享经济实质是认知盈余的一种演化，大多是一对一、个性化、私密性 C2C 的模式，注定无法让知识提供者实现标准化。并且知识经济本身是一门注意力生意，注意力与知识信息质量和数量正相关，而质量和数量与知识提供者和创作者的能力相关，他们只能随着时间线性增长。papi 酱即便每天产生一条视频，一辈子也只能做那么多。

事实证明，生产内容就是榨干自己的过程，能持续产出高质量内容的，只是少数人，除非不断汲取新能量。那怎么办呢？做交叉性服务，做横向连接，如罗振宇的得到 App 就不把知识性内容限于商业评论，而是逐步加上了音乐品赏等内容。

总之，知识技能类分享型平台在盈利收费这件事上还需从长计议，首先得站在绝大多数长尾用户一边，为用户提供路径或方式，创造连续长久的价值，最后才有机会收获掌声和金钱。

# 9.4 共享经济下，互联网+建筑设计业的命脉在哪儿

继信息互联网、消费互联网后，产业互联网也越来越被人重视，作为传统行业的代表，建筑行业也已开启"互联网+"新征程，正如硅谷精神之父凯文·凯利所言，"未来所有的生意都是数据生意"。万科 3P、八戒工程、SMARCH 等纷纷引入共享经济模式，谁能真正扭转乾坤？绑上共享经济模式的建筑设计业是否真能快速实现网络化、智能化、服务化、协同化？

## 身陷"封闭盒子"，建筑设计企业思考"转型"

如今的建筑设计业，正如筑龙网总裁兼 SMARCH 平台创始人贾晓军说的，"每个建筑师与工程师都是在设计建筑盒子，但这群设计建筑盒子的建筑师、工程师所在的行业正陷入封闭的盒子中"。

作为基因较强的传统行业，在行业发展高峰期，几百万元的合同在线下就能搞定，所以基本不需要互联网，而且建筑设计业产业链和服务周期长，同时需要相应的建筑设计服务的企业比较少，这就引发了行业的不透明、不对称。即便个别企业开始接触互联网，也大多是浅尝辄止。

但如今市场环境恶化，根据国家统计局发布的《国内房地产市场数据统计分析报告》显示，截至 2015 年 10 月末，全国房地产开发投资 7.89 万亿元，同比增速下滑至 2%，与 2013 年 19.8%和 2014 年的 10.5%的增速相比，近乎是断崖式下滑。还有数据显示，2015 年全国建筑业房屋建筑施工面积 124.3 亿平方米，比上年增长-0.6%。如今建筑业正进入减速慢行发展阶段，房地产步入存量期，建筑业增速下滑成为不争的事实。再加上传统建筑业"老病缠身"，偏安一隅的建筑设计业自然"皮之不存，毛将焉附"。

除此之外，建筑设计还存在各地分布极不均匀的情况，有数据显示，80%的建筑设计事务所集中在北上广深一线成市，而其中 60%又集中在深圳，排在第二和第三的分别是北京、上海，广州则更少。这就容易导致地区供需不平衡、成本居高不下、资源被严重浪费、企业效益差、行业腐败严重等问题。如今企业管理难上加难，想要转型却无从下手， 积重难返、不堪重负已成为设计企业和团队的真实写照，建筑设计业亟待转型。

# 绑上共享经济，万科 3P、八戒工程、SMARCH 打法迥异

就在整个建筑设计业都纷纷探求如何打破内部竖井效应，借助互联网+转型的时候，万科 3P、八戒工程、SMARCH 等以不同的方式融入共享经济模式，试图革新建筑设计业。我们不妨先以它们为例，探究行业发展趋势。

## 万科 3P：褒奖和质疑同在

万科云 NOSPPP（万科 3P），于 2015 年 9 月 19 日宣告发布。按照万科的话说这是 Uber 式思维的尝试，开放整合了行业的设计需求，是颠覆建筑设计领域的 O2O 链接平台。这是万科"八爪鱼"的"触角"之一，简单地说，就是一个可以线下办公、线上接活的平台。其中主要包括：互联网+Place——设计公社，办公场地可分时出租；互联网+Projet——万科云，平台可发布、承接设计任务；互联网+People——路由器计划，根据算法匹配建筑师，从而希望聚集设计供需双方，完成智能匹配，通过资源共享降低创新企业合作成本。于是万科 3P 被看作加快产业流速、增加效益的有效方式，引来赞叹一片。

但也有部分人士对这种模式提出质疑，其中争议较大的有以下两点。

- 万科的动机。此举被看作万科走下坡路的被动之举（2015 年上半年万科利润增速只有 0.8%，同比下降 58%）。万科 3P 只是万科投石问路的"石子"，万科的合伙人制才是杀手锏，让大家共享未来预期，也就意味着"先期你要投入一些，以减少万科的压力"（摘自《地产版 Uber 真的杀来了，这次居然是万科做的！》一文）。
- 3P 的真实运营情况。meTome 在《万科 3P 到底爽了谁？》一文中写道：万科云不是真的免费提供服务，是要入场费的（收租金、收作品），是在"利用上游地位，拿下游来玩，降维攻击"。

必须注意的是，在建筑设计业，目前多数甲方在建设项目设计上还是倾向于与固定的设计院合作，互联网只是作为信息发布渠道，所以万科 3P 真正发布设计与需求对接的只有那些如度假村、独立别墅等小型项目，但这不是万科擅长的，万科 3P 更多的只是工具平台。

万科3P前期发布的项目大多作为万科自己的采购渠道，要吸引其他地产业主较难，市场广泛度将受限制。

## 八戒工程：成也众包，败也可能在众包

八戒工程是在 2014 年上线的，原来叫猪八戒网工程设计咨询频道，现名"八戒工程"。按照相关宣传报道的说法，八戒工程已累计完成工程类需求数近 70 万条，完成交易额 8256 万元，是猪八戒交易量增长速度第一的类目。而八戒工程网采用的也是猪八戒"威客"模式，即需求方以悬赏的形式发布任务需求，设计团队自行报名参加，任务发布者选择合适的威客开始工作，最后根据工作进度由任务发布者或八戒工程向设计师（或团队）支付酬劳。

这种威客众包方式的优点不言而喻，众包也是共享经济的一种形式，可以最大化地利用社会人士的智慧，创造更好的设计作品。但威客众包模式的弊端和风险也显而易见。如能力风险，这主要表现在设计者（或团队）的能力和任务难度可能不匹配，最后完成情况不能满足任务发布者的需求。再如信息风险。毕竟建筑工程还是由诚信专业的团队来完成才更有保障！八戒工程网这种卖工程设计服务的模式之前在淘宝上也曾盛兴一时，但因交易量太小而被淘宝招商频道关停。

再说八戒工程目前主推 3D 建材馆和 BIM 任务交易，并没有把精力聚焦到设计任务交易平台的完善上，而且未来是否将重心放在撮合交易上还难下定论。

## SMARCH：三大系统支撑，未来等待验证

SMARCH 是一个开放的数据盒子，定位是工程行业专项设计采购平台，其核心是三个大数据系统：筑龙网大数据系统、主要承担评估个人和专项设计团队的设计能力的能力评测系统，以及主要完成项目与团队匹配的项目匹配系统。

据官方数据显示，筑龙网大数据系统依托的是筑龙网这个创建于 1998 年的全球访问量最大的建筑门户网站，目前网站拥有 1100 万名注册会员，是建筑行业唯一贯穿整个建筑产业链的多专业互动互联网平台，多年来的数据积累，让 SMARCH 能够提取大量的设计资源，可以为设计采购提供清晰直观的数据支持和团队保障。而 SMARCH 共享的也恰好是设计资源。自 SMARCH 平台上线以

来，目前网站项目任务累计总金额已超过 600 万元，个人注册用户数超过 3000 人，包括大型设计院、国内外知名设计事务所在内的团队注册用户超过 400 个。

这种模式的优点是集中在 B2B 设计采购领域，这样有助于改变原来设计公司四处找设计任务的状况，让需求方主动来找最适合自己的设计团队；也可随时调动不同级别的外援和专业化团队来确保工程质量；设计机构也可降低成本等。但这不意味着就万事大吉。首先定位于企业间的设计采购平台的 SMARCH 成立时间较晚，如何进行用户积累，让更多的企业知道并放弃原来的方式到 SMARCH 上来就是个考验，如今是"快鱼吃慢鱼"的时代，如何将 1000 万名筑龙网用户资源平滑地导入 SMARCH 平台也是难点；其次，SMARCH 的核心是三个大数据系统，三大系统的运行效果需要验证，另外这种互联网模式如何被传统设计院认同并撬动这个巨大的市场也有待市场验证。

总之，万科 3P、八戒工程和 SMARCH 采用的是三种完全不同的玩法，但目前来看各自都需要继续提升。

# 众里寻"他"千百度，此事难在这三处

其实在笔者看来，万科 3P、八戒工程和 SMARCH 们共同的也是核心要处理的问题是：如何解决信任问题！尽管他们都不同程度地融入了共享经济元素，也可能代表行业趋势，但建筑设计服务采购是一个较为复杂的过程，用户对平台、对模式、对供求方的信任的建立不是一蹴而就，而这信任的建立主要取决于以下三个方面。

### 如何会集更多优秀的设计团队

建筑设计业本是一个信息高度不对称、不透明的行业，而且行业人才地域分布不均，如何保证让全国各地的用户都能平等高效地找到最合适的设计团队是平台的第一大考题。八戒工程依托的是自身的积累，八戒工程拥有 10 万名工程师入驻，日均流量超过 10 万，被誉为工程技术界的"淘宝"。 SMARCH 依靠的是筑龙网大数据系统，筑龙网拥有 1100 万名注册会员，近 20 年的工程设计行业数据积累，拥有广泛的行业认同度。而万科 3P 则是希望用万科的品牌背书为其招揽合伙人，并用办公场地可分时出租的设计公社来吸引和壮大设计队伍。但它们还要面临信息送达、教育告知甚至说服设计团队入驻的问题。毕竟让人们接受新的模式并不是件容易的事。

## 如何相信一个陌生的团队或个人

这实际是如何建立监管和评价机制的问题。设计本身没有绝对的标准，而且每个设计又是独特的，但若没有一个让大家放心的能力和诚信评估方法，就难有交易产生。

八戒工程网利用支付担保机制，并采用第三方专家全程把关，用技术托管的方式在保证安全的前提下让消费者、工程师、设计院相信彼此。这种第三方资金托管方式目前看有所成效，但多数是涉及金额不大的交易，这也就限制了其平台发展。

SMARCH 除了订金托管外，还采用了自己研发的六维能力评测系统，这个专业能力评估模型涉及项目积累、诚信水平、圈子内的名声、沟通能力、技能水平以及精神力量六个要素，最终团队的能力评测根据团队中个人的能力综合计算得出。

SMARCH 希望用大数据的力量来完成能力评测。此外，SMARCH 还设置了一个"印象"（Ring a Bell）机制，并配合熟人网络认证功能来杜绝设计师或工程师杜撰项目经验的情况发生。而从公开报道看，万科只是为项目匹配设计团队，至于后面的项目接洽、合同、款项支付等一系列事情就不再参与，而对如何监管和评价并不清楚。其实对于这种评价监管问题，用户最清楚，谁家的最踏实用户自然会用脚投票。

## 如何保证设计项目与专业团队的精准匹配

最后就是如何让创意的供求双方有效对接。

SMARCH 采用的是 Colortag 项目匹配系统，根据发布任务的类型和特点，将其信息推送给相符的设计团队。服务方报名后，平台将按 Colortag 和六维评测系统对所有报名团队进行排序，为需求方提供最优的设计采购方案。万科 3P 则是实施"路由器计划"，根据设计师经验、资质等运算规则，匹配供需双方。这两者的方法对经验老到的设计团队有优势，而对初出茅庐的建筑师不利。八戒工程网则是众包自由匹配的做法，但随着用户量的增加，信息包罗万象，如何找到"适合自己的那一款"，理论上看可行，但在实际中，却可能留下供求两端最合适的那两个人"在网络上的茫茫人海中失之交臂"的遗憾。

另外，该行业还有一个特别的问题：Uber 式共享经济模式是否适应建筑设计行业？众所周知，Uber 模式适应的多是高频、低价、周期短、时效强、服务相对标准化的行业，而且 Uber 所在的行业客户是时间不固定、需求不固定，供给方（司机）和需求方（乘客）是弱关系。而建筑设计业则是低频、高单价、周期长、服务相对定制且难以标准化的行业，且需求方（甲方）基本有自己的材料供应库、施工服务商供应库、设计师供应库，需要稳定的合作关系。所以宣传采用共享经济模式的各类平台是否能顺利沿袭 Uber 模式的优势还不得而知，就看谁最终能根据行业情况创造性地发挥共享经济的效力，走出一条自己的路了。

综上，共享经济下的建筑设计业一方面在逐步解决不对称、不透明问题，加速实现协同和共享，一方面也被前行路上的各种问题牵绊。但我们仍然可以相信，未来要么属于平台，要么属于在平台下长袖善舞的个人！因为互联网+就如一场飓风，顺势而为者"扶摇直上"，而漠然无视者只能抱憾出局。

# 第 10 章

# 小心！新媒体环境下，营销还有几个大坑

2016 年 7 月，在笔者的朋友圈里发生了几件大事。

第一件事，7 月 1 日，《关于移动游戏出版服务管理的通知》正式生效。游戏甚至 H5 游戏上线前也需要申请游戏版号，这就意味着"围住神经猫"这类 H5 游戏再想两三天内引爆将不可能，游戏行业原来"裸奔"上线的好日子到头了。而另一端地推吧的执行小分队穿着印有"大话西游"的文化衫奔走在大街小巷。

第二件事，7 月 8 日，航班管家发起的《我买好了 30 张机票在机场等你：4 小时后逃离北上广》活动刚开始让人拍案叫绝，紧接着越来越多的网友开始质疑这次活动，负面声音甚至盖过褒奖之声。

第三件事，7 月 8 日，此前上映的《大鱼海棠》尽管在微博话题里截获了 27.8 亿人次的阅读量，赢了票房却输了口碑。有不少批评之声，还被质疑是"情怀炒作"。

第四件事，7 月 12 日，papi 酱在美拍等八大平台同步直播，尽管在线人数破 2000 万人，但这次直播效果显然没有达到预期，关于"互动少，内容性太弱""papi 酱太紧张"等各类吐槽充斥网络，此前"papi 酱"系列视频已被勒令整改。而另一端美拍土生土长的"艾克里里"们被各种追捧。

什么？网友失控？传播主体之前的营销手法集体失灵？这些营销传播之怪现状下隐藏着更大的传播危机。

### 不识庐山真面目，只缘身在这几个大坑里

一些营销传播事件尽管剧情各异，但结局极其相似，掉进了营销传播中最常见的陷阱里。

### 窗户陷阱

在人们习以为常的营销传播中，企业或公关公司惯用的手法之一是：拿钱砸，公关删稿，涉事者无视。

这些企业和公关公司活在一个假设之上：信息渠道是可以控制的。就像窗户，拉开可以尽情作秀，关上就是重重黑幕。它们习惯于吹牛作秀，或者撤稿删帖。这恰是陷入窗户陷阱的直接体现。殊不知这种掩耳盗铃式的手法永远不能消除负面影响，反会加固受众对自己的负面印象，原因有以下两个。

首先，现在的信息传播模式是筛网模式，筛网和窗户最大的差别在于筛网上全是"眼"。在这个传播和舆论环境下，如果信息内容本身大过这个筛网，它就传播不出去，比如很多对 papi 酱不感兴趣的人就自动屏蔽了 papi 酱直播的消息；而如果信息内容本身小于这个筛网，即便你想捂着，也会被曝光。

其次，传播方式就变成了关键词传播模型，也就是能够不胫而走的、远传万里的只是一些具体的词汇，也许是只言片语，这些词汇能穿过筛网最后变成受众心中的新闻事实。因为原本的信息量太庞大，穿破不了筛网，而受众根据自己接收到的关键词再加上联想就形成了另一个故事。这个故事被信息漏斗过滤，也可能被故意裁剪过。

既然在筛网模式下既难以保密，又可能因为关键词而被传播得更快，那只有打开天窗说亮话才可能避免被误读，因为"真相可能迟到，但从不会缺席"。

掩耳盗铃式的删帖和精英式的逻辑辩驳都是在重演"皇帝的新衣"的闹剧，都不如一场简单粗暴的市井式认错来得坦诚！

## 花篮陷阱

我们再看看多数滥竽充数的营销传播事件，有些是不断地秀下限，在色情、赌博等边缘徘徊，有些是将自黑进行到底。

罗振宇将这种思维看成把一堆豆腐渣夸成一枝花，然后把一枝花插成一个花篮。看似在编织一个极美的花篮，实则恰恰进入了饮鸩止渴式的"花篮陷阱"，这主要表现为：或过分夸大，或过度堆砌，或打道德和法律的擦边球。

比如某手机品牌那句"漂亮得不像实力派"的吹捧型广告，除了昂贵的设计、发布成本外，受众完全搞不清它是什么价位的手机，适合什么样的人群，更难以贴近消费者的使用场景。

## 脸谱陷阱

中国传统戏曲上讲究用脸谱，因为观众离戏台稍远一点就不知道演员演的是谁，于是艺人们就在脸上勾脸谱，曹操的脸是白色的，关公的脸是红色的，约定俗成后，老百姓一看脸谱就知道演的是谁。

营销传播也是，也给自己画脸谱，告诉受众自己是什么，拍平面广告、请形象代言人或者讲故事等都是在画脸谱，给自己建立标签、超级符号，而且还经常把自己其他部分全部裹上，露出一小块，叫品牌。

前面讲的例子就有给自己贴上搞笑、自黑的标签，或一直在营造一个"十二年磨一剑"的匠心巨制形象，结果直播或上映后，它们精心打造的脸谱被用户扯掉，自己也掉进了"脸谱陷阱"。

这一要求我们必须革新认知模型，我们苦心经营的品牌、标签不是一座金山，而是一个气球，金山被人挖掉一点还剩一点，而气球一触即溃。有些网红一上直播，网友们就发现"和其他展示才艺的主播相比内容性不够强"，"不太会和观众互动"，结果一下子粉转路。

二要求我们给自己留一点缺陷，本色就意味着安全。有自媒体质疑一些电影作品前期动用大量资源贩卖情怀，让影迷们建立了极高的期望，结果一进电影院，发现根本不是那么回事。倘若之前塑造的不是一张完美无瑕的脸谱，被高高举起，也不至于摔得这么重。

## 喇叭陷阱

最后它们都犯了同一个错误——误把攻占渠道作为核心传播点，最后掉进了"喇叭陷阱"。

这些主体无不是全方位占有渠道：直播平台、双微（微博、微信）互动话题炒作，只要能想到的渠道方式都用上了。

它们还是当年"人民公社"那种模式，在村头的树上绑一个大喇叭，村长打开喇叭喊一声全村社员都听得见。它们认为传播就是占有喇叭，也正是这个陈旧的喇叭模式"坑"了它们。

首先，传播渠道多元化。不但垄断"喇叭"的代价高昂，而且入口无处不在又随时可能失效。看一下移动互联网市场研究公司 Jampp 的报告数据：App 单次打开时间暴跌九成，这就意味着这些喇叭从诞生、用户高速增长、巅峰时期到产品退出市场的周期越来越短，甚至不如一部好莱坞电影的生命周期。

其次，喇叭模式实质就是广告模式，而广告本质和商业本质存在逻辑上的冲突，广告越多，媒体的价值就越低。

最后，互联网的核心功能是解决因渠道问题引起的信息不对称，互联网的产业本质就是否定渠道的价值，在传播上渠道环节已经"塌陷"并让位于内容，产业价值开始往上游走。

所以，最好的传播不是去占据渠道和发声的喇叭，而是拥有内容的制作能力，掌握内容创意的核心资源，注重原发、优质内容的持续输出。

# 我们该怎么办

推倒重来？不对，新媒体环境下，营销推广该这样玩！

### 采用直达用户的地推或线下渠道模式

既然我们无法也没必要控制渠道，那我们就不要寄望于"窗户"和"喇叭"，来一场开诚布公、短平快的对话。既然用户对精心制造的"花篮"和"脸谱"无感，那我们就来一场一对一、面对面的交流。地推或线下渠道虽然看起来笨拙，但可实现很好的效果。

- 地推或线下渠道的地域和人群更加精准，即便腾讯的广点通可以做区域的定向投放，但地推更能在精准的场景中找到精准的用户。
  比如在 Uber 与地推吧的合作中，地推人员集中在司机能够停留 10 分钟的地方，如加油站、洗车店、停车场等，直接找司机面对面推广，因为地推吧在深入测试后发现，Uber 司机下载、注册、听推广人员讲操作流程的这整个过程需要 10 分钟。

- 这些用户更加真实，同时可以和同盟一起设置一些推广门槛，防止恶意刷量。
- 地推或线下渠道可以做面对面的用户培育，这个交流是用户对产品的第一印象。再者，地推可以做区域化的品牌推广，能协助塑造区域化品牌，加速到达用户心智。

事实上，除了《大话西游》等手游早已与地推吧等展开合作外，爱投资、口碑、广金所等也都与地推吧合作过，部分互联网金融产品更是实现了 6% 的投资率；新美大、滴滴等到如今仍然坚持地推。而小米纯线上互联网模式的坍塌，OPPO、vivo 线下渠道模式的崛起，也证明了人与人当面沟通的有效性。

另外，对于地推或线下渠道，可采取自建团队或选择与第三方平台合作，对于自建团队需要提醒的是：团队搭建时间成本高，一般到能执行至少要经过 2 个月；人力成本也极高，存在人员冗余的风险；需要适应跨区域管理招聘培训等。

总之，自建团队是一件比较耗时费力的事情，在讲究"快"的移动互联网时代，并不是所有的互联网公司都适合自建团队。

至于选择与第三方合作，尤其是对地推平台，有以下几个参考标准。

- 是否掌控社区、高校、娱乐场所、商圈，甚至高铁站等各类推广渠道。
- 是否有成功的操盘经验，如是否曾与口碑、滴滴、新美大、平安证券等大公司合作过。
- 是否有标准化的地推执行方案和成熟的地推执行团队以确保推广效果。
- 是否获得了融资。除上述三点外，融资与否也是参考标准之一。目前地推业鱼龙混杂，尤其是地推公司，要找到靠谱的地推公司并非易事，如已完成 1000 万元 Pre-A 轮融资的地推吧；完成 500 万元天使轮融资的众众，另外 51 地推、帝推、开拓者等地推公司也相对成熟。

### 注重真实表达与实时交互的直播模式

既然"脸谱"无效，那我们就还原真实的自己，甚至故意暴露自己的缺陷。

既然信息会被过滤，那我们就利用好"筛网模式"，注重传播内容的"关键词化"。不奢求所有的人都爱自己，只希望真实的自己被正确地理解，直播就是这种真实表达、平等沟通的对话模式。

如今直播的内容形态和市场空间已被拓宽，产业链得到延伸，再加上底层技术的推动，直播比以往的任何传播媒介（如报纸杂志等）都能更加全面、立体地呈现自我。

再说从直播衍生而来的"直播+电商""直播+旅游""直播+教育""直播+地推"等都让受众获得身临其境、所见即所得的体验感。这种模式在突破了时间+空间的物理限制的同时，也拉近了传播主体和受众之间的心理距离。

直播模式是目前从产品经济转型为"体验经济"的最好验证。其核心是：从以生产者为核心思考问题，转向以消费者为核心审视世界。

## 打造去中心化的网红或 IP 模式

既然渠道"喇叭"在产业价值链条上逐渐让位于原发优质内容，那就应该把关注点转移到打造重磅网红或 IP 模式上（成功的网红就是一个独立 IP）。

这里的"网红"不是指代一个具体的人或一只宠物，而是代表一种原创的自带粉丝和流量的内容生产模式，并且具备 IP 属性。

看看美拍上活跃的美食达人"香喷喷的小烤鸡"、美妆达人 jiaruqian86、萌宠"小布的日常生活"等，他们都是垂直类内容的生产者，而这些网红或 IP 还具备三大不可忽视的核心价值。

- "入口"价值。它们是头部内容的创造者，也是优质流量的分发者。
- "标签"价值。它们的存在能让传播主体在用户的心中贴上可记忆、可识别的标签。
- "消费引导"价值。迪士尼在不断创造不同版本"白雪公主"的故事，这让粉丝已经从"追"IP 的状态，发展成"养"IP 的状态。

此外，这个网红模式要经历高低两个阶段。

第一阶段：建构"网红"的内容联想群，即讲一个好故事。这里面包括角色、悬念、情绪、细节四大要素，角色分工形成冲突，情节生动并导向未知而形成悬念，受众在传播主体设定的情绪中将自己带入情境以增强参与感，同时在细节上搭建新闻故事的可看度（想想迪士尼 100 多年来一直在创造不同的故事），从而引发不同的内容联想。

第二阶段：构建人格战略。最好的内容来自人类个体，人格化是网红或 IP 内容连接的核心，能否连接成功，关键在于能否进行人格化呈现，也就是内容人格化并表达人格化。乔布斯、罗永浩自己就是品牌，就是人格体的存在。

新媒体环境下，请别再伪装"脸谱"，别再以为"花篮"能糊弄所有人，别再以为关上"窗户"别人就看不到你，也别妄想拿着"喇叭"就能号令天下。我们需要先拆掉思维的"围墙"，打开天窗说亮话，变"外墙"为"内核"，做好内容，做真实的自己，这样才不会成为被狩猎的对象，才可能收获惊喜。